Qualitative Researching with Text, Image and Sound
A Practical Handbook

質性資料分析
文本、影像與聲音

Martin W. Bauer & George Gaskell ◎編撰

羅世宏　蔡欣怡　薛丹琦 ◎合譯

五南圖書出版公司 印行

Qualitative Researching with Text, Image and Sound

A Practical Handbook

Edited by
Martin W. Bauer & George Gaskell

　　這本書是我自己在教授「質性資料分析」課程上採用的一本教科書。遠一點的淵源則是來自我在倫敦政經學院就讀時，恰好與兩位編者之一的喬治‧傑斯柯（George Gaskell）教授有所接觸，也曾受益於他在質性資料分析課程上的教導和啓發。

　　本書共有十八章，其中十章（包括第一、二、六、七、八、九、十、十一、十二、十五章）由我負責翻譯。蔡欣怡主譯五章（本書第三、四、五、十七及第十八章），薛丹琦主譯三章（本書第十三、十四及第十六章）。最後，由我負責完成全書的校閱、潤稿與定稿工作。必須特別說明的是，原書第十七章介紹脈絡關鍵字分析及ALCESTE分析軟體，因為該類針對質性資料的量化分析軟體並不適用於中文資料的分析，勉強中譯對中文讀者而言似無太大意義，因此中譯本捨去此章未譯。

　　感謝邱鈺婷、向奕蓓及內人淑慧協助校對文稿，也感謝五南圖書出版公司為本書譯稿提供了許多專業協助與建議。

　　最後，特別感謝過去幾年曾經上過我的「質性資料分析」這門課的中正大學行銷學研究所及電訊傳播研究所碩士班的同學們；在與他（她）的互動中，教學相長之處甚多，也加深了我自己閱讀本書與從事質性資料研究與分析的體會。

羅世宏

寫於嘉南平原的蔚藍天空下

本章作者：Martin W. Bauer與George Gaskell

這本書的孕育過程大概有五年左右。它從倫敦政經學院的方法學研究中心開始，該中心的成立目的是提供研究生在量化與質性研究方法的廣泛訓練。我們負責發展質性研究的課程，也教授這些課程。當時，有越來越多學生和研究者樂於參與質性研究，而出版商更樂於出版越來越多相關書籍，讓量化與質性研究方法的口水戰方興未艾。在社會研究中所謂相斥的研究取向的想法，其來有自，也具體呈現在聖哲出版社（Sage）那套非常實用的綠藍相間的研究方法系列叢書。

我們努力嘗試避免三種流行的立場。其一，我們不願將質性研究等同於「培力」（empowerment）或「讓受壓迫者發聲」（giving voice to the oppressed）的知識旨趣。雖然這可能會得到熱情的掌聲，但在比較偏向質性研究的脈絡下，這種立場充其量是天真，甚至可能是誤導的。其次，我們認為社會研究蒐集到的資料遠甚於透過訪談蒐集的語言文字資料。從一開始，我們就將其他形式的文本及影音資料納入考量，作為質性研究資料來源的一部分。其三，我們認為質性與量化研究者之間、內團體與外團體之間的認識論戰爭，其實是好辯、冗長與無實益的。因此，我們將精力聚焦在釐清程序、對公眾負責，以及經驗研究中較佳的實作方式上。此一哲學，或可謂之為廣泛的「社會建構論」（social constructivist）立場，指引我們找到志同道合者一起為本書做出貢獻。其中某幾位作者出身倫敦政經學院，並且在方法學研究中心授課多年。我們也找

到其他接受邀請、或許可稱作質性研究的「倫敦政經學院取向」（the LSE approach）的優異學者：聚焦於程序和好的實作方式，避免認識論上的含糊不清。

在介紹關鍵的議題如量、質和知識旨趣之後，本書的結構分為四個部分。

第一部分包括蒐集資料的各種方法，以及不同類型的資料：文本、影像和聲音資料。此一部分的主要主張是研究資料建構，在進行系統資料蒐集時無須非追隨統計抽樣的邏輯不可。第二部分是介紹八種不同的分析取徑，同樣是涵括文本、影像和聲音資料。每一種分析取徑將介紹其特殊學術用語（nomenclature），脈絡化的扼要說明，並且提供範例，接著一步接一步的說明其執行程序，最後提供討論，幫助讀者瞭解如何完成好的研究實作。

第三部分介紹兩種類型的電腦輔助資料分析——包括索引和編碼，也被稱作CAQDAS與KWIC共生分析（co-occurrence analysis）——當作例子，藉以說明在這領域的軟體發展的顯著進展。第四部分從尋求瞭解過去的歷史學者觀點來處理詮釋的問題，可以說，史家面對的問題與社會研究者面對的問題非常近似。有十一種詮釋的謬誤被提出來討論，說明在任何試圖詮釋情境「他者」的情況中可能會有哪些狀況出錯。最後，我們提出建議，說明質性研究的品質判準為何。我們提出了六種判準，不同於，但等同於，以公共問責（public accountability）來說，傳統的代表性抽樣、信度與效度。這些評估質性研究的判準無可避免，但不同的判準都可用來界定一個好的研究實作。

我們要對方法學研究中心的同仁及修習社會研究方法碩士學位課程的學生表達我們的謝忱，因為他們的鼓勵和建設性的批評型塑了眼前這本書的面貌。我們也要感謝珍‧葛雷葛利（Jane Gregory），她對書稿的編輯出力甚多。

目錄

Contents

目錄

Contents

Contents

英文書幾乎都附有厚厚的參考書目，這些參考書目少則10頁以上，多則數十頁；中文翻譯本過去忠實的將這些參考書目附在中文譯本上。以每本中文書20頁的基礎計算，印製1千本書，就會產生2萬頁的參考書目。

在地球日益暖化的現今與未來，為了少砍些樹，我們應該可以有些改變，亦即將英文原文書的參考書目只放在網頁上提供需要者自行下載。

我們不是認為這些參考書目不重要，所以不需要放在書上，而是認為在網路時代我們可以有更環保的作法，滿足需要查索參考書目的讀者。

我們將本書【參考書目／進階閱讀】放在五南文化事業機構（www.wunan. com.tw）網頁，該書的「教學資源」部分。

對於此種嘗試有任何不便利或是指教，請洽本書主編。

第一章

質、量與知識旨趣：
避免混淆

本章作者：Martin W. Bauer、George Gaskell 與Nocholas C. Allum

資料分析（data analysis）

資料淬取（data elicitation）

理想的研究情境（the ideal research situation）

知識旨趣（knowledge interest）

工具法則（the law of instrument）

再現形式與再現媒介（mode and medium of representa-
tion）

研究設計（research design）

想像一場足球賽。兩方對壘的選手追逐爭搶著球，突然間有位球員摔倒，連人帶球翻滾。半數觀眾發出噓聲連連，罵聲四起，另一半的觀眾則因潛在失分危機化解而鬆了一口氣。

我們可以套用下面的術語分析這個競爭的社會情境。首先，這裡頭有一些行動者：足球選手，兩隊各有十一人在場上、訓練有素、技巧高超，各司其職，合作求勝；還有官員，也就是主審裁判和邊線裁判。這是一個「行動的田野／場域」（field of action）。

接著，我們看到這裡頭還有觀眾。大部分的觀眾是這兩支球隊的球迷，其中少有人完全不認同這兩支球隊。然而，這裡頭可能有一個或兩個觀眾對足球比較陌生，而且只是因為好奇所以觀看這場賽事。觀眾席是「進行純真觀察的田野／場域」（field of naive observation）。說它純真，是因為觀眾基本上盡情享受這場球賽（events on the pitch），而且幾乎可說是構成了這場球賽的一部分，他們可能身歷其境彷彿自己就是場上飛馳的足球選手一樣。透過他們對球隊的忠誠，他們所想所感是敵我立場鮮明的。當其中一位選手摔倒時，支持他的觀眾會認為這是對手犯規所致，但另一隊的球迷則會認定是該名選手自導自演故意摔倒。

最後，這裡頭還牽涉了我們描述此情境時所處的位置。我們對這場賽事的部落本質、這個行動的田野／場域，以及我們觀察到的現場觀眾均感到好奇。理想上，這個描述需要對此情境進行有距離的分析，亦即對其中任何一隊都沒有個人直接的情感涉入。我們的間接涉入可能是一般的足球比賽，當前的問題及其未來發展，我們稱之為「系統觀察的田野／場域」（field of systematic observation）。從這個位置，我們可能匯集三種形式的證據：田野／場域裡發生了什麼、觀眾的反應為何，以及足球作為運動、表演事業或商業一環的制度。避免直接涉入需要事前的謹慎小心：(a)訓練有素的敏感度，有能力察覺個人親身涉入可能造成的後果；以及(b)承諾透過方法公開地

評估自己的觀察。

　　此種以不等程度與被觀察對象保持距離的觀察，是社會研究的問題框架。藉由類比，我們立即可延伸此所謂的「完全的研究情境」（complete research situation）（Cranach et al., 1982: 50）的「理念型」分析，延伸到其他社會活動之中，例如投票、工作、購物、創作音樂等。我們能夠研究行動田野／場域，並且探問在此田野／場域中發生的事件為何（亦即研究客體）；我們可能主觀地經驗這樣的事件──發生了什麼，人們如何感受，有什麼動機？這種純真的觀察可類比為行動者作為自我觀察員的視野。最後，我們聚焦於主體－客體關係，比較行動者視野及觀察員視野，置於更寬廣的脈絡之下，並且探問事件與人們經驗的關聯。

　　適當的涵蓋社會事件，有賴於多重的方法與資料：方法學多元主義（methodological pluralism）變成一種方法學上的必要。對行動場域進行記錄有賴於：(a)對事件進行系統性的觀察；從對於行動者及在場觀眾的（自我）觀察中推衍意義，而這需要(b)訪談技巧；詮釋行動者與在場觀眾留下來的各種蛛絲馬跡（material traces），而這會需要(c)系統性的分析。

 ## 研究設計：資料淬取、化約與分析

　　社會研究可區分為四種方法學的面向，這些面向透過這四種面向中元素的組合描繪了研究過程。首先，根據研究策略原則的研究設計，例如樣本調查、參與式觀察、個案研究、實驗與準實驗（quasi-experiments）。其次是資料淬取方法，例如訪談、觀察與文件蒐集。第三種面向是資料分析程序，例如內容分析、修辭分析、言說分析與統計。最後一種是知識旨趣（knowledge interests），意指哈伯瑪斯的分類，將研究主題區分為控制、建立共識與解放。這四種面向詳如表1.1。

💡 表1.1　研究過程的四種面向

設計原則	資料蒐集	資料分析	知識旨趣
個案研究法	個別訪談	**形式的**	
比較研究法	問卷	統計模型	
樣本調查法	影片記錄	結構主義分析	控制與預測
小樣本重複調查	影音記錄	**非形式的**	共識建立
實驗法	系統觀察	內容分析	解放與培力
參與式觀察法	文件蒐集	編碼	
民族誌學	錄音	索引	
		符號學分析	
		修辭分析	
		言說分析	

　　許多方法學的混淆及虛假的宣稱，肇因於將資料淬取上的質性／量化之分，與根據研究設計原則和知識旨趣的分析，兩者相互混淆。在實驗設計裡採用深度訪談法去蒐集資料，是相當可能的。同樣地，個案研究大可結合調查問卷和觀察技術，比方說用來研究一家陷入危機的公司。針對少數族群的大型調查可以包括開放式問題供質性分析，而且結果可能服務了少數族群的解放旨趣（emancipatory interest）。或者，我們可以想到隨機的人口調查，透過焦點團體訪談（focus group interviews）的方法蒐集資料。然而，就像前一個例子所顯示的，設計原理與資料淬取方法的某種結合比較不常發生，因為它們的資源意涵。我們主張，所有四種面向在研究過程中應被視為相對獨立的選項，而且質性或量化的選擇，主要是一種資料淬取和分析方法的決定，其次才是一種研究設計或知識旨趣上的考量。

　　雖然我們提供的例子包括調查研究，在本書裡我們主要還是在質性研究〔也就是指處理非數值資料的研究（non-numerical reseach）〕範疇去處理資料淬取和分析程序問題。

再現形式與再現媒介：資料類型

有關資料的兩種區分在本書裡可能有用。我們所知與所經驗的世界是一個再現的世界，而非世界本身，也就是在透過傳播過程而建構出來的世界（Berger & Luckmann, 1979; Luckmann, 1995）。社會研究因此依賴社會資料（social data），所謂社會資料是指關於社會世界的資料，既是傳播過程的結果，也在傳播過程中實現。

本書中，我們區分兩種形式的社會資料：非正式與正式傳播（informal and formal communication）。再者，我們區分三種資料可能被建構的媒介：文本、圖像與聲音資料（見表1.2）。非正式傳播少有明確的規則：人們能以他們喜歡的任何方式談話、畫圖或歌唱。少有明確規則並不意謂規則不存在，它可以是社會研究的聚焦所在，是揭露日常生活非正式世界的隱藏秩序（見Myers對會話分析的介紹，本書第十一章）。在社會研究中，我們感興趣的是人們如何自發性地表達自我，談論對他們具有重要性的事情，如何看待他們自己的和別人的行動。非正式資料被建構時，較少是根據能力的法則，例如文本書寫繪畫或是音樂作曲，而更多是在一瞬之間，或是在研究者的影響之下，若是受訪者透露的是他們認為研究者想聽的東西，這會有問題。我們需要察覺這些虛假陳述（false accounts），這種陳述談的更多是關於研究者及其研究過程，更甚於是關於被研究的對象。

另一方面，傳播行動是非常正式的，因為能力需要特殊知識。人們需要接受訓練方能為報紙寫文章，生產廣告需要的照片，或是在鼓號樂隊或交響樂團中擔綱演出。一個能力稱職的人主導這一行的規則，有時是為了有生產性的打破它們（這些規則），此稱為創新（innovation）。正式傳播遵循這一行的規則。擺在眼前的事實是研究者使用現成的產物，例如一篇報紙

💡 表1.2　資料形式與媒介

媒介／形式	非正式的	正式的
文本	訪談	報紙 廣播節目
圖像	小孩塗鴉畫作 電話機的草圖	圖畫 照片
聲音	自發性的歌唱 聲音	樂譜聲音 儀式
「偏倚」、「虛假」 或演出的說法	刻意發出的噪音	以偽冒身分發出的宣 稱

文章，因為社會研究不太可能影響傳播行動：影響記者寫些什麼。在這層意義上，現成的資料是非介入性的（unobtrusive）。然而，有一個次級的問題是，傳播者可能宣稱再現了一個社會團體，在現實上卻無法再現它；社會科學家必須指認出再現的這些虛假宣稱（false claims）。

　　正式資料重建了社會真實被社會團體再現的方式。一份報紙以一種可被接受的方式為一群人再現了世界，否則沒有人會買它。在此一脈絡裡，報紙變成他們世界觀的一個指標。同樣的道理，這也適用於人們認為有趣與可欲的圖畫，或是被欣賞為美妙的音樂。一個人所讀、所視與所聽，會將其置放於某個類別之中，而且可能從中得知它們的行為趨向。將當下類別化，並且時而預測未來的軌跡，是所有的社會研究所追求的。在這本書中，我們幾乎完全聚焦於前一議題：類別化問題。

　　這本書的哲學假定是從事社會研究並沒有「唯一最佳途徑」：沒有理由讓每個人都變成「民調專家」（pollsters，指從事民意調查的人），也不應讓所有人都變成「焦點訪談者」（focusers，指從事焦點團體訪談的研究者）。本書的目的是避免此種「工具法則」（law of instrument）（Duncker, 1935），根據工具法則，只懂怎麼用鎚子的小男孩，會以為每件事都是需要拿鎚子敲擊的。以此類比，調查問卷或焦點團體訪談並非

社會研究的唯一康莊大道。不過，社會研究的途徑可透過適當瞭解不同的研究方法而得到，瞭解其長處與短處，瞭解它們面對不同社會情境、資料類型與研究問題的用處。

我們現已說明，社會真實可以被再現於正式或非正式的傳播，而傳播的媒介可以是文本、影像或聲音資料。在社會研究中，我們可能想要考量所有的這些因素都有其重要性。這一點是我們希望釐清的。

質性研究與量化研究

量化與質性研究的差異，已有許多討論。量化研究處理數字，使用統計模型解釋資料，被看成是「硬性」研究（'hard' research）。量化研究最廣為人知的原型，是民意調查研究（opinion-poll research）。相反地，質性研究避免數字，著力於「詮釋」社會真實，被看成是「軟性」研究（'soft' research）（質性研究）。最為人知的原型或許是深度訪談。量化與質性研究之間的差異整理如表1.3，許多人將量化與質性研究視為社會研究的不同典範，許多人也定位自身為質性或是量化學者，經常爭論的問題是硬性研究勝於軟性研究，或是柔性研究優於硬性研究。出版商很快就對準這個市場，開發出一系列的叢書和期刊，永遠維持這兩種研究取向的差異。

表1.3　量化與質性研究的差異

	策略	
	量化	質性
資料	數字	文本
分析	統計學	詮釋
原型	民意調查	深度訪談
性質	硬性	軟性

可以這麼說，很多的量化社會研究是集中在社會調查和問卷，利用SPSS和SAS為標準的統計套裝軟體。這已變成大學裡研究方法訓練的標準課程內容，因而「方法學」一詞在社會科學的一些研究領域中被等同於「統計學」。同樣地，宛如一個龐大的商業部門被發展出來，提供量化研究去滿足各式各樣的目的。但近來興起一股對於質性研究的熱情，已經成功地挑戰了過去將社會研究等同於量化研究的觀點。有一個新的空間被重新開啟，讓方法學上非教條化的觀點有存在的機會，原本教條化的觀點普遍常見於社會研究的先驅（見，例如，Lazarsfeld, 1968）。

在我們自己的努力下，在研究和教學上，我們試圖找到一種可以超越無謂爭論及表面對立的社會研究傳統。我們追求此一目標，基於如下若干假設。

■沒有質性，哪來量化

要測量社會事實，必先對社會世界進行分類。社會活動需要被區分清楚，從而才可能被統計次數或算出比例。吾人需要在社會類目（social categories）中找出其間的質性差異，才能測量有多少人是屬於這個或那個類目。若吾人想知道滿園花朵的顏色分布，必須先建立顏色的分類，從而能夠開始計算各種顏色的花朵有多少。社會事實的測量也是一樣的道理。

■沒有不需詮釋的統計分析

我們認為，將詮釋當作是質性研究的專利，就好像有人認為量化分析可以自動似地達成研究結論，都一樣是很怪異的想法。我們自己就不曾在進行量化研究時未面對詮釋的問題。資料並不會自己說話，即使是經過複雜統計模型處理過。事實上，模型越是複雜，結果的詮釋越是困難。宣稱在詮釋上達成「解釋循環」（hermeneutic circle），意謂著對研究場域知道越多，可對事物有更好的瞭解，對質性研究者是一個相當華而

不實的修辭語步（rhetorical move）。質性研究的討論所達成的是破除複雜統計係取得有意義研究結果的唯一路徑之迷思。量化研究比較優越的名聲，具有非常大的說服效果，倒置在某些脈絡下，複雜精巧的統計掩蓋了貧乏的資料品質。然而，統計作為一種修辭裝置，無法逃開「垃圾進，垃圾出」（garbage in, garbage out）的問題。在我們看來，這是質性研究的相關討論所達成的最大成就，促使研究及訓練重新聚焦在資料品質和資料蒐集，而非只是資料分析本身。

量化與非量化研究的差別似乎經常被與另一種差別所混淆，那是研究的形式化（formalization）與非形式化（non-formalization）之間的差別（見表1.4）。爭論點在於這些類型的研究通常被混淆成形式主義（formalism）的問題，端視研究者的方法學養成過程（methodological socialization）。形式主義涉及的是從研究具體情境中進行抽繹化，在觀察與資料之間造成某種距離。在某種意義上，形式主義是通用抽繹化，可以用來處理許多種類的資料，只要某種條件滿足的話，例如測量的獨立性、等量變異數（equal variance）等等。形式主義的抽繹本質，涉及了某種專殊化（specialization），可能導致對資料所代表的社會真實本身完全失去興趣。通常也是這種「不帶感情」（emotional detachment）的態度，而非使用量化資料，真正令其他派別的研究者感到憎惡。然而，如我們稍後將展示的，此與特定的研究方法有關，但在較大的知識旨趣的脈絡下考量會較有收穫。無數的研究擁有大量的統計形式主義（statistical formalisms）的資源在手，但在質性研究中與此相稱的資源卻還是處於相當低度開發的狀態，雖說質性研究經常被提到的淵源，也就是結構主義，相當熱衷於形式主義（見，例如，Abell, 1987）。

💡 表1.4　研究的形式化與非形式化

	量化	質性
非形式化	描述頻次	引述，描述，軼事
形式化	統計模型（見，例如，統計軟體的技術操作手冊）	圖形—理論模型（見，例如，Abell, 1987）

■研究過程中的方法學多元主義：超越工具法則

　　量化研究訓練的一個不幸結果是，太早結束研究過程中的資料蒐集階段。許多人處理量化資料時技巧純熟，忙不迭地將資料蒐集過程化約為制式的問卷設計和調查抽樣，彷彿那是進行社會研究的唯一方式。毫無疑問，這些年來這些程序已經獲得很多改良，調查法作為一種最重要的社會研究方法的地位因此而正當化。然而，這不意謂它是社會研究的唯一工具。此處我們瀕臨臣服於「工具法則」的危險：給小男孩一支鐵鎚，他會以為所有的東西都需要敲擊。

　　我們需要的是一種社會研究的整體觀，包括定義和修正研究問題、將問題概念化、蒐集資料、分析資料與報告寫作。在這些過程中，不同的方法學有不同的貢獻。我們需要一個比較清楚的概念，瞭解各種研究取向，以及各種研究取向、不同方法的優劣之處。

■時間序列

　　要描述不同方法的功能，可將它們按照設計的時間線排列。傳統上，質性研究被認為只是用在研究過程的初探階段〔前設計階段（pre-design）〕，目的是探索質性差異以發展測量方式，或是用來對研究領域產生「感覺」。較近的講法則是將質性研究看作是在調查之後仍同樣重要，可以用來引導對於調查資料的分析，或是用更精緻的觀察來支持對資料的詮釋

〔後設計階段（post-design）〕。比這些更為擴展的研究設計則是考量兩股平行的研究（two parallel streams of research），同時的或是擺盪兩端的序列〔例如：平行設計（parallel design）及使用前與後的設計（before-and-after design）〕。最後一種方式是，質性研究被視為是自足的研究策略，不需要與調查或其他量化研究有功能上的連結〔獨立運作的（stand-alone）〕。在包含一系列不同方案的研究計畫的脈絡下，質性研究被視為一種獨立自主的研究努力。

　　質性研究的獨立運作功能，有其缺點，我們試圖在本書中討論。就算將量化與非量化研究視為各自獨立自主的研究，質性研究的問題在於它是「教學的噩夢」（didactic nightmare）。與基於抽樣、問卷和統計分析的量化研究傳統相較，質性研究者與有志成為質性研究者很難在文獻中尋得清楚的程序和指導。隨著相同想法的研究者漸增加至臨界大眾（critical mass）的數量，雖然這種現象已經慢慢在改變，但是許多文獻還是執念於將質性研究劃定正當性的疆界，視其為獨立自主的研究路徑。這種正當化的修辭導致認識論上的肥大症（epistemological hypertrophy），激化出競爭領域中的各種立場與對立，但是蒙昧與術語多於清晰，並且最終在觸及應該如何做質性研究的問題時用處有限。迄今，在面對傳統批評時，我們已得到很多讓自己「感覺好好」（feeling good）的支持，但很少進行批判的自我檢視。

■有關「好研究的標準」的獨立言說

　　量化研究在教學與實務的優勢在於程序上的清晰，以及它在研究過程中所發展出來的有關品質的言說（／論述）。品質言說在研究中有多種功能：(a)建立自我批評的基礎；(b)區分好壞研究，提供學術同儕評鑑（peer review）的標準；(c)在公共問責的研究（publicly accountable research）脈絡下獲得公信力；(d)作為訓練學生的教學工具。不是要有樣學樣地模仿

量化研究，但質性研究需要發展功能上等同的標準（functional equivalent）。為了強化質性研究的自主性與公信力，我們需要清楚的程序，以及指認好研究和壞研究的區分標準，好的範例與抽象判準並用。本書將在這個方向上做出貢獻。

 ## 社會研究的修辭元素

　　歷史上，科學與修辭曾有過一段不安的關係。若要追求事物的真理，修辭被科學先驅們看作是一種應該避免的語文修飾（verbal embellishment）：考量倫敦皇家學會的座右銘，**光說無用**（*nullis in verba*）。描述與解釋自然但不訴諸修辭的這一種科學理想，越來越遭受到寫實主義觀點的挑戰，此一觀點存在於科學家之間，以及科學家和一部分公眾的溝通（Gross, 1990）。科學的「應然」遮蔽了科學的「實然」，其實科學的基本元素是「溝通」，而溝通涉及了說服聽眾何者為真與何者為非。說服（persuasion）將我們引領至傳統的修辭領域，作為一種「說服的藝術」。因此，我們將社會科學研究視為一種修辭的形式，有其特殊的工具和介入的法則。

　　修辭分析假定修辭的「三劍客」：理性（logos）、情感（pathos）和權威（ethos）（見Leach，本書第十二章）。理性是指純粹論點的邏輯，以及各種可用的論點。情感指的是各種訴求，以及對閱聽人所做的退讓，將感情的社會心理學考慮在內。權威是指暗示或明示說話者的地位，建立他或她說某些話的正當性和可信度。我們因此可以假定，研究結果的任何方式的呈現是說服的三種基本元素的組合，因為研究者想要說服他的同行、政客、經費補助來源、或甚至他們的研究主題的真理價值，以及研究成果的意義。在傳播研究結果的脈絡裡，所謂純粹論證理性的科學理想，無情感或權威涉入其中，根本是一個幻象。

　　此觀點對我們瞭解質性研究具有一些正面的意涵。首先，

我們大可將社會研究方法學看成修辭工具，透過此工具，社會科學能夠強化它們特定的說服形式。此種修辭在現代社會公共領域的歷史性興起與軌跡，本身即是歷史學與社會學問題。其次，我們已從那些讓方法討論上備感沉重的認識論困惑中獲得解放，自此我們得以專注於科學的遊戲規則中發展出可信的溝通。第三，我們能夠平等地對待量化和質性研究。第四，修辭是在公開說話與書寫的脈絡下發展的，提醒我們方法和程序對研究構成了一種必須被實踐的公共問責（public accountability）。最後，科學的理想並未失落，而是被保存在建立和維護特定形式的科學說服的集體動機，也就是說，維護一種在溝通中偏向邏輯、而減少情感和權威的修辭（譯按：說之以理）。用這些方法規則與程序來公開取得和呈現證據，可保護我們免於過度依賴權威（脅之以威），或是一味討好閱聽人，避免只是說些他們想聽的（動之以情）。既不為權威、也不為閱聽人服務，仍然是任何好研究的核心價值。這和公共生活的其他形式的修辭是完全相反的，後者的邏輯、情感與權威的組合是不同的。政治、藝術與文學、媒體及法庭鼓勵與培育的說服形式與科學（所用的形式）不同。留意所謂「與科學不同」，並非指其「無關緊要」：新聞製作、法律判決，乃至於閒聊，都是重要的溝通形式，不管它們在邏輯、情感和權威的組合上，與通常被看作科學傳播的溝通形式有多麼不同。

　　因此，我們認為方法和蒐集與呈現證據的程序對社會科學研究至為重要。它們定義了特定的修辭偏見，區分了科學與其他公共活動的不同，並且將研究置於公共領域之中，讓它們服膺問責性的要求。方法與程序是證據可供公開檢驗問責的方式。然而，我們必須假定，公共領域是自由的，允許自由地追求證據，而非將證據視為理所當然（Habermas, 1989）。

知識旨趣與方法

> 量化與質性研究方法的差異，不只是在研究策略和資料蒐集程序。這兩種研究取向代表著根本上不同的認識論框架，用於將知識與社會真實的本質概念化，並且理解這些現象的程序。（Filstead, 1979: 45）

這種講法代表的是一種典型的觀點，主張社會研究的量化與質性導向代表了完全不同的認識論立場（epistemological positions）。在這個概念方式下，它們是完全互斥的社會研究方式。但有個經常被提出的講法，與尾隨研究者的方法選擇而來的批判、基進或解放的意義有關。質性研究經常被視為「培力」（empower）人民或讓人民「有機會發聲」的方式，而非將它們當作行為可以量化或統計模型的測量對象。如我們已經看到，這種二分法是沒有幫助的。

一個有關社會研究目標的另類思考方式，以及它們與方法學的關係，是去考量哈伯瑪斯《知識與旨趣》（*Knowledge and Human Interests,* 1987）一書中的哲學。哈伯瑪斯認為，為了掌握社會科學的實踐及其社會後果，必須對三種「知識旨趣」（knowledge interests）[1]有所瞭解（譯者按：這三種知識旨趣是技術的、實踐的與解放的旨趣）。但他指出，科學家有意圖與有意識的認識論取向並未提供瞭解之鑰，故應視知識旨趣為「人類學深植的」（anthropologically deep-seated）傳統（Habermas, 1974: 8）。此種知識構成的興趣（knowledge-constitutive interests），哈伯瑪斯事實上是用來指「說話與行

---

[1] 譯註：「知識旨趣」一詞有諸多譯法，例如：「知識利益」（參閱高宣揚著《哈伯瑪斯論》一書）或「知識趣向」（參閱廖仁義譯的《哈柏瑪斯》一書）。

動主體得以宣稱客觀經驗的必要狀況」（1974: 9）。進一步釐清，按照哈伯瑪斯的意思，我們必須拋掉旨趣能被任何特定方法學取徑所「服務」的想法；而是旨趣本身是任何研究實務得以進行的必要條件，與研究採用的特定方法無涉。

　　　　否認反思，就是實證主義。（Habermas, 1987: vii）

　　在《知識與旨趣》一書中，哈伯瑪斯想要重建實證主義的「前史」（prehistory），以便展現認識論（作為一種認識的批評）已經漸漸毀棄了。哈伯瑪斯論稱，自康德（Kant）以降，「人類向前行，拋棄反思階段」（1987: vii）。自從實證主義得勢以來，哲學不再理解科學；因為科學本身構成了實證主義承認的唯一的知識形式。康德對此可能知識狀況的研究，已被某種「將自身限制在建制研究的假規範管制」（1987: 4）的科學哲學所取代，例如巴柏（Karl Popper）的否證主義（falsificationism）。哈伯瑪斯企圖在科學哲學內重建一個認識論的面向，「批判的反思」（critical reflection），從而使科學變得有能力（進行非科學的）自我理解。而這樣做的同時，哈伯瑪斯論稱，科學，特別是社會科學，能夠揭露可能阻礙我們從事批判與解放的研究實務狀況。

　　我們現在轉入哈伯瑪斯對於旨趣的特殊分類方式。透過對於馬克思、皮爾斯（Peirce）、迦德瑪（Gadamer）、狄爾泰（Dilthey）等人的詮釋，哈伯瑪斯指認三種知識構成的旨趣，各自成為「經驗—分析」、「歷史—詮釋」與「批判」科學的基礎。「經驗—分析」科學的基礎是對於技術控制的旨趣。為了駕馭自然世界而進行的永恆鬥爭，對於我們人類繁衍的需要，導致我們有目的—理性的行動。換言之，獲取科學知識的理性動機，一直是為了控制我們身處的物質狀況，因而提高我們的身體與精神健康和安全。因為我們對於自然的旨趣主要是為了控制其狀況，「此一行動系統，出於先驗的必要，將我們

對於自然的知識綑綁在可能以技術控制自然過程的旨趣上」
（McCarthy, 1978: 62）。這種「經驗—分析」科學的目標在生
產物理法則知識（nomological knowledge）。因此，預測與解
釋具有一種對稱的關係。經驗支持的普遍法則，出於一組最初
的狀況，導致一組可觀察事件之間的（可預測的）共變。這種
模式可見於許多量化社會研究。

哈伯瑪斯指出，「歷史—詮釋」科學透過對於共識建立
（the establishment of consensus）的實踐旨趣。因為科學（以
及其他社會實踐）的發生，有賴於可靠的相互主體的瞭解，建
立在日常語言的實務之上。詮釋的瞭解〔即德文的「瞭悟」
（Verstehen）一詞〕，其目標是重建破碎的溝通管道。這發
生在兩個層面：首先是一個人的生活經驗與他所歸屬的傳統之
間的連結；其次是不同的個人、團體與傳統之間的溝通領域。
溝通失敗是永恆與遍在的社會現象，並且構成了明顯的社會問
題。這重新建立相互瞭解，因此，同時也是一個永恆與遍在的
關懷。「歷史—詮釋」科學透過在公共事務的實踐的系譜學（a
genealogy of practices），亦即在政治，在社區的組織，和生產
勞工的組織之中，個人生活和社會組織不可能存在，假如相互
主體性的意義沒有某種穩定性的話，那麼，這些是文化或社會
科學發展所繫之條件。哈伯瑪斯將「經驗—分析」科學的目標
與文化科學（Geisteswissenschaften）的目標有一番對比：

> 第一個目標是取代在現實上禁不起測試技術規則的那些行
> 為規則，而第二個目標是詮釋無法被瞭解及那些妨礙行為預期
> 的相互性之生活表達。（1987: 175）

文化科學必須學習說一種他或她詮釋的語言，但必須必
然從一個特定的歷史觀點看待此一詮釋。而且，在這麼做的時
候，不可能避免將詮釋的總體性納入考量：研究者進入所謂
「解釋循環」。對哈伯瑪斯而言，這一切將指向建立行動者之

間的共識。此一共識必然是流動和動態的，透過歷史性的演化與繼續演化的詮釋來達成的。這一理解社會真實的共識導向，構成了詮釋科學（the hermeneutic sciences）的「實踐旨趣」（practical interest）——其（未言明的）目標是建立共同的規範，讓社會真實成為可能。

至此，吾人可以清楚瞭解量化與質性之鴻溝，可以被視為一方強調「控制」技術與另一方強調「瞭解」。但，事實上這並未正視有關質性研究的更強的宣稱，本質上它是一個較為批判與具有解放可能的研究形式。對質性研究者而言，一個重要的目標是能夠「透過那些被研究者的眼睛」觀看（Bryman, 1988: 61）。這類型的研究主張，有必要瞭解社會行動者對於世界的詮釋，因為是這些觸發了創造社會世界的行為本身。雖然這應該是真的，但這不必然表示結果必然是一個批判的研究作品。事實上，吾人可以想見，在某種情境裡可能也會有某種「瞭解」被創造出來，但被用作建立社會控制機制的基礎。

一個成功的批判，應該是一個較諸先前已被接受的各種理論更能貼切解釋研究現象的理論。這麼做的同時，它必須挑戰先前被毫不批判就接受的假設。我們冒著危險，不管是現象學、社會建構論或任何特定的質性研究，用受訪者的想法輕易的取代我們自己原先的想法。這樣做的話，透過一種「設定的經驗主義」（empiricism by proxy），質性研究可能會重蹈那種更常見於非反思的實證主義（unreflective positivism）會犯的錯誤。

此處，哈伯瑪斯的見解同樣有用。哈伯瑪斯（Habermas, 1987: 310）所稱的「批判的」科學的解放旨趣，並不排除「經驗—分析」的研究方式：但同樣它們所追求者要比詮釋的瞭解更進一步。哈伯瑪斯的理論是解放的旨趣提供了超越知識與瞭悟的架構，並且容許我們「決定當理論宣稱掌握依賴的意識形態冰封關係，而那是原則上可以轉化的」（1987: 310）。透過自我反思的過程，批判的科學將能夠指認權力的限制結構

（constraining structures of power），那種毫不批判的，顯得「自然」的，但事實上是「系統性扭曲的傳播和正當性薄弱的鎮壓」（1987: 371）的結果。

哈伯瑪斯將啟蒙時期視為「批判的」科學的黃金時代，從天文學到哲學。但這時期特殊之處不只是它標記了「科學方法」（the scientific method）的開始，而是理性的應用，體現在方法之中，本質上是解放的，因為它對教廷的正當性及既有的社會階序提出挑戰。哈伯瑪斯的說法是，因此，理性（也就是我們現今所瞭解的理性主義）本身深植於解放的知識旨趣之中，而且理性的應用根本上而言即是一種批判的事業。但是，吾人不應試圖將此一立場理解為僅供「基進」（radical）社會科學家遵循的規範性的預示（normative prescription）；相反地，它是一種概念化的方式，如何與為何，好的科學（不管哪一種類型）會是一種有助於人類解放的活動。

鮑曼（Zygmunt Bauman）在批判理論的傳統裡與哈伯瑪斯比肩齊步，對於批判研究取向的操作化提出實用的建議，也就是「本真化」（authentication）：

> 知識的解放潛能被測試——而且確實，可以被真實化——只有在對話的開始，當理論宣稱的客體被轉化，成為在本真化的初始過程中的具有主動性的夥伴。（1976: 106）

根據此觀點，一個批判理論的本真化，意謂那些構成其對象的人接受其宣稱。例如，質性研究涉及將研究結果回饋給研究中的參與者，將可能達成此一結果。當然，此一取向有其限制，特別是當研究客體原本即已占據有利或菁英位置的時候，例如政客、管理者和專業人士。在此一狀況下，受訪者可能有其既得利益，意圖保護或可能尋求錯誤再現他們自己真實的觀點，進而影響研究者所做的批判的詮釋。

但批判不一定是質性研究的專利。維多利亞時代的貧

窮研究，例如朗崔（Rowntree）的《貧窮：城鎮生活研究》（*Poverty: A Study of Town Life*）（1902），用量化的資料來揭露貧窮的程度，獲得了批判的地位：

> 勞工階級平均得到的食物，比科學專家認為維持身體必需食物量還要再少百分之二十五。（1902: 303）

> 在這富饒豐裕國度，值此或許是前所未聞之繁榮盛世，卻有可能超過四分之一的人口生活在貧窮之中，此一事實豈不令人感到揪心動魄？（1902: 304）

　　朗崔的量化研究包含簡單的描述性統計，這些數據賦予他力量，讓他能夠揭露未發現的貧窮與剝奪慘況。資料的數據再現經常在媒介論述中吸引注意，他們是修辭的裝置，而且構成了一種方式，使得社會理論，借用鮑曼的話來說，「從理論的寫字桌啟程，航向常民反思的開闊汪洋」（1976: 107）。

　　那麼，似乎清楚的是，吾人也需要考量研究發現是否能為其意圖（或可能是非意圖的）讀者接受，這乃構成了「完整的研究情境」（complete research situation）。比方說，焦點團體研究對於酒精消費的發現，具有程度不等的重要性，端視它們是否發表在大眾報紙成為幫助酒精成癮者的公共衛生宣導的一部分，或是被用來幫助酒廠發展酒品行銷策略。在此案例中，研究發現的接收，包括被誰，為了什麼目的，是一重要的焦點。最近圍繞美國2000年人口普查的爭議是一個例子，統計學家力促採用複雜的多階段抽樣方法學（multi-stage sampling methodology），希望改正少數族裔在合乎憲法保障的方法——「完全計算」（complete enumeration）（Wright, 1998）——中可能被低估的問題。此爭議後來導致的政治風暴，正說明了廣泛的對於重要社會議題的公眾反思，只是因為公眾察覺一個古典的量化研究方法的意涵所觸發的。

那麼，哈伯瑪斯提出的知識旨趣類型，其意涵是我們能夠考量不同研究方法學的批判潛能，雖然對下面幾個章節討論的內容並不重要。研究者挑戰自己的假設，並且根據資料來進行後續的詮釋，再加上由誰獲得及獲得這些研究結果的方式，對於解放工作（emancipatory work）的可能性，都是比選用何種研究方法來得更重要的因素。

PART *1*

建構研究資料

第一章

研究資料建構：
質性資料蒐集的原則

本章作者：Martin W. Bauer 與 Bas Aarts

 關鍵字

研究資料（corpus）

研究資料─理論弔詭（corpus-theoretical paradox）

同質性（homogeneity）

母群體（population）

關聯性（relevance）

代表性（內在多樣性）representations（internal variety）

有代表性的樣本（representative sample）

抽樣誤差（非涵蓋、回應率）sampling bias （non-coverage, response rate）

抽樣底冊（sampling frame）

抽樣策略（sampling strategy）

飽和（saturation）

階層與功能（外在多樣性）strata and functions （external variety）

同步性（synchronicity）

　　所有經驗性的社會研究都是在選擇證據以提出某個論點，而且需要為此一選擇辯護，此一選擇作為探索、描述、展示的基礎，也是一個特定宣稱的證據或反證。在社會科學中，選擇證據時最精巧的指導原則是統計隨機抽樣（statistical random sampling）（見Kish, 1965），代表性抽樣的效用是毫無異議的。然而，在文本和質性研究的許多領域裡，代表性抽樣並不適用。我們在焦點團體研究中如何選擇受訪者？我們真的想用四到五次的焦點團體討論來代表整個人口嗎？不幸的是，迄今這個問題沒有得到太多注意。實際上，研究者通常試圖勉強套用抽樣的思維邏輯，但這有如選了一個錯誤的類比。在這一章裡，我們建議用「研究資料建構」（corpus construction）一詞作為資料蒐集的另類原理。我們對所用的基本名詞採取比較強烈的定義：「抽樣」意指統計隨機抽樣；「研究資料建構」是指根據另一種思維邏輯進行系統性的研究資料選擇，稍後詳述。抽樣與研究資料建構是兩種不同的選擇程序。就像代表性抽樣（representative sampling）一樣，我們走的是介於人口普查和便利抽樣之間的一條中道。非系統性的選擇違反了研究應向公共問責（public accountability）的原則；不過，研究資料建構維持了效率，也就是能夠透過選擇部分素材來刻畫整體。在此意義上，研究資料建構與代表性抽樣在功能上是等同的，雖然它們之間有結構上的差異。這樣的用法，是在強調我們對於質性研究的研究資料選擇提出積極意義的表述方式，而非將其定義為抽樣的不完全形式。簡言之，我們主張研究資料建構能夠找出未知的屬性，而統計隨機抽樣則是描述已知屬性在社會空間裡的分布狀況。兩種思維邏輯必須小心區分，以避免對質性研究有所誤解或是錯誤推斷。

　　我們以三個步驟發展這個論點。首先，我們簡要回顧代表性抽樣的關鍵概念。其次，我們透過它所從生的研究領域展示研究資料建構：語言學。第三，我們從實作中抽繹出若干法則，供作質性社會研究選擇資料的指引。

社會研究中的代表性抽樣

清點人口的行為有很長的歷史：政府想知道他們統治的是哪種人，作為施政參考。隨機抽樣的簡短歷史始於十九世紀晚期，在研究者之間意見紛陳的氛圍中誕生：某些人相信普查，某些人相信抽樣，另有一些人相信個案研究。當個案研究派和隨機抽樣派之間形成結盟關係之後，才終結普查派的支配態勢（O'Muircheartaigh, 1997）。

抽樣確保研究效率，提供一種思維邏輯，亦即研究母群體（population，或譯人口）的一部分並不會失去重要資訊，不管是物件、動物、人類、事件、行動、情境、團體或組織。只對部分進行研究如何得以提供關於整體的可靠圖像呢？這謎題的解答在於代表性（representativeness）。若樣本與整個母群體在一些判準的分布狀況上完全相同，那麼樣本就可以代表整個母群體（人口）。母群體參數可從觀察樣本的推估值得到。樣本越大，這些推估值的誤差範圍越小，但抽樣過程本身可能造成額外的誤差。原則上，有必要證明抽樣判準與核心變項實際上是有關聯的。不過，在實際上，通常假設是，若樣本在一些判準上代表母群體，那麼它也同時代表母群體其他我們碰巧感興趣的判準：研究者可以調查二千位英國民眾，根據年齡、性別和社會階級進行謹慎選擇，那麼研究者將會有信心，在所知的誤差範圍之內，推估全國民眾對於（比方說）基因改造食品的意見。這是依循抽樣的思維邏輯取得的成就，節省了研究者大量的時間與精力。

抽樣是指一組用來獲取代表性樣本的技術。最關鍵的要求是將母群體操作化的抽樣底冊（sampling frame）。它是一個具體地被用來進行選擇的一系列單元清單。每一清單上的項目代表母群體中的一位成員，而且每一項目都有同樣被選到的或然率。一份抽樣底冊可能包括電話號碼、地址、郵遞區號、選舉

研究資料建構：質性資料蒐集的原則

人名冊或公司名單。例如，一所大學裡應考的學生名單，就是那一年代表學生母群體的抽樣底冊。抽樣底冊的品質從它的非涵蓋性（non-coverage）來判斷。大多數有目的的母群體定義要比可得清單的操作化來得寬廣：比方說，一個國家的人口包括監獄裡的囚犯和心神喪失的病患，但是選舉人名冊可能把他們排除在外。電話號碼也創造了非涵蓋性，因為某些家庭可能沒有電話，但某些家庭卻有多線電話。非涵蓋性是抽樣的第一種偏差。

抽樣底冊是運用抽樣策略的先決條件。比方說，透過在一到五千的數字中產生出一百個隨機數字，然後根據抽樣底冊將對應這一百個數字的項目抽選出來，那麼一個簡單隨機抽樣（simple random sample）的樣本就完成了。另舉一個較複雜的例子，也就是找出一個代表基因改造食品的民意的多重階段抽樣樣本。研究者可以選擇五十個郵遞區，從每個郵遞區抽選四十個家戶，最後在田野研究訪員登門訪問每一家戶中十五歲以上且生日最接近訪問日期的一位家庭成員。我們有一個配額樣本（quota sample），如果在最後一個階段，某些單元的選擇並非以隨機方式取得的話，就透過田野研究訪員找尋某些配額，這個配額可以是二十位女性和二十位男性，若是我們事先知道人口中的男女性別比例大約相當的話。

在所選擇的二千位受訪者中，有些人將無法接觸到。這種無回應情況導入了第二種抽樣偏差（sampling bias）。在隨機抽樣的情況裡，我們將會知道有多少人實際無法接觸到；但在配額抽樣的情況裡我們無從得知，配額從而將造成非隨機，對許多研究者來說，是一個啟人疑慮的程序。代表性抽樣能夠達到對於母群體的最佳可能描述，雖然只實際觀察母群體中的一小部分。然而，這取決於抽樣底冊是否可得，也就一個完整的名單或人口成員的合併清單，或是對於母群體關鍵特質的分布狀況有所掌握。沒有清單或已知的分布狀況，隨機抽樣無從開展。

讓我們考量某些個案，它們對於母群體的假設甚至是大有問題的。某些討論主張代表性應涵蓋三個向度：個人、行動與情境（參見，例如，Jahoda et al., 1951）。個人在情境中行動，而且為了將研究結果通則化到在情境中行動的個人，所有這三個向度都必須被控制。然而，抽樣聚焦在個人，而這部分控制得最成功。但行動和情境都不是抽樣想要鎖定的固定之物。絕少人類行動（工作、購物、投票、嬉戲、思考、決策）已成為心理學密集研究的焦點，而這導致人類行動的通則化解釋缺乏抽樣的基礎。同樣的，沒有這方面的努力被投入於對人們行動的情境進行抽樣。為什麼沒有？因為行動和情境似乎都沒有一個清楚定義的母群體。我們勢必將研究**未知的母群體**（unknown population）。投票、工作和購物都是重要的行動，但並不清楚它們的結構和功能代表所有人類行動到何種程度。大多數社會科學家會將符合若干不同情境的研究結果看成是經得起複製，因此是可靠的研究結果。這麼做，他們對行動者進行歸納，但無法對行動和情境進行歸納；抽樣既未被應用在行動，也未被用在情境（Dawes, 1997）。社會科學似乎自安於此一充滿矛盾的實務狀態。

再考量一下前述所謂未知母群體的狀況。最近在一場公共演說的場合裡，講者提供多達數千英鎊的獎金，徵求在場聽眾提出一個關於人類對話和互動的抽樣底冊。講者很有信心，認定沒有人能夠挑戰成功拿到獎金。想想看這場演講的內容就好，根據文法從諸多字彙當中連接某些字詞。在任何時間，可能用的語句是無窮盡的，因為字詞的組合空間是無限的資源。演講、會話與人類行動是開放系統，以字詞與運動變化為其元素，可能有無限的各種組合可能。對開放系統而言，母群體基本上是未知的，它的元素最多只能被典型化，無法一一列出。

代表性抽樣的思維邏輯對很多社會研究來說是有用的，但它不能適用所有的研究情境。也有風險存在，若將代表性抽樣程序運用在某些研究可能是不適當的。我們批評某些資料蒐

集的行事偏離了「或然率的標準」（probabilistic standard），然而，即使在機遇的國度，也是受「小數法則」（law of small numbers）統治。人類傾向於高估（當然，除了統計學家之外）日常觀察結果的代表性（Tversky and Kahnemann, 1974; Gigerenzer et al., 1989: 219ff）。其中的教訓是清楚的：宜更加注意抽樣。不過，我們的努力也可能是誤導的：一味強求代表性，可能導致將稀有資源導向選擇的策略，但不適合處理我們手上的問題。

 ## 「研究資料」的概念

現在我們探索語言學家是如何建構他的研究資料的。語言是一個開放系統，人無法列出所有的語句，然後再從中隨機選擇。語言學界近來已拒絕一項提議，也就是語言研究資料應該能夠代表所有使用中的語言（Johansson, 1995: 246）。

「研究資料」（corpus）這個詞（原為拉丁文，複數形為corpora）的簡單意義是指「身體」。在歷史學中，研究資料意指很多蒐集到的文件。它可被定義為「著作及其他文件的大全集；任何主題的文獻全集……許多相同性質的著作，蒐集後裝訂成冊」（*Oxford English Dictionary*, 1989）；或是「許多文件的蒐集，特別指那些完整和自成一體的文件」（McArthur, 1992）。例子有主要是十九世紀所蒐集的教義大全*the Corpus Doctrinae*，是德國教會歷史的神學論文大全；還有*the Corpus Inscriptorum Semiticorum*，是法蘭西學院收藏的古希伯來文大全；或是*the Corpus Inscriptorum Graecorum*，是柏林研究院的古希臘文件大全。這些文件大全比較**完整**，而且**主題統**一，可以用作**研究**資料。

另一種有關研究資料一詞的定義是「一套資料，事先由分析者決定，有其（不可避免的）任意性，分析者用之於研究」（Barthes, 1967: 96）。巴特在把文本、影像、音樂及其他資

料當作有意義的社會生活的符徵，將研究資料的概念從文本擴展至其他素材。在他那本有關符號學原理的書裡，他將選擇分析資料的考量，濃縮在幾頁之內。選擇似乎沒有像分析那麼重要，但兩者無法截然二分。任意性不是一個便利的問題，而更近於是原則上的不可避免性。素材應是同質的，因此不可將文本和影像混搭在同一個研究資料當中。一個好的分析會保持在研究資料的範圍之內，並且考量它所包含的所有變異情況。歸納來說，雖然「文本研究資料」（text corpus）過去意謂同一主題的完整文件全集，晚近的意義更強調的是選擇的目的本質，而且不只是侷限在文本，也擴及具有符號功能的其他素材。在選擇研究資料時，此選擇不可避免有某種程度的任意性：完整的分析優先於資料選擇的細察。然而，語言學語料庫（corpus linguistics）提供了一個更有系統的討論。

 ## 什麼是語言研究資料？

在語言學上，研究資料意指為了各種語言研究的目的所蒐集的語言資料。此詞與語言的電腦化研究的發展息息相關（Johansson, 1995; Biber et al., 1998）。語言學研究資料是「一種書寫的或口語的素材，用來進行語言學分析」（*Oxford English Dictionary*, 1989），或是「文本、發音或其他通常儲存在電子資料庫中的素材」（McArthur, 1992）。研究資料的結構方式是透過多種參數如管道（口語或書寫，用來唸的發言稿等等）、領域（藝術、家務、宗教、教育等等）、功能（說服、表達、告知等）來區分，將這些次類別組合起來，如稍後我們將會看到的，可以形成一個階層的語體類型（hierarchical typology of registers）。最早的語言研究資料通常是書寫的資料，並且以人力手工的方式蒐集彙整。

一旦建構完成，研究資料可以作為語言學研究的資料庫。當第一個研究資料被建構出來時，資料檢索必須用手動方式進

行。所以，例如，一個對英語感官動詞（例如「看」、「聽」等動詞）感興趣的研究者，勢必需要以人力手工方式翻看全部的研究資料之後，從中找出這些動詞。後來，研究資料被電腦化了：第一個是「布朗語言資料庫」（the Brown Corpus），是美國羅德島州的布朗大學在1960年代建構的，所有的研究資料都已電腦化，可供自動查詢。

早期的電腦化研究資料庫，出現在語言學發展的一個有趣的時間點，也就是喬姆斯基時代開始的時期。喬姆斯基（Noam Chomsky）的《語法結構》（Syntactic Structures, 1957）一書是此時期的重要著作。喬姆斯基主張，所有人類都有天賦的語言能力，他稱之為「通用文法」（universal grammar）。自從喬姆斯基派的語言學肇始以來，即強調語言學家如何對每個說話者的語言知識（knowledge of language）建構出抽象的表徵（abstract representations）。因為這整個理論是關於抽象表徵，語言學的領域自經驗主義（empiricism）位移，轉而強調我們能說母語人士對語言的內部知識（internal knowledge）。喬姆斯基區分我們所謂的「能力」（competence）與「表現」（performance），前者意指語言使用者對語言的天生知識，後者意指他們使用這些天生之事的方式。後來他又導入「內語」（I-language）（內部語言，internal language）一詞與「外語」（E-language）（外部語言，external language）之分。喬姆斯基的理論是一種能力理論（內語的理論），而非一種表現理論（外語的理論）。在喬姆斯基的模式裡，任何特定語言構成一種副現象，而「語言」一詞現在保留用來專指內語。

早期喬姆斯基的追隨者非常反對經驗主義導向的語言學。布朗語言資料庫的編纂者法蘭西斯（Nelson Francis）在一場研討會中被一位喬姆斯基的追隨者李司（Robert Lees）問及他所做的研究工作。法蘭西斯答以他正在編纂美式口語與書寫英語的研究資料大全，李司立即不客氣的批評法蘭西斯的做法完全是浪費時間。李司的觀點，其實也是許多早年喬姆斯基追隨

者的想法，認為只要用反思的方式就可以得出英語裡的特定語言現象的例子，無需（如法蘭西斯那樣）費事外求。喬姆斯基派的語言學向來堅持，語言研究中唯一有趣的資料是內省資料（introspective data），也就是那個構成母語使用者對該語言知識的基礎。轉向真實資料至今蔚為主流。喬姆斯基晚近在被我們問到他對現代語言學語料庫之看法時，簡單的答以：「它並不存在」。對喬姆斯基而言，蒐集與建構語言學語料庫這件事，只是毫無意義的為了蒐集而蒐集（butterfly collecting）。

語言學語料庫則反過來為建構研究資料辯護，認為這些資料對非母語使用者的語言學家是有用的，而且可能包含單純靠思考難以取得的例子，因為它們很罕見。他們覺得語言學家應該關切真實的語言資料，也就是「表現」方面的資料，而非刻意、人工的「能力」方面的資料。當然，該使用哪一種資料的問題並非爭論的唯一焦點，整體來說，捍衛語言學語料庫是歸納主義者（inductivists），而喬姆斯基派的語言學是演繹主義者（deductivists）。那麼，其間的爭論，也與各自的方法學有關。

■何謂語言學語料庫？語言學研究如何使用資料？

語言學的領域很大，包括諸多次領域如心理語言學、神經語言學（neurolinguistics）、辯論語言學（forensic ling-uistics）、社會語言學（socio-linguistics）、形式或理論語言學（formal or theoretical linguistics）、語意學等等。人們現在也會提到「語言學語料庫」（corpus linguistics）。有人可能會好奇，是否語言學語料庫可與語言學的其他分支等量齊觀？嚴格的說，語言學語料庫本身並非語言學的一個分支：它是一種語言學方法學，可用在語言學的任何分支當中。所以，比方說，語法學家可以利用語言資料來研究特定的語法結構，而社會語言學家可能想利用語言資料來研究電話交談，以瞭解人們電話交談時是否與平日面對面交談的說話方式有所不同。事實上，

研究資料建構：質性資料蒐集的原則

31

有此體會，某些研究資料包含了不只是一種、而是多種的電話交談類別：例如，相同社會地位的人之間的交談，以及不同社會地位的人之間的交談。另一種利用這些資料的方式是社會語言學家研究男性與女性說話方式的差別（另見：例如，Tannen, 1992a, 1992b; Coates, 1996）。語言學家或社會語言學家對「手寫公告」（handwritten notices）感興趣，這個類別最早出現在倫敦大學大學學院（University College London）的「英語用法資料調查」（Survey of English Usage Corpus）之中，在看到優斯頓車站公共廁所門上的這則手寫公告時，可能會心一笑：「廁所故障，請改用第六月台。」

研究者如何使用研究資料？他們又在找尋些什麼呢？很明顯的，這取決於他們的研究目標。在任何個案中，可能會需要一個電腦程式，以便進行智慧搜尋。最簡單的搜尋是找尋一個特定語詞，例如定冠詞the；若要找出例如資料中所有的名詞，就會是一個比較複雜的搜尋。要進行較複雜的搜尋，研究資料必須被界定詞類與文法關係，早年**剖析**（parsing，界定詞類與文法關係）必須用手工方式完成，現在可以自動進行。剖析的第一階段是「加標」（tagging），每個字詞都被賦予一個性質標籤，例如名詞、動詞、形容詞等。這個動作可以用電腦自動完成，結果有大約百分之九十的正確度，但還需要人工方式修正。界定詞類與文法關係的第二階段是將研究資料分析為文法建構。例如，像「這隻狗咬了那位郵差」的句子，電腦程式必須分析「這隻狗」為句子的主詞，「那位郵差」則是直接受詞。

同樣的，自動剖析必須用人工方式校正。一旦界定詞類與文法關係完成，查詢就可以格式化。為了這個目的，需要一個搜尋程式。例如，搜尋程式可接受指示去找所有接在「看」這個動詞之後的直接受詞。倫敦大學大學學院的研究人員發展出一種標籤程式和一種搜尋程式。這個搜尋程式被稱作ICE Corpus Utility Program，簡稱為ICECUP。

■研究資料舉隅：國際英語資料大全集

作為研究資料的一個例子，圖2.1顯示了「國際英語資料大全集」（ICE）當中的各種文本類別，這個資料大全集是倫敦大學大學學院英語系發展出來的。「國際英語資料大全集」之所以稱得上國際，是因為在編纂過程中，同樣的一套建構資料在二十多個英語系國家同步建立，包括美國、加拿大、澳大利亞、紐西蘭、肯亞、奈及利亞。這個英語資料大全集在設計上包括了口語和書寫素材，而口語和書寫素材又分別再細分。ICE—英國資料全集現在已經完成，並且出版成光碟。其他國家的資料全集還在編纂當中（詳見：http://www.ucl.ac.uk/english-usage/ice/）。

在ICE計畫當中的各國資料全集將使研究者得以研究英語在各國被使用的差異狀況。而且因為不同國家的資料是以同一編纂方式建構，這樣一來，將可對各國英語的使用差異進行有意義的統計比較。舉例來說，有志於比較澳洲英語和英式英語的感官動詞用法的人，可以同時利用ICE-GB和ICE-Australia這兩套資料全集。

■語言資料如何建構？

有人可能會認為，語言學語料庫學者應該很早就關切語言資料如何建構及統計代表性等問題。令人訝異的是，實情並非如此。處理這些問題的幾篇基礎的相關論文都是到了1990年代初期才開始出現（Atkins et al., 1992; Biber, 1993）。語言資料建構的思維邏輯自主發展，係為了解決實際問題。統計抽樣對語言學語料庫的發展影響微乎其微；的確，對語言學來說，統計的思維邏輯有何用處，向來是有爭議的。一項關於「語言資料必須基於統計代表性」的提議，在牛津舉行的語言學會議上被否決。統計抽樣的標準取向不適用於建立語言資料（Atkins et al., 1992: 4）。

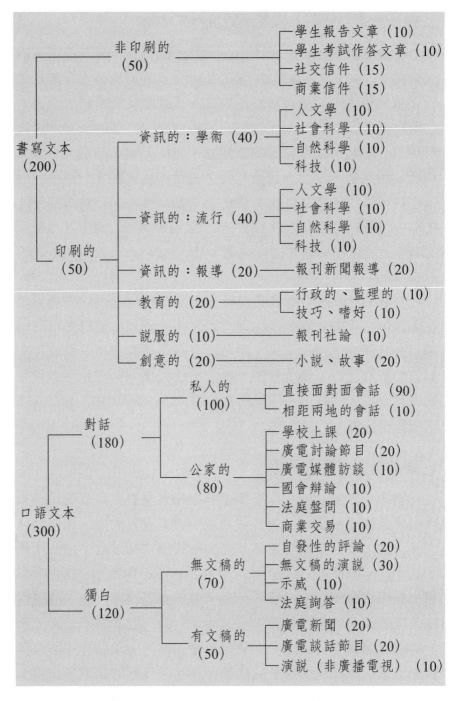

非印刷的（50）
├─ 學生報告文章（10）
├─ 學生考試作答文章（10）
├─ 社交信件（15）
└─ 商業信件（15）

書寫文本（200）

印刷的（50）

資訊的：學術（40）
├─ 人文學（10）
├─ 社會科學（10）
├─ 自然科學（10）
└─ 科技（10）

資訊的：流行（40）
├─ 人文學（10）
├─ 社會科學（10）
├─ 自然科學（10）
└─ 科技（10）

資訊的：報導（20）── 報刊新聞報導（20）

教育的（20）
├─ 行政的、監理的（10）
└─ 技巧、嗜好（10）

說服的（10）── 報刊社論（10）

創意的（20）── 小說、故事（20）

口語文本（300）

對話（180）

私人的（100）
├─ 直接面對面會話（90）
└─ 相距兩地的會話（10）

公家的（80）
├─ 學校上課（20）
├─ 廣電討論節目（20）
├─ 廣電媒體訪談（10）
├─ 國會辯論（10）
├─ 法庭盤問（10）
└─ 商業交易（10）

獨白（120）

無文稿的（70）
├─ 自發性的評論（20）
├─ 無文稿的演說（30）
├─ 示威（10）
└─ 法庭詢答（10）

有文稿的（50）
├─ 廣電新聞（20）
├─ 廣電談話節目（20）
└─ 演說（非廣播電視）（10）

圖2.1　國際英語資料大全集的結構圖

語言資料建構的問題包括：哪一種語言和書寫類別應該被包括？每一種口語或書寫類別的樣本該多大，該包含多少字呢？整個語言資料庫應該收錄多少字呢？一般接受的是語言資料庫的大小不是那麼重要的考量點，但代表性比較值得注意。

　　語言學語料庫在代表性的問題上指認出兩個重要面向（Biber, 1993: 243）。首先，應包含「一種語言中的語言學分布的一定範圍」（1993: 243），比方說，一個有關文法建構的完整範圍。什麼構成「語言學分布的一定範圍」，其實難以事先決定，但字詞的慣用法可說是一種特定語言的工作文法在經驗上建立的與歷經長時間積澱的知識。換句話說，大部分語言學家同意的素材包括廣大範圍的英語文法，例如寇克等人（Quirk et al., 1985）所編纂的英語文法書。語言的這種內部變異狀況稱作類型或方言變異（type or dialect variation）。

　　其次，一個語言資料全集應該包含在一個目標母群體當中的一個範圍夠大的文本，目標母群體意謂著一個限定範圍的，也就是嚴格定義的，從不同脈絡下蒐集而得的文本素材的匯總。這些變異狀況也被稱作語體（registers）、類型（genre）或功能（functions），根據情境和主題的變數而異。這有必要小心思慮。目標母群體的選擇，取決於研究目的：對語言發展有興趣的語言學家與想要研究方言變異的語言學家，當以不同方式建構研究資料（見Aston and Burnard, 1998: 23）。語體與功能的分類可能有其內部變異，而這是語言學示意（linguistic intimation）與直觀（intuition）的問題：問題在於如何決定一個目標母群體的多樣性是否充分。艾金斯等人（Atkins et al., 1992: 7）指出，可以選擇的文本類型的範圍是開放的，而且有其文化的特殊性。例如，試想某人建構一個代表某一社會的語言資料，而宗教在該社會扮演樞紐角色，那麼研究資料可能需要將宗教佈道納入，但在建構其他語言資料時這個部分可能就沒那麼重要。最後，什麼文本類型應納入或排除的決定本身是任意的。

大型的、通用的語言資料，與其所包含的文本的分類法有所不同，而這種差異反映了它們的不同目標。布朗語言資料庫將書寫英文的目標母群體定義為美國在1961年印刷和出版的所有文本。它也包含了十五種文本類型，各種類型之下還有次類型。例如「學術科學」（learned science），次類型可能包括「自然科學」。另一文本類型的例子是「報紙語言」，次類型可能包括「體育評論」。樣本取得來源是布朗大學圖書館和普洛維頓斯圖書館（Providence Athenaeum）收藏的1961年的出版資料。而倫敦大學大學學院的英語用法資料調查，大約也以同一年份為資料蒐集起點，將受過教育的成人口語和書寫英語當作目標母群體（見圖2.1）。

同時，就代表某一特定語言的語言資料全集而言，應該瞭解的一點是，對語言學研究來說，符合比例原則所建構而得的語言資料，也就是依循隨機抽樣的思維邏輯的語言資料並不適當。這種語言資料所包含的主要將會是口語語言，因為一種語言大約有百分之九十的用語是發生在會話交談的場合（Biber, 1993: 247）。但語言學家所需要的語言資料必須是充分多樣的，包含文法結構的完整範圍。因此，除了會話交談的樣本之外，也應該要包含不是這麼大量出現的素材的樣本，例如高度技術性的科學語言（見圖2.1）。語言學的資料建構是高度選擇性的，不免刻意選擇口語和文本類型的某些功能，因為它們的意義重要，可以彰顯特定的類型差異。語言學家會將罕見的事件納入考量，但代表性抽樣則要我們忽略它。

■ 資料與理論的弔詭

在資料設計上，文本與口語的類型和功能似乎是被建立在直覺之上。德國語言學語料庫者施密德（Josef Schmied）將這種現象稱作「資料－理論的弔詭」（corpus-theoretical paradox）。

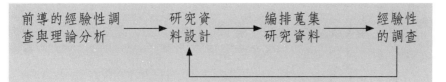

前導的經驗性調
查與理論分析 → 研究資
料設計 → 編排蒐集
研究資料 → 經驗性
的調查

💡 圖2.2　資料建構作為一種循環過程（Biber, 1993: 256）

　　一方面，一個語言資料全集將更能代表一個社群的語言使
用狀況，若它的次類別反映那些決定著該社群的語言變異的所
有變數。另一方面，我們需要一個有代表性的語言資料，以便
在經驗的意義上去決定這些變數。（1996: 192）

　　為了修正這個問題，語言資料設計被畢伯（Biber）看作是
一個循環的過程（見圖2.2），因為吾人無法事先決定到底一個
具有代表性的語言資料全集長什麼樣子。換句話說，建構一個
連續且有特定焦點的研究資料，應該要有某種專業標準，以建
構一個「平衡的研究資料」（balanced corpus）。對艾金斯等
人（Atkins et al., 1992）而言，一個平衡的研究資料係根據多
重的使用者回饋來作微調，從而得到一個可管理的小型模式的
語言學素材出現。平衡意謂著連續修正，校正過程中發現的偏
差。一個循環過程將遵守兩個資料建構的規律。畢伯指出，外
部變異先於內部變異的察覺，因而資料建構必須從種種不同的
脈絡著手（規律一）。而根據艾金森等人，目標在於透過擴展
功能、語體或類型來極大化內部的方言變異（規律二）。若在
這些努力之後所增加的方言變異仍然很少，那麼這時研究資料
就算是達到平衡狀態了。問題在於如何決定會顯著增加內部類
型變異的那些外部變異。

　　資料建構的未來標準可以包括循環改善的紀錄、邁向建
立文本和口語標準分類法，並建立一套標記文本和口語例證的
慣例。透明性將不會改變在資料選擇時必然涉及的任意性，
但有助於避免偽誤宣稱，並建議未來精進之道（Atkins et al.,
1992）。

社會科學中的研究資料

我們可以從語言學汲取經驗，從而挹注於思索質性研究的資料選擇問題。「研究資料」並不是一個在社會科學方法學中廣泛使用的技術用語。由於質性研究正獲得臨界大眾（critical mass）的支持，選擇訪談、文本和其他素材時需要更有系統性的作業方式，就像調查研究那樣。

可以區分通用的（general-purpose）和特定主題的研究資料（topical corpora）。通用的研究資料是設計來處理心中廣泛的研究問題，當作最廣義的一種資源。大多數大型語言學資料就構成了這類的研究計畫。由投入的努力程度來判斷，這些資料有如許多國家進行的十年一度的人口普查，或是每年進行一次的勞動力調查。

檔案收藏構成了通用的研究資料。我們可以想看看許多國家圖書館，收藏了該國完整的報紙雜誌，包括紙本或是微縮片。自十九世紀初期以來，倫敦的大英報紙圖書館收藏每天和每週在英倫三島出版的報章雜誌。近年來，線上服務興起，提供每天的完整報紙內容，例如FT-Profile[1]、路透社，或報社提供的報紙內容資料光碟的定期更新服務。這些服務當中，有許多幾乎是完整的，並且被列示出來，可以用來進行代表性或甚至是嚴格隨機抽樣。古典內容分析受益於這些發展。

特定主題的研究資料是為狹窄定義的研究目的而設計的，也可以用作次級資料分析的一般研究資料。大部分以文本或訪談為基礎的社會科學研究都屬於這一種。特定主題研究資料庫的一個例子是「烏姆文件銀行」（Ulm Textbank）（Mergenthaler and Kaechele, 1988）。該資料庫蒐集了超過八千次心理治療的對話內容逐字轉錄稿（verbatim

---

[1]　譯註：FT-Profile是倫敦金融時報出版的光碟及線上綜合新聞資料庫。

transcripts），得自超過一千位病人和大約七十位心理治療師，地理範圍也涵蓋德國、奧地利、瑞典、瑞士和美國。它被認為是心理治療研究的工具，可以用來研究互動與經驗的動態。雖然這些素材當中的最大一部分是心理分析取向的，但並非所有的錄音資料都是。心理治療是一種特殊形式的人類互動，發生在世界各地，而在這個資料庫中，代表性並非資料選擇的原則：若然，當考量將世界上心理治療的幾個中心城市如紐約、蘇黎世、維也納和布宜諾斯艾利斯納入抽樣地點。相反的，烏姆文件銀行這個資料庫的選擇標準是心理治療取向的（語體一）、病人診斷（語體二）、治療方式的效果（語體三），以及至少三百到五百小時的錄音資料（語體四）。選擇時，目標是在不同的語體中取得平衡，以便使資料可作比較研究，因此目標不是追求代表性，不管是真實生活當中心理治療成敗的比例分布，或是多達六百種不同的心理治療的流派，而是將目標設定在取得包括三十四種有關心理治療互動的文本類型。分析的焦點是心理治療過程中的語文活動和不同形式情緒性的表達方式。目的是將特定的初始診斷與後來的語文動態的類型連結到治療結果。這個研究資料庫的設計目的是極大化心理治療過程中涉及的語文動態的內部多樣性，包括心理治療師的取向、診斷、治療結果和治療期長短（Mergenthaler, 1996）。

如何建構社會科學使用的研究資料？

　　語言學家和質性研究者面臨著一種資料—理論的弔詭，他們意在研究社會生活的主題、意見、態度、刻板印象、世界觀、行為和實踐。然而，正如這些多樣情狀尚不得而知，因此它們的分布狀況亦然，研究者不能根據代表性的思維邏輯去進行抽樣。但是當我們考量時間因素，弔詭通常獲得解決。語言學家建議一個逐步進行的程序：

　　(a)先初步進行選擇；

(b)分析其中的多樣程度；

(c)將研究資料的蒐集範圍擴展，直到不再發現額外的多樣
   類型為止。

換句話說，他們將研究資料看作是一個生長的系統。以下
是質性研究抽樣的第一個規則：

　　規則一：逐步進行：選擇，分析，再選擇。

■關聯性、同質性與同步性

巴特（Barthes, 1967: 95ff）關於研究資料設計的建議
對質性研究抽樣可能有用：關聯性（relevance）、同質性
（homogeneity）與同步性（synchronicity）。第一，所蒐集的
素材必須是理論上具有關聯性的，而且應該限於從單一的一種
觀點（point of view）。研究資料中的素材只有一個主題焦點，
一個特定的主題。例如，科學和科技新聞的研究，需要一個包
含許多科學和科技新聞的資料集，排除其他的新聞。這和從所
有新聞中決定出科學新聞的比例是兩個完全不一樣的問題：這
會需要一個包含所有新聞的具代表性的樣本。雖然這個標準瑣
碎，但它可作為一個提醒，提醒我們要聚焦並有所選擇。

第二，研究資料中的素材必須儘可能地同質。這意指資
料的物質特性。文本素材不應混雜影像，或是將其他溝通媒材
混在一起；個別訪談的逐字轉錄稿不應和焦點團體訪談混在一
塊。影像、文本和個別及焦點團體訪談可以用來探討同一研究
計畫中的不同部分；不過，它們必須被分到不同的資料集，以
便進行比較。

第三，研究資料是歷史交錯的。大部分素材有其穩定與
變遷的自然週期。用來研究的素材，應該從一個自然週期之中
選取：在時間上，它們必須是同步的。正常的變遷週期將會界
定時間間隔，從中一個包含具關聯且同質性的素材的研究資料

得以被選取。比方說，家庭類型很可能在一或兩代的期間內是穩定的；衣著款式的變化週期大約是一年；意見的週期較短，大約幾天或數週之內。對資料建構的目的而言，一個週期內的各種素材優於跨越多個變遷週期的單一類型的素材。跨越週期的變遷可以透過比較兩組研究資料，而非從單一的研究資料得到。

■飽和

圖2.3描繪了克服資料─理論弔詭的程序。社會空間在兩個向度上開展：階層或功能，以及再現。水平向度包含人所共知的社會階層（social strata）、功能（functions）和類別（categories）：性別、年齡、職業活動、都市／鄉村、收入水平、宗教等等。這些是社會研究者通常用來區隔母群體的變項；它們外在於被研究的實際現象。質性研究者的主要興趣是將人類在生活世界中的各類再現狀況予以類型化。人們在生活世界中與客體發生聯繫，其間的主體─客體關係，可以透過諸如意見、態度、感覺、說法、刻板印象、信仰、認同、意識形態、言說、世界觀、習慣和實作等概念來進行觀察。這是圖2.3當中的第二個或垂直向度。這當中涉及的多樣變化是未知且值得研究的。再現是特殊的主體─客體關係，與社會情境（social melieu）有關。質性研究者想要瞭解社會空間當中的不同情境，透過將社會階層及功能類型化，或是透過合併，並且瞭解特殊的再現狀況。社會情境占據了一個社會空間，而且可能有一個共同興趣與投資的計畫支撐著這些再現狀況。外部及內部的多樣性與再現之間可能互有關聯，但不一定有關聯。在一個動態的社會裡，既有舊的社會情境，也有新的社會情境浮現。這會需要社會學想像和歷史親近性，從而能夠指認新的社會情境和傳統的社會情境，攸關社會上對一個新議題的再現狀況（Bauer and Gaskell, 1999）。

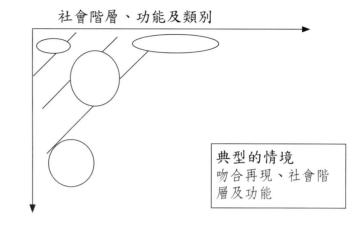

再現
（未知的）
種類：
信仰
態度
意見
刻板印象
意識形態
世界觀
習慣
實作

社會階層、功能及類別

典型的情境
吻合再現、社會階
層及功能

圖2.3　社會空間的兩個向度：階層與再現

　　為選擇質性研究的受訪者或文本素材，我們選擇人選和
資料來源時係根據外在的標準：社會階層、功能和類別。比方
說，我們可以依據性別、年齡和教育程度來邀請不同的受訪者
參加焦點團體座談，以便研究有關複製人（human cloning）
的道德議題。不過，研究焦點不在兩性之間或不同年齡群的差
異，而是道德議題及其論證結構的多樣性。換句話說，質性研
究傾向於極大化對於未知現象（例如，在本案例中是有關複製
人的道德議題）的多樣性。這和樣本調查研究不同：對抽樣調
查研究來說，意見和態度是事先框架在調查問題裡，並且用來
比較已知的不同階層類屬的人們之間的差異。比方說，研究將
報告根據教育程度、性別或年齡區分的人們意見差異。根據這
些考量，對於質性研究的資料選擇，我們提出另外三項規則：

　　規則二：在質性研究中，階層與功能多樣性優先於再現狀
　　　　　　況的多樣性。

　　規則三：刻劃再現狀況的多樣性優先於將它們套在現有對
　　　　　　於人的區分類別上。

規則四：透過擴展（選擇資料時）所考量的階層或功能，極大化再現狀況的多樣性。

　　這些規則的意涵可能是這樣，也就是某些階層可能被過度選擇，因此提供複雜觀點的某一特定團體，可能在一項研究中被過度強調。例如，若在有關複製人的焦點團體座談中，婦女展現出較大關切和多樣觀點，吾人可能會急於探索僅限於女性群體本身的不同階層和功能，例如，有或沒有小孩、宗教背景等等，從而忽略了資料中女性談話可能原本就多於男性談話的狀況。不過，為了避免做成偽誤的結論，對於意見分布狀況的任何判斷都應該避免。只有意見的代表性抽樣允許我們確定的描述意見分布狀況。在此意涵上，研究資料建構有助於類型化未知的再現狀況，而代表性抽樣恰好相反，可以描述社會上已知的再現狀況的分布情形。兩種思維邏輯需要謹慎區分，以避免混淆與偽誤結論。

　　為了克服資料建構上的最初的弔詭，研究應從外在階層和功能著手（規則二）。在焦點團體研究裡，在最初預感什麼會對一個議題的再現造成差異的因素之後，研究者可以考量年齡群或教育階層。不過，在區隔社會空間時，研究者最好不要只靠自己的預感，必須保持一個開放心胸，追尋在一開始並不明顯可見的其他階層和功能。他們可以從性別、年齡和教育等變項開始，但或許也須考量族群、宗教和城鄉差異，以便指認和極大化人們對一議題的再現狀況的多樣類型。此處，報酬遞減法則可能適用：加進其他階層因素之後，對於增加額外的再現狀況或許只有很小的差異。當這種情形發生時，研究資料即已達到飽和程度。規則一指出，質性研究的資料選擇是一個循環的過程，而循環過程需要一個飽和（saturation）（喊停）的判準，否則研究計畫將無完結之日。飽和就是這個循環過程的喊停判準：吾人持續追尋不同的再現狀況，直到納入新階層因素卻不見任何新的再現狀況增加為止。我們假定再現狀況的多

樣性，在一定的時間與社會空間裡有一定限制。為了調查額外的多樣狀況，可能不成比例的增加了研究的成本；因此，研究者決定停止研究額外的階層因素。這種判準的風險是地方極限（local maxima）：在本地酒吧裡訪問另一位常客可能得不到更多不同的新意見；然而，若到很不一樣的區域或到其他城鎮，可能會得到不同的新意見。研究者俯仰於在生活世界之中，他們必須自問，調查所得的現象多樣性是否涵蓋本地或更寬廣的地域。

■研究資料量的大小

研究資料量應該多大，對質性研究來說難有定論。吾人必須考量資料蒐集與分析所涉及的心力，我們想要掌握的再現狀況的多寡，以及一些最小和最大的需求，例如在（電腦）自動化的文本分析，來作為決定資料量大小的判準。

大部分的限制來自於進行大量的焦點團體座談或深度訪談或蒐集文件所需投入的心力。進行訪談與分析訪談資料所需時間，對研究資料量大小將構成第一個限制。涉及大量素材的質性研究很正確的被形容為「有吸引力的麻煩事」（attractive nuisance）（Miles, 1979）。研究者可以輕易的蒐集到比他們在研究期間內能有效處理的還要更多的有趣資料。這導致常見的抱怨，一個研究計畫結束時，通常資料並未被有深度的進行分析，最終創造了「資料地牢」（data dungeons）的結果：素材是蒐集了，但從未被真正的分析過。若能經過嚴謹評估資料選擇與分析程序所需時間，將會增加許多研究者從事研究時的現實感。

研究者期待一個特定議題的再現越多，那麼需要被探討的不同階層及功能的人或素材就越多，而結果就是越大量的研究資料。研究者勢必將決定對一個或多種再現狀況進行詳盡的研究。同樣的，若納入自動化的文本分析，包含統計程序的應用，那麼可能會需要一定數量以上的資料，以獲得比較可靠的

結果。比方說，ALCESTE〔見Kronberger and Wagner，原書第十七章（本書未中譯此章）〕需要至少包含一萬字以上的文本資料。這樣的程序可能也需對研究資料量的大小設限，因為若超過，則分析程序可能無法進行或太耗時。

■邁向研究資料建構和報告的基本標準

就像在語言學語料庫裡一樣，吾人必須拋棄在任何主題上取得一個具備完全代表性、通用的研究資料的念頭。大量的主題資料可以從質性研究蓬勃的研究中浮現。問題在於如何讓這些素材之間變得可以比較，並且可用作次級分析。朝這方向更進一步是研究資料建構與報告的指引的發展。調查研究已發展了精巧的標準，用以報告代表性抽樣程序，而相似的程序可能在質性研究裡也需要。這些程序包括：

- 描述研究素材的實質：文本、影像、聲音等等。
- 刻劃研究主題，例如：複製人的道德議題。
- 報告逐步擴展這個開放研究資料的方式。
- 最先用作擴展資料蒐集範圍的社會階層、功能和類別。
- 稍後加入用來增加研究資料多樣性的社會階層、功能和類別。
- 是否取得資料已達飽和程度的證據。
- 資料蒐集循環週期的時間點。
- 資料蒐集的地點。

的確，英國的教育與社會研究委員會（ESRC，譯按：相當於台灣的行政院國家科學委員會）設在艾薩克斯大學的典藏資料庫（Heaton, 1988；或ESRC的網站資料，可參考http://www.essex.ac.uk/qualidat/），正在建立質性研究的典藏資料，其中需要報告的標準、保護受訪者的隱私，是質性研究中一個非常敏感的議題。

建構研究資料的步驟

1. 決定一個主題領域，並且考量資料建構的四個規則：

   規則一：逐步進行：選擇，分析，再選擇。

   規則二：在質性研究中，階層與功能多樣性優先於再現狀況的多樣性。

   規則三：刻劃再現狀況的多樣性優先於將它們套在現有對於人的區分類別上。

   規則四：透過擴展（選擇資料時）所考量的階層或功能，極大化再現狀況的多樣性。

2. 將一個社會空間的兩個向度同時納入考量：階層和功能，以及這個主題的再現狀況。儘可能列出所有的社會階層和功能。

3. 探討這個主題的再現狀況，從一個或兩個階層或功能因素開始著手。

4. 決定是否這些階層因素可能窮盡再現狀況的多樣性，或是否額外的其他階層或社會功能因素需要被探討。

5. 根據上述狀況擴展研究資料的選擇範圍。核對是否已經達到飽和程度？在過程中哪些階層因素沒有被考慮？

6. 對資料進行最後的分析，並且根據這些發現修正社會空間，然後報告你的研究發現；或是，回到第四步驟再重複這個循環的研究程序。

第二章

個別與團體訪談

本章作者：George Gaskell

焦點團體訪談（focus group interview）
團體動力學（group dynamics）
個別深度訪談（individual depth interview）
主持人（moderator）
刺激素材（stimulus material）
訪談大綱（topic guide）

　　本章可說是我對自己二十五年來從事質性研究、參加的各種訓練課程及演說的個人反思，試圖闡釋我從無數的研究計畫累積的默示知識（tacit knowledge）。概念性的討論主要來自社會心理學研究，希望來自其他社會科學領域的人可從中得到有價值的實務建議。

　　本章目標在於提供質性訪談的背景概念與實務指引。在此，質性訪談指的是針對個別受訪者（深度訪談）或團體受訪者（焦點團體）所進行的半結構化的訪談。這些質性訪談的形式，一方面與高度結構化的調查訪問不同（調查訪問的一系列問題是預先決定的）；另一方面也與參與式觀察或民族誌研究所用的無結構化訪談有別，後者較強調長期的在地知識及文化，而非僅在相對受限的時間內進行訪談。

　　在經驗性的社會科學上，質性訪談廣泛應用於資料蒐集上。誠如羅伯特・法爾（Robert Farr, 1982）所言，它「基本上是一種技術或方法，用以建立或發現對於事件的各種不同的視野或觀點，而非訪問者自己的視野或觀點」。

　　其出發點是假設社會世界並非完全沒問題的或給定的（given）：社會世界是人們在日常生活中主動建構的，但並非在他們自己創造的條件下建構的。這些建構組成了人們的最重要的真實，也就是他們的生活世界（life world）。用質性訪談去描繪、瞭解受訪者的生活世界，是社會科學家的進場點，然後透過詮釋性的架構（interpretative frameworks），用較概念性或抽象的方式去瞭解行動者的說法（通常結合其他的觀察）。因此，質性訪談提供了瞭解社會行動者及其情境之關係的基礎資料，細緻地瞭解特定社會脈絡下與人們行為有關的信念、態度、價值觀與動機。

 ## 質性訪談的使用

　　瞭解受訪者與特定社會團體的生活世界是質性訪談

的本務，可能對許多不同的研究努力有所貢獻；質性訪談本身也可以是目的，提供特定社會環境的「厚描」（thick description）；用來建立後續研究架構的基礎；或是提供經驗性的資料，檢測從理論導出的預期或假設。

　　除了用來描述概念發展和檢驗概念之外，在與其他方法結合時，質性訪談可以扮演關鍵角色。例如，質性訪談得到的洞察可改善調查設計和詮釋品質。為了擬定適當問題，必須瞭解目標團體的想法與語言。同樣地，調查研究經常產生令人訝異的結果，需要進一步探討；此時，質性訪談所提供的深度瞭解是有價值的脈絡資訊，有助於解釋特定發現。

　　從它被廣泛應用於社會科學領域，以及媒體閱聽人研究、公共關係、行銷與廣告等商業社會研究之中，質性訪談的多重用途與價值，可見一斑。

 ## 準備與規劃

　　這個小節將介紹個別與團體訪談的重要面向，包括準備與規劃、選擇受訪者，並且介紹個別與團體訪談的技巧。此處的假設是研究者已發展了理論或概念架構和研究問題、或是已決定在紮根理論（grounded theory）（Glaser and Strauss, 1967）的架構下進行研究。因此，在任何形式的訪談前必須考量兩個關鍵：問什麼（確定訪談大綱）、問誰（如何選擇受訪者）。

■訪談大綱

　　訪談大綱（topic guide）是研究過程重要的一環，必須審慎從事。在成功的訪談中看到的自然、近乎隨性的會話背後，有個充分準備的訪談者。若問了不適當的問題，不僅浪費受訪者、也浪費訪問者的時間。花時間與心力去建構訪談大綱是必要的，建構過程可能需要不斷的草擬和修改。基本上，訪談大綱的設計目的是希望達成研究目的與目標，必須基於結合適

合文獻的批判性閱讀、對某個研究領域的情報蒐集（可能包括觀察及／或先和相關人士初步交換意見）、與有經驗的同仁討論，再加上有創意的思考。理想上，訪談大綱應該是一頁，它並不是大量的特定問題，而是一組段落標題，用來提示訪問者，是一張預防訪談時突然腦中一片空白的安全毯，作為接續進行訪問的訊號，也是（若每一段落附註分鐘數）在訪談過程中控制進度的方法。好的訪談大綱能為討論提供容易且舒適的架構，為重要事項提供符合邏輯的進行方式。由於訪談大綱是用來提醒研究者用的，有關社會科學研究議題必須用受訪者慣用的生活用語發問。最後，訪談大綱可當作分析訪談逐字轉錄稿的初步架構。

然而，訪談大綱，如同其標題所言，是一個引導，不該過份依賴而被像奴隸般遵循著。訪問者必須用他或她自己的社會科學想像，在訪談過程中不期而遇的議題可能很重要。當此種情形發生時，可能需要修正後續訪談用的訪談大綱。同樣地，在訪談過程中，可能因為概念因素或受訪者對該主題無話可說，而使原本在規劃時認為重要的問題變得無趣。最後，在研究進行中，訪談者可能會形成一些假設，這些假設會藉由不同形式的問題去探索。基本上，訪談大綱在研究開始前即須準備妥當，但也須有彈性，重要的是，應該把任何修正及修正的理由充分記錄下來。

■選擇受訪者

相對於「抽樣」（sampling），我更加偏好用「選擇」（selecting）一詞。因為抽樣無可避免地帶有調查法和民意調查的內涵意義，從母群體抽取的系統性的統計樣本，在特定信心水準內可以通則化。基於諸多因素，質性研究在受訪者的選擇上不能依照量化研究的程序。

首先，即使能隨機抽樣選取三十人當質性研究的樣本，在其他指標上的誤差範圍將會在50/50的正負百分之二十左右

內。因此若訪談三十位醫生，半數醫生說他們將採用順勢療法（homeopahtic），另一半說他們不會如此，研究者可有信心地說，百分之三十到七十的醫生會採順勢療法。很明顯地，若要評定醫生對順勢療法有無熱情，其他形式的社會研究方法較好，例如調查法。但通常質性研究的報告，在描述受訪者意見或經驗的分布情形時，會包括詳細數字或概略的量詞如「超過半數」，彷彿這些數字會讓詮釋更有份量，或是更合理化將研究結果通則化到更大的母群體。其實，這樣做是誤解了質性研究的目的。

質性研究的真正目的並非計算意見或人數，而是探索意見、某議題的不同再現狀況的範圍。以一個特殊的社會情境如醫學專業為例，人們感興趣的是對於某一問題（例如，順勢療法）的各種觀點，以及重要的是這些觀點的依據與合理化說法。為了涵蓋這些觀點，研究者應訪談這個社會情境的不同成員，因為並非所有醫生的看法都相同。但同樣地，通常會發現在特定社會情境對某個問題的觀點或立場相對有限，因此，研究者應該考量在該問題上應該如何區隔社會情境。或許可參考一些調查資料或紀錄來選擇受訪者，但一般而言並沒有這些資料存在。在缺乏先前資訊的情況下，研究者或許可以先向醫學專業人士請教，詢問為何醫生們對順勢療法有不同看法，或他／她認為這是否與醫生所受訓練、性別或病患的資料有關。不論判準為何，目標在於極大化瞭解特定社會情境的成員立場差異的機會（請參考本書第二章）。

對其他研究問題而言，選擇受訪者可能變得更複雜，例如研究問題不只和一個社會情境有關。以基因改造食物的引進為例，這項新科技對大多數（若非全部）公眾有所影響。要瞭解各種對基因改造食物的反應，必須先定義相關情境以便做選擇。既定／傳統的選擇方式是使用標準的社會人口學的變項，包括性別、年齡、社會階級和一些地理劃分，如城市／鄉村。讓我們假定這些指標可用二分法進行分類，為了涵蓋所有可能

組合，將產生十六個方格。在這個假設下，不論是個人或團體受訪者，每一方格至少需要兩場訪談，因此需要進行三十二次訪談。

這將會是個大工程，對許多研究而言太過龐大。因此研究者需從十六個方格中選出可能比較有趣的社會人口特質的組合。換句話說，這樣將包含所有特質，但並非這些特質所有的可能組合狀況。

另一種可能的區隔方式是使用「自然的」、而非統計或人口分類學的團體。在自然團體中，人們會有互動，他們可能有共同的過去或共同的未來計畫。他們也可能使用相同媒介，觀點相近。自然團體組成了一個社會情境。回到基因改造食品的例子，捨棄原本認為社會和人口特質會造成差異觀點的假設，而以自然團體或社會背景相近來選擇受訪者，因為在基因改造食品的討論上，環境學家針對風險、消費者團體強調安全性（尤其是對兒童），宗教團體重視道德層面，農人關注有機農業的獲利與危機，這些都是可供選擇的社會情境。因此，可訪談環保組織、有稚齡子女的母親、不同宗教信仰的人，以及從事農業工作的人。在這些團體中，需要考量性別、年齡、教育程度等特性是否相關。例如，一般而言雖然男性比女性易接受新科技，但年齡的關聯性較不直接。研究者需要權衡某些分類取捨的利弊得失。要做這些選擇，社會科學的想像是必要的，並無所謂的正確答案。

歸納來說，質性研究的目標是對觀點的範圍進行抽樣。質性研究的抽樣並沒有唯一的方法，不像樣本調查法那樣，隨機抽樣適用大多數情況。此處，因為受訪者的數目不能太多，研究者必須利用社會科學想像來選擇受訪者。雖然標準的社會人口學特徵可能明顯與消費和政治議題有關，但在研究其他議題時，可能用相關社會情境當作抽樣時的思考基準較有幫助。在某些情況下，研究必須分階段進行，第一階段可能根據研究前獲得的資訊進行抽樣設計，在這個階段評估過資料後，第二

階段可能集中在特別有趣的特定類別受訪者。最後，不論選擇受訪者的判準為何，在報告中應該說明清楚並合理化選擇的程序。

■需要多少訪談？

「一條細繩有多長？」這個問題可引起多種回應，而其答案事實上是「看情況而定」。取決於主題的本質、可能相關情境的多寡，當然也和有多少研究資源有關。然而，做這決定時仍有一般性的考量，其中一個必須念茲在茲的關鍵點是，當所有情況都相同時，訪談的數量較多不見得可獲得較高品質或更詳盡的瞭解。這個講法有兩個基礎，首先，真實的解釋或版本有限。雖然有些經驗似乎對個人而言是獨特的，但這類經驗的再現並非產生自個人心中；從某些角度來說，這些經驗是社會過程的結果。因此，一個共同關切的議題之再現，或是特定社會情境中關於人的再現，一部分是共享的。這可見於一系列的訪談之中。最初的幾場訪談充滿驚奇，受訪者之間的說法差異很大，令人納悶是否能找到類似的說法。然而，共同的主題開始出現，研究者也對瞭解此現象漸具信心。到某一時間點後，研究者開始瞭解到不會再有新的驚奇或洞察出現。到達這個意義飽和（meaning saturation）的時點，研究者可能會放下訪談大綱，檢視他或她自己的瞭解，若對此現象已確實有所瞭解，這便是可以到此停止繼續訪談的訊號。

其次是資料數量大小的問題。一份訪談轉錄稿可能多達十五頁，因此，二十場訪談總共會產生多達三百頁的訪談轉錄稿。為了分析訪談轉錄稿文本，而非只是粗略地選取其中受訪者的一些談話，必須對這些訪談幾乎達到日思夜想的地步，能回憶每個訪談場景、受訪者，以及每次訪談的關鍵主題。在文本的記錄上，時有資訊遺失，訪談者必須留意受訪者的情緒語調，並回想為何他們會問某個特定的問題。某段最初聽到時似甚稀鬆平常的話，在後來比較不同受訪者說法後，可能突然變

得至關重要。

因為上述這兩個原因，訪談人數必須有上限，以便順利進行訪談與分析訪談結果。對獨立進行研究的單一研究者而言，大約介於十五至二十五次的個別訪談，以及六至八場焦點團體訪談。當然，這個研究可能分階段進行：先完成第一組幾個人次的訪談，接著分析，然後進行第二組的訪談。在此種情況下，可能進行較多受訪者的訪談較為理想，然後分別對訪談轉錄稿進行分析，在最後的階段再全部一起分析。

■質性訪談注意事項

貝克與紀爾（Becker and Geer, 1957）認為參與式觀察是「最完整形式之社會學資料」。因此，參與式觀察提供評斷其他方法的基準，或如他們所言，可「知道使用其他方法時會遺漏什麼資訊」。和參與式觀察所投入的密集田野調查相較，貝克與紀爾認為訪談法有三個限制或缺點。基本上，這些限制或缺點是來自於訪談者過度依賴受訪者對於發生在其他時空的事件的說法。

在此情境下，訪談者可能無法充分瞭解「在地語言」（local language）：某些普通詞彙的內涵意義可能相當不同。其次，因為許多原因，受訪者可能會省略某些重要細節，有些可能是因為是被視為理所當然的部分，或是受訪者很難用言語表達，或是受訪者認為某些事情說出來不禮貌而難以啟齒。第三，受訪者可能透過「扭曲的鏡片」看事情，提供的說法可能造成誤導，而且無法查核或證實。

訪談的這些限制可能導致研究者對情境和事件做出無效的推論。藉由參與式觀察，研究者能接觸更深更廣的資訊，能對不同的印象或觀察進行多元方法的驗證，並且進一步的瞭解田野調查中浮現的差異。

貝克與紀爾並不是說訪談法的潛在限制會使這種方法無效。他們承認，由於實用性和經濟因素，訪談法是很有用的方

法。他們所提供的是供我們進一步思考的議題，讓研究正視方法上的問題，從而努力精進訪談技巧。從實務的角度來說，貝克與紀爾的用意是三重的：第一，訪談者不該把任何事情視為理所當然。其次，訪談者應更謹慎詳盡地調查受訪者初步回應時未提供的細節。最後，由於在執行一些訪談後所累積的洞察力，使研究者得以瞭解受訪者群體的生活世界。

■方法學的選擇：個別 vs. 團體訪談

在瞭解貝克與紀爾的警示之後，我們將處理的問題是哪一種訪談方法學（個別或團體訪談）最適合，關鍵的考量點為何。在學術與商業研究的方法抉擇上，有著明顯對比。一般而言，學術研究使用個別深度訪談，而商業部門則偏好團體訪談。此一不同的取向，可能是基於傳統，或是出於務實的考慮。例如，因為商業研究通常時間緊迫，所以傾向於採用受訪者人數較少的焦點團體訪談，而且要比個別訪談同一數量的受訪者來得快。

當然，個別與團體訪談有許多相似處。在這兩種類型的訪談中，研究者都不會像在調查法或問卷那樣用一組預先設定的問題進行訪談。雖然訪談大致內容以研究問題為架構，用以建構訪談大綱，但在訪談時並不是問一系列的制式問題，也不預期受訪者將想法轉譯成特定的回應類目。這些問題大致算是一種邀請，邀請受訪者用他們自己的話暢所欲言，也給予足夠的時間反思。更進一步說，不像調查法，研究者在訪談時可進行適當的刺探，或是提出適合特定對象回答的問題，從而對他們感興趣的問題點得到受訪者釐清與詳盡的回應。

然而，是否有任何概念基礎，有助於吾人用來選擇方法呢？任何研究訪談都是一種社會過程、一種互動或是合作的冒險，文字（言詞）是其中最主要的交流媒介。這並非僅是一種單向地從一方（受訪者）傳遞資訊至另一方（訪問者）的過程。更確切地說，這是一種互動，一種想法與意義的交換，從

中發現與發展各種真實與感知。可以說，受訪者與訪問者都以不同方式參與知識的產製。當我們處理對於世界與事件意義與感受時，隨著情境與互動情形的不同，存在著各種可能的真實。因此，訪談是一種共同的冒險，一種對於真實的分享與協商。為了理解社會知識或再現的產製，包爾和傑斯柯（Bauer and Gaskell, 1999）認為，再現所涉及的最小的社會系統是一個對話的三合一（a dialogical triad）：沿著時間的面向，兩個人（主體一與主體二）關切與某個方案（P）有關的某個客體（O）。這個中介的三角形，延著時間順序（S-O-P-S），是產製意義的基本溝通單位。意義並非一種個別或私有的事務，而是永遠受到具體或想像的「他者」影響。

心存此理，接著考量深度訪談。它是一對一的會話，一個二合一的互動，但在許多方面與一般會話不同。它持續進行超過一小時，而且發生在兩個一開始並不熟悉的人之間。這當中有著不尋常的角色關係。其中一個人，也就是訪問者，被預期要提問題；另一個人，也就是受訪者，則被預期要回答問題。訪談問題由訪問者做選擇，而受訪者可能有也可能無法在事前先嚴肅思考這些問題。

在這個奇特的情境中，受訪者可能會相當自覺，而且可能有點遲疑或防衛。他們應該在這個不平等的對話中扮演何種角色呢？他們是否可以信任訪問者？他們是否可以說出他們真正的感覺？他們最初的傾向可能會跟隨日常對話的規範，將答案限制在可能相關或資訊性的部分（Grice, 1975），並且對問題採取符合特定自我形象的立場。

為了減少這些（可以理解的）傾向，鼓勵受訪者暢所欲言，坦率揭露他們自己各個面向的生活，並且坦白以告，訪問者必須使受訪者儘量放鬆，並且建立一種信任與信心的關係，也就是所謂的信賴關係（rapport）。這可藉由訪問者的問題形式─語文與非語文的強化，以及透過放鬆和非自覺狀態等方式來達成。當信賴關係建立，受訪者可能更能放鬆與坦率，並且

思考與說出超出表面意見層次的內容，而較不會規範性的辯解。同時，受訪者也更能提出進一步的問題與適當的刺探。在某個程度上，訪問者必須扮演類似諮商者的角色。

　　基本上，在成功的深度訪談中，受訪者個人的世界觀可被詳盡地探索。雖然這種個人觀點反映的是過往會話的殘存與記憶，受訪者仍占有核心地位，這是他們個人對於過往的建構。在進行這類訪談的過程中，能夠聽見正在建構中的敘事是令人振奮的：有些元素被完整地記憶了，但對細節與詮釋方式的闡述，卻甚至可能令受訪者自己都感到訝異。也許，只有藉由說出來，我們才知道自己在想些什麼。

　　從深度訪談二合一的獨特的互動形式移位到焦點團體訪談，帶來社會情境上的一種質性的變化。在焦點團體中，訪問者（通常被稱為主持人）是參與者之間社會互動（溝通）的催化劑。焦點團體的目標是刺激參與者說話並回應彼此、比較經驗與印象，並且回應團體中其他成員說的話。就此而論，相較於深度訪談，焦點團體是較真實的社會互動，這是一個運作中的最小的社會單位，就其本身而論，其顯現出的意義或再現，較受到團體互動的社會性所影響，而不像深度訪談那樣依賴個人觀點。

　　團體中的社會過程，已在團體動力學的文獻中被廣泛研究。焦點團體的先驅至少有三：台維斯塔克中心（Tavistock Institute）的團體治療傳統（group therapy）（Bion, 1961）、對溝通的確認的評估（Merton and Kendall, 1946），以及社會心理學的團體動力學傳統（Lewin, 1958）。

　　基本上，這些研究指出，與同一地點的一群人的差別在於，團體不只是部分的總和：團體本身即是一個實體。團體中發生的過程，在深度訪談的一對一互動中無法看到。團體的出現，是隨著共有的認同發展、產生與自我不同的「我們」之共同命運。團體可能會分裂成挑戰彼此觀念意見的小團體。團體互動可能產生情感、幽默、自發性與具有創意的觀點。團體中

的人，更願意產生新奇觀點並探究其意涵。團體被認為較可能有風險和極端化的態度——變成較極端的立場。根據這些觀點，焦點團體是較自然的情境，其中的參與者利用他人觀點形成回應，並且對自己或其他人的經驗做出評論。

根據這些考量，我們可以歸納出焦點團體的特性：

1. 一種綜效可能從社會互動中浮現：換句話說，團體大於部分的總和。

2. 團體的過程、態度和意見改變與意見領導的動態，是可能被觀察到的。

3. 團體中可能會有一定程度的情緒涉入，而這在一對一的訪談中極少發生。

焦點團體的依據在於各種與團體形成過程（process of group formation）有關之理論架構。例如，塔克曼（Tuckman, 1965）指認出四種發展階段。首先是**形成期**（forming stage），在這當中會有困惑與不確定，開始建立相互瞭解與對這個團體的認同。在這之後是**風暴期**（storming stage），團體成員間開始產生爭執，以及團體本身和領導人之間的爭執。若這個衝突的時期解決了，團體便會變得更有凝聚力，進入**規範期**（norming stage）。隨著角色定義和團體的建立，這時便進入**表現期**（performing stage），而且對研究者而言，最有價值的研究工作已經完成。戈登與藍梅德（Gordon and Langmaid, 1988）在這清單上再增加一個最後的階段，也就是**哀悼期**（mourning stage）。在此，當團體訪談結束、錄音機關掉後，團體成員之間或主持人與部分成員間會有比較私人性質的討論。訪談結束後必須說的話是解釋尷尬的進入（或更常發生的是，重新進入）真實世界。這時主持人可能希望繼續錄音，因為一些可能有重要意義的點此時可能被談到。在此種情況下，在參與者離開房間（焦點團體訪談室）後馬上做筆記是好的。

主持人的任務是協助團體順利進入最後階段，也就是「表現期」，在九十分鐘的焦點團體訪談，這個階段大約占十五到

四十五分鐘。

在考慮過一些個別與團體訪談背後的一些概念性議題之後，我們將轉而討論如何在這兩種取徑中進行選擇的問題。雖然許多實作者發表許多何時與為何他們會使用此種取徑的看法，但對此議題，研究文獻上的觀點卻是相當歧異的（Morgan, 1996）。何時用哪一種方法比較好，其實並無共識。有些人認為團體較具創意性，但其他人並不這樣認為；對於較敏感的議題，有些人建議採用個別訪談，但有研究者卻成功地用焦點團體探討了性行為的議題。所有的可能性都受到研究主題的本質、研究目標、受訪者類型，以及某種程度上來說，研究者的技巧和個人偏好所影響。由於缺乏足夠的方法學研究，我們無法對此做出確切且迅速的結論。然而，對此提出一個通則性的觀察是可能的，應仍有助於研究者考量選項，並做出明智的決定。

以同樣數量的受訪者而言，焦點團體較有效率。團體訪談可讓研究者瞭解浮現中的共識，以及人們處理歧見的方式。在團體的情境中，人們可能較具創意；研究者／主持人可以探索隱喻和意象（metaphors and imagery），並且利用投射類型的刺激（projective type stimuli）。在團體情境中，經驗的分享與對照可建立一張共同興趣與關懷的圖像，這通常是團體經驗，很少是由單一個人所表達出來的。團體更像是一齣肥皂劇，對於日常生活的觀點只能藉由觀看整齣節目被揭露，而且不是由一個演員演獨腳戲。

但焦點團體的一些缺點正可顯示個別訪談的優點。首先，焦點團體的參與者有些自我選擇的傾向，並非所有被邀請者都會現身，有些目標團體很難成功約訪，例如，少數族群、老年人與殘障者、有稚齡子女的母親等。同樣地，約訪忙碌的菁英雖非不可能，但很困難。這樣的選擇問題可以在個別訪談中避免，因為訪談可以安排在受訪者方便的時間和地點。其次，不像個別訪談那樣，團體訪談很難關注團體中特定個人的狀況。

若只有一個受訪者，可以蒐集到更詳盡的資料，如個人經驗、決定與行動程序等，還可追問刺探性的問題，在取得關於個人特定情況的詳細資訊的脈絡下，進一步聚焦於動機層面的問題。訪問者說了什麼、如何進行訪談，可能與個人的其他相關特質有關，而這不可能在焦點團體的討論與後續分析中得到。

在表3.1中，暫時地整理了有許多關於個別與團體訪談的優點。因為焦點團體與個別訪談有許多不同的優點與缺點，有些研究者偏好在同一計畫中綜合使用兩種方法：用一個多重方法的取徑是有道理的。

表3.1　深度與團體訪談特色摘要

個別訪談	團體訪談
研究目標為： 深度探討個人的生活世界 在不同時間重複進行個案訪談 測試工具或問卷（認知訪談）	研究者以其有問題的領域及地方語言為定位 探討態度、意見與行為的程度 觀察一致性與不同意見的形成過程
當主題與以下相關： 詳細的個人經驗、選擇與個人傳記 可能令人焦慮的敏感性議題	公共興趣或共同關注的議題，如政治、媒體、消費者行為、休閒、新科技 較為不熟悉或假設性的議題或問題
當受訪者為： 難以邀約，例如老人、有年輕孩童的母親、生病者 菁英或高階層受訪者 小於七歲的幼童	禁止參與討論主題的背景並非如此不同

■焦點訪談

吾人可能會將焦點團體的特性看成是接近哈伯瑪斯（1992）所描述的理想的公共領域。這是個開放、人人得以參與的辯論；討論的議題是所有人共同關切的；參與者之間沒有地位不平等的狀況；而且，辯論基於理性的討論。最後，這個特性所指的「理性」並非是指邏輯的或不熱情的。無論所表達的內容如何不合邏輯或情緒澎湃，這個辯論是觀點、意見或經驗的交換，而非讓特定個人或立場獲得禮遇。

傳統焦點團體由六至八個事前互不認識的人組成，在一個舒適的情境下聚會一至二小時。參與者與主持人圍坐在一起，務使每個人之間可有目光接觸。當人們坐好後，主持人的第一個任務是介紹自己、主題與團體討論的想法。

一開始，主持人會輪流請每個參與者介紹他們的名字，可能會要求他們再多提供一些不具爭議性的個人資訊。每個人的自我介紹會在主持人說「謝謝」及受訪者的名字（名而非姓）後結束。當這個過程結束後，主持人會記下受訪者的名字及座位。就像深度訪談一樣，主持人有一個訪談大綱，上面有問題與討論題綱。主持人主動鼓勵所有參與者說話並回應其他成員的意見與觀察。當受訪者A說了一些話，主持人可能會謝謝他，同樣地稱呼他的名字，並且請教受訪者C：「我覺得比爾對X議題的觀點很有趣，這和你的經驗一樣嗎？」這個目的是為了使主持人引導的討論繼續進行，而參與者可彼此回應。

但主持人該做的不僅是一個討論的促進者。依據貝克與紀爾的警示，主持人不可將任何事情視為理所當然。或許最常用的刺探性問法是在受訪者發表意見後追問：「你的意思是說……？」以及「為什麼會這樣？」

考量一下這些例子。若討論中出現了一個有趣的字或片語，主持人總是會問：「當你說X時，對你而言，它的意思是？」若受訪者做了一個事實的陳述，主持人可能會問，「你認為這是好的或壞的？」同樣地，若有人說了他們不喜歡某件事，主持人可能會追問：「所以，你是說你不喜歡X，但為什麼呢？」每次受訪者在回應主持人追問而導出更多資訊時，主持人便會轉向其他成員並詢問他們的觀點。當然，主持人並不是每次都有必要追問，因為有時團體成員會主動參與討論且提出他們的意見或觀點。

另一個有用的做法是，主持人將團體的觀點從一般性的轉向特殊性的。若有個一般性的陳述出現，主持人可能會請受訪者舉例，接著說：「這是好的例子嗎？你是不是可以想到其他例子呢？」相反地，當一個特殊案例被討論，可能會詢問：「這是典型的嗎？這是一般會發生的情況嗎？」

主持人可以採用自由聯想（free association）的方式，利用圖片、繪圖、照片、甚至戲劇當作發想與討論的刺激素材，以引起人們運用想像力建立想法與主題。

自由聯想

為了找出人們如何框架一個議題，也就是他們看待事物的觀點，也為了瞭解一個範圍的相關概念與想法，自由聯想可以揭露出許多事。主持人可能會問：

> 最近有許多關於基因工程的討論；當你想到「基因工程」時，會立刻在你心中想到什麼字或詞？

問題是對整個團體提出的。當然，團體中可能有人不確定自己是否瞭解這個詞的意思，但這並不重要。總是有人會有意見或說出一些字，從而引導出一系列相關的討論。有些人會同意其他人，並且提出更進一步的說明，有些人則會有不同的看

法。從最初的框架，主持人可能帶領團體對基因工程進行一般性的討論，或可能問成員在哪裡聽過這個詞，或是他們會相信誰關於基因工程的說法。因此，自由聯想可引導出許多不同的討論，端視主持人與其他成員的興趣為何。

圖片／議題分類

主持人可能請團體成員看八至十個仔細挑選過的字卡、詞卡或圖片（照片或從雜誌剪出來的）。字卡、詞卡或圖片放在桌上或地上，讓每位參與者都可以看見。主持人會請團體成員將它們分作兩堆。引進這個圖片／議題分類（picture/issue sorting）的任務之後，接著會要求受訪者提供更多資訊：「我們應該依據什麼基礎去分類它們？」主持人可能會說：「那麼，你們覺得有什麼特徵是相關的？」通常會有一個或兩個參與者舉手接受挑戰並提出看法；有些人會要求對這些看法提出更多支持的理由，從而導致其他人的贊同、反對或調整。當團體對分類方式達成共識後，分類判準就會被發展並提供解釋。主持人可能會要求參與者進一步釐清，而且（／或是）問他們是否有其他分類方式。透過這種方式，這個圖片／議題分類任務便會變成焦點團體討論的催化劑。

照片分類

這是將各類人等的團體照片展示給受訪者看。主持人接著會問他們：「這些人當中哪些會……？」之後再問：「這些人當中哪些不會……？」當然，在受訪者做出選擇後，主持人會問：「為什麼你這麼認為？」這些刻板印象有助於研究者洞悉一般人的想法，也可以引起與主題相關的問題，並且常常引出個人背景資訊和偏好，可以在團體中進行對照和反思。

角色扮演

對較具企圖心的主持人而言，要是喜愛劇場的話，創造

一個角色扮演的情境會是非常有啟示意義的。設若考量一個醫病關係的研究，可以讓兩個人扮演醫生，其中一位被告知他的進度太慢且有時間壓力，另一位並沒有被如此告知。團體中另外兩位參與者扮演病人角色。令人驚訝的是人們如何預期自己的角色，而且相當認真看待他們接收的指令。在角色扮演過程中，團體其他成員可能會有評論、鼓掌或提出他們的經驗而使角色扮演更正確。再者，角色扮演者的行為與所說的話，既是他們觀點的來源，也是更廣泛討論的基礎。

雖然傳統的焦點團體會採用不認識的人作為受訪者，但這並非先決條件。事實上，有時候事先認識的人反而會有幫助。組織文化與特殊社會團體的研究便從共享社會價值觀的受訪者獲得不少幫助。此處，主持人可能是個局外人，並可利用這個優勢。主持人可能採取天真觀察者的角色，對某些事情要求指導或教育。人們都樂於擔任教師的角色，當他們個別或集體的解說他們的情境時，原本不證自明和默示知識的某些面向會因此被導引出來，而這些是用一組問題來訪問時難以達成的。

■ 個別訪談

個別或深度訪談通常持續一至一個半小時的會話。在訪談前，研究者會準備一個涵蓋關鍵研究議題／問題的訪談大綱（如前述）。訪談一開始會先簡介該研究、感謝受訪者接受訪談，並且請求受訪者同意錄音。訪問者對錄音一事應該表現得很坦承、自在，這可以被視為一個幫助記憶（aidememoire）或對後續對話分析有幫助的紀錄，也使訪問者可以專注於所說的內容，而非忙著做記錄。記得在訪談開始前重複檢查錄音機是否運作正常，並小心壓下按鈕。為了讓訪談順利進行，可以先問一些直接、有趣且不具威脅性的問題。訪問者必須專注，對受訪者說的話感興趣：利用眼神、點頭或其他強調方式鼓勵受訪者。導入話題，從中挑出一點而詢問出更多細節。有些受訪者需要一些時間來放鬆，但那是可以預料得到的。將研究問題

記在心裡，偶爾確認一下訪談大綱，但注意焦點應在於傾聽並瞭解受訪者說的話。讓受訪者有時間思考是重要的，因此，停頓的時間不該急著用其他問題來填滿。

問題範例

下列問題多可再接著用刺探式的問題發問。

邀請描述：

> 能否讓我知道你……的時間？
>
> 當你想到……，你心裡會浮現什麼？
>
> 你會如何對一個沒遇過那種事的人……描述那種事？

並更進一步地：

> 你可不可以再多告訴我一些有關……的事？
>
> 是什麼使你有這樣的感覺？
>
> 這對你而言重要嗎？為什麼？

引出脈絡的資訊：

> 當你第一次聽見X，你在哪？和誰在一起呢？
>
> 當時跟你在一起的人怎麼說？
>
> 你立即的反應是？

投射的：

> 你認為什麼樣的人會喜歡X？
>
> 你認為什麼樣的人不喜歡X？

測試你的假設：

照你說的來看，你似乎認為……我說得對？

若如此這般的話，你認為如何？

從特殊到一般，或從一般到特殊：

依你的經驗，X算不算是典型的人／物？

你是否可以給我一個特殊的例子？

採取天真的位置：

我對這個不是很熟，你可以告訴我一些關於這個的事？

你會怎麼對一個沒這方面經驗的人描述這個？

最後想法：

我們已經討論許多有趣的議題，還有其他沒有提到的嗎？

你還有其他想告訴我的嗎？

當訪談結束時，試著做一個正面的結束。感謝受訪者並保證保密。給受訪者時間在離開前「走出」訪談模式，他們可能會在關掉錄音機後增加一些意見。最後，說明這些資訊會如何被使用，以及你的後續研究過程。

 分　析

本書的第二部分將描述各種分析本文資料的取徑。每一種分析取徑都來自不同的概念取向，對文本素材提出不同的問題，並且提供不同的詮釋語言。它們都是以訪談稿的全部文本為基礎，不論選擇哪一種分析取徑，第一步是先生產一份品質好的逐字轉錄稿。為了研究的需要，逐字轉錄稿必須包括所有

受訪者說的話，但不包括擬似語言（para-language）的特徵。若研究者不是自己親自準備逐字轉錄稿，他應該聽一次原始錄音，並根據錄音編修轉錄稿的內容。

分析的廣泛目標在於找出意義與瞭解，亦即資料中實際被說出來的是什麼，但分析應該超越表面意義。追尋共同的內容主題與這些主題的功能。有些理論觀點探討核心和邊緣的再現，前者普遍可見於社會情境之中。

用實務的角度來說，分析和詮釋需要時間與努力，沒有一種最好的方法。基本上，需要研究者浸淫於大量文本資料當中。在閱讀和重複閱讀的過程中，通常會採用傳統的技巧，一隻鉛筆和其他低科技輔助（彩色螢光筆），包括標示與強調、加註及評論、剪貼、找出某些字詞的重要語彙索引、對議題的圖形再現形式、記錄卡和卡片分類，以及主題分析。在閱讀逐字轉錄稿時，訪談中某些文字以外的面向會回想起來，研究者幾乎是再次經歷一次訪談。這是一個重要的過程，也是為什麼很難由他人來分析訪談資料。

一個有用的程序是，建構一個矩陣表，將研究目的、目標與問題當作直欄，將每個受訪者（團體）說的話當作橫列。這個方式將資料結構起來，得以近用受訪者對問題的回應狀況。最後一欄再另外加上註解與初步詮釋。

當這個逐字轉錄稿被閱讀再閱讀，將想到的想法記下來。以研究目標為前提，尋找模式、關聯性及細節之外較大的架構。有時快速並具想像力地進行，有時則用方法、仔細檢視與特定主題相關的文本內容。尋找衝突點，那些在訪談中發展出的態度與被合理化的意見及一般性。

分析並非純粹是機械式的過程，它需要的是具創意的洞察力，而這可能在研究者和朋友或同事聊天、在開車、走路或洗澡時沉思時出現。

在發展詮釋時，回到原始素材，包括逐字轉錄稿與錄音。有時，一個評論突然具有特殊意義，並提出一個關於訪談的新

看法；有時，這些資料可能再一次強化浮現中的分析。確認所有的詮釋都是源自於訪談本身是重要的，如此一來，當寫出分析時，可以引用素材的內容來合理化其結論。

■電腦輔助質性資料分析軟體

晚近的軟體發展實現了文本分析的傳統技巧，提供了一個對使用者親善的介面。軟體發展的許多元素源自於標準的文書處理（例如，剪貼功能），但重要的是，較先進套裝軟體提供了額外的特性，有的以理論為基礎，超越文本操作的層次，而有助於詮釋。通常可使用的功能包括：

- 註釋：在分析過程中加入評論。
- 編碼、註記、標籤：指認類似的文本單元。
- 檢索：找出同一類別的元素。
- 連結：文本－文本、編碼－文本、註釋－文本、註釋－編碼、編碼－編碼。
- 布林邏輯檢索：找出特殊的編碼結合，例如「和」、「或」，以及「非」等關係。
- 圖形介面：再現編碼與文本之間的關係。
- 比較不同來源的文本：社會類別、時間系列。

電腦輔助質性資料分析軟體（CAQDAS）的主要輸出如下。首先，經過編碼、剪貼之後，產生一批所有相同類別的文本段落的列印資料，例如，主軸編碼（theme codes）、促成因素之編碼（contributor codes）與形式特徵（formal features）。這可提供與特定編碼相關的文本元素的摘要。這種輸出形式是一種再現文本內容的有效方法，因此研究者可用其中的文本引句來闡明其所做的詮釋。

圖形介面及（／或）認知映射（cognitive mapping）可提供發展一個文本中的各種編碼之間的關係結構的圖形再現。這可能是階層式的、利用連結上層與下層類別，或可能包括不同的連結形式，例如，「因果」、「關聯」、「矛盾」或其他

等。文本的圖形再現是文本特徵與理論概念兩者之間在一種正式和反覆的程序的會合之處。

　　大多數的質性分析軟體產生一個關於編碼出現頻率的最適輸出方式，可輸入（例如，SPSS）做進一步的統計分析。這個功能提供質性與量化方式的連結，而且提供了縱斷面分析、交叉表列分析（cross-tabulations）及對應分析（correspondence analysis）。在學術研究中有許多有趣的例子，是結合質性與數據分析的詮釋產生的。這些套裝軟體的特性是它們開放了新的選項，但並未因此而關閉舊的選項。

　　類似的電腦輔助質性資料分析軟體很多。熟悉這些軟體都需要一些時間，但這些努力是值得的，特別是對於大型文本。其中有兩個受歡迎的軟體，包括以符號互動論者的「紮根理論」為基礎的NUD*IST；以及同樣與紮根理論相容，但增加基於語意記憶理論的圖表介面功能ATLAS/ti。最低限度來說，電腦輔助質性資料分析軟體可做到研究者一直在做的事，但是用較有系統性與效率的方式去做。不使用卡片或筆來做註記，但電腦可以維護檔案系統，並可用相對較少的力氣去修改及改變分析。這些新工具的可能發展將會是文本資料處理的標準程序可變成普遍可見，並且提供一個定義基本品質標準和評估質性研究的架構。

　　不過，有必要提醒的是，若掉入「電腦迷思」（computer myth），誤認為套裝軟體可取代研究者的分析技巧與敏銳度，則會是相當不幸的。電腦不會做需要直覺和創意的工作（而直覺與創意卻是質性分析基本的部分），最多只能支援分析過程，並且提供一種對分析結果的再現方式。電腦套裝軟體有許多功能，但也可能造成研究者過度重視科技而失去對文本的洞察力。

▌質性訪談的步驟

要注意在實際進行訪談時，這些步驟並非以線性方式進行。研究過程是循環進行且需要反思的過程。例如，在進行一些訪談後，訪談大綱與選擇的受訪者可能會改變。同樣地，分析只是持續進行的研究過程的一部分。

1. 準備訪談大綱。

2. 選擇訪談的方法：個別、團體，或結合兩者。

3. 設計選擇受訪者的策略。

4. 進行訪談。

5. 製作訪談的轉錄稿（文本素材）。

6. 分析文本素材。

第四章

敘事訪談

本章作者：Sandra Jovchelovitch and Martin W. Bauer

結語（concluding talk）
本徵化理論（eigentheory）
外在與內在問題（exmanent and immanent questions）
索引與非索引文本（indexical and non-indexical text）
告知者／受訪者（informant）
起始主題（initial topic）
主要敘事（main narration）
敘事（narrative）
敘事與再現（narrative and representation）
敘事訪談（narrative interview）
提問階段（questioning phase）
自我生成的基模（self-generating schema）
軌跡；個別與集體（trajectories; individual and collective）

近年來，敘事研究已產生一股新動力。這個對舊主題的興趣復甦——對於敘事與敘事性的關注，可追溯至亞里斯多德（Aristotle）的《詩學》（*Poetics*）——這與越來越多人察覺到敘事在型塑社會現象時扮演的角色有關。隨著這個新的認知，敘事已成為社會科學裡被廣泛使用的一個研究方法。然而，有關敘事本身的討論，遠多於將它們用作調查方法。敘事作為一種言說形式、歷史、生命故事及社會故事，被文化與文學理論家、語言學者、歷史哲學家、心理學家及人類學家所探究。

本章藉由討論敘事理論的部分要素，以及介紹將敘事訪談作為特殊的資料蒐集技術，特別是舒茲（Schutze, 1977, 1983, 1992）提出的系統化主張。接下來，我們將介紹與敘事有關的概念議題，探討敘事訪談作為資料蒐集的方法，並詳細討論其程序、使用狀況和潛在問題，最後討論棘手的認識論問題，也就是到底敘事告訴我們什麼。

 ## 概念問題

沒有任何人類經驗不能以敘事的形式表達。正如巴特（Roland Barthes）所指出的：

> 敘事出現在神話、傳說、寓言、故事、小說、史詩、歷史、悲劇、戲劇、喜劇、默劇、繪畫〔想想卡帕契奧（Carpaccio）的聖厄修拉（Saint Ursula）〕、彩繪玻璃窗、電影、漫畫、新聞和會話。再者，在這些幾乎無限多樣的形式中，敘事出現在每個時代、每個地方、每個社會；它和人類本身的歷史一樣悠久，沒有一個地方或一個民族是沒有敘事的……先不論其文學是好或壞，敘事是國際的、跨越歷史的、跨越文化的：它就在那兒，就像生命本身。（1993: 251-2）

的確，敘事的種類繁多，隨處可見。人類生活的所有形式

似乎都有敘事的需求；說故事（story-telling）是人類溝通的基本形式，而且獨立於階層化的語言表現之外，敘事是一種普遍的能力（a universal competence）。藉由敘事，人們回想發生了什麼事、將經驗排序、找出可能的解釋，並在一連串的事件中型塑個人與社會生活。說故事涉及了有意圖地減緩、或至少是熟悉日常生活中所遇到的事件與感覺。

　　社區、社會團體與次文化，皆利用文字及意義去敘說他們經驗與生活方式中的故事。社會團體所使用的語彙，構成他們的世界觀，而且敘事被認為是以較真實的方式保存特殊的觀點。說故事是一種相對獨立於教育與語言能力的技巧；後者在人口中呈現不均等地分布，但說故事的能力並非，或至少比較不是這樣。事件可被用一般性或索引式的用語表達。索引式的用語代表可在地點與時間上參照具體事件。敘事有許多索引式的陳述，因為它們(a)指的是個人經驗，且(b)傾向於聚焦在事件與行動的細節。敘事的結構近似於行動取向的結構：有特定脈絡；事件是有順序的，並在特定時點結束；敘事包括了一種對結果的評估。情境、目標設定、計畫和結果的評估，是人類目標導向的行動之構成要素。敘事以最適當的方式重新建構了行動與脈絡：它透露了地點、時間、動機，以及行動者的象徵系統（Schutze, 1977; Bruner, 1990）。

　　說故事這個動作相當簡單，根據里克爾（Ricoeur, 1980）所言，即某人將一系列行動與經驗加以排序。這包括許多角色的行動，而這些角色在變化中的情境行動著，這些變化使得原本含蓄隱晦的情境與角色變得明顯可見。這麼做，需要思考或行動、或是兩者都需要。說故事包括兩個面向：依時間先後順序排列（chronological），指的是將敘事作為一連串有順序的情境；以及非依時間先後順序排列（non- chronological），包括相繼事件組成的整體和情節結構。

　　情節對敘事結構的構成極為關鍵。藉由情節，敘事中的個別單元（或是大故事中的小故事）獲得意義。因此，敘事不僅

是將事件一一列示，而是試圖將它們的時間與意義加以連結。若我們將個別事件孤立地考量，它們就只是描述獨立發生事件的簡單命題。但若它們被組合成一個故事，它們彼此之間的關聯方式，則是具有意義生產作用的情節。情節賦予敘事連續性和意義，提供我們瞭解事件、角色、描述、目標、道德與關係等故事組成元素的脈絡。

　　情節透過特殊功能運作，將各種不同事件組合與形構成敘事。首先，敘事情節定義了故事起迄的時間範圍。我們知道，人類生活及大多數的社會現象，其流動並無精確的開始與終結。但為了理解生命的事件，瞭解發生了什麼，明確指認開端與終結是重要的。其次，不管是提供敘事該包含什麼事件之選擇，瞭解故事在結束前是如何有秩序的開展，或是為了釐清某些事件對整個敘事的貢獻等隱含意義等，情節都提供了判斷標準。決定說什麼和不說什麼，和意義有關的操作，都與情節有關。

　　就某種意義來說，敘事存在於構成它們的句子與事件之外；就結構上來說，敘事擁有句子的特性，但不能被化約為一些句子或構成事件的簡單加總。同樣地，意義不只是出現在敘事的「結尾」，而是充滿在整個故事之中。因此，要瞭解敘事，不僅要注意說故事者所說的依時間順序排列的事件，也必須瞭解情節的功能與意義的非依時間順序排列的面向。

敘事訪談

　　敘事訪談（narrative interview，簡稱NI）鼓勵與刺激受訪者〔在敘事訪談中被稱為「告知者／受訪者」（informants）〕說出一個他們生活與社會脈絡下某些重要事件的故事。此一方法的名稱衍生自拉丁字narrare，也就是報導、說故事。在一份未發表的手稿中，舒茲（Schutze, 1977）提議將此方法系統化。它的基本概念是（儘可能直接）從受訪者觀點來重新建構

事件。至今，我們已在兩種研究中使用敘事訪談重新建構受訪者的觀點：一是在企業的脈絡下重新建構一個有爭議的軟體研發計畫之行動者的觀點（Bauer, 1991, 1996, 1997）；二是調查巴西公共生活的再現（Jovchelovitch, 2000）。正面經驗使我們樂於推薦這種方法，讓舒茲的系統化主張有英文版的資料，也提出某些改良此方法的意見。

雖然關於敘事的文章極多，但這種特殊版本的敘事訪談，在英語資料仍付之闕如。大多數關於「敘事」的文章有其分析焦點，強調敘事的結構特性與哲學意義（Riseman, 1993; Barthes, 1993; Bruner, 1990; Mitchell, 1980; Johnson and Mandler, 1980; Kintsch and Van Dijk, 1978; Propp, 1928）。舒茲提議之優點，乃在於它是以社會研究為目的而有系統地引出敘事。舒茲在1977年撰寫完成的手稿仍未出版，但像灰色文學（grey literature）般廣泛流傳，變成1980年代德國名符其實的方法學社群的焦點，而其最原始的構想是脫胎自一項關於在地社區權力結構的研究計畫。

■敘事作為一個自我生成的基模：「從前……」

說故事似乎遵循著引導故事產製過程的普遍規則。舒茲（Schutze, 1977）將他人所謂的「故事基模」（story schema）、「敘事慣例」（narrative convention）或「故事文法」（story grammar）（Johnson and Mandler, 1980; Kintsch and van Dijk, 1978; Labov, 1972）描述為「與生俱來的敘事需求」（*Zugzwaenge des Erzaehlens*）。基模結構是事先決定的情境所觸發之半自主的過程。敘事是在特定線索的基礎上引出，因此，一旦受訪者開始陳述，說故事將援引潛在的默示規則，維持一個敘事的流程。

說故事依循著一個自我生成的基模（self-generating schema），具備以下三種特徵。

細節構造（detailed texture）

這指的是提供細節資訊以便合理地說明從一件事到另一件事的轉折。敘事者傾向於儘可能地提供合理說明事件轉折所需的必要細節，將聽者考量在內：故事必須對聽眾而言是似乎合理的，否則就沒有故事存在。聽者知道得越少，則需提供越多細節。說故事與事件息息相關，必須說明時間、地點、動機、取向點（points of orientation）、計畫、策略與能力。

攸關結構（relevance structure）

說故事者報告他或她認為攸關的事件特徵。對於事件的說明必然是有選擇性的，它圍繞著反映敘事者認為攸關的主題中心而展開，這些主題再現了他或她的攸關結構（relevance structure）。

完整閉合（closing of the Gestalt）

敘事中提及的核心事件必須完整地報告，有其開始、中間與結束。若真實事件還未結束，結束也可以是發生在現在這個時點。由於這個封閉的三重結構，使得故事一旦開始後，便會繼續進行：開始便會往中間行進，然後再由中間走向結束。

■ 超越問－答基模

敘事訪談被歸類為一種質性研究方法（Lamnek, 1989; Hatch and Wisniewski, 1995; Riesman, 1993; Flick, 1998），被看成是一種具特色的、非結構化的深度訪談。概念上來說，敘事訪談的概念源自於對大多數訪談採用的問－答基模（the question-response schema）的批評。在問答基模中，訪問者強加給受訪者三重的結構：(a)選擇主題和大綱，(b)排列問題順序，(c)用他或她自己的語言選擇問題的用字。

為了引出受訪者表達較少被強迫、因而較「有效的」的觀點，應該將訪問者的影響極小化，而且情境安排上也希望最

小化訪問者的影響力。敘事訪談的教戰守則是對訪問者有所限制。敘事訪談比其他任何訪談方法更進一步，避免將訪談事先結構化。最值得注意的努力是它超越訪談的問—答基模，利用一種日常溝通的特殊形式（也就是說故事和聆聽故事），來達到這個目標。

敘事基模（narration schema）替代了大多數訪談情境裡的問—答基模（question-answer schema）。它所根據的預設是，受訪者在故事中最能揭露自己的觀點，在說故事時，受訪者是用自發性的語言來敘說事件。然而，若說敘事沒有結構，也是太過於天真的說法。敘事在形式上是結構化的；如前所述，敘事遵循著一種自我生成的基模。任何能將故事說得好的人，勢必遵循著說故事的基本規則。此處，出現了敘事的弔詭：正是由於默示規則的限制，讓說故事獲得了解放。

誠如法爾（Farr, 1982）所言，對兩個訪談的基本要素而言，這個方法是具有敏銳度的：它對照不同的觀點，並且嚴肅地將作為交換媒介的語言視為非純然中立的，而是視其為構成特殊的世界觀。體察不同觀點之間的差異，不管是訪問者與受訪者間，或不同受訪者之間的不同觀點，是敘事訪談的核心。建議訪問者小心避免強加受訪者未在訪談過程中使用的語言形式。

■資料淬取的技巧

敘事訪談是一種包含在很多方面的規則的訪談技術，例如，如何活化故事基模；如何淬取受訪者敘事；一旦敘事開始，如何透過動員它的自我生成的基模而使敘事繼續進行等。故事從真實事件、預期的聽眾興趣，以及情境之中的形式操縱裡發展而成。下面的規則整理自舒茲的提議和我們自己的闡述。

💡 表4.1　敘事訪談的基本階段

階段	規則
準備	探討領域 擬訂外在問題
1.開始	擬訂敘事的起始主題 用視覺輔助
2.主要敘事	不要打斷 只有非語言的鼓勵，使說故事繼續 等待結束
3.提問階段	只可說「然後呢？」 不要有意見或態度問題 不可爭論其矛盾 不可有「為什麼」的問題 從外在到內在問題
4.結語	停止錄音 可用「為什麼」的問題 在訪談後立即記錄

　　表4.1摘要了敘事訪談的基本概念及程序規則。敘事訪談分為四個階段：最初是屬於開始階段，接著是敘事與提問階段，最後以結語階段告終。每個階段都有許多規則，這些規則並不是在鼓勵盲目遵從，而是提供訪問者引導與取向，以淬取出更豐富的有關主題的敘事，並且避免掉入訪談的問—答基模的陷阱。依循這些規則，應可產生不具威脅性的情境，並且維持受訪者說出重要事件的故事之意願。

■準備訪談

　　準備敘事訪談需要時間。對於主要事件進行初步瞭解是必要的，以釐清敘事訪談要填補的空缺，並且可設計出有力的、用來刺激自我生成敘事的起始核心主題（initial central topic）。首先，研究者必須熟悉想要研究的領域。這可能包括初步探詢、閱讀資料，並且將任何特定事件的傳言與非正式說法記錄下來。基於這些預備問題和本身的興趣，研究者擬出一

張「外在的」（exmanent）問題清單。外在問題反映了研究者的興趣及他們的構想與語言。與外在問題不同，我們還可區別出「內在的」（immanent）問題：出現在受訪者的敘事中的主題、標題與事件的說法。外在與內在的問題可能完全或部分重疊，或是完全不重疊。這項演練的關鍵點在於藉由在敘事中定錨外在問題，並且僅使用受訪者自己的語言，而將外在問題轉化成內在問題。在訪談過程中，訪問者應關注於內在問題、記錄受訪者使用的語言，並且在適當時間提問更進一步的問題。

■ 階段一：開始

　　向受訪者廣泛解釋調查之背景，向他或她請求同意研究者對訪談過程錄音。錄音對後續進行正確的分析來說，極為重要。接著，向受訪者扼要說明敘事訪談的進行程序：不被打擾的說故事、提問階段等等。在敘事訪談的準備階段，必須確認敘事的起始主題。必須注意的是，起始主題再現了訪問者的興趣。為了有助於介紹起始主題，可藉由視覺輔助。用圖表形式再現討論中的事件之開始與結束，是可能應用方式之一。敘事者在此種情形下，會面臨區隔故事開始與結束時間的任務。

　　導入敘事訪談的起始核心主題，應可觸發敘事的過程。過去經驗顯示，為了淬取出可持續進行的故事，有一些規則可當作構想起始主題時的指導方針：

- 起始主題必須是受訪者可經驗的，這可確保其興趣及敘事可被詳細陳述。
- 起始主題必須對個人、社會或社區有某種意義。
- 受訪者對主題的興趣與投資不應被提及，以避免受訪者從訪談一開始時便採取特定立場或角色扮演。
- 主旨必須廣泛，使受訪者得以發展長篇故事，從事件最開始階段到最後的現況。
- 避免索引式的格式（indexical formulations）。不要提及任何日期、名字或地方，這些應該只出現在受訪者自己

介紹攸關結構的一部分。

■階段二：主要敘事

在敘事開始後到還未清楚結束前，就是受訪者結束或指出故事結尾前不可打斷。在敘事過程中，除了透過非語文符號顯示其專注聆聽並鼓勵繼續敘事進行之外，訪問者避免任何其他評論。然而，在不影響敘事進行之下，訪問者偶爾可為後續發問做筆記。

訪問者在進行訪談時應積極聆聽，透過非語文或擬似語言支持，並且展現興趣（「嗯」、「是的」、「我懂」）。聆聽時，在心中或紙上擬出訪談下一階段的問題。

當受訪者結束他說的故事時，引導受訪者是否有其他話要說，例如：「這是你想告訴我的全部故事嗎？」或「你還有沒有其他想說的？」

■階段三：提問階段

當敘事到了「自然的」尾聲，訪問者開始提問階段。這是訪問者專注聆聽後開始收穫的時刻。訪問者的外在問題轉化成為內在問題，並使用受訪者的語言以完滿填補問題的缺口。除非訪問者充分確定主要敘事已結束，不可開始提問階段。在提問階段，有三個基本規則：

- ·不要問為什麼，只可問與事件相關的問題，如：「在這之前／之後／當時發生什麼事？」不要直接問意見、態度或結果，因為這會引起辯護與合理化。每個敘事包含後者；然而，不要誘引或刺探它們，只要讓它們自然產生。
- ·只問內在問題，使用受訪者自己的話。問的問題最好與故事中提到的事件有關，而且與研究主題相關的。將外在問題轉譯成內在問題。
- ·避免盤問（cross-examination），不要指出敘事中的矛盾。同樣地，這也是再次提醒，避免在自發性狀況之外

刺探受訪者如何合理化。

　　提問階段的目的是淬取新的、額外的素材，超越故事的自我生成基模之外。訪問者在遵守上述三個規則之下，要求更多的「細節構造」與「完整閉合」。

　　在得到受訪者同意的情況下，將階段一、二、三的訪談內容錄音下來，以便整理成全文逐字轉錄稿（verbatim transcription）。

■階段四：結語

　　在訪談結束，錄音機關掉後，通常會出現以小型談話形式進行的有趣討論。在「表演」結束後，放鬆心情下的談話內容通常有助於瞭解先前敘事過程中較正式的談話。在許多案例中證實，此種脈絡化的資訊（contextual information）對於資料的詮釋極為重要，而對受訪者的談話內容進行脈絡化的詮釋是非常關鍵的分析工作。

　　在這個階段，訪問者可問為什麼之類的問題。當說故事者對他們本身抱持的理論與解釋〔本徵化理論（eigen theories）〕變成分析焦點，這可能會是後續分析的起始點。再者，在這個最後的階段，訪問者也可從受訪者的眼神中評估其談話的可信度，這對根據脈絡來詮釋敘事來說，是相當重要的資訊。

　　為了避免錯過重要資訊，建議可準備一本筆記本或用來摘要小型對話內容的表格，並且在訪談結束後立即做記錄。如欲進行一系列的敘事訪談，值得在各次訪談中間保留時間以記錄小型對話與其他印象。

敘事訪談的優點與缺點

　　採用敘事訪談的研究者指出兩個此種方法的主要問題：(a) 無法控制的受者預期，而這引起了對敘事訪談宣稱無定向性

（non-directivity）的質疑；以及(b)它在操作程序上，對於角色和規則要求通常不切實際。

■無法控制之訪談預期

訪問者目標在於從訪談中得到對於事件表達出特定觀點之完整敘事，因此他們裝作對被告知的故事不知道或所知有限，並且對其沒有特殊興趣。然而，每個參與者都會猜測訪問者希望聽到什麼，以及他們可能已經知道什麼。受訪者通常會假設訪問者確實對於這個故事已經知道什麼，以及他們不說知道什麼是因為他們認為這是理所當然的。故作天真地「假戲真做」（pretend play）是大有問題的，特別是在一系列的訪談後，受訪者知道他並非是第一個被訪問的人。

如前所言，每個受訪者會假設訪問者想聽什麼。因此，訪問者必須對於他們獲得的故事是某程度上的**策略溝通**（strategic communication）的事實保持敏感性；也就是說，這是一個有目的的說法，或是為了取悅訪問者，或是在可能具有風險的複雜政治脈絡中表示特定觀點。從政治家那兒獲得並非**策略溝通**的敘事或許很困難，但並非不可能。對於事件，受訪者可能會試著在爭論中為自己辯護或提出正面觀點。

對於敘事訪談的詮釋必須考量這些可能的情形，這在每個訪談中都無法避免。敘事訪談的敘事是整體情境作用而成，必須依照研究情境像是敘事者的預期策略，以及受訪者對訪問者的期待進行詮釋。不受訪問者支配，受訪者可能會懷疑有隱藏的議程。受訪者也可能信賴訪問者，不會預期一個隱藏的議程，並對事件進行可靠的敘事，但可能同時會將訪談有目的地推向一個較研究議程更廣泛的競賽場。

敘事結構大量依賴受訪者提供訪問者先前知識。扮演無知的角色，對訪問者而言，可能是不切實際的要求。每個訪談都要求訪問者表現成無知者，然而，事實上他們的知識卻隨著一個個的訪談而增加。這種嘗試有其侷限，訪問者的知識無法隱

藏太久而不被發現。

在這種情況下，魏澤爾（Witzel, 1982）懷疑敘事可透露受訪者的攸關結構之宣稱。任何對話都是被預期中的預期（expectations of expectations）所引導。即使訪問者自我節制地不去問或回答問題，主動的受訪者也會藉著說故事來取悅或困擾訪問者，或有目的地利用訪問者而不被控制。在所有的情況中，受訪者的攸關結構可能會被隱藏。敘事反映了訪談情境的詮釋。策略性說故事的可能性無法被排除。

■ 不切實際的規則

敘事訪談的規則是為了引導訪問者，確保受訪者在研究中願意對一些爭議事件或問題進行敘事。同樣地，魏澤爾（Witzel, 1982）懷疑事前撰寫好的「起始主題」，實際上是否適用於所有的受訪者。訪問者試著將自己表現成對該研究一無所知的人，受訪者可能會懷疑這是個圈套，而這種懷疑將會干擾他們的合作。

訪問者開始訪談的方式，共同地決定了敘事的品質。這種說法太強調訪問的開始。敘事像是訪問者言行舉止產生的結果。開始階段極難標準化，而且完全決定於訪問者的社交技巧。此種方法對開始階段的敏感性可能會造成訪問者的焦慮或壓力，致使由多位訪談技巧有別的訪問者所執行的研究難以使用敘事訪談。另一個爭議點在於敘事訪談技巧是從處理地方政治及自傳研究之類的特定田野調查中發展而成。這些規則提供如何在這些特定研究中解決互動問題的建議，或許在其他情況下無法如預期般有效。這是個實際的問題，必須在不同情況下應用敘事訪談才可能瞭解。然而，除了描述或一般批評外，有關此種方法的方法研究極少。

敘事訪談的規則定義出一個理想標準的程序，但可能極少被完成。他們提供了一個期望的標準。實際上，敘事訪談通常需要敘事與提問的協商。敘事反映出受訪者對於事件以及他

們自己的不同觀點，然而標準化的問題使我們可以對於相同議
題的不同訪談進行直接比較。此外，一場訪談可能會進行數
個敘事階段與之後的提問。敘事與提問的重複可能有時會打
亂敘事訪談與半結構性訪談間的界線。如赫門斯（Hermanns,
1991）所言，與其用一種新式的訪談，我們採用敘事豐富的
半結構性訪談。接著，產生了有關訪談多層結構的程序（the
multiplication of labels for procedures of interviewing）是否有達
成任何目的之問題。傅立克（Flick, 1998）將這種實際的不確
定視為發展「事例情境訪談」（episodic interview）的機會（請
參閱Flick所寫的本書第五章），相較於舒茲提出的純粹意義上
的敘事訪談，事例情境訪談可能是較為實際的、具備敘事成分
的訪談形式。

敘事訪談的不同指示

敘事在下列研究案例中特別有用：

- 調查特定事件的計畫，特別是「熱門的」議題，如企業
  併購、一項特定的發展計畫，或是地方政治（Schutze,
  1977）。
- 不同「發聲」攸關成敗的計畫。不同社會團體建構了不
  同故事，而它們之間的差異對於瞭解事件的整體變化具
  有關鍵性。不同觀點可能在一個依時間先後順序排列的
  事件中標明不同軸線和順序。再者，觀點上的差異可能
  建立一個很不一樣的形構，影響被納入整體敘事中的事
  件選擇上的不同。
- 包含生命史（life history）與社會歷史脈絡的計畫。個人
  故事反映了更大的社會和歷史脈絡，而個人生產的敘事
  也同樣構成個人自傳立基的特定社會歷史現象。就這一
  點而言，有關戰爭的敘事是這種計畫（包含生命史與社
  會歷史脈絡的計畫）的典型，政治流亡與迫害的敘事亦

然。

　　雖然說故事是一種普遍的能力，而敘事可以在任何一個說故事的情況中被使用，但並非每個社會情境都可以引導產生「可靠的」敘事。研究計畫中的主要敘事的持續或缺席，是一個好又簡單的指標。太短的訪談或是敘事的缺席，可能顯示此種方法的失敗。包爾（Bauer, 1996）針對一個爭議的軟體開發計畫進行了二十五次敘事訪談。在全部309分鐘的敘事中，平均敘事約為12分鐘，不被打擾的敘事時間從1至60分鐘不等，這顯示敘事訪談並不全然適用於所有受訪者。事實上，受訪者與行動中心（center of action）的距離越大，訪談內容就越單薄。對於敘事中談及的事件的核心活動有越直接與立即的參與，似乎是一個有助於敘事生產的促進因素。然而，在其他條件均等的情況下，敘事的缺席可能代表著非常重要的意義。例如，當一些特定團體或個人拒絕生產敘事時，可能藉此清楚表現出對於這些事件的立場（Jovchelovitch, 2000）。

　　有關研究者的表現問題也很重要。起始主題擬訂不佳即屬一例，會使說故事者無法參與其中。在這種情況下，根據敘事訪談規則對訪問者的表現重新評估，有助於處理失敗的原因。

　　再者，某些社會情境可能引導敘事的生產不足或生產過度（Bude, 1985; Rosenthal, 1991; Mitscherlich and Mitscherlich, 1977）。我們至少可區分三種可能造成敘事產製過少的情況（沒有說故事或說出來的故事太少），不管經驗的豐富度如何。首先，經過創傷的人可能無法以言語表達這些經驗。如同敘事可能醫治，它也可能產生對敘事經驗新的痛苦與焦慮。此處，創傷讓說故事者變得沉默。其次，有些社群維持真正的沉默文化（culture of silence），沉默是金，比開口說話更被高度讚許與偏好。因此，敘事的流動變得相當簡短或甚至沉默。最後，可能在某些情境中，團體的興趣影響敘事的生產。在此種情況下，若是社群做出不說任何事的政治決定，沉默至上。這可能是一種防禦的策略，或可能與不信賴研究者有直接關係。

至於敘事的生產過度，應考量下列情境。精神焦慮可能造成強迫性的說故事（compulsive story-telling），以及因為無法忍受真實事件或經驗而過度想像。過度生產可能提供防禦機轉（mechanisms of defense）的作用，避免面對利害攸關的真實議題。人類學家觀察到，有些社群指派說故事者，由他或她負責告訴研究者該社群認為研究者想要或需要聽見什麼。有時這涉及了捏造的幻想敘事，意在掩蓋而非揭露。

研究者必須小心處理所有的這些情況。有時敘事可能觸發研究團隊無法處理的非預期的心理反應。此處，如同在所有研究情境，需要研究倫理上的考量。

 ## 分析敘事訪談

敘事訪談是一種產生故事的技巧；就資料蒐集後的分析程序而言，它是開放的。接下來，我們將簡單介紹三種可幫助研究者分析敘事訪談所蒐集的故事的不同程序，包括：主題分析（thematic analysis）、舒茲的提議，以及結構主義的分析（structuralist analysis）。

■轉錄

敘事分析的第一步驟是謄寫轉錄訪談錄音資料。轉錄稿的詳細程度端看研究目標而定。需要轉錄多少非純文字資料，則視研究需要而定。擬似語言部分，如音調或停頓，則可呈現出故事內容外的修辭表現。轉錄雖然無趣，卻是理解素材的好方法，雖然轉錄過程可能極為單調，卻可開啟詮釋文本的一連串想法。強烈建議研究者至少自己轉錄一部分的訪談內容，因為這是分析的實際第一步驟。若是由他人轉錄，特別是在商業合約中，必須留意確保轉錄的品質。當特殊語言的使用是分析的主題之一時，以市場為目標的商業轉錄的品質常常不符合需求。

■ 舒茲的提議

舒茲（Schutze, 1977, 1983）建議分析敘事的六個步驟。第一，語言素材的詳細與高品質轉錄。其次，將文本分成索引式與非索引式的素材。索引式的陳述明確指出「誰做了什麼，何時，在哪裡，以及為什麼」；而非索引式的陳述超越事件，表達了價值、判斷與其他形式的一般化的「生命智慧」（life wisdom）。非索引式的陳述有兩種：描述性與論證性。描述性的陳述指的是世界如何被感受與經驗，人的價值觀與意見，並且指涉了通常的與一般的。論證性的陳述是指將故事中被視為理所當然的部分正當化，以及根據事件的一般理論與概念進行的反思。第三步驟是用所有文本中的索引成分（indexcial components）來分析每個人對事件的排序，其結果被舒茲稱為「軌跡」（trajectories）。第四步驟是將文本的非索引面向當作「知識分析」（knowledge analysis）來進行探索。介於尋常與不尋常之間的意見、概念與一般理論、反思與區別，是重新建構操作理論的基礎。這些操作理論將與敘事的各種元素進行比較，因為它們反應了受訪者的自我瞭解。第五步驟包括個別軌跡的組合與比較。這將導向最後一步驟，通常是藉由極端案例的比較，將個別軌跡置入脈絡中，並建立相似性，這個過程有助於指認出集體的軌跡（collective trajectories）。

■ 主題分析：建構一個編碼架構

建議採取質性文本化約（qualitative text reduction）的逐步程序（例如，參閱Mayring, 1983），透過二至三個回合的連續改寫（serial paraphrasing）過程，將文本單位逐步化約。首先，將整個段落改寫成摘要句，這些句子更進一步改寫成一些關鍵字。這兩種化約方式都和意義的通則化與濃縮共同操作。實作上，可將文本分成三欄：第一欄是訪談轉錄稿，第二欄是第一次化約的結果（摘要句），第三欄則只包含關鍵字。

藉由改寫，可發展出一個類目系統；若需要的話，所有文本最終都可用此一類目系統進行編碼。首先，為每個敘事訪談發展類目，稍後再整合為一個涵蓋整個計畫所有訪談的類目系統。最後的類目系統只能藉由不斷改寫來確定。最後的成品構成訪談的詮釋，融合受訪者與訪問者各自的收關結構；研究者與受訪者視野的融合，讓人聯想到詮釋學。

上述的資料化約過程可能導向量化的內容分析（參考 Bauer，本書第八章）。一旦完成文本編碼，資料也可依誰說什麼、誰說了不同的事及發生次數等面向而予以結構化，從而可應用類目資料的統計分析。群集分析（cluster analysis）可找出敘事內容的類型。量化結果可用原始敘事的引文內容加以說明。針對研究的事件或問題的敘事觀點，可用質性或量化的方式描述和分類。分析內容是一個可行的途徑；另一途徑則是將故事的形式元素（formal elements）加以分類。

■結構主義的分析

敘事的結構主義分析聚焦在敘事的形式元素。此分析藉由一種合併兩個面向之系統來操作：其一是由全部的可能故事組成，任何故事都是一種選擇，其他則是敘事元素的特殊安排。在**詞形變化／系譜軸的**（paradigmatic）面向，我們為故事中出現的所有可能元素排序：事件、主角、配角、情境、開始、結束、危機、道德寓意（結論）；在**句法學／比鄰軸**（syntagmatic）面向，這些特殊元素可和敘事進行比較，並且按照與脈絡變項相關聯之次序來安排。任何敘事的特殊素材，都可被放入這個雙面向的結構之中。

一般說來，敘事分析包含故事的依時間先後排列的與非依時間先後排列的分析。敘事是一連串的事件或情節，包含演員、行動、脈絡與時間點。事件與情節的敘事展現出一個依時間先後排列的次序，可詮釋說故事者如何使用時間。敘事的非依時間先後排列性則反映著事件背後的解釋與原因、敘事的選

擇標準、敘事的價值與評論，以及所有情節的操作。為瞭解故事，不只應理解隱含的事件如何被描述，也必須瞭解敘事結構網路的關係與意義。情節的功能便是將許多故事片段串連成一個連貫的、有意義的故事，因此，確認敘事分析的情節是重要的。

為比較敘事，阿貝爾（Abell, 1987, 1993）提出圖示─理論的再現方式（graph-theoretical representation）。這包含將受訪者陳述的故事改寫成為許多元素，包括脈絡、行動、延展與結果。在第二步驟，在時間上連結行動者、行動與結果的圖表，被建構來再現與正式比較特定的行動過程。最終，這個方法構成一種處理質性資料的數學形式主義（mathematical formalism），但無須訴諸統計學。

■敘事、真實、再現

針對敘事與真實的關係，可以提出許多問題，它們都與言說及言說之外的世界有關。我們是否將每個敘事看成是關於發生了什麼的「好的」描述？是否每個說故事者的說法都是有效的，而且與我們所調查的事物有關聯？又應如何看待那些明顯和事件的真實分離的敘事呢？誠如Castoriadis（1975）所言，在試圖描述艾菲爾鐵塔時，人們可能說「這是艾菲爾鐵塔」或「這是我的老奶奶」。作為社會研究者，我們需要考量其中的差異。

這個辯論並不簡單，涉及許多角度。我們認為相當重要的是去駁斥晚近某些過度誇大敘事、文本與詮釋的自主性且否定客觀世界存在的做法。然而，我們也認為，不論它所指涉的事件是否真實，思索每個敘事的表達面向是極為重要的。事實上，敘事本身即使是扭曲的狀況，也是事實世界的一部分；它們和敘事一樣真實，因此應納入考慮。即使是想像的敘事也剛好是這樣。為了尊重敘事的表達面向（說故事者的再現），並且重視敘事對外在世界的指涉問題（世界的再現），我們建議

將研究過程分成兩個階段，每個階段致力於不同需求。試想這個將艾菲爾鐵塔描述為「老奶奶」的假設性的例子。若一個受訪者生產此一描述，從社會研究的觀點來看，訪問者的工作便是真實地描述它（Blumenfeld-Jones, 1995）。在這個第一階段，社會研究者的任務是冷靜地傾聽敘事，並儘可能描述其細節。事實上，敘事訪談的品質指標之一，便是如實地描述敘事。在研究進行的最初階段，下列說法是適用的：

- 敘事對說故事者所**經驗**的真實賦予特殊地位：一個敘事的真實指的是對說故事者來說是**真實**的事物。
- 敘事並不複製外在於它們的世界的真實：它們是提出對於世界的特殊再現／詮釋。
- 敘事並不對證據開放，也不能簡單地被判斷為真實或虛假：它們表達的是出於一種觀點及特殊時空位置的真實。
- 敘事總是鑲嵌於社會歷史之中。一個敘事中的特定聲音只能被放在更大的脈絡之關聯中理解：在此指涉（參考）系統之外，沒有任何敘事能夠形成。

然而，這並非故事的結束。社會研究者不能只用他們做得到的真實性與尊重引導及描述敘事。在第二階段，觀察者必須一方面思索「老奶奶」的故事，同時思索艾菲爾鐵塔的物質性。在此，敘事與自傳必須被放在它們對說故事者的功能，以及它們之外的世界的關聯性。如此，對社會研究者而言（身為一個聆聽者與觀察者），故事總是有兩面的。它不僅再現了個體（或一個集體），同時與個體之外的世界相關。如同我們需要對構成人類敘事的想像與扭曲保持敏感度，我們也必須注意物體與其他世界的物質性，那不僅僅是反抗特殊故事的建構而已。如艾柯（Eco, 1992: 43）提到與詮釋工作有關的觀點：「若沒有事情要被詮釋，則詮釋必須論及需要在其他地方被找到，並某種程度上被尊重的事情。」我們相信這對於非虛構的敘事也是如此。

從這個立場延伸出一個明顯問題是誰可以掌握真實，如何知道故事是真實再現或扭曲了事件？這個問題的答案有賴於研究者全力投入工作，試著真實記錄敘事（在研究開始的第一階段），並且從不同來源組織額外資訊，整合二手資料且檢視被調查事件之文獻或紀錄。在我們進入研究場域／田野之前，我們需要有適當資料在手，讓我們可以瞭解並領會我們所蒐集的故事。

敘事訪談的步驟

1. 準備。

2. 開始：開始錄音，提出訪談的起始主題。

3. 主要敘事：不要提問，只要非語文的鼓勵。

4. 提問階段：只提內在問題。

5. 結語：停止錄音並繼續交談。

6. 將「結語」記錄下來。

第五章

事例情境訪談

本章作者：Uwe Flick

　　質性研究已被發展和應用在不同的理論背景中。質性研究的不同研究傳統與方法學分支的共同特色（其他共同特色，請參閱Flick, 1998a），是幾乎每個方法皆可追溯至兩個根源：特定理論途徑，以及發展出該方法的特定議題。本章所呈現的方法是從日常生活中科技變遷的社會再現的研究脈絡發展而成（Flick, 1996）。這個議題有數個影響其方法闡述的特色。首先，社會再現是社會知識的一種形式，這意謂它是特定社會團體成員所共享，和其他社會團體共享的知識不同（Moscovici, 1988; 見Flick, 1998b，對此有所回顧）。其次，科技變遷多少會影響日常生活，幾乎每個人的生活，雖然新科技被接受與使用的程度和時間有別。第三，變遷一方面是發生在具體的情境脈絡中：某個人買了一台個人電腦，從此這影響了他或她書寫的方式。另一方面，這種小改變會隨時間累積成或多或少是一般性的變遷，出現在日常生活的某些部分：現今的童年和以前的童年完全不同，係受到許多新科技不同的影響。這些影響會累積成更一般性的影響，那將獨立於特定情境之外，並且廣義來說，變成知識的一部分。

　　為了研究這個情境，必須發展出一種研究方法，一種對於小改變發生的情境脈絡，或對這些改變的更廣泛、一般的累積情況，更具敏感性的方法，這個方法也必須有助於比較不同社會團體的案例。

 ## 基本概念

■敘事心理學

　　事例情境訪談（episodic interview）的基礎是許多可以追根至心理學不同領域的理論假設。其根本之一是討論有關利用敘事來蒐集社會科學資料（參閱Flick, 1998a: Chapter 9; Polkinghorne, 1988; Riemann and Schutze, 1987; Riesmann,

1988），在此脈絡下，所謂敘事的特色可描述如下：

> 首先，概述最初情況（「事情是如何開始的」），從許多
> 經驗中選出與敘事相關之事件，並說明事件的連續過程（「事
> 情後來是如何發展的」），以及最後發展出的最終情形（「結
> 果變成什麼」）。（Hermanns, 1995: 183）

這個討論可被鑲嵌在更寬廣的社會科學對於知識與經驗之
敘事結構的廣泛討論中（Bruner, 1987; Ricoeur, 1984; Sarbin,
1986）。其來源之一是詹姆士（James, 1983）所謂「人類思考
基本上分成兩種：一是推論（reasoning），一是敘事、描述的
深思」的想法。這個區分方式在沙賓（Sarbin, 1986）的敘事心
理學（narrative psychology）或敘事思考（narrative thinking）
的討論中被採用。此處，敘事被看成是：

> 人類經驗變得有意義的基本形式。敘事的意義是將人類
> 經驗組織成時間上有意義的情境之認知過程。（Polkinghorne,
> 1998: 1）

在此脈絡下，經驗與生活並無一個本質上的敘事結構存
在，而是被建構成一種敘事的形式：

> 在反思事件時，試著主動地瞭解它，你是在建構一個
> 描述，其結構本質上是一種敘事的。（Robinson and Hawpe,
> 1986）

因此，敘事思考被看成是包括「在情境與故事基模之間建
立一個吻合性。建立吻合性，亦即說的故事與經驗是吻合的」
（1986: 111），以及「將故事形式投射在某個經驗或事件上」
（1986: 113）。這種將經驗重新建構為敘事，涉及了兩種協商

過程。經驗與故事基模之間的內在／認知協商，包含使用一個文化中給定的原型敘事（prototype narrative）。與（潛在）聽者的外部協商指的是他們可能被事件的故事說服，或是拒絕或懷疑這個故事。此過程的結果被脈絡化，也是社會共享的知識形式。

■事例情境與語意知識

第二個背景是事例情境與語意記憶（episodic and semantic memory）的區分（回到Tulving, 1972），已被用來區分事例情境與語意知識（semantic knowledge），例如在專家系統（expert system）之中（參考Strube, 1989）。根據這個討論，情境知識包含連結至具體環境之知識（時間、空間、人們、事件、情境），而語意知識較抽象及一般化，並從特殊情境與事件中被脈絡化。這兩種知識形式是「世界知識」（world knowledge）的互補：

> 　　事例情境知識是世界知識的一部分，世界知識的其他部分——對應於語意記憶——是一般（例如，並非具體、置放在特定情境之中的）知識，例如，概念知識（conceptual knowledge）、規則知識（rule knowledge）、事件基模知識（knowledge of schemes of events）。（1989: 13）

為了使這兩個部分的知識得以被應用在研究具體議題（例如，科技變遷），訪談應該符合三種標準：

・應包含用更一般性的問題，以得到與主題相關的一般回答（例如定義、論證等等），來敘述具體事件（與研究議題相關）。
・應提及受訪者可能有特定經驗的具體情境。
・應該夠開放，使受訪者可選擇其想要敘述的情境或處境，並決定他想要的再現形式（例如，敘事或描述）。

參考點應該是該情境與受訪者的主觀關聯性。

圖5.1在知識與呈現層面上扼要表述了這些關係。

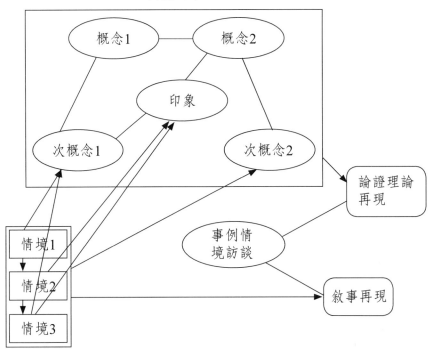

圖5.1　事例情境訪談中的知識與呈現形式

事例情境訪談被設計來將概念變成具體術語，可被歸納成九個階段，每個階段都為了分析受訪者關於特定議題／領域的日常知識，透過比較不同社會團體的受訪者知識的方式——也就是社會再現（social representations）。下面這個例子主要來自我們對於人類理解科技變遷的研究，但是為了說明其發展脈絡之外的過程，另有例子和問題係取自於不同社會團體之間對健康的社會再現之研究。

■階段一：訪談準備

事例情境訪談的基礎在於訪談大綱，目的在將訪問者導向需要敘事和回答的主題領域。訪談大綱可從不同來源中發展而成：從研究者在研究領域中得到的經驗、從該領域之理論說法、從其他研究與其結果，以及相關領域之預備分析。在這個步驟，發展出對於研究領域的預先瞭解是重要的，以便包含所有相關部分、型塑問題，而此大綱可保持開放以便適應任何受訪者引進或突然出現的新部分。

在科技研究中，訪談大綱包含下列日常生活與科技的主要領域（細節如下）。通常說來，訪談的第一部分重點在於受訪者的「科技自傳」（technology biography）以及「日常生活的機制化」。在訪談的核心中，焦點在特定科技——此研究為電腦與電視。然後，更多與科技改變相關的一般主題：與科技改變的結果、責任（改變與結果）、信賴，以及科技恐懼相關之問題再次被提及。

在一個或兩個測試訪談中檢視訪談大綱及問題，被證實是有效的。若一個研究有多位訪問者，或訪談被用於學生的研究討論會，訪談訓練則是確認、學習訪談技巧、情境敘事關鍵問題與原則的有用方法。

■階段二：介紹訪談原則

實際訪談的第一部分是指導受訪者。為了使訪談順利進行，對受訪者解釋問題的原則是重要的，使他們熟悉此原則。訪談可用以下句子介紹：

在這個訪談中，我將請你重複說明你曾經歷過與……（例如，一般或特定科技）相關的情境。

務必留意這個介紹，而且確認受訪者瞭解與接受這個訊

息。

■階段三：受訪者對於議題的概念以及與此相關的自傳

　　為了介紹主題，受訪者會先被要求以問題方式對主題作出主觀定義。例如：

　　　　「科技」對你而言，意義是什麼？你認為「科技」這兩個字跟什麼相關？

或

　　　　對你而言，「健康」是什麼？對你而言，「健康」這兩個字跟什麼有關？

然後，藉由請他們回想他們與研究議題相關事件之第一次接觸，受訪者將被引導至研究領域中：

　　　　請你回想一下，你第一次使用科技的經驗為何？能不能請你告訴我？

或

　　　　當你回想過去，你記得第一次想到健康是什麼時候？能不能告訴我？

　　在這類問題中，運用了事例情境訪談的主要原則：請受訪者回想一個特定情況並且說明之。記得或選擇什麼情境以回應這個問題，對受訪者而言並不一定。這個選擇可用於後續分析中，例如，比較受訪者對於研究議題的接近程度。藉由詢問特別重要或有意義的相關經驗，可看到受訪者對於議題的個人歷

史路徑。

　　你和科技最攸關的經驗或接觸是什麼？能不能告訴我那是什麼樣的情境？

或

　　你最重要的與健康相關的經驗是什麼？能不能告訴我？

　　在此，受訪者的主觀攸關性（subjective relevance）決定了他會談論什麼科技或情境。受訪者是否提到保持健康或提到一些嚴重疾病是他的決定。之後，這些重點將變成不同案例的比較分析。特別是當受訪者選擇一些與議題不直接相關的訪談（例如，健康），可看出其重點。然後，訪問者應該繼續問：

　　有些時候我們覺得自己比較健康。能不能告訴我，你覺得特別健康的情況為何？

或

　　在什麼時候，健康對你而言會是個問題？能不能告訴我是什麼樣的情況？

■階段四：受訪者日常生活問題的意義

　　訪談的下個目標在釐清受訪者日常生活議題的角色。為達此目標，受訪者首先被要求說明與某議題有關的一天。

　　能不能告訴我昨天你過得如何，以及科技在哪裡和在什麼時候出現？

或

　　能不能告訴我昨天你過得如何，健康在什麼時候有作用？

　　這類問題是想蒐集一連串攸關情境的敘事，而日常生活中與分析議題攸關的部分可獲得較多細節。訪問者可在數個策略中選擇其一。在科技研究中，我們問受訪者認為最近科技在他們生活中是不是越來越重要：

　　看看你的生活，你是不是有科技比以前扮演了更重要角色的印象？能不能描述一個有關科技越來越重要的情況？

　　然後受訪者被詢問各種有關他們日常生活中沒有科技的情形之相關問題，與他們希望沒有科技的部分為何，以及他們希望有多一些或好一些的科技的領域。他們同時被要求對訪問者舉例說明。
　　在這個研究中，家庭、工作、休閒依序被提到。在每個領域中，會有一個問題：

　　想想你的家庭生活，科技扮演了什麼角色？改變了什麼？能否舉個例子說明這個情形？

　　在健康研究中，探討的領域為「日常生活與家庭」及「工作與休閒」：

　　當你想到食物，對你而言，健康扮演什麼角色？請告訴我一個有代表性的情況。

或

在你們家中，誰負責照顧家人健康？請告訴我一個有代表性的例子。

這些問題幫助受訪者反思他日常生活不同部分議題的一般意義。

■階段五：聚焦在研究議題的中心部分

訪談的下一部分重點在於研究中被實際定義為研究問題的議題之關鍵。在科技的例子中，這個研究重點不只在一般科技，而且特別將電腦與電視當作改變日常生活的關鍵科技。再次，受訪者對於科技的主觀定義最先被提及：

你覺得今天跟「電腦」有什麼關係？

你認為什麼裝置可被稱為電腦？

受訪者對於每種科技的第一次接觸是每個科技中下一個被提到的：

回想過去，第一次接觸電腦是什麼時候？能不能說明這個情況？

接著問的問題是幾個聚焦於日常生活不同部分的電腦使用。對於電視也是相同步驟：

你覺得今天「電視」和什麼有關？

回想過去，第一次接觸電視是什麼時候？能不能說明這個情況？

今日，電視在你的生活中扮演什麼角色？能不能說明這個情況讓我瞭解？

你如何決定要不要（以及什麼時候）看電視？能不能讓我

瞭解這個情況？

在健康研究中，焦點在於受訪者如何預防與涉入問題，如：

你是不是會避免對健康有害的情況？請描述一個你避免危害健康的情況。

當你覺得不舒服時，你會做什麼？請說明一個具有代表性的情境。

對於健康，你希望從醫生那裡得到什麼？請說明一個具有代表性的情形。

這個階段的訪談目標在於詳細說明受訪者與中心議題的個人關係。上述舉例的問題，受訪者可討論自己的經驗。訪問者的重要工作在於用更深入探討受訪者答案與敘事的問題，來使訪談儘可能地豐富與深入。

■階段六：更一般性的收關主題

最後，訪談中將提到更多一般性的主題以擴大範疇。因此，受訪者被詢問更多抽象關係：

你認為誰應該對科技造成的改變負責？誰可以或應該負責？

或

你認為誰應該為你的健康負責？誰可以或應該負責？

更進一步則是受訪者期待或害怕改變：

你期待電腦領域在將來有什麼發展？請想像這些發展並且描述一個可看出這些發展的情況。

此部分的訪談目標在於詳細闡述受訪者隨著時間發展而成的跨情境知識架構。訪問者應儘可能地試著將一般性問題與受訪者提到的更具體地與個人之敘述連結，以顯現差異與矛盾。在許多應用訪談的案例中證實，差異與矛盾可在此階段中更一般性的論證與稍早提到的個人經驗與實踐中浮現出來。

■階段七：評估與小型談話

訪談的最後部分在於受訪者的評估（「在訪談中有沒有遺漏掉什麼可以表達你的觀點的部分？」；「訪談過程中有沒有什麼事情困擾你？」）。就像在其他訪談中，增加一段小型談話是有幫助的，可以讓受訪者談論更多具體訪談架構之外的相關主題（「我忘了提到……」；「我真正想說的是……」；「我老婆有一個好笑的經驗，我不知道這跟你的研究是不是相符，但是……」）。

■階段八：文件

為了脈絡化從訪談中得到的敘事與回答，在訪談後必須立即寫下脈絡紀錄（a context protocol）。經過證實，使用一張事前準備好的脈絡紀錄紙很管用。隨著研究問題之不同，應該包含有關受訪者（家庭狀態、職業、年齡等）及有關訪談（什麼時候、多久、受訪者是誰等）之資訊。最重要的是訪問者對於情況、訪談脈絡，特別是對受訪者之印象。每個令人驚訝的事及所有在結束錄音後所說的話，都應該記錄下來（參考圖5.2）。

訪談應錄音並且詳盡轉錄。細節與正確程度決定於研究問題的種類（參考Flick, 1998a: Chapter 14）。

訪談與受訪者的脈絡情境	
訪談日期：	....
訪談地點：	....
訪談時間：	....
訪問者：	....
確認受訪者的指標：	....
受訪者的性別：	....
受訪者的年齡：	....
受訪者的職業：	....
受訪者自何時開始這份工作：	....
職業領域：	....
成長（鄉村／都市）：	....
小孩數目：	....
小孩年齡：	....
小孩性別：	....
訪談特殊事項：	....

....
....
....
....

圖5.2　脈絡紀錄紙的範例

■階段九：分析事例情境訪談

史特勞斯（Strauss, 1987）、史特勞斯與柯本（Strauss and Corbin, 1990）或傅立克（Flick, 1998a，有討論主軸編碼）所建議的編碼程序可用來分析事例情境訪談。

■事例情境訪談的時間多久？

事例情境訪談本身（階段二至階段七）大約六十至九十分鐘。隨著準備問題數目、受訪者談話意願、訪問者淬取受訪者

詳細與完整敘事的技巧而有所差異。

敘事訪談的優點與缺點

　　此處簡要呈現的事例情境訪談方法，可與其他有類似意圖的方法進行比較。比較情形摘要敘述如表5.1。

表5.1　事例情境訪談與其他訪談形式

標準	事例情境訪談	關鍵事件技術	焦點訪談	敘事訪談
使用訪談的指示	關於特定目標或過程之日常知識	有問題情況的比較研究	特定刺激（電影、文本、媒體）的評估	自傳過程
對受訪者觀點的開放	對於講述情境之選擇給予敘事的空間	要求對於事件的詳細說明	特殊性的標準	給予理解敘事空間
資料蒐集的結構	訪問指導問題類型（定義與敘事）	聚焦於關鍵事件事件事實的定位	給予刺激結構化的問題聚焦在感覺	最開始的一般性的敘事問題
技術問題	使受訪者接受訪談概念原則的解釋處理訪談指導	將資料歸納成（許多）事件類目	綜合標準的兩難	一旦訪談開始，維持敘事；將敘事引導至相關議題的問題；幾乎沒有結構的資料之混亂
限制	日常生活知識的限制	侷限在有問題的情況	假設知道有問題的目標之客觀特性	更多敏感性多過完整準備比較的例子

■關鍵事件技巧

富雷庚（Flanagan, 1954）提出的關鍵事件技術（critical incident technique），就某些共同的意圖而言，或許可被視為事例情境訪談的「歷史時間上的祖先」（historical ancestor）。這種方法主要是用於分析專業活動與要求。「關鍵事件」這個概念與事例情境訪談中的情境和處境等概念相近。但從以下說法仍可看出兩者之間的差異：

> 關鍵事件技術概述一些程序，依此程序去蒐集可觀察到的具有重要意義的事件，以及符合系統性定義下的若干標準的事件。所謂事件，指的是任何可觀察到的人類活動，其本身即具備充分的完整性，允許（研究者）就此進行推論並預測表現該行動的人。所謂關鍵，意指事件必須發生某個情境中，在此情境中，行動目的或意圖對觀察者而言似乎相當清楚且其結果夠明確，對其效果不會有太多懷疑的空間。（1954: 327）

這個概述顯示，關鍵事件技術用於處理在意圖和效果上皆有清楚定義的情境，對其進行分析是為了對行動者作出評估與結論。其焦點在於事件，而較少在於情境脈絡。與此相較，事例情境訪談可讓受訪者決定他們要提及的情境以釐清特定經驗。因此，事例情境訪談較定位在獲得不同情境之敘事，而非根據事前設定標準的情境。在事例情境訪談中，對於說了什麼主觀意義特別關注，以找出研究議題的主觀與社會攸關性（subjective and social relevance）。另一方面，關鍵事件技術則是對受訪者報告的事實較感興趣。

> 明顯地，關鍵事件技術基本上是蒐集某些與被定義情境之行為有關的重要事實之程序。……一個受訪者報告的觀察能被接受為事實的程度，主要取決於此一觀察的客觀性。……程序

發展上被認為已相當成功，這些程序有助於以相當客觀的方式蒐集事實，並且將推論與本質上較主觀的詮釋控制在最小的程度之內。（1954: 335）

事例情境訪談目標在於從受訪者觀點**脈絡化**（contextualizing）經驗與事件，關鍵事件技術強調的是對被受訪者報告的事件之事實內容的**去脈絡化**（decontextualization）。因此，有許多事件是採用此種方法蒐集（在一項研究中，甚至多達二千個事件），並且在蒐集後被分類與化約。其要旨為：

關鍵事件的分類……一旦特定類型的關鍵事件的分類系統被發展出來，將事件放入定義中的類目時，便具有一定程度令人滿意的客觀性。（1954: 335）

更為晚近的發展是，威爾佩特與夏普夫（Wilpert and Scharpf）採用關鍵事件技術分析德國與中國經理人之間的接觸：

這些訪談主要依賴關鍵事件技術……經理人被要求對問題事件儘可能地詳細描述。（1990: 645）

再次地，在受訪者所報告的事實事件，比它們在事例情境訪談中更被強調。再者，富雷庚的方法一般較侷限在經驗的特定片段（特別是有問題的、難以瞭解的事件），在它被應用的研究中是合理的。事例情境訪談在此一方面較為開放，因它不只聚焦在有問題的、難以瞭解的情境，也聚焦在正面的、令人驚喜的、令人滿意的情況等：像科技變遷之類的議題並不需要被化約為有問題的、難以瞭解的面向。事例情境訪談允許受訪者的主觀性，以及詮釋情境敘事原則的空間；它並不會立即化約和分類它們，而是去發現受訪者所描述事件的意義脈絡。

焦點訪談（focused interview）可視為是半結構化訪談（semi-structured interview）的原型，它的某些原理與成功應用的準則（參考Merton and Kendall, 1946）對事例情境訪談而言也是相關的。

無定向性（non-direction）這個準則強調，切勿要求受訪者解釋較高相似度的事物，也勿以給定情境的方式標準化，而是請求他們選擇並講述對他們來說與特定主題特別相關的情境。

特殊性（specificity）這個準則被變成具體術語，被用在要求受訪者講述一些情境，以及他或她曾經有過的特殊經驗時。由受訪者自己決定，是否願意且提供多詳細的敘事，以及是否這個準則可在訪談中被落實。墨頓與肯特爾（Merton and Kendall）將他們的準則定義如下：

> 主體（譯按：受訪者）自己的情境定義（definition of the situation），應有完整而特殊的表達機會。（1946:545）

同樣地，**範圍**（range）這個準則也是如此：在事例情境訪談中，沒有特定經驗範圍被定義為可刺激敘事（例如，如同在舒茲的敘事訪談，請見下面）。更確切地說，受訪者被要求對日常生活的各種相關情境提供敘事。這更接近於墨頓及肯特爾的標準，他們假設：

> 訪談應該極大化刺激與主體（譯按：受訪者）所報告的回應之範圍。（1946: 545）

最後，事例情境訪談也試圖藉由聚焦於情境的方式，以符合墨頓及肯特爾的第四個準則（譯按：深度與個人親身的脈

絡）：、

　　深度與個人親身的脈絡：訪談應誘發主體帶有感情和承載
著價值觀的回應，以決定該經驗是否具有中心或是邊緣的重要
性。（1946: 545）

　　同樣地，蒐集跨越各種敘事刺激而鑲嵌在各自脈絡裡的資
訊，提供了一種落實此準則的方式。

■敘事訪談

　　敘事訪談是由德國社會學家舒茲（Fritz Schutze, 1977；另
見Riemann and Schutze, 1987; Bauer, 1996; Flick, 1998a: Chapter
9）發展而成。敘事訪談在應用時有下列原則：

　　在敘事訪談中，受訪者被要求在即興的敘事中講述受訪者
參與過與研究主題相關之歷史。……訪問者的工作是使受訪者
說故事，針對研究感興趣事物的相關事件從頭到尾說出前後一
致的故事。（Hermanns, 1995: 183）

　　在提出一個「生成的敘事問題」（generative narrative
question）後（Riemann and Schutze, 1987: 353），受訪者被期
待長篇、延伸的、即興地講述他與研究主題有關的故事，最主
要是他的（專業的或病痛的）自傳。訪問者的工作是，在敘事
開始後，一直到受訪者有清楚訊號（一個終曲）表示故事將結
束前，避免任何直接的涉入。只有在受訪者結束講述故事時，
訪問者方可試圖引導受訪者回到他或她還未詳細敘事的部分，
並試圖使受訪者再次回到這些部分並敘述遺漏的細節。只有在
訪談的最後，訪問者才被允許問一些非敘事的問題。資料的品
質主要藉由回答他們是否為敘事資料，以及何種程度的敘事資
料而定。此種方法的基本假設是受訪者一旦接受這個情境並開

始敘事時，將不只會完成故事，而且會說出事實：

> 在對於經驗的敘事—追溯的（narrative-retrospective）版
> 本中，生命史中的事件（不論是行動或自然現象）被報告講述
> 的方式，原則上是依照它們被作為行動者的敘事者所經驗的方
> 式。（Schutze, 1976: 197）

　　這種方法之所以有這種優點，可歸因於它不同於其他形式
訪談的敘事。從敘事訪談獲得的敘事可能極長（在某些例子裡
長達十六小時），而且很難將它們導向特定經驗與議題。這造
成了資料分析與比較不同案例資料的問題，但優點是取得受訪
者相當複雜和完整的主觀觀點。事例情境訪談則定位在小規模
的、以情境為基礎的敘事，因此在資料蒐集上較容易聚焦。它
避免了「真實」資料的宣稱，而是聚焦在受訪者建構與詮釋的
結果。它並不給任何形式的資料優先性，如同敘事訪談對於敘
事資料的處理，而是善用不同資料形式的優點——事例情境與
語意的知識（episodic and semantic knowledge），以及敘事和
論證的表達（narrative and argumentative expressions）。

　## 只有答案？事例情境訪談的善用與誤用

　　事例情境訪談有優於其他方法之處，特別是使訪問者得到
豐富與詳盡的敘事。不好的應用則是訪談只產生了用來命名主
題的答案，而非講述敘事。

　　有許多不同類型的情境可刻劃受訪者的回應。下面用來說
明這些不同類型的情境的例子，取自於前述有關科技（變遷）
的研究。

■事例情境訪談的情境類型

　　第一個也是主要的類型是**事例情境**（episode），這是受訪

者記得的一個特別事件或情境。在下面的例子中，受訪者講述他如何學習騎腳踏車：

> 嗯，我記得那天我學騎腳踏車，父母將我放在腳踏車上，是這種小型的兒童腳踏車，他們送我出去，並沒有很長，我自己一個人，父親推我一把讓我出發，然後我繼續騎，直到停車場盡頭，然後我跌倒撞到鼻子……我相信這是我能記得的第一件事。

第二個類型是**重複情境**（repisodes），這是重複的事例情境的再現（參閱Neisser, 1988）：一種重複發生的情境。一位受訪者被要求釐清影響他是否觀看電視的原因之情境，而他回覆：

> 對我而言，電視真正唯一對我發生特殊意義，是在新年那一天，因為我被困住了，除了看電視之外別無其他事情可做。多年來，我已多次在電視機前度過新年那一天了。

第三種類型是**歷史情境**（historical situations），指的是某些特殊事件。一位受訪者被問到其與科技最為相關的經驗時，他提到車諾比爾（Chernobyl）：

> 可能是車諾比爾的核子反應爐悲劇，因為那攸關許多人的生命，這是我第一次清楚一個人所受到科技支配有多麼大。

■事例情境訪談的資料類別

過去對於事例情境訪談的實際應用顯示，事例情境訪談不只重新蒐集不同類型的情境，同時也依循下列不同形式的資料（參照圖5.3）：

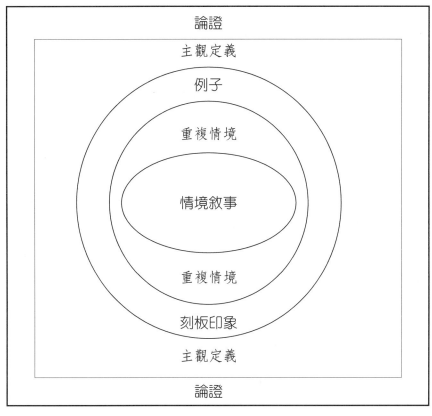

論證

主觀定義

例子

重複情境

情境敘事

重複情境

刻板印象

主觀定義

論證

💡 圖5.3　事例情境訪談中的資料類型

・不同具體程度的**情境敘事**（situation narrative）。

・**重複情境**是一種規律出現的情境，不再以清楚的地點與時間參照為基礎。

・**例子**（examples）是從具體情境分離出來，而隱喻也涉及陳腔濫調與刻板印象。

・清楚要求受訪者（對科技或健康）的主觀的**定義**（definitions）。

・與這些連結，**論證－理論陳述**（argumentative-theoretical statements），例如，一些概念及其間的關係的解釋。

■事例情境訪談的品質指標

訪談品質無法只用傳統的信度和效度等判準來評估（詳見Flick, 1998a: Chapters 11 and 18）。但品質的許多面向與這些判準息息相關。事例情境訪談的**信度**可透過前述訪談訓練來增加，也可透過對前測訪談與第一次正式訪談的詳細分析來增加。增加情節訪談所獲得的資料之信度的第二步驟，是對訪談進行詳細與細心的記錄，並且記下受訪者提到與講述的脈絡。第三步驟是對整個訪談進行仔細的轉錄。至於事例情境訪談資料的**效度**，可透過導入**溝通確認**（communicative validation）的步驟增加，讓受訪者看到從他的訪談得到的資料及（／或）詮釋，讓他們有機會表示同意、拒絕或修正這些資料或詮釋。他們同意與否會變成是資料效度的判準。最後，事例情境訪談本身係試圖落實（單一）方法內的**多元資料檢證**（within-method triangulation）的概念（Denzin, 1989; 另見Flick, 1992），藉由結合對特定研究議題的（敘事以及論證的）不同取徑，以便提高資料、詮釋與結果的品質。

事例情境訪談的步驟

1. 基於事先對特定領域的研究分析，準備訪談大綱。執行訪談測試與訪談訓練。為訪談脈絡準備紀錄表格，檢視訪談大綱是否涵蓋研究領域？對此次的訪談原則，訪問者是否已融會貫通？紀錄表格是否已涵蓋與研究問題相關之資訊？

2. 為受訪者準備好的訪談說明，並留意這些說明對受訪者而言是否清楚。受訪者是否已經瞭解並接受訪談原則？

3. 準備相關概念的主觀定義方面的問題。準備涵蓋受訪者個人對於研究議題或領域相關的歷史方面的問題。留意任何需要深入追問的點。問題是否已觸及受訪者主觀意義相關面向？訪問者是否強化訪談的敘事原則，並且詢問額外的問題以增加訪談深度？

4. 試著納入受訪者日常生活的相關領域。這些問題是否是情境敘事的標題？他們是否開放足夠的空間給非預期事項？

5. 試著闡述研究議題的中心部分之細節。試著藉由其他問題增加受訪者回應的深度與豐富度。受訪者是否留意到細節與深度？訪問者是否對於研究焦點有任何其他深度描述？

6. 試著避免與受訪者回應的個人或情境參考無關的一般性推理。訪問者是否引導受訪者回應至個人考量層次？

7. 評估以及小型談話：為了評論與其他因素，為其他對話保留空間，是否提及其他部分？

8. 使用紀錄表格，並且做好錄音和詳細的逐字轉錄工作。所有額外的（不在錄音帶上的）資訊是否已經記錄下來？

9. 選取一個適當的方法編碼以及詮釋敘事和回答。這個方法是否有考量資料品質（例如，受訪者講述內容的敘事結構）？

第六章

以錄影、影片與攝影為研究文件

本章作者：Peter Loizos

媒介作為社會事實
參與式錄影紀錄
理解、誤解與基於充足資訊的理解
再現
賽特新（Scitexing）
時間標記碼（time codes）
錄影證據
錄影／照片回饋
視覺資料做為集體心理趨向的指標
視覺紀錄

本章主要關切的是使用攝影與影像的質性研究方法。它假設你並不熟悉如何使用視覺素材，也尚未下定決心要在任何狀況下用影像資料來進行研究。本章也假設讀者可能沒想過影像資料對研究有所幫助。然而，本章不是在談「如何做」，因為讀者大可找便宜、可讀性高的技術手冊。本章也不是在談紀錄片。它比較像是引領讀者瞭解並應用視覺方法於社會研究中，以及這些方法的侷限。

這些研究取向應該在這本書占有一席之地，理由有三。首先，不管有聲或無聲，影像提供了有限制的、但強力的記錄，關於真實世界即時的行動與事件。不管是化學的或電子產製的影像，也不管是單張的照片或連續的移動影像，這都說得通。其次，雖然社會研究一般是處理複雜理論與抽象問題，它可以使用影像為主要資料，而不一定是書面文字或數字：不管是分析交通對都市計畫的衝擊、遊樂場霸凌（playground bullying）的類型，或是分析競選宣傳活動，都可受益於將視覺資料應用於分析當中。其三，我們生活的世界正受到傳播媒體越來越大的影響，而傳播媒體的內容通常依賴視覺元素。因此，「視覺」與「媒體」在政治、經濟和社會生活中扮演要角。它們已變成涂爾幹（Durkheim）所謂的「社會事實」（social facts），不可漠視。

但這些紀錄並非全無問題，或是不受操控，而且它們也從來都不只是再現，也不只是複雜的過去行動的軌跡而已。因為真實世界事件是三度（維）空間的，但視覺資料只有兩度（維）空間，它們不可避免地是真實的、次級的、衍生的、化約的簡化版本。

我所謂「視覺資料」（the visual）為何？我們大多數人用眼睛閱讀，因此說我們在讀這本章的時候是使用視覺方法，似乎是流於瑣碎。在本章中，我所關切的不是閱讀本身，而是影像有文字輔助（例如，照片或繪畫下方的文字說明）或是口語聲音輔助（例如，錄影帶）的情境。照片和影像片段也可能包

括書寫文字，而且通常如此：我們所知的古羅馬人口知識，大多得自於羅馬時代遺留下來的墓碑（Hopkins, 1978）。我們通常不會把這當作「視覺資料」，但我們勢必應把社會心理學家柯考爾（Siegfried Kracauer, 1947）針對1911到1933年間的德國電影所做的先驅研究納進來。該研究認為一個國家生產和消費的電影可以觀照出該民族的「深層的心理趨向」。柯考爾指出某些主題和影像，有助於吾人瞭解所謂歷史命運和共業、領袖與從眾、民族屈辱，以及強健與萎靡的身體等等。他在這項研究中也包括了對納粹宣傳電影的分析，非常具有系統性的分析，被引為後來電影內容分析的典範。

同樣具有先驅地位的是社會史學者亞里斯（Aries, 1962）的研究。他用繪畫和蝕刻畫當作證據，發現在前工業化時代的歐洲，對於兒童及童年的概念與後來大不相同。亞里斯在研究中展示以前兒童穿著的服裝和大人無異，在繪畫中再現兒童時並不像我們現在會突顯他們的天真純潔，而且以前兒童參與成人的娛樂活動。這項研究對原本只有文字資料的論證提出強而有力的佐證。這項研究，當然也應該算是社會科學研究最有想像力和最有影響的使用視覺證據的一項先驅研究（見圖6.1）。

 ## 視覺研究素材的優點與缺點

在深入使用之前，先處理一下有關視覺紀錄的謬誤，自有其重要性。其中一種謬誤是所謂「攝影機不會說謊」（the camera cannot lie）。操作攝影機的是活生生的人，可能會說謊：人繪製仿冒畫，偽造遺囑和紙鈔，而且人有能力扭曲視覺資料的真實記錄能力，就如同人有能力扭曲書寫文字一樣，只是用另一種特別的方式。首先，可以用「噴畫」（airbrushing）的技術讓某些資訊不顯示在相紙上：實際上，就是把某個東西或某個人弄掉。同樣的，也可以刻意加入影像原本沒有的東西：1940年代有許多裸體的部落民族的照片被刊

💡 圖6.1　一個女人與五個孩童

登在「寫實」畫冊雜誌如《照片郵刊》和《生活雜誌》，他們
原本裸露的生殖器官在照片裡都被人為地「蓋上衣物」或偽
裝，（若是）當成歷史素材會有誤導作用。其他的合成照片技
術也可以把兩個從未謀面的人放在同一張照片中，使他們看起
來彷彿比鄰而坐。

　　類似的影像操控也可以在電子媒體上進行，也就是記者
和影像編輯熟知的「賽特新」（Scitexing），以一種先進科技
而命名，常被用來系統性地更改已出版照片的內容（Winston,
1995）。在一部影片或一段影像中，技巧高超的剪輯手法可以
從一句說出來的話中移除某幾個字，而視覺影像處理也可以在
一個較寬廣的脈絡中移除基本的人物或特徵。所有這些影像操
控手法都很難用未受訓練的肉眼發現，而「賽特新」則根本不
可能察覺，除非吾人可以指認出原始的照片，而且還要有辦法
確信它是原始照片才行哪！這種情況可能改變，科技的新發展

可能幫助專家檢驗照片是否曾被更動；但此時此刻，我們還無能為力。所以，不該過於天真地相信所謂「眼見為真」，而且若是有影像資料引起你的懷疑，那麼就有必要再查核一下，透過其他方式輔助，例如進一步的研究、證人說法，或是其他有需要的工具。

視覺影像的操控可以做到更加精微與隱性，但可能內藏更強的意識形態。莫勒（Susan Moeller）指出，一家有名的關於疲憊的美國士兵撤退到（北韓）長津（Changjin）的韓戰照片，也就是攝影記者鄧肯（David Duncan）拍攝的照片，最初顯示了很多戰死美軍屍體的影像，是一張很重要的照片，因為讓美國人瞭解他們介入韓戰所付出的代價。多年以後，這幅影像被用在美國的22分錢的郵票上，但上面的美軍屍體不見了，用以紀念美軍傳統，但不再提醒曾有的重大傷亡（Moeller, 1989: 447, n.30）。在同一書中，莫勒也論及許多其他有名的戰爭照片如何被賦予特定的政治意涵（另見Lewinski, 1978）。

第二個關於照片的常見謬誤是認為照片單純與普遍得讓每個人都以同樣的方式觀看它，也就是它在超越文化的層次上運作，無須考量其社會脈絡，因此每個人都會同樣看到**並理解**一張照片中同樣的內容。有很多理由可說明這是錯誤的說法。第一，我們都是透過學習來觀看真實世界及將真實世界依某些慣例化約為兩度空間的繪畫、照片和影片（Gregory, 1966; Gombrich, 1960）。隔絕在全球經濟之外的人，可能不習慣照相或鏡子，在初見照片時要認出自己或親人會有困難（Forge, 1966; Carpenter, 1976）。不僅是最基本的辨認需要「學習」，觀察細節同樣也需要學習：同樣看一張照片，第一位觀察者可能看到「一輛汽車」，第二位可能看到的是「老舊的中型家庭房車」，第三位看到的是「1981年份的福特Cortina，配備賽車方向盤和跑車輪軸」。對三位觀察者來說，這都是同一個真實世界中的客體，但他們對它的理解，他們的觀察和描述能力，以及他們賦予它的意義，都因為觀察者個別經歷差異

（individual biographies）而不相同。此種理解上的差異，將任何對於這張照片的天真客觀描述複雜化了，不再是意義明確毫不含糊的紀錄。這些資訊是「在」照片「之中」，但不是每個人都能夠完整取出這些資訊。

我現在將考量有潛在研究應用的幾種照片影像使用的方式。第一種記錄歷史變遷特殊性。每一幀靜止照片，在它被攝取的當下，就已經是一種歷史文件。若你對探討或透露變遷的精確本質有興趣，針對一個地方每間隔一段時間固定拍攝照片將會累積出有趣的發現。都會鄰里社區的變遷、地景或是房間的陳設、一棵樹、一面牆，或是一個人的身體，歷經在一個顯著變遷「之前」和「之後」的狀況。所有的這些現象，若是適當觀察與見證，記錄時間地點和情況，會有很強的佐證或說服力。一個晚近的例子是，攝影被提芬（Tiffen）和他的同事用來支持一個有關肯亞（Kenya）某個地區的人口密度、森林覆蓋率（tree cover）及農業環境的重要論點。因為他們可以使用一些從英國殖民時期以降的精確標記的照片（註明了時間和地點），並且與四十五年後同一地點拍攝的照片進行比對，然後再與各種社會和經濟指標連結，他們得以提出挑戰一般說法的論證：1991年，在更高的當地人口密度和更密集的農耕的情況之下，當地的森林覆蓋率事實上卻比1937年時要來得高（Tiffen and Mortimore, 1994；另見Vogt, 1974）（見圖6.2中的圖a和圖b）。

同樣的，照片的歷史應用可能還另有其他妙用。在做各種口述歷史調查時或許派得上用場，研究者在進行訪問時，若能事先備妥某些相關的照片。設想你在進行工會史或是政黨史的研究，而且你碰巧取得舊報紙上的大型集會、年會或慶祝會的照片，這張照片適當放大之後，可能會觸發人們的記憶，而這可能是受訪者在別的情況下不會自發性想起的記憶，或是可能藉此取得重要的「被動式」的記憶，而非「主動式」的記憶。

這種誘發受訪者記憶的方法也可被用在小型歷史的研究當中：「家庭史」訪談的進行可以要求受訪者和你一起翻看家庭

💡 圖6.2 兩張肯亞的景觀照片，分別攝於(a)1937年與(b)1991年
（照片：(a) R. O. Barnes, 1937, photo 17，重製許可，
肯亞國家檔案庫；(b) M. Mortimore）

資料來源：感謝Mary Tiffen博士提供。

相簿，或是請受訪者與你共同觀看婚禮、受洗禮或生日宴會的錄影。影像能與潛藏記憶（submerged memories）產生迴響，並且幫助受訪者釋放他們的記憶，創造一件共同分享的「事情」，讓研究者和受訪者可以聊得起來，或許會比沒有這樣的一個刺激更能在一種比較放鬆的氣氛下進行訪談。

另一種歷史照片的使用方式可能是從中讀出隱含的文化／歷史資訊。在1993年初，斯堪地那維亞航空（SAS）公布並發給旅客該公司前一年度的年度報告。這是一個有趣的文件，透露出的訊息多過年報作者自覺的程度（見圖6.3）。例如，該份年度報告裡有董事會的照片，是九位表情嚴肅穿著深色西裝，也有飛機空服人員和機長，但其中唯一的女性是空中小姐。若未進一步瞭解該公司在性別平等方面的政策，那麼單純解讀這份年度報告難免會有誤導可能，也就是難免會造成某種聯想。再者，若是五十年前看到這樣一份（女卑男尊）文件，可能不值得大驚小怪。的確，文件應該圖文並茂，並且提供讀者參閱的這個做法本身就是一個相當晚近的發展。但或許最令人驚訝的是，年報中照片內容隱含的性別意涵，明顯沒被核准年報內容的公司主管們注意到。因此，閱讀眼前的視覺紀錄以及「缺席」的部分，都是一項可能的研究任務。誰沒有在照片或圖畫中，為什麼？是年輕人、老年人、窮人或富人呢？是白人或黑人呢？他們的缺席暗示了什麼？

這導出一個新的問題：我們可以從一張照片中安全並合理的推論出什麼？隨意推論是容易的，但真正需要的是更可靠的推論。設想我們希望從圖6.4的兩張照片中對性別態度和希臘的社會變遷：我們做不做得到？兩張照片，沒有其他資訊關於這兩張照片在什麼情況下被拍攝下來的，也不知這兩張照片和其他有關任何希臘夫婦的數以千計的照片有無差異，那麼推論結果大概不會比印象式的分析好得多或是僅供參考而已。若我們仔細檢查數百張有關訂婚照片，從中找出重複出現的類型，我們或許比較能夠「深入其中」──這兩張照片到底透露什麼意

Bo Berggron	Leif Christofferson	Bjorn Eidem
Anders Eldrup	Tony Hagström	Leif Kindert
Ingvar Lilletun	Harald Norvik	Hugo Schroder

💡 圖6.3　斯堪地那維亞航空公司年度報告展示九
位西裝筆挺的中年人，排成三列。

義？對一張照片來說，可從至少這四種方式當中的任何一種進
行探討：

1.照片中的人可能是在不經意的情況下被拍攝，行為舉止
自然。

2.照片中有一群人，知道要一起合照，可能擺出他們認為

圖6.4　兩對希臘夫婦

資料來源：Cornelia Herzfeld拍攝。

合宜的姿勢。

3. 拍攝者可能要求被拍攝者如何動作，而他們可能被動的接受指示。

4. 拍攝者與被拍攝者之間可能發生某種串謀或協商的情況。

所以，我們會需要知道特定婚禮照片如何被生產出來。一個小小的觀察很快就會發現，因為他們本身的專業和美學的理由，通常婚禮照片是由攝影師發號施令，決定如何拍攝。但是，攝影師和被拍攝者也出於同一文化背景，而且也想取悅被拍攝者。所以，在一個分析的層次上，一張大小適當的婚禮照片會正當的支持一種文化建構的觀念關於什麼是「合宜的」。在1960年代的賽浦路斯，流行拍攝訂婚照，這些通常由專業攝影師安排姿勢，而被拍攝的剛訂婚的男女幾乎是臉頰貼臉頰，即便是有時他們可能只相識不到幾小時。這些照片透露的是當地婚俗的轉型期，介於完全由父母安排婚嫁對象的系統，轉型到年輕人開始取得某些權力可以否決父母安排的婚嫁對象，不管是透過家庭安排的聚會或是正式的「相親會」。但是，以上解讀結果只能在對時間和地方有足夠歷史知識的基礎上才有辦法獲得，而非僅由一兩張照片的新人姿勢直接推論出來。除非，但這不太尋常，我們有額外的佐證資訊，例如在羅伯森（A.F. Robertson）所拍攝的一個烏干達家庭的照片的例子，他告訴我們照片中人物的姿勢是由男性長輩安排的（Robertson, 1978）。

在一個針對賽浦路斯村落的研究中，席娜・克勞馥（Sheena Crawford, 1987）指出，移居海外親屬寄回的照片中具有的符號意義。他們展示的是「愉快時光」——像是婚禮、受洗禮慶祝會，以及人們穿戴光鮮，完善布置的室內空間。他們並未向家鄉的親人展示他們的工作情境，以免親人從中得知他們在惡劣工作環境下長時工作的處境。強調成功、慶祝、閒暇、消費和擁有；做苦工、遭遇困境和失敗等狀況，都沒有在

圖6.5　一個烏干達家庭：人物姿勢、位置由男性
長輩安排決定（Robertson, 1978）

資料來源：A.F. Robertson拍攝。

他們寄回的照片中被再現。詮釋需要同時深入解讀視覺紀錄中
在場和缺席的部分，雖然某些缺席部分可被解釋為「機會成
本」（opportunity cost）（誰持照相機、何時、何地與為何）
所致，影像紀錄的同質性必須承載語意。

　　對什麼被拍攝與什麼沒有被拍攝進行研究是一個可行方
向。在當代英國，拍攝婚禮、生日宴會和受洗等場合是很常見
的。有時某些婚禮甚至還會被閃光燈此起彼落的攝錄影打斷或
至少間歇的暫停。但喪禮通常不會被拍攝。一般人不認為某些

事情值得拍攝留念，但這絕不是「明顯」或「常識」，彷彿說本該如此。對皇室成員或其他廣受喜愛的國家名人（例如英國的邱吉爾），喪禮儀式和過程被認為是值得攝錄紀念，人們在此種情況下也會覺得棺木和墓碑的攝錄展示是可以被大家接受的。

錄影與影片：一些應用方式

現在讓我們談談在社會研究裡應用錄影和影片。我將影片和錄影視為功能上相同的東西，雖然錄影在很多情況下比8釐米或16釐米的影片便宜、簡單，運用上也更有彈性。實務上，基於容易與成本，大多數研究者選擇錄影而非影片，選用「低階」（low-band）的攝錄影機而非昂貴、高解析度的專業「高階」（high-band）設備〔在北美地區則用「低檔」（low-end）或「高檔」（high-end）的說法〕。我們必須再次區分研究者自己主動攝錄蒐集的資料，以及原本即已存在的視覺資訊。我們也必須區分，一種是研究者自己詮釋的視覺資料和研究分析，另一種視覺資料則聚焦或引出受訪者對視覺資料的評論。

錄影有明顯的資料記錄功能，因為複雜的人類行動在發生進行時，單一觀察者難以完整描述。一場宗教儀式或生命歷程的典禮（例如，婚禮）是如此，一場舞蹈演出、一堂課或是像做鞋子或雕刻鑽石的技藝展現亦然。使用影像和聲音在錄影影片上，可以被記錄的人類行動和敘事種類並沒有明顯的範圍限制。只要有電源和低畫質的小型錄影帶，你可以用一台攝影機記錄長達四小時無間斷的影片。在記錄的時候，時間標記碼可以註記在影帶上，因此每一秒、分、時都有權威的紀錄可查。那麼，研究者會面對幾個任務：系統性的觀看研究資料；創造一個有系統的記譜／標記系統（a notation system），讓某些行動或行動序列被以特別的方式歸類；最後，對已經捕捉到的資訊進行分析性的「處理」。

讓我們舉一個具體的例子。假設研究者想要瞭解遊樂場霸凌的動態，並且已獲得學校方面的同意，在下課休息時間對遊樂場進行三個月祕密的錄影記錄拍攝工作，又假設學校每天的下課休息時間合計共兩小時，那麼三個月下來單一攝錄影機將累積長達120小時的影像紀錄。不論是事前基於理論，或是拍攝期間或之後基於經驗和詮釋的理由，研究者將必須決定哪些行動構成「霸凌」。接著，分析者想要指認出霸凌發生時的所有行動的發生序列，從中理出規律。是不是霸凌都是某幾個特定的人會犯的行為，或是一個更為普遍的現象？飽受霸凌侵害的人是不是主要那某幾位學生？有沒有哪些學生向被霸凌欺負的學生伸出援手？霸凌是集體行為或是個人行為？這些和其他許多問題，可以主要從錄影紀錄中得到回答。但這涉及許多小時的觀看錄影、編碼、分類、反覆觀看和分析，以及最後的整合，所以毫不令人感到驚訝的是，一個小時的錄影紀錄將需要至少四小時的額外工作。主要可以透過素材取樣（例如，抽取百分之五或百分之十作為分析樣本），減少前述繁重的工作量。此外，提升效率的分析方式是先很快地瀏覽錄影紀錄，找出大概、明顯的類型，如此可避免對全部錄影紀錄進行多餘且較無效率的細節分析工作。還有，更進一步的經驗研究設計可以被加進來：例如，比較冬天和夏天，其間霸凌有無類型差異；對霸凌者與受害學生的背景進行社會調查，瞭解他們在課堂上的表現等等。沒有理由讓視覺資料限制或支配整個研究，即使在研究的特定階段它或許是一個最主要的調查工具。而且，相當可能的是，單純對某幾位關鍵的兒童進行比較敏感的訪問，很多同樣有用的資訊也可以很快且容易取得。視覺資料可能是**證據力強**（evidential）（在法庭辯論的意義上），但它可能不是關鍵概念或洞見的主要來源。

這種例子在公民自由論者心中是個倫理問題。一般而言，大多數特定學科的學術組織都有制訂一套研究行為準則，傾向於將未獲同意的監視看作侵犯隱私，不是完全無法接受這種研

究，就是對這種研究設限。在醫學研究中，通常會有一個醫院倫理委員會負責在病人權益及更大的公共利益之間作權衡。個別的社會研究者不用正式向倫理委員會申請即可進行研究，在正常的條款下，敏感的研究資訊將保持不公開和保密狀態，而這已進一步獲得英國資料保護法（the UK Data Protection Act）的強化，也涵蓋了儲存在電腦和文書處理設備裡的資訊。但純粹書寫的資訊，只要承諾隱匿個人姓名，即可確保倫理，保護被研究者身分不曝光，但影音資訊的情境較困難。小的白色面罩可用來遮蓋影像中被研究者的眼睛部位，但聲音容易透露個人身分，而且雖然可以透過數位擾碼的方式變聲，但聆聽數位擾碼後的聲音令人很難忍受。

然而，仍然有些情況會發生倫理困境。1997年有家英國醫院的醫療團隊決定使用隱藏攝影機監視兒童行為，這些兒童被認為面臨潛在風險，或是已有證據顯示他們經常肢體受傷或是明顯一直無法康復。他們取得的證據顯示，雖然孩子還在住院，某些父母還是明顯故意傷害自己的孩子。這引起一些公共討論，有些父母抗議他們的隱私受到侵犯，而且其中某些無辜卻「被懷疑」和監視的父母很難不令人同情。但是，明顯的，這個案例也有醫學上的抗辯：首先，孩子正值住院治療期間，醫院有法定義務保護這些兒童。其次，嚴重傷害兒童已經是一個刑事犯罪行為，應該透過錄影監視直接或事後防範。第三，錄影紀錄資料具有證據力的價值。

但此刻我們必須停下來，開始考量這種錄影紀錄的品質與限制，以及司法抗辯可能會質疑其作為法庭證據的效力。第一，這種錄影記錄的畫質可能比較低。第二，錄音品質可能介於很清晰和聽不清楚之間。第三，攝影機角度可能不見得是從最佳角度記錄下事件經過比較完整的細節。最後，除了真實的三度空間的人類行為（與低畫質紀錄恰成對比）可能會導致任何詮釋誤差之外，因為通常這類資料不夠精細，所以在解讀錄影紀錄時，對於氣氛及意圖可能有詮釋錯誤的可能。除了這些

困難之外，還有可能是攝影機從固定位置拍攝，事實真相可能有如法庭推理劇有很大的詮釋空間。

對於錄影紀錄，還有一種不同類型的研究應用可能性存在，被研究者參與分析過程變得很重要。比方說，假設有項研究聚焦於有效的論文指導問題。在研究生和指導教授雙方都同意之下，一系列的錄影紀錄可以在兩年之間持續進行。接著，在每次論文之後，將在私底下和研究者更詳細的討論教授建議所具有的策略意義，以及學生提出的協助請求等等。此處，錄影紀錄實際上將會比田野研究筆記更為「友善」，同樣讓研究生、指導教授有機會觀看，也比人的記憶更確實，比全文轉錄論文指導面談紀錄更有效率。觀看論文指導面談的錄影紀錄，使得研究者與被研究者可以進行更深入的討論、釐清、辯論和對話，也有機會討論被研究者未採取的行動及其意義。你可以將這個例子中的指導教授—研究生的組合替換成任何其他人的互動情境，只要他們在互動中同樣有交換資訊、訓練和協商的元素存在。

關於實作和分析程序

1. 在拍攝的同時，將每一卷影片、錄影帶、錄音帶或照片加註資料，包括日期、地點與人物。你需要將每項資料貼上說明標籤，同時維護一個完整的目錄清單作為索引之用。保護你的原始來源、影像及聲音，記得另外備份。若你可能取得或生產大量影像素材，不管是個別影像很多或是影像紀錄時間很長，你也必須考量儲存、近用和抽樣方面的問題。務必研究一下新的電腦管理儲存和檢索系統，例如Avid這種新的快速剪輯影像的軟體。

2. 公開使用研究素材牽涉了權力、侵入、所有權及隱私方面的問題。務必確保你的研究對象有明確同意你用影像記錄他們。這同樣也適用在他們自己擁有的影像資料，

若你要使用或可能發表這些影像資料的話。同意書應該以書面方式為之。亞許（Asch, 1988）有篇思慮周詳文章，討論影片製作者與社會研究者之間如何簽訂合作契約。

3. 在錄影記錄時，相對容易取得可用的影像，但相對困難取得良好的錄音品質。然而，因為判斷影片中發生什麼往往有賴於研究者能夠聽清楚影像中人物說了什麼，所以你必須同樣重視錄音紀錄的品質。找一本不錯的手冊來參考，例如海爾寫的那一本（Hale, 1977）。找出有關麥克風類型的內容，在進行重要的攝錄工作前，先行測試麥克風的類型和擺放位置，直到你真正瞭解錄音問題的原因為止。

4. 很容易被「製作錄影」（making a video）的想法帶著走，而且最後落得讓錄影科技或是其中的興奮樂趣，支配了整個研究。對社會研究者而言，影像和科技是用來做研究的工具，而不是目的。

5. 除非它是最佳或唯一的記錄資料的方式，而且除非明顯有必要記錄這些資料，否則沒有理由將錄影記錄導入一個研究情境當中。為何提出這樣的警告？因為製作錄影不可避免地會讓被研究者分心，至少在他們開始習慣攝影機在場之前是如此，而且錄影有可能引導被研究者傾向表述官方立場。就算指示面對一個簡單的攝錄系統，被研究者也需要很長時間才有可能做到「行動自然」（act naturally）。

6. 數以千計的錄影記錄在社區研究情境中被記錄下來，其中有許多或許從未被嚴肅的觀看過，而且有的只是被當作研究和行動的「流行配件」（fashion accessories），造成時間和金錢的浪費。毫無疑問的，未來的歷史學者將會感激有這些影像紀錄的存在，但那就不是本章的初衷或重點了。

分析視覺素材的步驟

1. 先問是否使用視覺紀錄對我的研究結果具有重要的改良作用？

2. 我有這些攝製記錄（聲音與畫面）的技巧，有能力獨立完成記錄工作嗎？

3. 我有計算過處理視覺資料所需時間嗎？

4. 我有設計出友善的紀錄／分類系統，可以用來管理儲存檢索和分析這些視覺資料？

5. 當我在分析資料中的某些「灰色地帶」時，我將如何說明清楚這些分類決定是如何決定的？我所用的判準是不是夠透明？

6. 我有向即將被拍攝的對象適當解釋我的目的，並且事先獲得他們的書面同意嗎？我是否也需要事先諮詢工會或專業協會？製作影像紀錄會不會被認定是一種侵入？或是被他們懷疑是一種「來自管理階層的窺視」？

7. 我是否將有版權自由去出版研究結果包含的影像素材？我有取得個人照片或錄影的使用同意書嗎？

8. 我需要進一步瞭解關於影像所有權和出版的問題嗎？

第七章

行為氣象學：
不間斷（自我）觀察與
人格評估

本章作者：Gerthard Fassnacht

聚集（Aggregation）
行為氣象學
串級預測（cascade prediction）
法則與機遇
不間斷地監測行為或經驗
客體
預測項
預測項值
分解（resolution）
固定模式與移動模式（stationary and touring models）

「行為氣象學」（bemetology）是一個新字，濃縮結合自「行為的氣象學」（behavioural meteorology）一詞，被用來指出心理學可能受益於蒐集氣象學般的資料。

與其他科學不同的是，氣象學研究在世界各地安裝數以百計的測量設備，持續蒐集預測天氣的氣象資料。心理學者從未嚴肅試圖持續監測行為，也未曾像氣象學者那樣持續捕捉現象的變化狀況。這或許是令人訝異的：我們的研究主題不比氣象學的研究對象單純，因此「行為天氣」（behavioural weather）可以透過一些穩定的人格特徵和一些情境因素的互動狀況來預測。

雖然以上這個命題面臨很多挑戰（Hartshorne and May, 1928, 1929; Hartshorne et al., 1930; Newcomb, 1929; Magnusson and Endler, 1977; Magnusson, 1981; Mischel, 1968, 1984），古典測驗理論（classical test theory）意義上的測量，仍然是心理學最常被實作的程序。即使歷時的行為測量有延續重複的需要，這仍然被宣稱是在古典測驗理論的框架之內。歷時的聚集（aggregation over time）被看作是降低測驗誤差的工具，因此能提高信度（reliability）（Epstein, 1979, 1980, 1990）。所以，特性的穩定度不是被發現為自然存在的心理法則，而是被當作隱居在現象表面的不規則性之後。這個問題一方面是這個所謂的法則，另一方面是所觀察的不規則性，到底是如何形成的？這個問題一直沒有被處理。

氣象學相當瞭解物理學的基本法則，動態匯集而形成一個不可預測的「決定性的非週期的流動」（deterministic nonperiodic flow）（Lorenz, 1963）；然而，心理學似乎距離這個狀態還有很長的路要走。心理學對於人格及心理學的基本法則並無共識。所以，除了一個類比和降低測量誤差的主張之外，是不是心理學也毫無動機去追隨氣象學的方法學的腳步？

經驗法則是如何形成的呢？這個問題很少被提出，也尚未被清楚的解答。沒有任何共識，即便是對最簡單形式的法則——有如客體的特定重量的現象如穩定度，或是所謂的潛在人格特質，兩者都可被稱作是「實質法則」（substance laws）——也是如此（Campbell, 1921）。

　　雖然不能對此問題提供適當的解答，心理學，一如其他科學，仍然努力找尋經驗法則，簡單的或複雜的。假定有一個控制心理現象的隱藏法則存在，是一個重要的認知動力，促使心理學向科學之路邁進。以量化方式表述的假設，最終將被接受為經驗法則，若它們可以經得起否證（falsification）的話（Popper, 1959）。這已變成實驗心理學（experimental psychology）最終的信條與辯護。

　　不過，實驗策略弔詭地被責備成是心理學的經驗與理論混亂的禍首；根本的問題是經驗法則是否是構念（constructs），或它們是否是獨立、穩定的事實，佇立在我們現象世界的一角等著被人發現（Hollis, 1994），都未對研究策略產生重大影響。這並不令人意外，因為實驗心理學如何可以質疑它自身的存在前提呢？在嚴格的意義上，實驗心理學不能被想成是沒有一般性的假定，亦即在本質上不存在著某些法則在運作著的。

　　雖然心理學介入混沌理論（chaos theory）或稱動態系統理論（dynamical systems theory）的辯論已有多時（Vallacher and Nowak, 1994; Stewart, 1992），但對於假定的心理學法則如何形成的問題，從這個取向得不到令人滿意的解釋。混沌觀點與法則並不相容，而是把法則看作是一種循環過程中的一個任意的起始點，用來解釋秩序如何轉變成失序，反之亦然。

　　但另有一種失序存在：純粹機遇（pure chance）。影響所及，對於混沌的研究已經發展出區分混沌失序與純粹機遇

的方法（Grassberger and Procaccia, 1983）。機遇先於規律，也先於混沌失序，但方式有別。拋擲一個一般的骰子，長時間反覆進行會得到骰子六個面出現均等次數分配的結果。這種分布狀況可以高度精確的預測，雖然單一次拋擲骰子的結果確實是難以預測。這並不是一個混沌的過程，因為其間並無動態回饋（dynamic feedback）或非線性（non-linearity）存在：骰子連續的每一次拋擲都是彼此獨立的。理論上，這有一個簡單的「實質法則」存在，也就是對骰子的每一面來說，出現的機遇都是六分之一。當極大數量的單次拋擲的群聚，受到來自任何類似的極大數量的不同影響因子所影響時，相應的經驗法則就開始浮現了。一個經驗法則的存在，不在細節，而在大處（整體結果）之中。這個道理可以用下面這個句子表述：

經驗法則是群聚的機遇。

物理學者薛丁格（Erwin Schrodinger, 1962）在1922年主張自然法則的定義，而他的定義則是踵事前賢實驗物理學者埃克斯納（Franz Exner, 1919）。物理學上最著名的例子之一是波義耳定律（Boyle's Law），描述了在理想氣體（ideal gas）的情況下，氣體量、氣體溫度與氣體壓力的關係[1]。雖然單一分子的移動與衝動是隨機的與無法預測的，但氣體的整體行為依循著嚴格的法則，因此可以高度精確的予以預測。

 ## 經驗法則與分解

我們可以從波義耳定律看到，微觀層次的不規則的騷亂，並不妨礙在鉅觀層次存在著清楚的秩序。正如薛丁格指出：

---

[1] 譯註：根據波義耳定律，在定溫的條件下，一定量氣體體積（V）與氣體壓力（P）成反比。

物理學研究……已經清楚證明——至少對絕大多數的現象而言，其規律性與穩定性已導致通則的因果律——機遇是一種自然法則的所觀察到的嚴格定理的共同根源。

在每一個物理現象……涉及了數不清的，數以千計或更常是數十億計的單一原子或分子……至少是數量非常大的完全不同的個案，藉由組合大量的單一分子過程，我們可以成功的解釋完全與完整的觀察得到的法則。每個分子過程可能有、也可能沒有自己的嚴格法則存在——它不需被想成是服膺大量現象的觀察得到的規律性。恰好相反，它對法則的遵循是整合地融入數以百萬計的單一過程的平均值之中，而（平均值）成為我們唯一得以接近的事實。即使每一個單一的分子過程的行為由擲骰子或轉輪盤來決定，這些平均值有其自身的純粹統計法則。（1962: 10，我的翻譯）

從這個令人印象鮮明的主張中，我們可以假設，將分解成單元應用於我們的現象世界的程度，扮演了重要的角色，影響是否我們得以發現法則。瞭解這一點，那麼似乎合理的是把以下三個「分解的特殊性的理論」當作出發點（Fassnacht, 1995: 34ff）：

1. 「真實」的形象取決於再現的手段（工具）與再現的情境，也就是說，在一個本地的語言系統裡，可說它們毫無疑問是正確的。
2. 至少某些法則是與所應用的分解方式是有關的，也就是說，在一個感興趣的領域中，某種等級的分解導致知識是完全有秩序、部分有秩序或完全無秩序的結果。
3. 必須面對的事實是，原則上，不同的再現系統之間的異種同形的轉化是不可能的。這也就是說，並非「真實」的假定等同的不同領域之所有形象都能彼此互換。

一般說來，此種「特殊性的理論」（theses of specificity）強調，對利用任何工具取得的「真實」的任何領域的經驗知識而言，分解（resolution）以及（它的對手）融合（fusion）都非常重要。

根據所應用的分解方式來評估心理學研究，我們發現研究者藉此可區別漸進的、更精細的量化與質性的測量工具，能夠更深入於細節。對多樣的研究領域，如早期的互動研究（Argyle and Dean, 1965）、動物行為學（McGrew, 1972; Schleidt, 1989）、情緒（Ekman and Friesen, 1978）與社會判斷研究（Vallacher and Nowak, 1994）來說，情況似乎是如此。當然，精細的分解本身並不欠缺，但由於經驗法則存在的部分功能是作為調查與測量的單位，我們應該如何精細地分解我們的研究主題，將不再是個天真的問題。

 ## 經驗法則與資料

心理學長期以來被認為與自然科學不同，因為它的研究對象並不遵守自然法則（參見，例如，Windelband, 1984）。但心理學有沒有法則？這問題不可能解答，除非「法則」（law）一詞的意義先被釐清。

■經驗法則

方法學上來說，法則表述的是某種說法對同屬某類別的所有客體來說都一樣有效。形式上來說，一個法則具有一個通則化的條件，可以被表達成：

對任何x而言，若x是A的話，那麼x也會是B。

翻譯成白話就變成「所有的A都是B」。這個恆常不變的特性，表述成「對任何x而言」，似乎出現在所有類型的法則

（Nagel, 1961: 75ff）。

　　但若將x明確界定時，問題就來了。若把x替換成「人類」，那麼心理學裡是否有任何法則存在就變成可疑現象了。所以，心理學將「人類」區分成不同的類別，並建立一種「差別的心理學」（differential psychology）。不幸的是，這一步並未導出一個通則化的條件（generalized conditionals），所以更進一步的區別被嘗試，但這些也沒有變成嚴格的通則化條件，使得這個持續的差別化過程不可避免的造成窮竭而難以為繼的狀態：只有單一個案的x，「對任何x而言」的陳述不再有任何意義了。當然，實際研究在到達這一點之前早就停止了。除了停止這個過程之外，這個問題有任何其他的出路嗎？要回答這個問題，必須面對另一個問題：因為我們對經驗法則感興趣，不是理論法則，我們有必要清楚解釋什麼是「資料」。

■資料作為串級預測

　　從批判語言分析（Kamlah and Lorenzen, 1973）借取概念，我們可以先從基本的預測開始：

　　　　客體 ← 預測項

　　所謂「預測項」（predicator）被理解為一個指稱詞（designator），首見於卡納普（Carnap, 1956: 6），他將預測項看作是一個「預測表述，在廣義上，包括類別表述」。一個預測項永遠不會是一個定義般的描述，也不會是一個實體的專有名詞，更不能被誤為是一個句子的文法部分（述語的，the predicate）。同樣的，「客體」在基本的預測裡，並不具備物質意義，也不是可觸摸、感覺和觀看得到的實體。因此，卡姆拉和羅倫真（Kamlah and Lorenzen）指出：

　　我們將「客體」瞭解成預測項可連結的對象，或是可被指

涉為一個專有名詞或直接證實的行動（定義的描述），是被理解為一場對話中的夥伴。（1973: 42, 我的翻譯）

對心理學（過程）資料而言，要再現為一個通則化的模式，基本預測必須採取更複雜的形式，我稱其為「串級預測」（cascade predication）：

客體 ← 預測項 ← 預測項值（predicator value）← 時間值（time value）

預測項值的變化同時是量與質的。時間值亦然，雖然質的時間值變化是較不常見的概念。值的變化可以是量的，若它們以任何數字系統表達，不管是用哪一種量表（次序的、間隔的或比率的）。值也可以是質的，若它們用不同的「指定意義」（designative meaning）來表示（Carnap, 1956: 6）。某些質性與量化變異的例子整理在表7.1。有這些例子在手，我主張資料是串級預測——獨特或單一的聲明在四個不同的層次上各有其特定分解分數。在所有這四個串級預測的層次上，不同等級的分解或組合為特定單元是可被察知的：

1. 在客體的層次上，我們可以區分為彼得、羅夫、約翰等等，也可以反過來把他們組合為「男孩」。

2. 在預測的層次上，不同的行為和經驗單元是可以區辨的……。

3. 在價值的層次上，可從量或質的角度聯繫到不同的預測項值……。

4. 最後一個層次上，它們能夠被賦予質的或量的不同的時間值。

表7.1　質性與量化變異的例子

質性資料			
客體 ←	預測項 ←	質性預測項值 ←	質性時間值
倫敦的空氣 ←	氣溫 ←	冰冷 ←	冬天
倫敦的空氣 ←	氣溫 ←	微熱 ←	夏夜
倫敦的空氣 ←	氣溫 ←	非常熱 ←	1976年夏天
彼得 ←	侵略性 ←	憤怒的臉 ←	現在
彼得 ←	侵略性 ←	口語的 ←	昨天
彼得 ←	侵略性 ←	肢體的 ←	上周五

量化資料			
客體 ←	預測項 ←	量化預測項值 ←	量化時間值
倫敦的空氣 ←	氣溫 ←	−30℃ ←	10.01.95
倫敦的空氣 ←	氣溫 ←	20℃ ←	12.07.97
倫敦的空氣 ←	氣溫 ←	36℃ ←	20.08.76
彼得 ←	侵略性 ←	第一級 ←	9:30,27.10.97
彼得 ←	侵略性 ←	第二級 ←	9:34,26.10.97
彼得 ←	侵略性 ←	第三級 ←	24.10.97

　　若我們稱呼一個單數的宣稱或一個串級預測為一種「真實」的形象，那麼由不同分數組合而成的許多「真實」的形象，可以被我們的分解工具所駕馭。現在，若我們對於發現經驗法則有興趣，而且若我們的解釋是真實的，也就是一個經驗法則的存在視其所應用的分解而定，那麼我們必須決定什麼樣的分解和組合方式最能發現這些經驗法則。

 ## 經驗法則與「行為氣象學」

　　要發現法則，一個常見的建議是「嘗試某些理論」。但這忽略了一項重點，理論本身是被型塑的，而且在一種特定語言的脈絡下被框架，這樣的一個理論又預先假定了在串級預測的

行為氣象學：不間斷（自我）觀察與人格評估

四個層次上的某種分解的組合方式。當然，這種觀點主要適用在那些尋求解釋經驗事實的理論。就像在物理學裡，共同的邏輯思維或甚至是由於機遇，至少已發現某種嚴格的經驗法則，又若這些法則在經驗上被證實，那麼比起那些尚未被證實的法則來說，藉由邏輯思維和連續假設驗證的理論化工作就會變得簡單得多。不過，這絕不是說，在認識論層次上通則化，這是所有的科學經驗取向必須遵循這樣的路線。再者，從物理學史得出的這個事實，並非指理論驅使的假設驗證是唯一有效和可信的研究方法。嚴格意義上的理論化和假設驗證是合理的，如果經驗的領域與邏輯的規則以異種同形的方式被結構起來的話。

若邏輯不管用，那麼將沒有一個合於邏輯的方式可以去處理這個問題。這並不是說，此間完全不成邏輯，而是我們應該將這種可能性納入考量，否則我們可能會錯失最基本與重要的事實：能以合乎邏輯的方式接近我們的經驗世界，只是一個更一般性的世界的特殊案例，也就是一種出於機遇的出現。

當這發生在一門科學時，沒有任何嚴格意義上的經驗法則可以透過邏輯思維或靠機遇得到，理論預測——邏輯的演繹——進一步的法則是困難或甚至是不可能的。如果物理學在一開始時，研究的是抗拒所謂嚴格的經驗法則的基本粒子（Lindley, 1993）：果真這樣，現今的物理學可能不會比心理學的狀況好到哪裡去。

現在，透過類比，我們可以猜想是否心理學在追尋嚴格的經驗法則時所遇到的挫折，源自於分解的不適當的組合（inadequate combinations of resolutions）。一如在粒子物理學，心理學者所研究的現象是受機遇決定的。於此，物理學和心理學沒有差別：兩者都面臨無法預測的機遇過程。但為什麼我們在物理學發現嚴格的經驗法則，心理學則不然呢？

若埃克斯納─薛丁格等人關於一個自然法則的概念正確，那麼答案是清楚的：自然法則是數以百萬或十億計的自然發生

事件的組合與聚集的結果，而在實際心理功能上並無這麼大量的事件存在的簡單事實，解釋了為何心理學尚未發現任何嚴格經驗法則，而且可能永遠都不會發現。關鍵點在於：沒有大量的事件，即無法則。

雖然人類不像自動化機械是好事一件，但心理學作為一門科學，可能永遠無法追求一般法則意義上的那種規律性。「一般」在那個脈絡下意謂著什麼，取決於「全部」這個詞所連接的客體類別是什麼。自動的，「全部」適用於那些被認定為「平等」之物。從倫理的觀點來看，這意謂了「全人類」。雖然差別心理學已經挑戰了這種觀點，但將「全人類」細分為次類別的方法學嘗試並非成功之舉。

若有任何嚴格的心理學法則存在，適用於所有人類或次類別的成員，那麼這些法則可能是非常特殊的。首先，它們可能僅就表面的通則性而言是成立的（「全人類都能學習或被制約」），而且不會比所謂分析性的說法「所有的物理客體都是持久的」更具實質意義。其次，若存在著任何一般法則，那也是只在小範圍的經驗場域有效，不會被看成能夠解決日常生活問題（例如：「學生在性興奮狀態下會如何如何……」）。但若涉及具有社會意義的事實，法則就沒有那麼堅實了，例如，學齡前兒童逐漸發展出性別上的區隔（LaFreniere et al., 1984），或是男性比女性更具有侵略性（Eagly, 1987; Eaton and Enns, 1986）。雖然最後這一個現象在幾乎所有的社會中都觀察得到，必須用推論統計來證明它的真實性，但伽利略並不需要推論統計去證明引力法則的真實性。

心理學或許永遠無法達到牛頓式的狀態，亦即一種代表自然法則的堅實系統。雖然如此，它以一種彷彿可能的方式行事：假設被驗證，彷彿它們是法則一般。若變異狀況無法完全獲得解釋，通常是如此，額外的但目前尚未確知的因素則被認定是應負責的。然而，任何最終無法解釋的現象，在心理學裡就被稱作是錯誤變異（error variance）。此一方法學的取向，

與將自然法則理解成大量自然機遇下發生的事件的聚集，兩者之間相去甚遠。相反的，聚集被理解成一種方法學上的手法，將潛伏在不規律的現象學的表象之下的法則篩選出來，而非構成這些法則的方式。

若我們嚴肅以對，將法則看作是一種聚集的構成（an aggregational constitution）——那麼，我們必須構想一種不同的方法學取向，去面對自然發生的事件，並以不同的理論詮釋它們的方式。以下的方法學和後設理論的典則採取這種觀點，可以被看作是「行為氣象學」的概念背景：

1. 自然法則的存在，根本上出於機遇的大量的自然發生現象的聚集，或說是聚集的結果。

2. 取決於機遇，並不必然暗示著某種不可決定性（indeterminacy）。一個單一完全不可預測的事件可能取決於諸多在地的與鄰近的因素。決定論（determinism）在此意義上是與不可測的機遇是相容的，而且絕不能被等同於預先決定論（predeterminism）。

3. 有自然發生事件與人工造成的事件，自由落體、氣體微粒的運動，以及原子、粒子都是自然發生的客體或事件。為了研究的需要，若這些事件是孤立的，它們保留了它們的特性，作為一種自然的非人工的事件。否則細察中的主題會產生變化。對心理學而言，這要比古典物理學要困難達成。伽利略在比薩觀察到的自由落體的例子，就像蘋果成熟墜地一樣自然。不過，人工造成的事件並非自然發生，它們是研究者建構或誘發而產生的：比方說，回答一份人格問卷或是智力測驗的題項。這兩類事件——自然的與人工的——能夠被聚集成為經驗法則。但若對自然經驗法則感興趣，用作聚集的資料必須也是自然發生的。這是行為氣象學想要觀察的對象。

4. 聚集能夠在串級預測的所有層次上作業：在客體、預測項、預測項值和時間值。同時，在預測項值與時間值的

層次上，進行量化與質性的聚集作業是可能的。

5. 正如同資料有兩類，聚集作業也有兩類：一類是出乎自然本身，另一類（人工的）是由研究者藉由聚集的方法達成，兩者都可以導出經驗法則。結合這兩類資料，可以想像出四種不同的案例：

   (a) 自然資料的自然聚集（natural aggregation）導出自然法則，例如前述的波義耳定律。

   (b) 人工資料的自然聚集似乎不可能。

   (c) 自然資料的人工聚集（artificial aggregation）是氣象學所達成的，例如，透過計算數個月的平均溫度（歷時聚集），以測試在氣溫升高時是否有規則的或法則般的趨勢。這種趨勢導出的是準自然法則（quasi-natural laws）。

   (d) 人工資料的人工聚集導向人工的法則，例如智力測驗所測量出來的智商穩定性。

6. 經驗法則是特定的，依量化的或質性的不同類型的分解組合狀況而定，也依不同的分解分數而定。作為一種聚集的相反過程，分解開始了一組資料，接著是一種關於「真實」的觀點，可能受機遇影響。

7. 與物理學不同，因為個人的實際心理功能未被大量同時發生的事件影響，就我們所知，我們很少能夠發現對單一的個人有效的經驗法則。換句話說，由於在個人層次缺乏大量自然發生事件的自然聚集，心理學缺乏嚴格的自然法則。為了至少模擬自然法則，自然發生事件的人工聚集是可行的，而這正是行為氣象學想要做的。

8. 心理學所發現的大多數規律是在串級預測的客體層次上，許多個人聚集的結果。結果，這些規律最初只是對許多個人的聚集有效，而非對單一的個人有效。

9. 若要尋求能夠適用單一個人的自然經驗法則——自然規律，那麼聚集不能只在客體層次上進行，而應在串級預

測的所有層次上作業，在所有層次，包括自然預測項層次、自然預測項值或是時間值的層次。

10.為了決定對個人有效的自然經驗法則，個人內部的歷時聚集或許是最重要的策略。

11.不管是分解或聚集的組合方式，都沒有事先給定的清楚教條存在，得以支撐最規律的結果，也沒有最好的經驗法則。

12.結果，不像依賴於邏輯的理論驅動的假設驗證，對於大量的自然產生的資料進行直覺的聚集操作，絕對是非常關鍵的一步。這可以透過組合不同等級或類型的解析，借助於電腦和有效率的軟體。只有利用電腦，這種「藝術的」做法才可能達成。

13.最終，無法保證聚集必然導出經驗法則。

這些要點的精義是資料取得的行為氣象學模式將應用以下幾種類型的解析：

· 在客體層次：觀察單一的客體，例如，一個人、一組、一個互動的團體、或甚至是一個情境。

· 在預測項的層次：觀察該單一客體的一個自然發生的行為。

· 在預測項值的層次：觀察該行為的相對較少的質性的值。

· 在時間的層次：在持續的時間區段中連續觀察，在一段長時間內重複進行。

因為這種取向允許對自然發生行為進行人工的、歷時的聚集作業，其目的在發現準自然法則。如上述摘要所示，若不考量沒有額外資訊，結果得到的法則將是一種實質法則。根據特殊性的論點，結果發現的法則，若可以發現的話，將只適用於解析的類型與等級的特定組合。也就是說，結果將最初只對研究中的單一客體有效。再者，這個結果將只對整個聚集的時間區段有效。此外，若預測項值被聚集起來，結果將只對該種類

型的解析有效。

行為氣象學資料取得的最小模式，一如上述，類似於天文學和氣象學等觀測科學所使用的，也就是無法對它所觀測的客體進行任何操控：持續觀察天文背景輻射（cosmic background radiation）、氣溫、濕度、氣壓，都是此一模式的例子。然而，心理學的主流模式是在課題的層次上進行資料聚集作業：關於許多個人的丁點資料被聚集成團體的平均值。根據特殊性的論點，這種做法產生的結果，在嚴格意義上只對客體聚集有效，而非對做為客體的個人有效。這妨礙了將科學研究結果轉成實作的價值，因為心理學通常對個人的興趣多於對個人聚集的興趣。

對人格特質研究的影響

根據古典的說法，智商與人格特質被理解成一組暗中運作的能動性，產生人格的成就或個人行為。一個動態的理論，像是心理分析理論，會把這些能動性看作是自我主動的心理特性，而在方法學的理論上，像是特質理論（trait theory），會把它們看成是潛在的面向，一個人在此面向上得以被量化的刻劃。這些量化的分數被視為代表個人天賦或品質的常數，協助此人解決問題或是阻止此人以某種方式行為。後者至少在心理學裡是主流的理論。特別是，這種面向的概念通常將這種能動性視為簡單同質的單元，與多樣性的單元本身是異質的概念截然相反（Fassnacht, 1982: 66; 1995: 115）。

在測量這些潛在特質時，真實的人格特質或成就分數包括兩部分：它的真實價值（true value）及錯誤價值（error value）。傳統上，真實價值被當作常數來理解，因此構成了個人的特質。客體的常數的存在，可以說是該客體的實質的一種經驗法則。然而，錯誤的部分，則被認為是取決於機遇。這個觀點與前述行為氣象學的觀點是不同的。根據行為氣象

學，一個自然法則的控制力量不是在後台直接安排的，而是許多不同的單一機遇的事件經過聚集過程的協作的鉅觀結果。它並不只是錯誤變異（error variance），也是真實變異（true variance），受機遇的因素影響。每一件促成或妨礙一個成就或行為的東西，都被看作是「真實」的補充物。若許多促成的事件發生作用，或是若它們當中的許多經由歷時的人工聚集作業，一個經驗法則的輪廓或許可能，但不必然會浮現。換句話說，錯誤變異的概念是完全受到許多機遇事件的豐富，而且反之亦然，真實變異的概念建立了一些磐石般的結晶的純粹實體，應該被修正。

讓我們以智商作為一個極端的例子。大體上，智商被認為是一組量化的潛在特質，歷時少有變化，但被一些干擾因素掩蓋。這與行為氣象學的觀點相當不同：智商會在自然發生的事件的基礎上被測量，而且智慧商數會是一種自然發生事件的聚集的產物。一般對智慧商數的測量是一種將人為事件經由人工聚集的結果。在我們的術語用法理，所謂「智商是穩定的」說法，是一種人工的經驗法則。

在最初被概念化時，智商被理解成一種二因現象，包含一個一般性的因素g和特殊測驗因素s。連續的理論和方法的發展已經額外的面向，如語文理解、邏輯思考、空間能力等納入考量。這些仍被視為面向性的量，促成一個整體真實持久的智慧值。若智慧商數發生變異狀況，它們會被詮釋為一種短暫的精疲力竭所致，或是一時缺乏注意力或動機。但在真實生活中，「有智慧的」行為和「有智慧的」成就是被要求的，諸如專注、動機、精疲力竭或甚至情境的影響是很重要的。為了處理這些問題，並且更進一步減少錯誤變異，這些因素本身通常被納入考量，透過將它們整合為一種面向性的量。

從方法學的觀點，這種取向是正確的。然而，這樣冒著一種風險，就是像這樣的量化面向——雖然有文字說明——缺乏任何真實的意義。其本體論的地位為何？在任何人身上是否

有一種真實的，雖然隱藏的，客體存在，而我們可稱之為「智慧」？無疑的，這種智慧面向是一種建構的產物——通常夠弔詭的是——事先被預設是在「真實」世界中以一種可量化的本質「存在著」。說這些是性格傾向（dispositions），只不過是把問題移到性格傾向的本體論地位的類比問題。這樣的一些性格傾向是量化的客體——連續的面向——或它們是質性的客體：分離非連續的事件、認知、感覺、行為、生理和神經結構及化學實質的組織體，每個都有清楚的意向和明確的延伸？

像這類的考量激起了一個關鍵的問題：我們如何得知心理學的「真實」應當作連續的或是分離非連續的現象來理解較好？後一觀點似乎有兩個小的但重要的優點。首先，分離不連續觀點依賴具體單一的心理事實，如動機、感覺、認知或行為。雖然這些單元的輪廓通常模糊，它們可以被真實的經驗或觀察得到。其次，分離不連續觀點可與量化相容。另一方面，若我們從面向（dimensions）著手，我們通常忽略掉具體指定的意義。所謂面向有其含糊性，具有促進或妨礙的作用。我們為此沉默的服務付出的代價是一種無法克服的世界存在著口是心非的現象：法則在現象的後台運作，而在前台看到的是炫目特殊性所展示的不斷變動。

可以被理解的是具體的單一事件。而且為了這個原因，至少對我而言，我比較偏好分離非連續觀點。此觀點同時也與行為氣象學觀點相容，既能解釋自然，也能解釋人工法則——不像傳統觀點是抽取事件，而是聚集或融合許多單一具體的事件。

 ## 行為氣象學的人格特質研究：兩個例證

我認為有很好的理由去假定智力或人格特質等概念是由測驗或問卷測量是科學上合理的，而且在具體自然發生事件的基礎上去定義此種一般的概念也是可能的。所以我們應該嘗試

它，即使那會是困難和難以達成的工作，大多數時間我們可能將只停留在描述階段。

在測試任何假設前，最大的問題當然是在於如何捕捉自然發生的、經驗的、行為與社會的事件，又能以科學的方式加以處理呢？有兩種方式呼之欲出。第一種涉及了已經存在的自然情境，可透過自我協定（self-protocols）（Perrez and Reicherts, 1992）或是在觀察者的協助之下用電腦技術和設備去蒐集自然發生的事件或狀態。這種取向可稱作「移動模式」（touring model）。

另一種方式首先建構了永久性的、物理的、技術的和自然的社會情境，從而使得自然資料的蒐集變得容易。這種取向可透過安裝特殊的物理、技術的和社會的設施在一些機構之中，例如醫院、學校或幼稚園。在伯恩的心理系有一種這類特殊的原型——所謂BEO實驗室（BEO site）——建立來作為控制的田野診斷（field diagnostic）和田野研究（field research）之用（Fassnacht, 1995; 298ff; Haehlen and Neuenschwander, 1998）。雖然作為永久的安排，它被限制在特定的機構之內，這種設施具有很大的優勢，具功能性，而且是可控制的與隨時可調整的。大體上，它類似於建構電波望遠鏡（radio telescopes）、衛星和氣象觀測站，用來持續觀測相關的自然資料。這種方式，我稱之為「固定模式」（stationary model）。

兩種取向都屬於田野診斷模式，而且兩者非常依賴新科技或被迫自行發展新科技。發展尖端科技對自然科學家是相當有用的：這似乎是他們的主要和真實的工作。在心理學，研究者通常腦海已為各種理論所占據，科技發展通常是認知多於需要，而且，至少以心理學來說，開發新科技被貶抑為不夠科學，技術員而非研究者的本務。這種對於開發新科技的負面評價阻礙了科學發展，要不然老早以前情況可能就大不相同了（Fassnacht, 1974, 1995: 297f）。

以下兩種典範般的研究，代表了蒐集自然發生事件的兩

種方式，兩者都鎖定「五大」人格特質因素之一（Goldberg, 1981, 1990）。

■移動模式

移動模式的例子顯示，一種連續的描述是如何由一個人的情緒（emotionality）（人格特質五大因素中的因素四）所構成的（Jori, 1997）[2]。為期三個月，有位名叫喬麗（Jori）的學生連續自我監測自己的感覺，從早上起床後到晚上就寢前，每天持續記錄。在她開始為期三個月的資料蒐集作業之前，她發展了一個編碼系統，內含三十五種質性的感覺單元。這些單元之間彼此互斥，代表真實的類別系統。在任何時間，只有一種類別是有效的。她進行編碼時，同時也判斷可能觸發特定感覺的事件類型：社交的觸發器、外在的觸發器、內在的觸發器，或是無。同時也具學生身分的她完成了這大量的編碼記錄工作。她一發現自己內心感覺有變化時，就立刻對這新的狀態進行編碼，並且辨別是屬於哪一種觸發器。

資料蒐集是透過名為「牛頓訊息墊」（麥金塔）（Newton Message Pad，譯按：蘋果電腦最早推出的一種個人數位資料助理）的隨身配備來完成，喬麗隨身攜帶。兩個資料表單允許喬麗可以使用感覺類別清單及觸發事件清單。這種基本配備被廣泛應用來蒐集地質學的田野資料，被喬麗用來將感覺編碼的資料匯入個人電腦裡。在利用套裝軟體BEDAMAN（譯按：這是一種行為資料管理軟體，原名為 <u>Behavioral Data Management Software</u>，簡稱BEDAMAN）（Fassnacht, 1997）將編碼詮釋變換有意義的單元，以及在個人電腦上進行資料管理。總共在記錄的連續九十三天裡，喬麗總共匯集並計算了2,360個感覺事

2　譯註：人格特質五大因素論認為人有五大人格模型，包括外向性（extraversion）、開放性（openness）、嚴謹性（conscientiousness）、情緒（emotionality）／神經質（Neuroticism）、和善性（agreeableness）。

件。

反對這種取向的實質論點在內省的早期即被提了出來：持續的有意識的自我注意（self-attention）是不可能的，因此自我注意大多數時候應該是很輕微的，這種狀態只有在一種感覺主導凌駕於意識的其他事件時才可能有所改變。自我注意本身也可能影響感覺的流動（flow of feelings）。這些全都是真實且廣為人知的。然而，喬麗的目標之一是想瞭解是否可透過時間序列的次序分析（sequential analysis of time series）這種動態回饋（dynamic feedback），而這卻發生在喬麗的研究裡。但除此之外，她也發現有好一些「吵雜的」感覺，無法用動態回饋或任何其他觸發性事件來解釋。而且藉由一段時間的聚集，藉由比較資料蒐集的第二和第三階段，她發現它的感覺分布是相對穩定的：絕對次數的關聯係數是r=0.85，而每一種感覺的絕對時間的關聯係數是r=0.89。

■固定模式

固定模式的例子鎖定五大因素中的因素一，也就是外向性（extraversion/ surgency），並且研究社交性（socialability）。根據伯斯與普洛敏（Buss and Plomin, 1984）的EAS概念[3]，社交性被視為性情（temperament）的一個主要層面，也因此是一個早自童年就開始發展的，歷時相對穩定。該問的問題是：是否透過一種質性的編碼系統自然的觀測到的社交性，在經歷一段時間之後會發生個人內在的轉變？

為了提供一個暫時的答案，包格納等人（Baumgartner et al., 1997）在敝系的BEO實驗室觀察一些三歲孩童社會行為的個人內在變化。這個五角形遊樂室的三面是看得進看不出的玻璃，另兩面是窗戶，裡面有一般玩具，例如積木、洋娃娃、會

---

[3] 譯註：EAS概念／模式指的是人格特質的重要因素，包括情緒（emotionality）、活動力（activity）及社交性（socialibility）。

動的小車和洋娃娃的嬰兒車。每個玩具都被擺放在特定位置，在一段時間後，教師將這些玩具挪開，讓小朋友可以在同一個空間內玩在一起，裡面固定有張桌子，小朋友通常在這桌上吃早餐，也利用這張桌子玩一些遊戲。

通常，十八位躲在玻璃後方的觀察者即時的將小朋友的行為進行編碼記錄，在一台巨大的事件錄製機尚有512個頻道，可被細分為不同大小的鍵盤單元（Zaugg, 1994）。鍵盤的輪廓和設計，根據編碼系統和觀察者及小朋友的名字區分，並利用套裝軟體BEDAMAN來加以管理。在正常情況下，記錄是用來蒐集稱得上是典型的行為。

1997年在一項歷時六個月針對三位女孩（F1, F2, F3）和一位男孩（M4）的研究中，他們都被送到BEO實驗室和其他小朋友一起玩，週一至週五，每天從上午九點到中午十二點。早餐時間是上午十點到十點十五分，在研究進行一段時間後，遊樂場固定有十二位小朋友，但組成狀況會有調整：十二位小朋友中只有五位是固定的（包括F1、F2、F3和M4這四位小朋友），另外七位是新來的小朋友。因此，研究情境分成兩種：舊群體和新群體。研究期間陪伴這些小朋友的是同一位老師，但只是被動地坐在一旁照看，因此小朋友可以相當自由的遊樂。

八位觀察者固定在上午十一點到中午十二點之間進行現場觀察，總共進行了三十七場，每位小孩都大約有三十三小時被觀察的紀錄，而且平均每位小孩在研究期間同時被兩位觀察者注視。在編碼時，兩位學生用攝影機錄影並且編輯典型行為作為參考。藉由一個時間和日期的編碼方式，錄影帶和主控室（MCR）資料被同步化。這個類別系統由以下十二種互斥的編碼類目所組成：

社交參與：無

01　自己做自己的事：孩童獨自做著明顯有意義的特定活動，專心不旁騖。他們的活動是有意義的，表現出某些意義，

即便觀察者未必瞭解這活動，或是這活動的主題無法被指認和歸類。這孩童在玩或使用玩具時再現出某些意義，但都是獨來獨往。

02　獨自無所事事：孩童獨自一人行動，但和類目一不同的是，並沒有再現出某種意義。例如，明顯無目標的晃來晃去，東看西看，但沒有和別的孩童坐在一塊，看起來百無聊賴。

03　獨自，觀望別人在做什麼：孤單注視別的孩童或老師，注意力集中在別人身上，孩童的眼神四處遊走。有伴的旁觀，以及停下手邊活動看一下別人，都不算是屬於這個編碼類目，必須是孩童觀看別人為其主要活動。

04　獨自，動向不明：這個編碼類目適用於當孩童明顯缺乏社交參與，但又不屬於以上三種編碼類目的情況。

社交參與：有

05　平行行為第一型：同步的、同一的活動。以成人行為為例：一起看電視；一起閱報；一起坐在咖啡廳。兒童行為的例子：一起圍坐在同一張桌子；靠牆或靠窗坐成一列；一起注視同一個東西的旁觀行為；一起寫、畫或揉捏黏土，但各做各的，較少互動。

06　平行行為第二型：協作的、同一的活動，相互參考或相互關聯的考量。例子：一起發出噪音；一起跑來跑去；依序做出同樣的動作。與類目五不同的是，類目六的互動比較頻繁。

07　聯繫鬆懈的互動行為：有組織但不熟悉的行為，相互關聯與協調的行為，但對觀察者而言無法明確詮釋。行為主題只能部分或完全無法被指認與歸類。

08　角色扮演、明確任務：有組織但不熟悉的行為，相互關聯與協調，有所分工或任務分派。行為對觀察者而言可以詮釋；行為主題可以被指認和歸類。這種行為清楚代表某種意

義。例子：捉迷藏、馬戲表演、做體操、一起玩模型玩具、玩醫生病人的遊戲等等。

09　社交參與，但動向不明：這個編碼類目適用的情況是，孩童明顯表現出社交參與的行為，但前述四種編碼類目（05, 06, 07, 08）都不適用。比方說，以下的例子並不清楚：兩個孩童在玩具屋裡，但觀察者看不到他們在做什麼。

社交參與：無法判斷

10　孩子不在（觀察者）視線內：孩童暫時不在遊樂室或是被東西擋住。

11　不知道：行為和情境不明。以上的編碼類目都不適用，這個編碼類目是保留給觀察者真正不確定如何編碼時使用。

12　孩子或觀察者不在場：孩童或觀察者遲到，或是在觀察時段結束前先回家，或是整個觀察時段中缺席。

整體而言，整個研究期間，每個孩子花在不同類目的時間百分比可被計算出來。因為對類目10（孩子不在視線內）及類目12（孩子或觀察者不在場），加總計算意義有限，這些類目的計算被省略掉。因為每個孩子被觀察兩次，因此也計算兩次，結果如圖7.1所示。由於類目11實際上在編碼時沒有被使用到，因此沒有顯示在圖中。重疊的部分則代表兩個觀察者的觀察結果。

首先，除了觀察員F和H這一組之外，不同觀察員對同一位孩子的觀察結果非常類似。其次，學步小兒的社會行為有明顯差異。其三，有個一般趨勢，亦即某些類目比其他類目更花時間。特別是，類目9（社交參與，但動向不明）對所有的小孩而言，比例皆高。這或許並非一種觀察者效果（observer effect），因為除了一個例外情況之外，觀察員之間對於類目的同意度是相對高的。因此，是孩子的行為本身有其含糊性，而且可以發現的是，在整個研究期間，這些學步小兒都展現出含糊的社會行為。吾人或許可以臆測類目9——含糊的社會行為

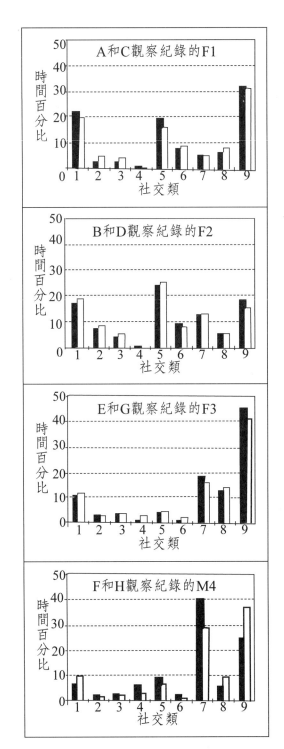

 圖7.1 在整個觀察期間，孩童花在社交類活動的時間比例

（ambiguous social behavior, ASB）──是一種未知的質性類目，因為它尚無明確意義。而且，因為社會行為理論本身不夠明確，無從進行演繹，行為只能透過機遇及一種質性的觀察取向來發現。

除了這種臆測之外，行為氣象學取向最適合在延伸的內在於個人的基礎上探討穩定性與一致性等問題。若在某個小孩身上發現某種行為特質，它們應是在不同時間和場合具有某種穩定性的。在研究時，這可以把研究期間劃分為四個階段，從中比較兩種社會情境（舊群體與新群體），以瞭解是否有跨情境的一致性存在。在每個情境中，可有更進一步的區分，以便評估時間上的穩定性（見有關一致性的辯論：Mischel, 1963, 1973; Epstein, 1979, 1980）。結果可得出幾個連續的時段：舊群體階段一（四月二十一日到五月二十八日）、舊群體階段二（五月二十九日到六月四日）、假期（六月五日到八月十七日）、新群體階段三（八月十八日到九月十日）、新群體階段四（九月十一日到十月二十四日）。將每一個時段的個人內在變化與每個孩子的六種比較結果進行關聯分析：兩種比較指的是時間的穩定性，另四種比較是指跨情境的一致性。這被卡提爾（Cattell, 1957）稱為Q技術（Q-technique）[4]。表7.2是分析結果。

表7.2有各種詮釋與臆測的可能性。其中三種應該立刻指出來，因為它們展現了行為氣象學取向的有用之處。第一，在觀察期間，社會行為的穩定性似乎是這四個孩子的個人特質。兩名小孩（F1, F3）似乎表現出非常穩定的社會行為，另外兩名小孩（F2, M4）在這方面比較沒有這麼穩定。第二，如同在遊樂群體更換部分成員可以預期的結果是社會行為的去穩定化（destabilization）（比較階段一與階段三，階段二與階段

---

[4] 譯註：Q技術又可譯為Q方法。

💡 表7.2　不同類別的四種情境的個人內在變化：關聯分析Q技術
（測量單位：孩童花在十種類別活動的時間比例）

兒童	時間穩定性				橫向一致性							
	舊團體（階段一至二）		新團體（階段三至四）		舊—新團體（階段一至三）		舊—新團體（階段二至四）		舊—新團體（階段二至三）		舊—新團體（階段一至四）	
	r	p	r	p	r	p	r	p	r	p	r	p
F1	0.83	ss	0.92	sss	0.79	ss	0.90	sss	0.83	ss	0.86	ss
F2	0.75	s	0.59		0.85	ss	0.19		0.74	s	0.69	s
F3	0.99	sss	0.81		0.71		0.98	sss	0.70	s	0.96	sss
F4	0.92	sss	0.65	s	0.74		0.50		0.61		0.78	ss

s：若r>.63，那麼p<0.5，ss：若r>.76，那麼p<.01，sss：若r>.87，那麼p<0.001。

三），這種情況發生或許是由於團體的社會結構必須重新與新來者協商。第三，在觀察期接近尾聲時，這四名「資深」成員的原始性格結構似乎已經重新建立了（比較階段一與階段二，階段一與階段四）。

結論：給發現和改變一個機會

　　論者指出經驗法則可被詮釋為大量的機遇事件的聚集。就我們所知，實際的心理運作過程並沒有像古典物理學上那樣有所謂大量單一事件發生，這或許可解釋為什麼我們在心理學找不到嚴格的自然法則。

　　然而，潛在人格因素具有多個層面，這種概念把人格看成一種量化的客體，預先假定心理學的法則是隱藏在行為表象背後的後台特性，而行為表象是在某種程度上被詮釋為隨機的事件。影響所及，測量工具被設計來偵測這些穩定的狀態。若我們放棄這種概念，這實際上源自於人的身分認同的舊哲學概

念，而沒有進一步尋找一般人格因素的需要，因為這種人格概念已被認為對所有的個人都是有效、穩定與相同的。因為認知、動機、感覺與行為應被看作是人格層面的問題無法以經驗的方式回答，我們轉而訴諸慣例。假如，如同在我們的文化與社會裡，情緒性、社交性或任何其他心理面向都被看作是重要特質，它們或許可被稱作人格因素。這種任意但文化上可發現到的決定並未忽略經常性（constancy）的可能，它只是代表一種讓步，承認心理學事件涉及協商過程。

雖然如此，經常性在通則性的三個不同層次上仍是可能的。通則性最高的是規律性（regularity），對所有的人應該都是有效的。關於我們是否將能夠找到這種嚴格意義上的心理法則，有許多懷疑存在。第二個層次可稱作個別性（individuality）：這是一種不同的觀點，目標在找尋對某些文化、某些類屬的人的法則，又或只適用於某些個人有效的法則。第三種，也是通則性的最低層次，是特殊性（peculiarity）。正如薛丁格所指出的，法則並非透過解析的所有層級的複寫本。因此，通則性的三個層次——規律性、個別性與特殊性，或是所謂的「RIP三件組」（the RIP triplet）——不必然以相互依賴的方式形成一個具功能性的單元。

從這種觀點，特殊性一定與通常被稱作法則之間無任何共通之處可言。不過，特殊性在精神病理學中是建立良好的穩定性。因此，在個人的基礎上，我們可發現許多種類的獨特但穩定的，可預測的行為，例如刻板印象、偏執狂患者的反應、語言學上的反響（linguistic reverberations）、幻覺（hallucinations）、精神分裂患者的認知狀態等等。

我們尚忽略的一個重點是，在正常的範圍內也有特殊性存在，而它或許比我們願意承認的還要穩定。例如，瑪麗走起路來有點搖擺，藉由此特質可高度精確的辨認她和別人的不同，而且她通常習慣有點歪著頭，坐在椅子的姿勢上有點僵硬，流露大眼汪汪、天真無辜的神色，穿著顯目，生活態度認真，崇

拜叔本華（Schopenhauer），用餐時左手刀、右手叉（雖然她不是左撇子），不喜歡酸橙派，愛吃蘋果派，對印加文化和人民很入迷，最愛靛藍色，開口說話時經常會抓自己的頭：瑪麗身上所有這些特殊性，經常性都是既特殊又穩定的。

因此，特殊性也可構成經常性，而這是尋常生活中人盡皆知的事。但，我們的哪一種匿名、特殊但正常的穩定行為對我們的個人生活具有最大的影響呢？某些行為無關宏旨，某些其他行為則關係重大。若遽下論斷，說這些正常的特殊性是表象的事實，其重要性超過那些深藏在心靈深處的法則，並不明智。個人具有特性的常態、怪異的行為或放肆的態度在我們生活裡的影響，往往超過所謂五大因素當中的任何一個。但五大因素可用已經建立的研究標準程序進行測量，而特殊的法則則否。

為了捕捉它們，我們需要研究策略以及（最終來說是）理論，允許變遷和機遇事件，而且可以被描述，或許有點偽裝的，是質性的。我們通常會覺得難以接受此一取向是科學研究，原因可能是在我們對於何謂法則有一套未明說的概念：一些量化的力量在我們現象世界背後同質地被引發出來，與其表面的失序狀況截然相反。克制這種概念，不將法則看作是隨機事件的大量聚集，開啟了一種替代的觀點。行為氣象學試圖這麼做，從所謂「RIP三件組」（譯按：RIP意謂規律性、個別性與特殊性）的根本著手。雖然有其含糊性，RIP並不意謂科學研究的和平終局，但若嚴肅以對，它給了發現和改變一個機會。

邁向行為氣象學分析的步驟

1. 選擇自然發生的行為或經驗來研究；決定採取一種觀察的模式：移動模式或固定模式。

2. 決定資料蒐集是透過觀察者或藉由自我協定。

3. 決定用筆紙或電子記錄設備（個人電腦）記錄觀察。

4. 觀察一個單一的單元：一個人、一對、一個互動群體或是一個情境。

5. 在預測項的層次，觀察該單元的一個自然發生的行為／經驗。

6. 在預測項值的層次，觀察該行為的相對少數的質性特質。

7. 在多個時間區段中連續觀察，重複進行一段長時間。

8. 根據分析的需要，將這些涵蓋不同單元、預測項、預測項的值及時間的觀察結果聚集起來。

PART 2

文本、影像與聲音的
分析取向

第八章

古典內容分析：回顧

本章作者：Martin W. Bauer

含糊性（ambiguity）
人工週（artificial week）
電腦輔助質性資料分析（CAQDAS）
編碼手冊（codebook）
編碼值（code value）
編碼架構（coding frame）
編碼病態（coding pathologies）
編碼表（coding sheet）
編碼單位（coding unit）
連貫性（coherence）
電腦輔助分析（computer-assisted analysis）
重要語彙索引（concordance）
共生分析（co-occurence）
文化指標（cultural indicators）
字典（dictionary）
上下文中關鍵字（KWIC）
上下文外關鍵字（KWOC）
原形化（lemmatization）
測量尺度：名目、次序、間隔、比例（metric: categorical, ordinal, interval, ratio）
模組化（modularity）
平行設計（parallel design）
隨機抽樣（random sampling）
信度—效度兩難困境（reliability-validity dilemma）
抽樣單位（sampling unit）

　　大部分的社會研究是出自於訪談：研究人員問人們有關他們的年齡、工作、生活形態，以及對於各種事物的想法和感覺，或要求他們講述關於某些事件的故事。訪談，無論是結構或非結構的（unstructured），都是一項方便且行之有年的社會研究方法。除了在談話中表達觀點之外，人們也用書寫來作記錄、規劃、遊戲或娛樂，建立規範和法則，並且在爭議性的議題上展開辯論。所以，文本（texts）如同談話一樣，是有關人們的想法、情感、記憶、計畫和論辯，有時還有書寫者本身理解的弦外之音。

　　社會研究者往往低估文本素材作為研究資料的價值。研究方法不斷的在流行和被遺忘中循環，但是全球資訊網和報紙、廣播及電視節目和線上檔案庫為文本作為資料的價值開啟了機會之窗。當蒐集資料不再費力，我們在內容分析及其技巧，尤其是電腦輔助的分析技術上，有了新的興趣。

　　質報跟大眾報紙在報導科學和技術議題時有何不同呢？商業電視和公共電視對傳達給觀眾的訊息有何不同？攻打巴士底監獄的神話是如何在當時的報紙上建立的呢？與「成就」相關的主題何時與該如何出現在童書中？商業機構內部的備忘錄傳達了什麼資訊？我們是否可以從寂寞芳心專欄或訃文中重新建構出社會價值的變遷情況？這些只是研究者可透過內容分析探討的問題的一部分。

　　內容分析（content analysis）是文本分析方法（text analysis）中唯一在經驗主義的社會科學中發展出來的方法。雖然大多數古典內容分析達到高峰，以數字描述文本資料的某些特徵，但在任何量化發生之前，文本中的「類型」、「性質」和「區分」已經過相當考量。藉由此一方式，內容分析連結了同一分析素材的統計形式主義（statistical formalism）和質性分析。在社會研究的量化與質性二分之中，內容分析是一種混雜兩者的技術，可以調解關於價值和方法這場無益的爭論。

　　十七世紀時，瑞典法庭對一個宗教教派歌曲集的象

徵符號進行分類、統計和比較，但是找不出異教的證據（Krippendorff,1980: 13）。十九世紀後期，在剛剛崛起的黃色新聞報業（yellow press）的報導中，內容分析證實了「道德淪喪」（Speed,1893）。在德國，韋伯（Max Weber, 1965[1911]）設想了一種對報紙內容進行分析的文化社會學。後來，幾次特別組成的英國皇家報業委員會用內容分析對新聞報導進行了比較（McQuail,1977）。對敵方宣傳進行內容分析在戰時提供了情報，並且在平時透過分析商業媒體而促進了企業利益。在1960年代，電腦的出現強化了方法學反思的層次（見Stone et al., 1966; Gerbner et al., 1969; Holsti,1968, 1969; Krippendorff,1980; Merten,1995）。

闡釋神聖或莊嚴的文本，對美學價值進行文學批評，重建「原作」（originals）與揭穿「贗品」所涉及的文獻學的考察，或是對廣告內容進行符號學分析，都增加了文本的複雜性：一段文章允許延伸的評論，探討語言所有歧義的和細微變化。相反地，內容分析減少了大量文本的複雜度。系統化分類與計算文本單位，從大量素材中萃取出對其重要特徵的扼要描述。整座圖書館可以濃縮在一張圖像之中：內容分析作為一項分析工具，被用來捕捉戰後英國報紙有關科學與科技的七十萬篇文章之間的差異（Bauer et al., 1995）。若要讀完這些文章，花上一輩子的時間可能都不夠。

表8.1的定義強調了內容分析的幾項重要特性，它是用客觀方法將焦點文本（focal text）推論到它的社會脈絡（social context）的技術，這個脈絡可能是研究者暫時或原則上無法親臨的。內容分析通常牽涉到對文本單位進行統計處理。「客觀化」指的是系統化、明確程序與可複製的步驟：它並不意謂它是文本的單一有效的閱讀方式；恰好相反，為了從這文本產生新資訊，不可逆的編碼已經轉化了文本自身。內容分析的效度不是以它是否是對文本的「正確的解讀」（true reading），而是該分析是否植基於資料內容，是否與研究者的理論符合，是

💡 表8.1　內容分析的定義

政治論述的統計的語意學（Kaplan, 1943: 230）
客觀、系統和數量化的描述為明顯的溝通內容的一調查技術。（Berelson, 1952: 18）
客觀和系統化地認出特定訊息的特徵來作推論的任一技術。（Holsti1969; 14）
資訊處理的過程，其中傳播內容被轉化，透過分類規則的客觀和系統化的應用。（Paisley, 1969）
由資料到文本可複製且有效推論的一項研究技術。（Krippendorff, 1980: 21）
利用一套程序從文本作出有效的推論的一調查方法學。這些推論關於發送人、消息本身，或消息的觀眾。（Weber, 1985: 9）

說明：粗體強調處為本章作者所加。

否符合研究目的等。同一份文本資料取決於偏見而有不同的解釋，內容分析也不例外。不過，它在兩個極端（單一真實的解釋和「任何解釋都可」）之間執守中道，並且最終為社會研究提供了文本分析的明確程序。對於任何特定的文本，它既不能評估美麗，也不能探索精微。

　　透過反思符號中介（symbolic mediation）的三重本質，吾人可以區分出兩種內容分析的基本目的：符號再現世界；以及此一再現表達了來源，並且向閱聽人訴求（Buehler, 1934）。藉由重新建構這些再現，內容分析者推論出在某一脈絡下或跨脈絡的表達及訴求。聚焦於來源，文本是一種**表達的媒介**（medium of expression）。來源和閱聽人是脈絡，也是對文本進行推論的焦點所在。文本資料是一個懂得書寫的社群的再現與表達。從這個觀點而論，內容分析的結果是依變項，必須被解釋的事物。歸因後的文本（attributed text）包含了事件、價值、規則、規範和娛樂的記錄，也是衝突與論證的跡證。內容分析讓我們建構世界觀、價值、態度、意見、偏見和刻板印象的指標，並且進行跨社群的比較。換句話說，內容分析也算是一種民眾意見調查。

若將焦點擺在閱聽人，文本是**感染力的媒介**（medium of appeal）：對人們的偏見、意見、態度和刻板印象有所影響。若將文本想成是具有誘導性的，內容分析的結果即是自變項，是可以解釋其他事物的變項。這種影響力以何種形式發生仍有爭議；不過，在議題設定（agenda-setting）或涵化研究（cultivation studies）的媒介效果的研究設計上，內容分析提供了若干自變項。

內容分析的程序在兩個層面上重新建構了再現：句法學（syntactical）和語意學（semantic）的層面。句法學層面的程序著重符號載具（sign vehicles）及它們之間的相互關係。句法描述的是表達和影響的方法——某事是如何被說或寫下。字詞出現次數及順序、用字、字型、文法和文體特色等，皆顯示了來源及影響某些讀者的可能性。不尋常地頻繁使用某些形式的字詞，也許可從中鑑別該文本的可能作者，而某些用字可能也顯示文本可能有某一類的讀者。

語意學層面的程序聚焦於符號及其常識意義（common-sense meaning）——也就是文本中的外延（denotative）和內涵（connotative）意義。語意學關注的是「文本中說了什麼」，亦即文本的主題（themes）和評價（valuations）。字、句和更大的文本單位被歸類成預先界定的主題和評價的例證。某些字詞在同一句或段落中一起出現的次數，暗示了它們之間有某種關聯存在。例如，在1973到1996年間，「生物科技」的主題在全國性媒體的科學新聞中占據越來越顯著的部分；報導不同，評價有別，以及特定的應用方式受到重視（Durant et al., 1998）。

文本資料中的句法學和語意學的特性，可讓研究者對不確知的來源或讀者進行有根據的猜測，例如僭越作者的聲稱（false claims to authorship），不管是因為正確資訊無法取得，或是因為要用內容分析可以用低廉成本取得品質良好的研究結果。這些猜測可以推論出某一脈絡的價值、態度、刻板印

象、象徵和世界觀，而就算對此一脈絡我們所知有限，我們可以描繪出一個訊息傳送者－閱聽人的脈絡（sender-audience context），或我們將之歸因於一個我們已經瞭解的訊息傳送者－閱聽人的脈絡。描繪輪廓並且對輪廓進行配對（profiling and the matching of profiles）以指認脈絡（訊息傳送者－閱聽人），是內容分析的基本推論。例如，要測量英國官方體制的價值觀的結構，以及其中的穩定性和變遷，我們可以分析一百年來的倫敦《時報》（譯按：常見的舊譯名是《泰晤士報》）；或，我們分析個人書簡和日記內容來評量一個人的動機。然而，若是因此而認定我們可以推斷傳播者任何特定的意圖，或是可以推論得到讀者的任何特定解讀狀況，則會被認為是一種內容分析的謬誤（the fallacy of content analysis）（Eco, 1994; Merten, 1995）。表達和印象（impression）只有在群集（aggregate）和或然率的形式與意義下才有辦法進行評價。

克里本朵夫（Krippendorff, 1980）區分了不同研究策略。首先，我們可以將文本資料建構成一個開放系統，以便捕捉趨勢和變遷中的類型。這是指文本資料永遠不完整；額外的文本會持續地被加進來。這是一種媒體監測的操作。對一個樣本的媒體進行定期編碼，以偵測有關一組主題的變化中的強調和群集狀況（shifting emphases and clusters）。

第二點，比較透露出「差異」，例如可比較不同報紙（以來源作區分）的報導，比較一位政治人物在不同選民（以閱聽人作區分）的演講，或是比較科學論文和普及版本之間的差異（以輸入和輸出來區分）。其他的比較視「標準」為稽核過程的一部分，用既有的規範來指認和評估成就，例如在猥褻、歧視或「客觀報導」。這在法庭訴訟上是有意義，媒體老闆被控以偏倚的新聞報導作為隱藏廣告之用。

第三點，內容分析被用來建立索引（indices）的。索引是有因果關係地連結到其他現象的一種跡象，就像煙是火的一個索引或徵兆。過去一百年間，寂寞芳心專欄中用字的改變是社

會價值的索引：我們推論人們描述他們自己和其理想的伴侶是一種在社會上令人滿意的表達。報紙中科學報導的數量可能是科學和科技在社會上地位的衡量，或是科學在社會上不確定的地位。考量全部的內容和其強度，可能可以使索引明確。

最後，內容分析可以重建體現在文本之中的「知識地圖」（maps of knowledge）。人們用語言來將世界再現為知識和自我知識（self-knowledge）。為了重建這知識，內容分析必須超越文本單位的分類，努力將分析單元網絡化（networking the units of analysis），將知識再現為不只是元素的組合而已，而是它們之間的關係。

內容分析的研究設計有六種。最簡單但最無趣的是純粹描述性（descriptive）的研究，也就是計算文本中所有編碼的特徵的出現頻次。較有趣的是規範性的分析（normative analyses），用一些標準來進行比較，例如，「客觀的」或「不偏倚」的報導。在橫向分析（cross-sectional analyses）中，經驗性的比較可能涉及不同脈絡的文本，例如，在某個月裡報導某一特定新聞的兩份報紙。在縱向分析（longitudinal analyses）中，涉及在較長時段中比較同樣的脈絡，以便察知內容中發生的變動，規律的或不規律的，並且從中推論在此脈絡中附隨發生的變化。更細緻的研究可作為文化指標（cultural indicators）：這研究考慮到橫跨多年的幾種脈絡，例如，生物科技在不同的公共領域中成為議題（Durant et al., 1998）。這種分析或許可能代替民意調查（見Neisbitt, 1976或Janowitz, 1976）。最具企圖心的設計是平行設計（parallel designs），牽涉到縱向分析，並且結合了其他的縱向資料（longitudinal data），例如，民意調查或重複數梯次的非結構訪談（例如，請見Neumann, 1989l; Durant et al., 1998）。

執行內容分析

■理論考量和文本

方法不能取代好的理論及實質的研究問題。理論和問題反映了研究者的偏見，不管明示或暗示，會影響文本素材的選擇和分類。明示是一個方法學上的美德，例如，一個研究者想要歸因或爭論一個文本出自何人之手。暗示的假設則建議文本作者問題是重要的；研究者將會需要明示地提出一個堅強的理論，說明個體性如何在文本中顯現。

內容分析傳統上處理的是書寫的文本素材，但類似程序也可用來分析影像（見Rose寫的章節，在本書第十四章）和聲音（見Bauer寫的章節，在本書第十四章）。文本有兩種：第一種是在研究過程中產生的文本，如訪談轉錄稿和觀察紀錄，另一種是已經為了某種目的而生產的文本，例如報紙和企業備忘錄。內容分析最典型的資料是為了某種目的而存在的書寫文本（written text）。不過，所有的文本都可以對研究者的問題提供答案。

多年前，我和同事著手繪製歐洲和北美從1973到1996年有關生物科技的媒體涵化（media cultivation）情況，在這項跨國的縱向研究中，我們分析了歐洲十二個國家的媒體關於生物科技的報導。這些媒體報導構成了語言學的，有時也是圖示的，再現社會上的這種新科技（Bauer and Gaskell, 1999）。在平行設計裡，跨時間與跨空間的媒體報導的變異，以及公眾理解和政策過程，目的在解釋不同脈絡下的科技發展軌跡。我們以菁英報紙作為分析生物科技媒體報導的對象。作為一個跨越相當長時間的群集資料，它們代表了現代社會公眾意見的重要面向。

■文本單位的定義及抽樣

內容分析通常使用隨機抽樣來選取素材（Krippendorff, 1980; Holsti, 1969; Bauer and Aarts，本書第二章）。有三個與抽樣有關的問題：代表性、樣本大小、抽樣單位（sampling units）和編碼單位（coding units）。

統計抽樣可以幫助我們研究小的樣本而推論大的整體。內容分析應用於報紙的歷史可以支持統計抽樣的合理性。新聞紙可以很輕易的分類成階層式的類型，例如，日報或週刊、政治立場上偏左或偏右、發行量高或低、全國性或地區性、大眾報或質報，或是根據所有權狀況來進行抽樣。

定期刊物最常使用的抽樣策略是人工週（artificial week）。日曆上的日期是一種可靠的抽樣底冊（sampling frame），可用來進行嚴格的隨機抽樣。然而，隨機抽樣的日期或許會包含星期日，有些報紙週日並未出刊，或刊登的報導可能有週期性，例如科技版可能固定在週三出刊。所以，在這種情況下，為了避免科學新聞的抽樣失真，確保樣本的抽樣日期平均分布在一週當中的每一天是很重要的。一週有七天，所以藉由挑選每三、四、六、八、九日抽選一天，一個沒有上述週期性的樣本就產生了。對於每一個被挑選的議題，所有相關文章都被選出。

若文章或甚至句子是分析單位，依照日期對報紙進行抽樣將產生一個集群樣本（cluster sample）。在集群樣本中，隨機抽取的單位（在此個案中是一份報紙）會大於分析單位（文章或句子），都會被蒐集到。

隨機抽樣需要一份完整的單位清單，以便從中抽選。有時這樣的清單已經存在，如編號或日曆上的日期，有時則必須自己製作一個。譬如在像FT-Profile資料庫裡面進行基因相關文章的抽樣。鍵入基因一詞，將產生超過五千篇歷年的文章。若你只能分析其中的二百篇，就要把這五千篇的標題儲存列印，並

且將它們從一到五千編號。接著就要決定抽樣的程序，看是要隨機抽樣還是每隔二十五篇挑選一篇。不恰當的文章在你進行抽樣過程時可以刪除並替換。

史坦普（Stempel, 1952）展示了得自一份日報的十二個隨機抽選的議題，可靠地代表了該報一整年的報導。一個小規模的系統性樣本要比龐大的便利性樣本好得多。說到底，所有關於樣本大小的考量是個實務問題。研究者可以處理多少篇文章？使用多少編碼和變項？對於多變量分析而言，一個變項的適當分布（suitable distribution）為何？

抽樣單位通常物質性的界定為一份報紙、一本書、一個電視新聞節目等等。排除或納入任何一個單位是無關宏旨的，因為假設的是抽樣單位可以彼此替換。除了在集群抽樣的情況下之外，記錄單位（recording uinits）大體上與抽樣單位是一樣的。通常比較容易的做法是先抽樣需要的報刊日期（或期數），然後納入該日（或該期）所有相關的文章。在這些情況下，記錄單位是文章，包含在抽樣單位（報刊的日期／期數）之內。

克里本朵夫（Krippendorff, 1980: 61ff）將抽樣和編碼單位區分成以下數類：

- **物理單位**（physical units）如書籍、信件、電視新聞節目、電影等等。
- **句法學單位**（syntactical units）是明顯「自然」的組合素材：如書本的章節；報紙上的標題、文章或句子；電影場景或鏡頭。最明顯的句法學單位是單字。
- **命題單位**（propositional units）是句子的邏輯核心。複雜的陳述可解構成主詞／動詞／受詞。以這個句子為例：「生物科技，戰後最新的基礎科學在1990年代進入公共領域。」它可以分成下列幾個命題：「生物科技在1990年代進入公共領域」、「生物科技是戰後的基礎科技」、「生物科技是最新的基礎科技」。大部分用於文

本分析的電腦軟體都支援自動將句法學單位（像段落、句子，或單一的關鍵字）進行區隔的功能；較專門的軟體具備支援將複雜句子解構成命題核心的功能。

· **主題或語意學單位**（thematic or semantic units）由文本的特徵來界定，但涉及人為判斷。例如，童話故事可依據基本動機來分類；信件可分類成情書或商業信件。抽樣單位的定義通常涉及這樣的階層化判斷（judgement of stratification）。主題單位以理論為根據，而且通常與不相關的殘餘資料形成對比。

代表性、樣本大小和單位化（unitization）最終取決於研究問題，而研究問題也決定了編碼架構（coding frame）。從概念化到抽樣到編碼，看起來像是依序前進，但實際上是一個反覆進行的過程，因此，探路（piloting）是很重要的基本功。但探路和修正必須（至少暫時地）停下來，若分析要能產生結果的話。

在我們對生物科技新聞的研究中，我們決定以領導輿論的菁英報紙為抽樣對象，抽樣期間從1973到1996年。所謂「領導輿論的菁英報紙」是研究開始之初形成的一個理論的入口，每個（參與這項跨國比較研究）團隊先指認一或兩家主要報紙：也就是新聞記者和政治人物最常閱讀的報紙。每個年份的抽樣程序各國有別，而且這些報紙檔案庫需要的抽樣技術不同：例如，有的是報紙紙本的人工掃瞄版，有的報紙有內建的關鍵字索引（例如，倫敦《時報》索引），有的是線上資料庫，有的是紙本的剪報蒐集等等。在某些年份，研究團隊先選擇報紙的日期，然後將當日所有相關的報紙文章納入集群之中；而另一些年份，他們利用線上研究，檢索所有相關文章，以嚴格隨機抽樣的方式，每年抽出固定篇數的文章。其他研究團隊創造一個人工週，把該週相關文章納入集群樣本。最後的國際文本資料集包含了從十二個國家、二十四個年份抽樣得到的總共5,404篇有關生物科技的報紙文章（Bauer, 1998a），並且預計在2001

年以後再繼續更新樣本。抽樣，特別是國際研究所需要的樣本，只能務實地處理，從不完美和多變的現實情況下盡力做到最好。

類目和編碼

編碼，然後接著分類抽樣得到的資料是一件建構性的任務，將理論和研究資料結合在一起。這種匹配並非立刻達成：研究者需要有足夠的時間去探路、修正及訓練編碼員。建構一個編碼架構是一個反覆進行的過程，若編碼員有很多位，則是一個集體的過程，在某個時點必須結束。

編碼架構是一種系統性的比較（a systematic way of comparing）。它是一組問題（編碼），編碼員使用編碼架構來處理資料，並且在一些預先定義的選項（編碼值）當中決定其選擇。雖然文本資料可用大量可能的問題去探索，內容分析指示一律編碼架構去詮釋文本，而編碼架構構成了一個理論的選擇，體現了一項研究的目的。內容分析再呈現出來的東西本身就是再現，將研究者與文本和研究計畫連結在一起（Bauer and Gaskell, 1999）。內容分析不是對任何文本的意義拍板定案，而是透過系統性和參考其他文本和研究活動將我們對於文本的邂逅予以客體化（Lindkvist, 1981）。不過，在終極意義上，即使是計算文本單位的實證主義取向，也只是對於一個文本資料的開放詮釋有所貢獻。

■類目和分類

建構一個編碼架構或分類系統時，有幾點需要考量：類目的本質、編碼變項的類型、編碼架構的組織原則、編碼過程和編碼員訓練。架構內的每一個編碼的值都有數量限制。在表8.2的例子裡，「大小」這個編碼有大、中、小的值，而「新聞格式」編碼有「最新消息」、「報導文學」、「人物訪談」、

「新聞評論」、「社論」、「評論」及「其他」等值。「大小」的值是個常識，但「新聞格式」則是廣泛的試探的結果，透過閱讀不同國家的報紙，試圖找出菁英報紙新聞格式的幾種類型。當然，若有類似的先前研究可供參考，可沿用前人已經發展出來的編碼值。

　　每一個文本單位都必須符合一個編碼，不能有所遺漏。藉由加上「其他」或「不適用」等選項，確保每一文本單位都可被分派到單一價值的編碼當中。編碼必須是唯一的：每一個單位在每個編碼上都只能被分派一個值，例如，一篇文章不是大就是小，不可能同時既大又小。這些編碼彼此之間相互獨立：「大小」這個編碼不會對新聞格式的編碼有直接影響（若是觀察到社論的篇幅大於最新消息，這會展示成一個經驗「事實」）。要避免將不同類目混在一起，編碼必須來自單一層面，例如，在大小這個類目的編碼值上出現紅色這個選項，就破壞了這個原則。同樣的，以電視新聞這個選項當作新聞格式的值也破壞了這個原則，因為它混合了新聞媒體和新聞格式這兩個不同的類目。通常都是藉由分開成兩種編碼來解決這種困擾：大眾媒體（電視、廣播、新聞紙等）與新聞格式（報導文學、人物訪談等）。最後，編碼必須要有理論基礎並且反映研究目的。篇幅大小和新聞格式都有理論基礎，文章篇幅大小表示報社編輯的重視程度，也是新聞室價值觀的指標。另一方面，篇幅大小可能與新聞格式有關。新聞格式這個編碼源自於不同格式在公共論辯中具有不同的功能。

　　為了統計分析的目的，我們為每個編碼值分派一個數字，如表8.2所示（1 = 最新消息），每個數字的意義都不一樣。名目變項（categorical variables，只是用來作區分之用），其中的數字也沒有別的意義。在編碼2當中，「5 = 社論」若改成「7 = 社論」也是一樣的。相反地，次序尺度或比例尺度（ordinal or rating scales）的順序和數值就有意義：小、中、大依序被排列為1、2、3，1比2小，2又比3小。每篇文章的字數構成了一個保

表8.2　報紙文章類目舉隅

類目1：大小（順序尺度）
1＝小
2＝中
3＝大
類目2：新聞格式（名目／類別尺度）
1＝最新消息
2＝報導文學
3＝人物訪談
4＝新聞評論
5＝社論
6＝評論
7＝其他
數目3：字數（區間尺度和比例尺度）
100，165，367或658個字

存不同編碼值之間差異的尺度：165字的文章比100字的文章字數多了65%。測量尺度與可用哪種統計分析有所關聯。

　　內容分析是依據理論進行的編碼作業（Franks, 1999）。一個文本單位A可能在「新聞格式」的分類中被編碼為「新聞評論」。但是它也可能是其他：它並非本質上是「新聞評論」。然而，文本單位A可能是「新聞評論」或「最新消息」，卻不可能同時是兩者皆是。明確區分文本單位是一個建構的法則，可以讓我們忽略世界各報模糊的差異和含糊之處。編碼員訓練和集體的編碼過程將使文本A看起來自然像「新聞評論」，而任何其他的含糊性將會造成信度問題。這種建構性地強加一個編碼系統是一種語意暴力（semantic violence），但若因此獲得驚人的分析結果還可合理化，不必立刻將一個編碼系統宣告為不適用。

■編碼過程：紙筆或電腦

　　實際編碼可以用紙和筆，或是直接輸入電腦。在紙筆的格式，編碼員將有編碼手冊（codebook）、文本素材和編碼

表（coding sheets）。編碼表是一個單頁的格子紙，這些小格子是用來給每一個編碼的。編碼員將為每一個指定方格中的編碼寫下他的判斷。當編碼的工作完成，所有的編碼單將被蒐集輸入電腦中進行分析。CAPI（computer-assisted personal interviewing，電腦輔助親身訪問）、CATI（computer-assisted telephone interviewing，電腦輔助電話訪問）或NUD*IST或ATLAS/ti（見Kelle所寫的本書第十六章）直接支援這些編碼過程。在CAPI、CATI中，一個骨架已經被設計好呈現在螢幕上給編碼員。NUD*IST和ATLAS/ti使用線上文本，而且編碼員使用預先定義好的編碼為文本單位加上標籤，所以，永遠不要遺失編碼和文本單位之間的連結，並且把文本單位和編碼連結起來。另可自動產生提供用來做統計分析的輸出檔案。很重要的是，要記得多做一些額外的編碼給文本單位。另外，若多位編碼員，要確認每一位編碼員的編碼狀況。若用多位編碼員對大量的文本資料進行內容分析，例如長期持續監測大眾媒體的內容，可能需要相當產業規模，需要組織、訓練、聯繫協調和品質管控。

 ## 內容分析的品質

內容分析是一種社會建構。就像任何可行的建構一樣，內容分析把某些真實（在此情況下是指文本資料）考量進去，其研究結果也需要被評價。然而，結果並非唯一的評價依據。研究結果的評價包括研究發現是否有趣、是否經得起檢驗等等，但是精確簡潔也是評價的標準之一。內容分析方法學是一種精煉的品質論述，主要關注衍生自心理測量學（psychometrics）的傳統效度與信度。不過，這些判準的限制顯示它們面臨無法兼顧信度和效度的兩難困境。我進一步提出連貫性與透明性這兩個判準，用來評價內容分析實務的品質。

■ 連貫性：編碼架構之美

內容分析大部分都會處理很多編碼，建構一個編碼架構或類目系統是一個概念性的議題，與一個研究的美學價值有關。一個經驗豐富的內容分析研究者是具有美感的：一個美麗的編碼架構是連貫的與簡單的，所有編碼都依循著一個單一的原則，而非基於「灰盆地區」經驗主義（'dust-bowl' empiricsim）來隨意編碼。建構編碼架構時，連貫性來自於可以指揮編碼架構的上級概念（superordinate ideas）。

表8.3比較幾個在建構編碼架構具有連貫性的衍生原級概念（derived primary notions）。每個原級概念源自於一個原則，而且能被進一步專殊化為次級編碼（secondary codes）。諾斯（North et al., 1963）研究在第一次世界大戰爆發時的外交溝通內容。他們的組織原則是「行動和他們的感知」：誰感知什麼行動，產生什麼效果，在什麼限定條件下？主題單位從原始文本中引出，編碼包括(a)感知者，(b)行動者，(c) 對目標產生的效果，(d)這些效果的評估描述符號（evaluative descriptors）。

表8.3　在建構編碼架構時帶來連貫性的概念

概念	衍生原級概念
公共訊息系統（例如，Gerbner et al., 1969）	注意力、強調、傾向、結構
行動的感知（例如，North et al., 1963）	感知者、行動者、對目標產生的效果、評估
修辭（Bauer, 1998b）	理性標誌、權威標誌、情感標誌
論辯（例如，Toulmin,1958）	宣稱、資料、保證、支持、否證/駁斥、限定詞
敘事（例如，Bauer et al., 1995; Rose，本書第十四章）	敘事者、行動者、事件、背景、後果、道德寓意

修辭是另一個有用的分析原則。理性、權威和情感是說服的「三劍客」（three musketeers）（Gross, 1990）。理性（logos）指的是根據假定與觀察所得到的結論；情感（pathos）則是加入了受訪者的心理層面；而權威（ethos）指的是代表了說話者自我的權威與聲名。這些可用來對文本單位進行編碼，根據論辯〔理性標誌（logos markers）〕、吸引聽眾或讀者注意的功能〔情感標誌（pathos markers）〕，或是參照說者或作者的權威和聲名〔權威標誌（ethos markers）〕（Bauer, 1998b; Leach，本書第十二章）。辯證分析對內容分析有所啟發，圖門（Toulmin, 1958）對實際論辯的分析已提供了一個原則，可用來將文本單位分類為宣稱、保證、資料、限定詞與駁斥（詳見Leach，本書第十二章）。這可以用來分析媒體或政策文件上的不同行動者的論辯內容，可在不同行動者之間進行比較，並且評估不同的公共場域中的論辯複雜性（Liakopoulos，本書第九章）。最後，敘事也是一個有啟發性的原則。將新聞看成故事，立即浮現一些原級概念：說故事者（敘事者）、行動者、事件、背景情境、後果和道德寓意。Rose（本書第十四章）應用此一敘事原則去分析肥皂劇中心理疾病的再現狀況。

模組化（modularity）是在建構編碼架構時的訣竅，可保證編碼架構具有效率與連貫性。模組是編碼架構的基礎素材，而且可以重複使用。舉例來說，在一個敘事中，一組測量原級概念「行動者」的次級編碼：行動者類型（個人、集體）、性別（男性、女性、未知）和行動場域（私人、半私人、公眾），這三個編碼即可建構一個將行動者分類的模組。行動者在一個敘事中表現出不同的功能：例如，作者、主要行動者、背景行動者，作為事件後果的接收端，或是故事道德寓意的目標對象。行動者模組現在可被用來將敘事中每個不同的行動者功能加以專殊化。模組建構增加了編碼架構的複雜度，但不增加編碼的難度，而且還能維護其連貫性，也使編碼工作與編

碼員訓練更簡單。一旦模組被記憶後，重複操作編碼時並不費力，而且編碼的信度也會提高。

我們在分析生物科技新聞時用的編碼架構，依據敘事原則，最後產生出二十六種編碼：作者、行動者、主題、事件、事件位置，以及利益或風險的後果。模組被用來多重的行動者和主題進行編碼，為了發展此一編碼過程，費時約一年之久：不同國家的十二個研究團隊兩度聚會討論，協商和修正編碼架構的結構。抽樣、發展具有信度的編碼過程，以及各國研究團隊進行探路和實際編碼的整個過程，花費了二年半的時間（Bauer, 1998a）。

■透過文書紀錄來確保透明度

編碼架構通常以小冊子的形式出現，既用來指引編碼員，也當作研究過程的紀錄。這個編碼手冊通常包括：(a)所有編碼的摘要清單，(b)每個編碼的次數分配和總數（N）。每個編碼都註明合於邏輯的定義、編碼名稱（例如，命名為「c2」）、編碼標籤（例如，「新聞格式」），並且在每個編碼的項目下列出當作範例的文本單位。一個完整的編碼手冊還會包括有關編碼員信度的說明（包括每個編碼和整個編碼過程的信度），達到可接受的信度水準所花費的時間。將編碼過程詳細記錄下來，可以確保研究的公眾問責，也讓想要複製此研究的其他研究者得以重建這個編碼過程。文書紀錄是資料「客觀性」的基本成分。

■信度

信度被定義為詮釋者（譯按：編碼員）之間的相互同意程度。建立信度涉及某種努力的重複程度：同一人在一段時間後所做的第二度詮釋（以決定個人的內在信度、一致性和穩定度），或是兩人以上對同時對同一素材做出相同的詮釋（此指外在信度、同意度和複製性）。信度指標如phi、kappa或

alpha使用從0到1之間的或然率的量表來測量編碼員之間的同意程度（0代表完全不同意，1代表完全同意）（Scott, 1955; Krippendorff, 1980: 129ff; Holsti, 1969: 135ff）。

　　大部分的內容分析研究會遇到兩個信度問題：切割文本素材的單位，以及文本內容的實際編碼。分析用的語意學單位是一個判斷問題。設想你隨機地選擇了某些日期的舊雜誌，而且瀏覽後找出一些有關生物科技的文章，雖然你很慎重地將「生物科技」的新聞定義為「有關在基因的層次上進行介入的報導」，但判斷因人而異與不同意的可能性仍然存在。對動畫影像的分析來說，分析單位通常是一個判斷的問題：每個編碼員可能比別人選擇的場景早了幾個框格，或是晚了幾個框格（Krippendorff, 1994）。

　　由於編碼過程涉及了人為判斷，內容分析者不能期待有完美的信度（perfect reliabilty），因此問題重點在於信度的可接受程度為何。信度測量有不同的值，指標如kappa和alpha要比指標phi保守一些，因此對不同的信度測量指標來說，需要界定不同的標準。再者，每個編碼的信度有所差異，因為每個編碼本身的意義曖昧程度有別。那麼，我們如何整合跨越多個編碼的信度呢？應該用簡單平均數（simple average）、加權平均數（weighted average）、區間值（range of values），或是最低值（lowest value）？低信度增加統計估計的誤差範圍，因此標準是必須考量增加邊際誤差的可能後果：攸關生死的決定是需要非常高的信度，但對於那種只是暫時性且用詞謹慎的結論，信度標準可能會比較低。在r值大於0.90時，通常認定信度非常高；在r值在大於0.80時算是信度高；而r值在0.66和0.79之間，則是可接受的信度。

　　研究者通常會利用信度來改良編碼過程。信度取決於訓練多寡、類目定義、編碼架構與文本素材的複雜度。若信度較低，可能意謂幾點：第一，編碼員需要再訓練，密集的編碼員訓練，讓編碼員有機會對於同一批文本素材建立共同的「心

態」（mindset），可以產出較高信度的結果。第二，信度可以幫研究者找出意義比較含糊曖昧的部分類目。某些編碼可能定義不清，藉由增加一些範例，可以提高編碼員之間的同意度。第三，編碼員必須記憶一些編碼方式，以便加快編碼的速度。編碼越多樣，數目越多，編碼員越不可能記憶這些編碼，越需要訓練，越可能因為疲憊而造成編碼錯誤或含糊曖昧的狀況。因此，信度受到編碼架構複雜性的限制。最後，信度也可能透露出文本的多義性（polysemy of the text）。低信度可能意謂了編碼值之間的界線相當模糊。再者，複雜的編碼架構增加了以不同方式解讀同一文本單位的可能性。

■效度

效度在傳統上指的是分析結果能夠代表文本或其脈絡的正確程度。克里本朵夫（Krippendorff, 1980）將效度區分為資料、結果和程序的效度，這種分法很有用。以資料來說，想要確定編碼是與文本中的文字相關〔語意效度（semantic validity）〕，以及樣本能代表整個文本資料〔抽樣效度（sampling validity）〕，其結果能夠依據與外部判準的關聯而獲得效度驗證。先前研究也可用來驗證一項內容分析的結果，例如，藉由比較一個簡單的和一個複雜的程序。然而，這有循環論證（tautological）的問題，不一定總是適合。另一方面，可從報紙報導內容預測公眾意見調查結果，並且在特定情況下檢驗這個預測〔預測效度（predictive validity）〕。最後，編碼架構需要體現分析背後的理論〔構念效度（construct validity）〕。不過，詮釋的本質意謂著挑戰運用符合方法學程序獲致的分析結果，本身有其獨立於外部確證（external corroboration）的價值；有時，內部連貫一致性（internal coherence）即足以確保可信度。的確，無法預期但運用符合方法學程序獲致的分析結果，可以產出有意義的資訊。

內容分析可能出現的主要謬誤，在於單純從文本去推論特

定意圖或瞭解（Merten, 1995; Eco, 1994）。意圖和接收是傳播溝通情境的特徵，並不只是單純依靠文本：它們是受情境變數（situational variables）所共同決定的。特定的文本解讀方式是閱聽人研究的關注焦點，而特定意圖則是屬於訊息生產研究的範圍。因為歧見的存在，同一文本可能有不同的解讀可能。有可能排除不同解讀方式或意圖，特別是當編碼員與訊息傳送者或閱聽人共享世界觀的時候。不過，閱聽人的解讀也好，傳播者的特定意圖也好，都不可能只存在於文本之內而已。充其量，內容分析描繪了解讀空間及傳播者意圖的地圖，透過排除或透過分析結果顯示的變化趨勢，但永遠不代表事物的真實狀況本身。

■兩難

內容分析研究者面臨一些兩難困境。第一個兩難困境存在於抽樣與編碼之間：一項研究計畫必須平衡投入在抽樣和編碼的努力。若是沒有時間發展編碼架構或指導編碼員完成有信度的編碼過程，再完美的樣本也沒有什麼用處。

第二個兩難困境發生在趨勢分析（trend analysis）與複雜編碼（complex coding）之間，也就是長時間觀察少數個案，或是短時間觀察許多個案。越複雜的編碼架構，越可能只適用於短時間歷史的觀察。但將複雜的編碼架構調整成適用不同的歷史脈絡，又可能不太值得。因此，一個簡單的編碼架構用於長時間的縱向研究，就是為了要避免編碼員的生命記憶所造成的編碼出現時代錯亂的狀況（見Boyce，本書第十七章）。與調查研究不同（譯按：在不同時間對同一群受訪者進行調查的），同組設計（panel design）遭遇極大困難，內容分析非常適合縱向研究。因此，內容分析者通常對於長期抽樣的偏好在複雜編碼程序之上。

第三個的兩難困境在於信度與效度之間。在心理測定學上，效度在原則上從未超過信度；但在內容分析上，我們要在

兩者間求取平衡。內容分析不能假定有所謂文本的「真實價值」（true value）存在，編碼錯誤造成真實價值被混淆：編碼就是價值（the coding is the value）。信度顯示的是指示一個客觀化的詮釋，而非有效詮釋的必要條件。編碼員之間的相互客觀性（inter-objectivity）保護研究者免於遭受武斷的指控，不過，和心理測定學不同的是，低信度並不會影響一個詮釋的效度（Andren, 1981）：文本素材本身的意義含糊曖昧是分析的一部分。一個簡單的編碼可能產生高信度但意義貧乏的分析結果。另一方面，高信度很難在複雜的編碼過程中獲得，但分析結果卻可能與理論和實際脈絡的關聯較強。

 ## 電腦輔助的內容分析法

　　電腦的來臨，激發了學術界對於內容分析的熱情，而且有文本資料的電腦輔助分析有多種類型。電腦化的最新熱潮與文本資料庫的激增同步發展，如路透社（Reuters）資料庫或是FT-Profile。因為這方面有很多深入的專門文獻（見Nissan and Schmidt, 1995; Fielding and Lee, 1998），這裡只簡要刻劃電腦輔助內容分析的三種基本類型。

　　第一種電腦輔助內容分析是KWOC，也就是上下文外關鍵字（keywords out of context）（字數統計）——歸類到概念之中，繼承的是電腦輔助文本資料內容分析軟體General Inquirer的傳統（Stone et al., 1966）。電腦能輕易列出文本中的所有字詞，並且將之分組歸納到一部字典中。字典是一些有理論趣味的概念清單，每個概念由一串符號來界定。例如，「接近」、「攻擊」、「溝通」等字彙被算成是「社交—情感行動」。電腦可以輕易地辨識字母串是符號歸類的字彙，然後根據字典的定義分派它們到某個概念下。General Inquirer的功能繼續在更新的軟體TXTPACK上保留下來。運用這種分析取向的最有企圖心的研究是字典定義的概念分類，統計文本中出現的頻率。

這種大量搜尋的電腦套裝軟體是納門渥斯與韋伯（Namenwirth and Weber, 1987）的文化指標研究計畫，分析過去四百年來英、美兩國的政治演說當中的政治價值觀。

KWOC的主要問題在於其所用的字典，每個符號都只能被分派到一個概念下。這是一個根本性的缺陷，因為每個字彙都有其含糊曖昧的意義。這個問題減弱了不少人最初對於此一自動研究取向的熱情。

電腦化分析的第二種類型是重要語彙索引（concordance）與共生分析（co-occurrence analysis），考量的是上下文中關鍵字（keywords in their context; KWIC）。重要語彙索引分析是將字彙（words）與其上下文（co-text）一起列表。許多文本分析軟體都提供重要語彙索引當作子程式，對於探索字彙在文本資料中的意義，或對查核素材的相關性來說，都可說是十分實用。例如，重要字索引程式可以在關於BSE〔牛海綿狀腦病（bovine spongiform encephalopathy）〕或俗稱「狂牛症」的新聞分析研究中，迅速幫我們將含有BSE〔印度孟買證券市場（Bombay Stock Exchange）〕的文章剔除掉。

另一方面，共生分析是對文本資料中的常見字組（frequent word pairs）進行統計分析。此一分析程序假定，兩個字組成的字組經常同時出現，在語意上是有意義的。共生分析的軟體如ALCESTE，第一步是先將所有字彙原形化（lemmatization）[1]，並且建立一個文本資料的字彙庫。接著，排除高度出現和極少出現的字彙，對預先定義的文本單位中字彙共生的次數予以計算後轉成矩陣形式呈現。演算法將從這裡萃取出一種幾何學式的再現結果，幾何圖形上的黑點代表的是有關聯的字彙群聚（見Kronberger and Wagner，原書第十七章；譯按：中譯本未譯此章）。這種軟體可以處理大量或少量

---

[1] 譯註：例如，「better」的原形字是「good」，而「walked」的原形字是「walk」。

的文本，但只能適用某些語言。若調整分析的參數，演算法也可以萃取出一個群聚解（cluster solution），並且提供文字或圖示的輸出結果。

電腦輔助內容分析的第三種類型是CAQDAS，也就是電腦輔助質性資料分析軟體（computer-assisted qualitative data analysis software）。這是電腦輔助文本分析的最新發展（見Kelle所寫的本書第十六章；Fielding and Lee, 1998），有助於對資料進行標籤、編碼和索引，也可針對分析目的而支援文本的區隔、連結、排序與重新排序、結構及檢索。另一個創新功能是「備忘」（memoing）：編碼員對每個標籤的動作寫下個人評論，因此可在編碼過程中同時記錄下思考過程。這些備忘錄稍後可以用來報告研究過程中的反思／反身性（reflexivity）：研究者向讀者展現自己如何在研究過程中發生改變。好的分析軟體提供布林邏輯搜尋（Boolean search operators）去檢索文本片段，也提供圖表功能去描繪文本之中的連結狀況，或是提供可用來進行統計資料分析的介面。但CAQDAS和古典的內容分析都一樣需要編碼員。

教師通常歡迎CAQDAS，因為CAQDAS不但可吸引學生，也可將質性研究的紀律傳授給可能誤認質性研究方法「怎麼做都可以」（anything goes）的學生。不過，CAQDAS的廣泛應用可能助長一些不太希望看到的結果，例如，過度氾濫地使用樹狀結構（tree sructures）來呈現訪談資料，或是出現各種開放編碼（open coding）的病態（Fielding and Lee, 1998: 119ff）。分析者忙於排序與重新排序她／他的編碼和連結時，可能者對研究目的視而不見。當分析出現失控狀況，例如，六次訪談的資料分析出二千個編碼，整個研究計畫會陷入危機。

電腦雖然很管用，但不可能取代編碼人員。內容分析仍舊是一個詮釋的活動，其規則在實際的限制下無法現實地放進電腦裡執行。在「電腦輔助質性資料分析軟體」協助下，編碼員可快速與可靠地完成複雜的判斷。

內容分析法的優點與缺點

內容分析是為了分析文本素材（例如新聞）的社會研究而發展出來的。它是非常普遍的方法，分析的資料範圍，這些年來已經擴展到包括幾乎任何文化上的人為產物（Gerbner et al., 1969）。內容分析的主要意義可能是會繼續挑戰（有趣且難解的）訪談資料在社會研究中的優越地位。

內容分析的優點是系統的與公開的[2]，它主要運用的是「自然」發生的原始資料，可以處理大量資料、歷史資料，並且提供了一套成熟與記錄完整的研究程序。

首先，內容分析使用自然發生的素材：可在圖書館庋藏的素材中發現人類傳播的軌跡。這些素材原本是為了其他目的而創造，因此在分析研究它們時，內容分析是非侵入性的（unobtrusive）（Webb et al., 1966）。「自然發生」（naturally occurring）並不意謂研究者需要投入詮釋的建構過程：雖然避免在初級資料的蒐集過程與受訪者直接接觸，但其實研究者透過篩選、界定文本單位和分類原始資料，即已涉入詮釋的建構過程了。

內容分析可以建構歷史資料：運用過往活動的歷史紀錄（訪談、實驗、觀察和問卷等研究法註定只能蒐集當下的資料），因此是很經濟的發現社會趨勢的方式，所費成本只是採取同組調查法（panel survey）的一小部分。但內容分析的缺點是大多只能提供集體層次的資料，透過傳播和表達的歷史紀錄來描繪集體層次的現象。

2　譯註：台灣傳播學者王石番認為，內容分析法具有非親身訪查與便於處理非結構性資料兩個主要特點，並有下列五大功能：檢視傳播內容本質、探究內容表達的形式、分析傳播來源的特質、蠡測閱聽人的特性、驗證傳播內容的效果。見王石番（1992）著，《傳播內容分析法》，台北市，幼獅出版。

　　系統性的研究取向與電腦的使用，讓研究者得以處理大量的資料。資料量大小本身並非美德，但某些主題的資料量實在太大。例如，我們針對英國報紙科學新聞的研究，我估計我們可能需要處理多達七十萬篇文章，這就需要系統性的研究取向了〔譯按：例如，系統性的抽樣〕。內容分析不是對整個文本資料的意義拍板定案，而是在一個延伸的研究努力中對文本素材進行排序和描繪的第一步。

　　在內容分析不長的歷史中，許多人已經指出它的缺陷。柯考爾（Kracauer, 1952）指出，分析的分離的分析單位（separate units of analysis）可能會導致詮釋的「不正確」：斷章取義（citations out of context）很容易造成誤導。雖然最好在整個文本資料的脈絡內考量任何一個文本單位，但編碼員通常會根據鄰近的上下文及其對素材的熟悉程度來下判斷。脈絡化的編碼（contextual coding）對任何一個分析單位都很重要，不管是一篇文章、一個段落、一個句子或是一個字。由此可知，自動化和電腦化的編碼有其限制，而人類編碼員／詮釋者一點都還沒有過時。

　　內容分析傾向於重視頻次（frequencies），而忽略了較罕見或未出現的部分：審慎的分析者可能會將導入理論編碼（theoretical codes），檢視文中裡具有特殊意義的缺位（significant absence in the text）。這是問題的焦點所在：有什麼方法可以同時關照在位（presence）與缺位（absence）的現象呢？原則上，內容分析可以同時兼顧兩者（見Rose，本書第十四章），雖然它還是比較重視文本素材中在位的部分。

　　內容分析的另一個缺陷是，區隔化的文本單位在編碼為頻次分配之後，文本單位與原始文本間的連結關係遺失了：分類化（categorization）的過程遺失了語言與句子原本的時間次序連續性（sequentiality）（見Penn所撰寫的本書第十三章）。在什麼時間說，也許比說了什麼還重要。對此可能有人會辯稱，內容分析是在建構潛在意義的典範，而非瞭解實際的意義。縱

向研究強化了某種形式的時間次序連續性，某個時期的結構可被與其他時期的結構作比較，而且從中得以瞭解趨勢變化。

追求自動化的內容分析（automatic content analysis）——將文本輸入電腦，然後電腦就輸出詮釋——誠屬荒謬可笑：語意編碼（semantic coding）使得有效率的人類編碼員占盡優勢（Markoff et al., 1974）。編碼員執行許多內容分析的研究，有時為追求較高信度而力求作業謹慎。而在大部分訪談和民意調查的分析中，研究者信心滿滿地將觀察到的變異狀況歸因於受訪者，卻同時把訪談者、情境及問題結構的影響變成「品質控制」的黑箱。內容分析者也必須對自己的分析程序有自信，而且為了勢必得把觀察到的變異狀況歸因於文本。

以社會研究方法來說，抽樣調查法、訪談法和內容分析法的發展歷史相當，那麼應該如何解釋它們之間不同的地位？紐曼（Neumann, 1989）指出，許多制度上的問題在內容分析法短暫的歷史上造成困擾。它未能激發研究者持續對它的興趣，除了在1940年代、1970年代和1990年代短暫地吸引外界注意，大多數時候它搬進了「方法學的貧民窟」（methodlogical ghetto）而乏人問津，欠缺各種研究活動的匯流。沒有資料檔案庫庋藏並提供可供次級分析的原始資料。因此，個別研究者只能自己設法取得樣本，建構自己的編碼架構。許多「急就章與草率」（quick and dirty）的研究使內容分析蒙受「可以證明任何事」的錯誤印象。而過於簡化的概念、有限的時間、小型的議題，在在使得內容分析被侷限在小規模的學生研究作業的範圍內。方法無法取代思想（A method is no substitute for ideas）。許多時候內容分析被用在描述性的研究，這反映了推論的困難：它到底是告訴我們哪些人的什麼呢？可能與真實之間存在的落差，必須用多重方法的平行研究設計（parallel multi-method research designs）來超越：協調的縱向研究包括問卷調查、非結構式的訪談和大量文本資料的分析是下一步，因此在大規模的意義上整合了質性和量化研究。會話和書寫都是

民意的展現方式（manifestations of public opinion），所以將民意簡化為其中一種都有可能是錯誤的。

內容分析的步驟

1. 理論和情境影響我們選擇研究特定文本。

2. 若文本數量太多而無法進行完整分析，就應從中抽樣。

3. 建構一套符合理論考量和素材特性的編碼架構。

4. 試探並修正編碼架構，明確定義編碼的作業方式。

5. 對編碼的信度進行檢驗，並且訓練編碼員以降低編碼的含糊曖昧之處。

6. 將樣本中所有素材進行編碼，並且建立整個編碼過程的信度。

7. 建立資料檔供統計分析之用。

8. 寫下一份編碼手冊，包括(1)編碼架構的合理性，(2)所有編碼的次數分配狀況，以及(3)編碼過程的信度

第九章

論辯分析

本章作者：Miltos Liakopoulos

論辯（argumentation）
支持（backing）
宣稱（claim）
資料（data）
否證、駁斥（rebuttal）
修辭、語藝（rhetoric）
保證、證明、理由（warrant）

　　亞里斯多德說「人類是政治的動物」，他的意思是說，人在社會上是依原則及大家皆認同的行為而組成。政治考慮了社會上組織的共同常規，這種體制內的主要溝通形式是演說，但它並不是任何形式的演說，而是某種特定形式，政治上稱它為修辭（rhetoric，或譯語藝）。

　　自亞里斯多德時代起，「政治」和「修辭」的意義就改變了，但社會組成的方式及辯論（debate）仍舊一樣。辯論出現在社會有興趣的議題上，在資訊時代臻於成熟，有越來越多人在辯論上更顯積極。這些人積極參與社會辯論，造成一個重要的結果：演說的形式變得不那麼正式了。儘管它的形式在改變，但辯論演說的演進仍圍著它的基本架構。論辯形成演說的支柱，它代表演說的中心思想或信條。當它瞄準所欲說服的目標群時，它更是社會變遷的工具。

　　「論辯」（argumentation）指的是口頭或書寫的活動，它包含一系列意在證明或駁斥某種意見或說服閱聽人的陳述（van Ermeren et al., 1987）。論辯分析（argumentation analysis）的目標在記錄一個言說文本中的宣稱（claim）被結構的方式，並評估它們的合理性。這種分析通常集中在二或更多人之間在討論或辯論中進行論辯，或是著重在某人提出某個論證（argument）的文本上（van Ermeren et al., 1987）。

　　傳統取徑將論辯看成既是過程又是產物。過程指涉的是一個論證的推論結構：它是一系列被當作宣稱的陳述，並伴隨著其他的一系列陳述，用來合理化先前的陳述。作為產物，論證指涉的是在言說的一般情境下的部分活動。一個論證的基本特性如下（Berelson, 1992）：

　　(a)某種陳述／主張（assertion）被建構成某個宣稱。

　　(b)某種有組織的結構圍繞著這個宣稱，並且提供辯護。

　　(c)從支持到主張之間的移動，有某種推論上的躍進。

在過去，有關論辯的理論（theories of argumentation）強調的是論辯結構的邏輯，目標是構想出若干法則，用以揭露思考上的謬誤（Benoit, 1992）。例如，亞里斯多德的推論理論（theory of reasoning），是從形式邏輯觀點出發去評估一個論證的有影響力的取徑。根據這種觀點，一個論證和它背後的思考是一樣好的，而且能用某種普遍法則來評估這個論證的邏輯。

在深受大眾媒介影響的現代，論辯無遠弗屆，不再侷限於少數秀異優越人士的圈子，而且新的理論也被發展出來。這些新的理論轉向一種論辯的互動觀，它們的焦點放在日常言說與特定情境內的論證的非正式使用情況。其中一個新式的理論便是史蒂芬・圖門（Stephen Toulmin）的論辯理論（theory of argumentation），收錄在他寫的《論辯的使用》（*The Uses of Arguments*, 1958）一書中。它是一個非形式邏輯的理論（a theory of informal logic）的例子，適合充滿非正式互動、宣傳和廣告的現代。圖門強調說服和可信程度更甚於形式上的效度（formal valdity），還有他更功能性的解釋語言，讓他的理論在論辯這個研究領域上非常有影響力（Antaki, 1994）。

圖門（Toulmin, 1958）將論證類比為有機體，具有解剖學和生理學的結構。一個論證的解剖學結構，如同一個有機體一樣，可用一個基模概要的方式表述。論證結構的基模表述，是它的批判評估與合理性（也就是他的生理學結構）的基礎。在此意義上言，一個論證的優點取決於它的各部器官共同表現的功能，而非取決於它的形式基礎。

最簡單的論證，形式上是有個「宣稱」或結論，前有支持此宣稱或結論的事實（資料），但通常資料的限定語是必要的：換句話說，我們用來做某種主張的前提，是正當地被用來

支持這個宣稱的資料。這種前提被稱作「保證」（warrant，或譯「證明」、「理由」）。保證具有決定一個論證的效力的關鍵作用，因為它們明確地將資料到宣稱的步驟合理化，並且描述了為什麼這個步驟是合理的過程。將論證結構用一個圖像來表達，可見於圖9.1（修改自Toulmin, 1958）。

圖門承認在某些論辯裡是很難區分資料和保證的，但此一區分在分析論證時相當重要。有一個區分方式是，就整體而言，資料較明確，而保證則是較隱晦的。資料指透過明確地參照一些事實，並且用這些事實來合理化某個結論；而保證是用來合理化從資料到宣稱的過程，並且將參照拉回到合理化所牽涉的其他步驟，而這些步驟本身的合理性則是預先給定的。

不同類型的「保證」（warrant）賦予宣稱不同的力量。有時候，需要藉由保證來對從資料到宣稱的過程提出特殊的指涉。此種指涉被稱作「限定詞」（qualifier），會使用諸如「必然」、「大概」、「可能」等字詞。

從「保證」到「宣稱」的過程，有時是有條件的（例如，「這個宣稱可能是真的，除非……」）。這是指保證較不具權威性的情況，在這種情況下，「否證／駁斥」（rebuttals）被當作條件式的陳述使用，近似於「限定詞」。

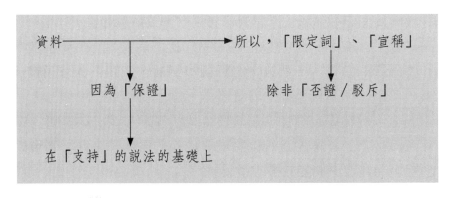

🔍 圖9.1　論辯結構（修改自Toulmin,1958）

在一個比較複雜的論辯中，必須解釋為什麼所使用的某個保證具有權威性。在這種情況下，保證需要一個「支持」（backing）（見圖9.1）。通常，支持是明確的陳述或事實（例如，法則），與最初導出宣稱的資料並無不同。保證的支持的出現，取決於是否保證被視為理所當然，獲得接受。保證的支持在一個討論中並不常使用，因為那會讓實際的討論變得太過複雜。

「支持」的本質和辯證的資料有某些共通性，但「資料」和「支持」的不同在於「資料」是特殊的，「支持」是普遍的。例如，「資料」指的是與宣稱直接相關的框架（frame），而「支持」則是包括能適用很多情況的一般性陳述。

根據圖門的觀點，論辯是一種包括發表宣稱、支持宣稱、提供理由……等活動的社會行為（Toulmin et al., 1979）。因為這個緣故，他引介了論辯場域（argument field）的概念。他認為無論發展的情境脈絡為何，論辯的某些面向基本上是相同的；這些是場域恆定的（field-invariant）。反之，依情境脈絡不同而有不同觀點，此為場域依賴（field-dependent）。例如，法律、藝術與政治等場域，每個場域有其發展和理解論辯的標準，因此當歧見發生在不同場域之間時，很難解決，因為它們是發生在不同的「領域」（spheres）。

論辯場域的概念，或謂論辯的「情境脈絡化」（contextualization of the argumentation），都和「形式效度」（formal validity）和論辯類型（type of the argument）直接關聯。根據圖門的理論，論辯有不同類型，分類方式係基於組成元素的不同性質。其中最重要的區分是介於「實質的」（substantial）論辯和「分析的」（analytic）論辯，其間差異在於：「分析的」論辯包含對保證提出支持，而保證的資訊是權威性的，明確或暗示地支撐結論。也就是說，對於一個論證的瞭解，預先假定了對於它的正當性的瞭解。在這種情況下，保證（warrant）被用在傳統的形式，也就是強化從資料到宣

稱的邏輯過程，但獨立於資料和宣稱之外。這是一種典型的科學論證（scientific argument），常見於邏輯學或數學，其結論「必然」是從前提導出，而評估這些論證應遵循「形式效度」的法則。

但是，圖門主張對一個論證的合理性而言，形式效度既非必要，也非充分條件。例如，在一個實質的論辯（substantial argument）中，結論不必然包含或暗示在前提之中，因為前提和結論可能是出於不同的邏輯類型。瞭解證據和結論未必有助於瞭解過程，同樣地，出於另一種邏輯類型的保證和支持被用來填補瞭解的鴻溝。結果，使用限定詞（如「可能」或「有可能性」等字眼）變得無可避免。這個論辯的例子可能包括一個有關過去的結論，其前提包含有關現在的資料。在那種情況下，前提與結論之間的邏輯缺口，可以藉由指涉論證從中發展的特殊領域而獲得填補。

圖門的論辯理論對於論證研究有相當大的影響，標記了與形式邏輯的嚴格主題間的斷裂，提供了論辯分析一個基本與有彈性的準幾何學形式。他的概念也被運用在許多研究中，例如，溫斯坦（Weinstein, 1990）用圖門的基模去分析典型的科學論證的結構。波爾（Ball, 1994）用圖門的模式進行電腦化的調整後，用以分析公共政策的論證。在發展心理學，柏納第和安托立尼（de Bernardi and Antolini, 1996）比較了不同年級學生作文中的論辯類型和結構。普特南與紀斯特（Putnam and Geist, 1985）研究一個地方學區內的學校老師和行政人員的協商過程，檢驗論辯對結果產生影響的方式。同樣地，錢柏里斯（Chambliss, 1995）與加納（Garner, 1996）運用圖門的結構來研究有關波斯灣戰爭的說服或論辯文本對讀者的效果等。

圖門的模式起源是從法學的脈絡發展，正如他對此提出的解釋：

在以下的研究中，在討論理性過程的本質時，心中會用

「法理學上的類比」：我們的主題將是慎思明辨的，不只是出於**法**（jus），更是出於**理**（ratio），……我們的超法理的宣稱必須被合理化，不是在女王的法官面前，而是在理智的法庭面前。（1958: 8）

然而，圖門宣稱自己的模式具有通則性，被其他研究論辯的學者所質疑。他的模式被批評為過於簡單，無法符合對真實世界複雜結構的分析需要（Ball, 1994），而且對結構部分及其類型的定義不清（van Eemeren et al., 1987）。韓波（Hample, 1992）甚至批評此模式無法符合圖門在自己書中（《論辯的使用》）所舉的例子。

圖門的論辯結構太過於有彈性，允許對論辯組成元件進行不同的詮釋，是另一個問題。例如，有人批評圖門所謂的「保證」與「支持」這兩個概念並未區分清楚，而在區分「資料」和「保證」時也缺乏前後一貫的方式（Hample, 1992; van Eemeren et al., 1987）。

圖門承認這個模式有這些侷限。透過使用一個特殊主題領域（也就是法律學）的論證的例子，他在定義論辯元素（argument parts）時，儘量避免前後不一。雖然如此，如上所述，他在模式中提出了情境特殊性（context specificity）這個重要的概念。明顯的不一致狀況可以獲得解決，若將圖門的這個情境概念納入考量的話。換句話說，情境提供了結構，從中吾人將得以比較清楚的指認各種論證的組成元件（argument components）（Burleson, 1992）。

個案研究與論辯元素的定義

在這一小節裡，我將用一項個案研究來闡釋論辯分析。此一個案與基因改造大豆（genetically modified soya beans）有關。基因改造大豆在1996年進入歐洲市場，在英國引發關於應

用現代生物科技的第一次公共辯論。

上面我們討論過，論辯元素（包括資料、宣稱、保證、支持和否證／駁斥）的定義並不是很清楚，一些採用圖門的研究取向的研究者發現，以圖門提供的概念化方式為基礎，很適於設計符合他們自己需要的論辯元素定義（見de Bernardi and Antolini, 1996; Marouda, 1995; Simosi, 1997）。他們的定義取決於研究發生的情境（例如，組織或學校的情境）和揭露論辯結構（argumentation structure）（例如，論文或訪談）的工具。

在關於基因改造大豆辯論的研究中，我們把論辯結構設定在報紙文章。（報紙文章的）主題形式和論辯來源提供一種較不具爭議的取向，去處理論辯元素的定義和指認上的問題，因為行動者傾向於在論辯上用有條理且精準的方式來呈現。這是因為在公共辯論中，涉及了許多嚴肅議題，如公共衛生、龐大金融收益，甚至國際關係（例如，在基因改造大豆的辯論裡），每個參與者都非常謹慎措辭，運用清楚和適當的支持來佐證自己的宣稱。因此，我們會在較正式的社會辯論的情境下去定義和指認論辯元素，這是因為正式的社會辯論依賴清楚的事實，支持合於法理的決策，與圖門發展其最初模式的情境（譯按：法律學）相差無幾。

我們的分析單元是在基因改造大豆辯論中清楚表達行動者的觀點、信仰和確信的書寫文本（報紙文章）。行動者被定義為這場辯論中表達出有結構的觀點的任何一方。行動者的觀點散見在報紙文章，若篇幅和行文風格允許，我們認為有必要將它們做成摘要集中在一段，當作稍後我們要用來解構辯論的資料來源。

更進一步，根據上述說法，我們將論辯元素定義為編碼員在解構一個特定的論證的參考點。我們發現，柏納第和安托立尼（de Bernardi & Antolini, 1996）以及席墨西（Simosi, 1997）提供的論辯元素的定義特別有用，我們加以改寫以符合我們的

目的：

　　宣稱（claim）：一個包含結構的聲明，以事實支持的論點的結果來呈現。在一個分析單元中可能有無數的宣稱，但我們有興趣的是作為論辯結構的一部分的中心宣稱（central claim）。

　　可視為宣稱的例子如下：

　　生物科技是解決世界飢荒的方法。
　　基因改造食物對人體健康造成無法預測的長期效果。
　　對基因改造大豆作冒險性的評估是不適當的。

　　資料（data）：它是事實或證據，是由論辯的創造者所支配。資料可能指的是過去的事件或現在的情況、行動或意見，但不論在任何情況，他們指的是與論辯的主要宣稱有關的資訊。

　　可視為資料的例子有：

　　人口成長快速，食物短缺。
　　歐盟的管制機關已經核准基因改造的農產品。
　　93%的公民對這個問題回答「是的」：「你是否認為含有基因改造食物的產品應該貼上標示？」

　　有時，資料可以是先前論辯中已被證明成立的宣稱。例如，從一個科學出處產生的論點，資料可能是過去科學經驗的結果（宣稱）。比方說：

　　外來基因會進入小腸黏膜細胞〔此句為資料〕，所以基

因改造食物可以改變吃下這些食物的人們體內的去氧核糖核酸（DNA）〔這句是宣稱〕。

在這個論證裡，資料明顯是得自於先前的科學論證，原先是以作為結語的評論（也就是宣稱）的形式存在，其結構是：

主體的腸細胞被發現包含外來的蛋白質 X〔此句為資料〕，所以外來基因會傳入小腸黏膜細胞〔宣稱〕。

同樣在科學論證的領域中，陳述可以同時扮演資料和保證的雙重角色，這是由於科學論證的權威風格所致（Weinstein, 1990）。比方說：

科學家發現，基因改造農作物裡含有的外來基因，能夠整合至農作物上，所以基因改造大豆能夠將抗害蟲基因傳至下一代。

保證（warrant）：是以理由、保證或法則構成為前提，這被用來主張資料可以合理的支持宣稱。一個合於邏輯的步驟導致結論，不是藉由一個形式法則，而是依循特定論證自身的邏輯法則。

例如：

基因改造食物的風險評估並不包括全面的環境影響評估。

我們的社會有能力評估新科技的成本和效益，並且做出明智的決定。

這些陳述包括一個法則和一種個人思考，若從論辯情境看的話，這些陳述本身是宣稱，但被用來合理化論辯的結論（也就是置於結論之前的「因為」或「既然」）。

支持（backing）：一個前提，在論辯中被用來作為支持保證的工具。它是用來確保保證所指涉的思考或法則的可接受度和真實性。和資料的風格類似，它通常提供了明確的資訊。

比方說：

化學家研發出氯氣，物理學家研發了原子彈。

被用來合理化論辯保證：

科學家對他們研究的後果負有責任，科學在倫理上並非中立的。

同樣常見的是並非明確表述的支持，而是暗示或任由論辯讀者去理解（Govier, 1987）。例如，這個論辯保證：

基因改造食物的風險評估不包括全面的環境影響評估。

暗示了全面環境影響評估「包括條文X、Y等」的規範。

將這樣的一些隱藏性前提（hidden premises）整編入論辯之中，取決於研究者的決定，也決定於他們將隱藏性前提納入於分析之中的需求。在我們的分析個案中，我們決定在這些論辯的基模再現中，納入這些隱藏性前提，當隱藏性前提被暗示（當它們毫無疑問是論辯架構的一部分）時，有助於我們理解論辯的過程。

　　否證／駁斥（rebuttal）：可以拒絕一個保證（warrant）的通則性的一個前提。它展示陳述在論辯之中的一個例外，或是讓論辯無法有合理化的狀況，讓這個宣稱無法成立。

例如：

消費者反應可能逐漸損害生物科技發展。

被用來當作是以下宣稱的否證／駁斥：

生物科技的發展趨勢是無法停止的，因為它有龐大的財務收益。

否證／駁斥在正式論辯中不常用到，因為它們可能有損論辯本身，而論辯則是要說服公眾接受結論是合理的。這是不同於圖門從法律學援引的例子，在法律學中連否證／駁斥都包含分開的支持前提，因為每一部法律對例外情況也有一套的法則。

 ## 從文本到圖門：一個例子

我將提一個例子，指認和拆解在印刷媒體素材中關於基因改造大豆上的論辯，這個例子取自《金融時報》上的讀者投書，刊登在1996年6月27日，正好是基因改造大豆上市之前。

編輯大人，亨利米勒的觀點專欄〈藉由農業革命持續屹立〉一文有數個陳述值得質疑。

(1)基因改造（「跨基因」）植物與動物的生成，涉及將可欲的基因物質整合入宿主有機體的DNA當中，因此幾乎無法精確稱呼它。此一程序導致有機體原本的基因圖譜（genetic blueprint）被破壞，可能有完全不可預料的長期後果。

(2)用跨基因的方式去產生新品種的植物與動物，不能被看作古典育種方法的自然延伸，因為它允許正常的物種障

礙被跨越。因此，現在即使是動物的蛋白質也可能從植物中製造出來。

(3)來自基因改造的食物已經從非預期的產生有毒物質，（tryptophan-like metabolities from engineered bacteria）引起了健康問題（至少有一個致命案例）和過敏反應（大豆內的巴西堅果蛋白質）。

(4)大多數研發中的跨基因植物（百分之五十七）被改造為可抗除草劑，以便可以更自由的使用（而非所謂的使用更少）農藥（agrochemicals）。

(5)跨基因的農作物（例如，馬鈴薯、歐洲油菜）被改造成可抗除草劑，已被發現和相鄰的野生物種交叉培植後，可能培育出（不怕除草劑的）超級雜草（super weed）。這些環境問題可能破壞值得稱讚的計畫，例如，大多數英國的連鎖超級市場都有加入的一個整合性作物管理方案LEAF。

很不幸的，歐盟似乎也追隨著美國的例子，執迷於在不久的將來引進數十種基因改造農作物，卻沒有適當的安全檢查，也未關切這些農作物長期對環境造成的衝擊。此外，基因改造食物並未強制標示。無疑的，鑑於已經產生的問題，更大的謹慎是有需要的，以及對那些本質上是「實驗性」食品的安全評估，進行更嚴格的立法。

同樣的，清楚標示這些新穎食品將確保消費者不只有所選擇，而且若是發生無法預料的問題時，更能輕易追蹤到問題源頭。應該是顯而易見的，一個開誠佈公的政策是有必要的，以建立消費者對這些產品的信心，並且確保一個有利可圖的未來。

大學分子生物學講師

首先，我們指認論辯的來源，因為它指出了參與這場辯論的行動者。在質報的新聞傳統上，記者在提出自己的看法之

前，對特定議題提供一個完整觀點的說明是很常見的。就其本身而言，一篇文章可能包含不同論辯與消息來源，在這個例子中，文章的作者是一位博士，也是教授分子生物學的大學講師，因此這個文本中的論辯來源被指認為「科學」。

作為在拆解論辯的一個實務上的輔助，我們將摘要重點。這有助於蒐集在連續文本中被分散的論辯元素，並且指認在第一次閱讀文章時不很明顯的可能關聯。

> 基因改造食物生產利用隨機技術，破解有機體的基因圖譜，因而有無法預測之長期的後果。
>
> 基因改造工程不是一個自然的過程，因為它允許逾越物種的障礙，將動物蛋白質轉移到植物上。
>
> 歐盟批准基因改造農作物並不是基於長期的健康和環境影響而做的適當安全檢查，因為來自基因工程的食品已經造成健康問題，像是有巴西堅果蛋白質的基因改造大豆引起過敏反應的例子，以及基因改造農作物被發現已和鄰近的野生物種發生交叉培植（的例子）。

以圖門的論辯基模來說，我們能以表9.1來呈現上述論辯。

 ## 論辯編碼表的信度

我已經討論過定義問題，以及在論辯分析中指認論辯元素的問題。我們已看到圖門模式因缺乏清楚定義而遭致批評，也談及「情境脈絡化」的概念有助於克服指認上的困難。我們定義論辯元素，是企圖解決指認的問題，並且創造一個客觀的編碼架構，可以讓許多編碼員使用。

客觀性的一種測量單位是「編碼員相互信度」（inter-coder reliability），藉由兩個編碼員使用相同的編碼架構，對相同組件各自進行編碼，在他們之間相互同意的數量可計算得到編碼

💡 表9.1　討論基因改造大豆議題的讀者投書：辯論呈現

論辯一	
資料 基因工程食物生產使用隨機技術。	**宣稱（因此）** 基因工程食物有不可預測的長期後果。
保證（因為，既然） 此一技術破壞了有機體的基因圖譜。	

論辯二	
	宣稱（因此） 基因工程不是自然的過程。
保證（因為，既然） 基因工程允許逾越物種障礙。	
支持（因為） 基因工程能用來將動物蛋白質移入植物。	

論辯三	
資料 歐洲聯盟已批准基因改造農作物上市。	**宣稱（因此）** 對基因改造食物在健康和環境的長期影響，歐洲聯盟未採取合宜的安全檢查。
保證（因為，既然） 基因工程食品已造成健康問題，而基因改造農作物已和野生物種產生交叉培育的現象。	
支持（因為） 含有巴西堅果蛋白質的基因改造大豆已造成過敏反應。	

員相互信度（另見Krippendorff, 1980）。為了試圖釐清我們在這項研究中採取的方法學步驟，我們進行了編碼員相互信度檢驗。這項研究的兩位獨立編碼員的整體信度是0.77（個別概念的信度介於0.69和0.89之間），信度令人滿意，意謂著這項研究使用的論辯元素和文本素材的定義清楚。

 ## 個案研究的結果

解釋過指認過程，並且解構文本素材中的論辯至圖門的模式之後，我們現在可以轉向辯論分析個案研究中的例子。我們的個案研究，如同前面舉的例子，是指基因改造食物（大豆）最初引進歐洲市場時激起的公共辯論。

對報紙文章關於大豆辯論的分析是筆者博士論文的一部分（Liakopoulos, 2000）。分析的第一層次是去指認爭議各造的論辯結構。為了這個目的，我們指認在該時期（1996年10月至1997年1月）談及大豆議題的媒體文章，並且採取前面討論過的程序，對這場辯論中的每一個主要的行動者的論辯進行解構。

我們指認出含有論證資料的三十七篇文章。論證經解構後得到五十九個主要論證（main arguments），接著就爭辯中每個行動者（立論的來源）的論證作摘要。對這場辯論中三個主要行動者（產業、環保團體和科學）的論證的初步分析結果是：

■產業論辯

用圖門模式將產業論辯摘要表述如表9.2。

我們看到，支持基因改造大豆的產業論辯依循各種平行的路線。基因改造大豆主要被看作是安全和經濟的產品，而且是邁向消弭世界飢餓問題的一步。這些宣稱的支持（backing）是來自管制過程的結果和試驗的資料。產業論辯承認基因改造大豆有形象問題，但將之歸咎於無知和資訊錯誤。此外，資料也被用作是宣稱的保證（warrant）：例如，基因改造大豆獲得管

表9.2　基因改造大豆的產業論證

資料	宣稱（所以，或許…）
基因改造大豆已獲歐盟批准上市。	大豆區隔並不必要。
世界人口正在增加。	基因改造大豆不是新東西。
世界缺乏食物。	基因改造大豆是安全的。
	沒有必要特別標示基因改造大豆。
	生物科技是全球飢荒的解決之道。
	生物科技是地球永續發展的關鍵。
	消費者應該學著瞭解生物科技。
	生物科技的投資是擋不住的。

保證（因為，既然）	否證／駁斥（除非）
同樣的科技已被人類運用數百年了。	消費者反應損害了生物科技發展趨勢。
基因改造大豆已被全球各管理當局認可為安全的。	
強制標示可能暗示基因改造大豆是不同的。	
生物科技提供更便宜與對環境友善的農作物。	
生物科技將帶來豐富收益。	

支持（因為）	支持（因為）
基因改造大豆和一般大豆沒有兩樣。	消費者反應是基於無知和誤解。
基因改造大豆產量多20%，需要的殺蟲劑也較少。	

制當局批准上市，被用來當作它的安全證明。整體而言，論辯結構是清楚的，而且有佐證支持，簡單明瞭，訴諸常識性的推論（reasoning）。

官方對基因改造大豆的管制立場，如同在推論中所呈現的，美國食品和藥物管理局批准基因改造大豆的理由，已反映在產業論辯當中，並且被用來宣稱其安全性。

在產業論辯中唯一的否證是消費者接受度的議題。產業清

楚了消費者接受度對生物科技前景造成阻礙，因此承認有需要進行資訊和形象宣導（的確，歐洲生物科技產業已經發動一項主要的資訊與形象宣導活動）。

不管論證清晰程度，瞭解和接受一個論證取決於接受其隱含的假設。這些假設可能是論證的演繹推論（deductive reasoning）中的空隙（也就是被忽略的論辯前提），或只不過是關於在論辯發生的特定情境下事件狀態的普遍的事實（Govier, 1987）。不管哪一種狀況，這些假設為論辯的有效性提供了重要的線索。產業論辯未解釋若干事實和保證，而是預先假定讀者已經同意事實本身的真實性。這些假設可摘要如下：

1. 新食品批准上市的管制過程是嚴謹無誤的（因為獲得管制當局批准，在論辯中被等同於產品的安全性）。

2. 全球性的飢餓問題是缺乏食物的結果（生物科技提供更多和更便宜的農作物，因此被視為是饑荒的解決之道）。

3. 生物科技是一種自然和良性的過程（因為生物科技被看作與傳統培植方法無異）。

4. 風險可以被量化（基因改造大豆被宣稱等同於一般大豆，因為它們在基因結構上有99%是類似的）。

■科學論辯

（有關基因改造大豆的公共辯論中的）科學論辯可以呈現如表9.3。

表9.3　基因改造大豆的科學論證

資料	宣稱（所以，或許…）
基因改造食物生產使用隨機技術。 主管機關已批准基因改造大豆上市。 外來基因能夠傳衍進入小腸黏膜細胞。 人們對基因改造食物有所疑慮。	基因改造食物有不可預測的長期影響。 基因改造食物並非自然過程。 主管機關並未進行適當的安全檢驗。 基因改造大豆會改造那些食用它的人體內的DNA。 基因改造大豆會將抗除草劑基因傳衍給雜草。 科學家應該對人們的疑慮有所回應。

保證（因為，既然）	
基因改造科技並不是精確的。 基因改造可以將動物蛋白質移轉到植物。 基因改造作物已經引起健康上的問題了。 生物是非常複雜且無法預測的。 基因改造食物的風險評估應該包含整體的環境影響評估。 科學家要對他們的研究成果負責。	

支持（因為）	
自然是不允許跨越物種之間的界限的。 實驗測試顯示，含有巴西堅果蛋白質的基因改造大豆對過敏體質者造成健康危害。 科學家應為毀滅性的研究發現，如氯氣和原子彈負起責任。	

一如預期的，科學論辯相當技術性。這是指基因改造大豆的特殊技術面向、管制當局的安全查核程序，以及過去的基因工程研究。它質疑基因改造技術的自然性、生物科技產品的檢驗制度的健全性，以及科學研究的倫理信用。

就正式的科學論辯而言，資料通常被用來當作宣稱的保證，因為通常在資料中都有一些發現可以去佐證宣稱（另見Weinstein, 1990）。例如，關於外來基因可以進入小腸黏膜細胞的發現，就同時被當成基因工程的安全性這個宣稱的資料和保證。

完全沒有否證／駁斥存在，顯示了科學論辯的權威本質。立基於確實的事實，要去推翻或質疑一個科學主張，唯一能做的就是對該研究主題做進一步研究。因此，在解讀科學論辯時可以納入一個一般性的否證／駁斥，也就是「除非進一步研究證明此為錯誤」。

整體而言，科學論辯建構在很牢固的基礎上，所以留給假設的空間變得非常小。這個論辯只有一個一般性的假設，就是科學研究典範是客觀與可信賴的。再者，這個論辯直接攻擊主管機關的官方說法，特別是所謂基因改造大豆和普通大豆無異，而且人類在食用時不太可能產生副作用的宣稱。

■ 環保論辯

環保論辯可以摘要表述如表9.4。

表9.4 基因改造大豆的環保論證

資料	宣稱（所以，或許…）
消費者希望標示基因改造食品（調查結果）。 基因改造大豆已通過主管機關的審核。	基因改造食物帶來未知的風險。 基因改造食物不太可能特別標示。 基因改造食物應該強制標示。 基因改造並非自然的程序。 主管機關的審核過程不可信賴。
保證（因為，既然）	
基因改造食物曾造成健康問題。 孟山多（Monsanto）並未區隔基因改造大豆的不同。 大部分的人都希望強制標示基因改造食物。 基因改造可將動物蛋白質移轉到植物上。 主管機關的審核只測試短期而非長期的影響。	
支持（因為）	
實驗測試顯示，含有巴西堅果蛋白質的基因改造大豆對過敏體質者造成健康危害。 孟山多是一家不負責任的公司。 自然是不允許跨越物種之間的界限的。	

　　我們可以看見，環保論辯在三個層次上開展。一是科學層次，我們可以看到某些重複的論證是源自於科學論辯的。例如，宣稱基因改造食物造成未知風險，是基於過去對基因改造食物（大豆）的實驗測試，已證明外來基因會使某些人產生過敏症，很清楚是重複了科學論辯。第二個論辯層次指涉的是科技的證據（credential）。科技再一次地被描繪成不自然的，而對這個宣稱的支持證據係來自於技術程序（也就是動物基因可以轉換至植物上的事實）。第三個層次與基因改造大豆的政治決策的道德性有關，特別是關於標示的問題，這個論證是如此

論辯分析

清楚，以至於可以說環保論辯是集中在基因改造食物（特別是大豆）的標示問題。有很多原因可以解釋這個現象。首先，標示問題與清楚且強烈的公眾態度有關，因為有許多調查顯示絕大多數的人希望基因改造食物加上標示。第二，標示是一個道德論辯，已經超越技術論辯的僵局。第三，標示是一個可以使環保議程相關的政治議題（例如，產業與主管機關的關係，公眾對於管制程序的認知和態度等）浮出台面的問題。

整體而論，環保論辯在每個層次上都精巧建構，有適當的支持和簡單的推論。否證／駁斥不是被用來否定保證（negation of the warrant），而是提醒此一議題有道德面向需要考量。另外，有兩個假設隱含在環保論辯之中，可摘要如下：

1.農作物的現存狀況是自然的（既然加入額外的基因會讓農作物變得不自然）。

2.科技發展的用處比不上它的道德和風險面向（既然基因改造大豆在環保論辯中連個好處都未見提及）。

論辯分析作為一種內容分析

內容分析是一種將資料化約的活動，將文本編碼為若干類別。透過編碼架構，將原始的文本轉化成可量化的類別之中，而編碼架構中的這些類別包含了這個研究主題的所有重要面向。內容分析的任務是要將大量資料化約至幾個有意義的分析單位中，又不至於遺漏原始文本的本質（包括文本的內容、意圖）（見Bauer，本書第八章）。信度測量，像是編碼員之間（inter-coder）和編碼員本身的信度（intra-coder reliability），已被發展出來評估編碼過程的客觀性。

論辯分析也能夠被概念化為一種內容分析。兩種分析都試圖化約大量資料，捕捉文本裡的重要面向，並將之轉化為分析單位。我們只需要將論辯的各個部分（資料、宣稱、保證、支持、否證／駁斥）想像成類別，因此內容分析變成一種可行的

替代方案。例如,一個典型的內容分析會將結果歸納為一個表格,其中有變項V和個案C:

	變項一 (V1)	變項二 (V2)	變項三 (V3)	變項四 (V4)
個案一（C1）	x	x	x	x
個案二（C2）	x	x	x	x
個案三（C3）	x	x	x	x
個案四（C4）	x	x	x	x

在論辯分析中,同樣的表格會包含論辯元素（資料D、宣稱C、保證W、支持B、否證／駁斥R）和個案C:

	資料D	宣稱C	保證W	支持B	否證／駁斥R
個案一（C1）	x	x	x	x	x
個案二（C2）	x	x	x	x	x
個案三（C3）	x	x	x	x	x
個案四（C4）	x	x	x	x	x

當然,不是表格中的每個方格都會被填入資料,因為每個論辯元素可能與一個以上其他的論辯元素有關。例如,前面的表格（在編碼後）可能看起來像這樣:

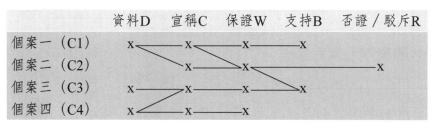

在這個例子中,相同的資料導出不同（但也許相似）的宣稱,而不同的保證支持同一個宣稱,依此類推。這是對於大量文本衍生出來的論辯結構的一個寫實描繪。此一描繪允許吾人

描述類別之間的關係：例如，何種類型的資料產生某種宣稱和保證，何種類型的支持與某些保證吻合等等。

其中的挑戰是去指認能夠說明前述類別之間全部關係的過程。我們認為，一個SPSS類型的原始資料表格並不適用，因為它無法說明類別之所有可能的組合。內容分析的套裝軟體（例如，ATLAS/ti）可能會更合適，因為它能夠以圖示的方式呈現類別間的關係。

Virgil是一個用於質性資料的資料庫程式，與ATLAS/ti一樣，是邁向將論辯分析當作完整的內容分析的第一步。波爾（Ball, 1994）曾根據圖門的模式，用（超媒體的應用軟體）HyperCard 2.0搭配Virgil去分析政策論辯。這個軟體能以相對簡單的論證去分析圖門的模式，而且能夠以不同版本同時展示許多元素（例如，論辯元素）。在簡單的版本上，論辯根據元素被呈現成精簡的形式，而且可以對每個元素加上延伸的註釋。而在複雜的形式時，每個元素都會回去參照原始文本的部分，因此是根據圖門的理論進行脈絡化。

 ## 從初步結果到全面分析

前述個案研究的論辯分析的初步結果，構成了邁向瞭解論證中的論辯結構的第一步。論辯內容的描述和論辯中隱含前提的分析是探討此議題的唯一方式。分析論辯的其他方式如下。

■論辯元素完整性

圖門提供的論證範例包含所有元素（資料、宣稱、保證、支持、否證／駁斥），形成一個有意義的整體。在一般文本中不容易發現一個「完整的」論辯，有許多元素任由讀者去詮釋的。也許有人會主張，一個成功的論辯不會有主觀詮釋的空間，而會包含全部有關聯的元素。論辯「完整性」的測量方式之一，將是一個辯證的強度。其測量將會以在辯論中的團體論

證的比較的形式展現，當作其「完整性的指數」（completeness index）（例如，論證包含全部必要前提，再減去未包括全部必要前提的百分比）。

■ 保證的類型

保證在論辯中的重要性是毋庸置疑的。對於宣稱而言，保證是單一的最重要的合於邏輯的合理化。論辯結構的差異會反應在保證的不同類型。Brockriede and Ehninger（1960）根據保證被使用的方式，提出了三種類別的論辯：

- 在一個實質性的論證（substantive argument）中，保證告訴我們關於一些事物之間的關係。
- 在一個誘導性的論證（motivational argument）中，保證告訴我們一些關於情感、價值或動機的事情，這些使得宣稱被論證的對象所接受。
- 在一個權威性的論辯（authoritative argument）中，保證告訴我們有關資料引用來源本身的可信賴程度。

對團體論辯中的保證類型進行比較，將提供吾人更暸解一個論證在公共領域中有意圖的使用狀況。

■ 理性、權威和情感

與前述有關的是亞里斯多德的概念，他指出在演說中有三種主要特質：理性（logos，理智、邏輯）、權威（ethos，道德、道德規範）和情感（pathos，情緒、感情）。根據要去影響的目標閱聽對象的不同，每一個論辯結構都側重這三種原則當中的一種。例如，亞里斯多德相信公眾演說一定會包含更多情感，因為情緒元素對於一般公眾具有強烈的影響。

將這種觀點轉換到現代的分析中，我們可以比較根基於這三種特質的論辯結構。每一個論證在這三個量表上（理性、權威和情感）被指定一個數值，只要量表夠穩定的話，這些數值可以用來進行描述性的比較。

■符號學的解讀與論辯分析

一如亞里斯多德指出，論辯確實可以包含情緒性的要素在其中，在不同的理性層次上發揮作用。在一個引進新概念到公共領域的辯論中，隱喻（metaphors）和形象是在情緒層次上作用的論辯結構的重要元素。符號學（semiotics）是一門學問，用來瞭解和分析日常生活言說的符號概念。符號學和論辯分析之間的結合，對於影響公共言說發展的動態，可以提供更深入的瞭解（Manzoli, 1997）。例如，在媒介文本中經常使用的圖像式的呈現（紀實攝影、卡通和圖表），可以被當作論辯結構的元素（例如，作為主要宣稱的保證）來進行分析。

1. 蒐集能將辯論各造觀點納入的具有代表性的樣本。

2. 以最小程度的改寫,將主要觀點摘要為一個段落。

3. 利用既有定義去指認,並測量其信度。

4. 以圖示方式整理所有的論辯元素,讓我們能夠瞭解它們之間的相互關係。

5. 根據通則性的脈絡和這個論證的完整性提出詮釋。

第十章

言說分析

本章作者：Rosalind Gill

關 鍵 字

行動趨向（action orientation）
建構（construction）
言說（discourse）
反身性（reflexivity）
修辭組織（rhetorical organization）
懷疑式的解讀（sceptical reading）
談話／文本的情境（talk/text as occasioned）

　　言說分析（discourse analysis）一詞指涉了多種研究文本的取向，各從不同的理論傳統和多樣的學科發展出來。嚴格的說，並沒有一種單一的「言說分析」存在，許多不同風格的分析都以此命名自身。這些不同觀點都拒絕寫實主義傳統，後者認為語言只是一種中立的工具，只是反映或描繪世界。言說分析堅信，言說在建構社會生活上具有核心的重要性。本章將討論一種言說分析的研究取向，它對多種研究領域，如科學社會學、媒介研究、科技研究、社會心理學和政策研究都有相當的影響力。

　　本章分為四個小節。第一小節，考量言說分析發展的知識脈絡，並且勾勒其主要概念。第二小節將討論言說分析的實務。第三小節是一項個案研究，用言說分析來分析一篇報紙文章。它提供一個指示，讓讀者瞭解言說分析，並且更新讀者對於從事言說分析的想法。最後，本章將評估言說分析，指出它的優點和缺點。

 ## 言說分析導論

■知識脈絡

　　近年來學界展現了對於言說分析的強烈興趣，這同時是「向語言轉」（turn to language）的結果與表現，橫跨藝術、人文和社會科學。這股「語言學轉向」（linguistic turn）受到對於實證主義批判的驅動，受到結構主義與後結構主義思想強化，也受到後現代主義者對認識論的攻擊所影響（Burman, 1990; Gill, 1995; Parker, 1992; Potter, 1996a）。言說分析根源於傳統社會科學的批判，這意謂它的認識論基礎相當不同於其他方法學。有時被稱作社會建構論（social constructionism）、建構主義（constructivism）或單純稱作建構論（constructionism）。這些名詞沒有大家都同意的單一定

義，但這些觀點的主要特性包括：

　　言說分析是一個跨領域的學科，衍生自人類學、認知心理學、社會心理學、微觀社會學、語言學、符號學、口語傳播等，對傳統社會科學的研究方法提出批判，並且擁有不同知識基礎的研究方法。

1. 用批判的立場面對理所當然的知識，用一種懷疑主義來面對我們所觀察到的世界。

2. 承認我們共同理解世界的方式，具有歷史、文化特殊性及相對性。

3. 相信知識是社會建構的，也就是說，我們瞭解世界的方式，不是受世界本身的本質所決定，而是一種社會過程。

4. 獻身於探索知識（亦即人、現象或問題的社會建構）與行動／實踐相連結的方式（Burr, 1995）。

　　這種認識論立場產生的一個結果是，言說分析不能被用來處理和傳統研究取向相同的一些問題。言說分析提出新的問題，或是以新的方式重塑舊的問題。

■五十七種言說分析

　　「言說」和「言說分析」等詞具有高度爭議性。逕自宣稱研究取向為言說分析，不必然能告訴別人太多；它不單純只是定義問題，也涉及了在極端爭議、但重要的爭論中採取立場。雖然至少有五十七種以上類型的言說分析，理解它們之間差異的一種方式是思考較廣義的理論傳統。我將討論三種。

　　首先是被稱作批判語言學（critical linguistics）、社會符號學或批判語言學研究（critical language studies）的立場（Fowler et al., 1979; Kress and Hodge, 1979; Hodge and Kress, 1988; Fairclough, 1989）。相較於許多類型的言說分析，此一傳統與語言學的關係密切，但它明顯受惠於符號學和結構主義的分析（見Penn，本書第十三章）。符號學的核心概念是一個字

詞的意義不是來自於符徵（signifier）與符旨（signified）之間的任何內在固定的關係，而是來自於它所鑲嵌的二元對立的系統；對於「字詞－客體」（word-object）之間有對應關係，語言學觀點提出了根本性的挑戰，把字詞和客體之間看成是一種命名的過程（process of naming）。這已在晚近的批判語言學研究中得到開展，隱含對於語言和政治關係的關注。此一傳統在媒介研究中相當有代表性，特別是在報業的研究，強調特定語言學形式（例如，〔無定〕施事消除、主動變被動式，或名詞化）對事件或現象被瞭解方式的影響情況。

第二個廣義的傳統受到語言行動理論（speech-act theory）、俗民方法學和會話分析的影響（見Meyers，本書第十一章；Garfinkel, 1967; Sacks et al., 1974; Coulthard and Montgomery, 1981; Heritage, 1984; Atkinson and Heritage, 1984）。這些觀點強調言說的功能（functional orientation）或行動趨向（action orientation）。與其強調言說如何與世界發生關聯，它們關注的是言說被設計來完成什麼，細究社會互動的組織。

第三種言說分析的理論傳統與後結構主義有關。後結構主義者與語言的寫實主義分道揚鑣，拒絕接受有統一、連貫的主體存在，而後者歷來是西方哲學的核心概念。在後結構主義者當中，傅科（Michel Foucault, 1977, 1981）特別以規訓和性意識的系譜學之言說分析著稱於世。與大多數言說分析相反的是，這一類研究有興趣的不是口語或書寫文本的細節，而是強調歷史性的言說分析（looking historically at discourses）。

■言說分析的主題

此處要進一步討論的是分析取向，除了上述三種理論傳統之外，言說也從修辭分析這個正在茁壯的學術領域汲取養分（見Leach，本書第十二章；Billig, 1987, 1988, 1991；另見Potter and Wetherell, 1987，以瞭解更完整的討論）。最初發展自科學

知識社會學與社會心理學，但現已在各種研究領域開花結果，構成了分析談話和文本的理論上連貫的一種取向。

　　將言說分析看成包含四個主題是有助於理解的：關注言說本身；視語言為建構的與被建構的觀點；強調言說是一種行動；以及相信言說有其修辭組織。第一種是將言說本身當作研究主題。「言說」一詞用來指涉所有形式的談話和文本，不管是自然發生的任何會話、訪談或是書寫的文本。言說對文本本身有興趣，而非只是把文本當作「取得」某些真實的工具，真實被認為是隱藏在言說背後，不管是社會的、心理的或物質的真實皆然。此一聚焦明顯將言說分析與其他社會科學分析區隔開來，後者對於語言的關注通常限定在發現「什麼真的發生了」，或是個人對X、Y或Z的真正態度是什麼。不是將言說看作探索真實的路徑，言說分析者對文本本身的內容和組織方式有興趣。

　　言說分析的第二個主題在於語言是建構的。波特與威瑟瑞尤（Potter and Wetherell, 1987）論稱，建構這個隱喻強調了這個分析取向的三個面向。第一，它將注意力引向這個事實，亦即言說是借助原本存在的語言資源建立或製造出來的。

　　　語言與語言學實務提供一個字詞、敘事形式、隱喻和常識的系統的積澱，循此得以組合出某種特定的言說。（Potter et al., 1990）

　　第二，此一隱喻闡明一個事實，言說的「組合」（assembly）涉及選擇或篩選不同的可能性，這是有可能的，以許多不同方式描述現象最簡單的部分。任何特定描述將取決於說者或作者的取向（Potter and Wetherell, 1987; Potter et al., 1990）。

　　最後，建構的概念強調了一個事實，亦即我們是透過這些建構來處理世界，而非「直接」或以非中介（unmediated）的

方式；在非常真實的意義上，是各類文本建構了這個世界。語言的建構性使用是社會生活中被視為理所當然的部分。

因此，建構的概念清楚標示了它與語言的傳統「寫實主義」模式的分野，後者將語言視為透明的媒介，也就是邁向「真實的」信念或事件的相對直接的路徑，或是事物真實狀態的反映。

我想在此強調的第三個言說分析的主題是它對於言說的「行動趨向」或「功能趨向」的關切。換句話說，言說分析者將所有的言說視為**社會實踐**（social practice）。語言，不被看成只是副現象，而是一種實踐。人們用言說去做事、告罪、找藉口，或是以正面方式呈現自己等。強調這點是強調一個事實，那就是言說並不是發生在社會真空當中。作為社會行動者，我們持續地趨向**詮釋情境**（interpretive context），從中發現並建構自身去符應這個情境。這是非常明顯的，特別在相對正式的情境如醫院或法庭，但也適用於其他情境。舉個例子，你可能提供一個關於自己前一天晚上做些什麼的不同說法，取決於探詢者是你母親、老闆或好友。重點不在於你是否蓄意欺瞞（或，至少不必然），而單純是因為你會選擇在那個特定詮釋情境下似乎「對的」或「自然的」說法。行動或功能不應被看成是認知的詞語（cognitive terms），比方說，與個人的意圖有關；通常它們可以是範圍廣泛或意識形態的，而且最好被定位為文化實踐，而非囿限在某人的腦袋裡。言說分析者論稱，所有的言說都有其情境。

必須指出的是，「詮釋情境」概念不是狹隘或機械的。它已被用作不單是指涉互動的粗略參數（像是何地和何時發生，以誰為對象說話或書寫），而且也掌握這個互動更精微的特性，包括被表現的種種行動，以及參與者的導向。作為一個言說分析者，**同時**是分析言說及其詮釋情境。

即使最明顯直接、中立合理的描述也會涉入大範圍的活動，視詮釋情境而定。以下列句子為例：「我的車壞了。」聽

起來好像只是對一個物質客體的直接描述，然而，它的意義可以在不同詮釋情境下劇烈變化：

1. 若在離開一場聚會時對朋友說這句話，可能是暗示要求想搭朋友便車。
2. 若對幾天之前賣這輛車給你的人說這句話，這可能會變成控訴或怪罪的一部分。
3. 若上課遲到半小時，對授課教師說這句話，可能是希望得到原諒或諒解。

依此類推。一種檢驗（你的）言說分析的方式是檢視參與者如何回應，而這可以提供有價值的分析線索。比方說，若汽車銷售員回應說：「喔，我賣你的時候，車子還很正常啊！」這意謂原先你說的話被當作一種指控，即使你並沒有這個意思。但詮釋情境不只是因為你說話的對象而變動：和同一個人說話，而且說一樣的話，也還是可能產生不同的詮釋。想想看這個問題：「你今晚出去嗎？」可能有多重意義，當某人對你的伴侶說這句話的時候。此處的關鍵重點在於，語言沒有任何「只是」的事物或非實質的事物：談話或文本是社會實踐，而且即使是表面上最瑣碎的陳述也涉及各種不同的活動。言說分析的目標之一是指認談話或文本的功能或活動，並且探討它們如何被運用。

這導向第四點：言說分析將談話和文本當作是經過**修辭組織**（organized rhetorically）（Billig, 1987, 1991）。不同於會話分析，言說分析視社會生活為各種不同衝突的表徵。就此而論，許多言說涉及在面對各種競爭版本時建構一種特定版本的世界。在某些個案中，這是非常明顯的。比方說，政治人物很清楚地試圖用他們的世界觀說服人們，而且廣告主試圖賣給我們產品、生活風格和夢想，但它同時也適用於其他言說的狀況。強調文本的修辭本質，將我們的注意力導向所有言說被組織成有說服力的各種方式。

言說分析的實作

　　討論言說分析的關鍵主題，比解釋如何實際分析文本要來得容易許多。雖然最好是提供像食譜一樣的配方讓讀者照著操作，但這是不可能做到的。在「轉錄」和「寫作」之間某處，言說分析似乎失去其中的精髓：難懂也好，它從未適當地被編碼表的描述、假設和分析基模所捕捉。然而，不能因為言說分析的技巧並未帶來程序性的描述，就將分析程序刻意地神祕化，或是置於唯有博學者能夠觸及的範圍。言說分析類似於許多其他任務：例如，新聞記者並沒有受過指認哪些事件可以成為新聞的正式訓練，但在這一行做一小段時間之後，他們對於「新聞價值」的判斷將難以動搖。確實沒有什麼可以替代**做中學**（learning by doing）。

■問不同的問題

　　言說分析不是一種可以「下架」（off the shelf）使用的研究取向，用來代替較傳統形式的分析，例如，內容分析或問卷調查資料的統計分析。使用言說分析的決定包含了一種基進的認識論轉折（a radical epistemological shift）。如同我已指出的，言說分析並不將文本視為找出某些在語言之外或語言背後真實的管道，而是對文本本身有興趣，提出不同的問題。比方說，面對一份素食主義者之間討論的轉錄稿，言說分析者不會想從中發現為何人們放棄吃肉和魚，而是分析成為素食者的決定如何被當事人合理化，或是如何應對他人可能的批評，或是他們如何建立正面的自我認同（Gill, 1996b）。潛在的問題清單是無止盡的，但是，如您將會看到的，它們和傳統社會科學方法探討的問題相當不同。

■轉錄

除非你分析已經存在於公共領域的文本，例如，一篇報紙文章、一份公司報告或國會辯論的紀錄，言說分析首要之務是準備一份轉錄稿。一份好的轉錄稿應該儘可能翔實。轉錄稿不應只是摘要談話，也不應經過「清理」或修正，而應該儘可能「逐字全文」（verbatim）翔實記錄言談中的情節與細節。製作轉錄稿非常耗時，即使只是記錄最粗略的言談特徵，例如強調和遲疑，也要花費十倍於錄音帶的時間。會話分析和某些言說分析者論稱，若不想遺漏言談中重要的特徵，更詳細的轉錄稿是必要的。要完成註記了語調、重疊、換氣之處等資訊的轉錄系統（例如，Gail Jefferson設計的轉錄系統），可能花費二十倍於錄音帶的時間（參見本書第十一章）。

然而，正如強納森・波特（Jonathan Potter）所主張的，在適當地進行分析之前，不該把製作轉錄稿想成是「死的」時間。

> 通常，某些最有啟示的洞察出現於轉錄過程，因為要製作一份好的轉錄稿需要與素材密集地接觸。（1996b: 136）

由於這個原因，一邊轉錄，一邊寫下分析筆記（make analytical notes）是很有用的做法。

對言說分析者最震撼的一件事情，發生在他們面對，或，更好的是，必須製作一份轉錄稿的時候：完全一團亂的言談！言談的諸多面向，往往由於太過熟悉而使得我們無法「聆聽」它們，這時都一一躍然（於轉錄稿）紙上。這包括多重的言語「修飾」（repairs）、轉換說話速度或話題、停頓、重疊、中斷，以及隨意的口頭禪，如「你曉得」。的確，進行言說分析讓吾人瞭解到我們多麼習慣地「編修」（edit）我們所聽到的言談。第二件令人震撼（似乎矛盾的）的事是，言談是多麼的

秩序井然（orderly）。在人們因詮釋情境而進行調整時，就可能修飾言談和變換說話速度，重疊和中斷也在會話中發生（見Myers，本書第十一章）。

■解讀時抱持懷疑精神

一旦準備好轉錄稿（或其他已取得的資料），分析工作就可以展開。最有用的起點是對想當然爾的事物暫時懸置信念。這可類比於人類學家「將熟悉事物陌異化」（render the familiar strange）的本事，涉及了改變看待語言的方式，以便聚焦於言說的建構、組織和功能，而非尋求言說背後或底下的事物。正如波特與威瑟瑞尤指出，學術訓練教導人們閱讀文本中的一般意義，但這精確來說是分析時的**錯誤**精神：

> 若你閱讀一篇文章或一本書，通常目標是生產簡單、單一的摘要，忽略其中的雜訊、矛盾和含糊的部分。然而，言說分析者關切言說的語句細節（無論如何碎裂與矛盾），也關切實際上說了或寫了什麼，而不是某些言說意圖中的一般想法。（Potter and Wetherell, 1987: 168）

進行言說分析包含質疑你自己的假設和理解事物的慣性，它涉及的是懷疑精神和「分析心性」（analytic mentality）的發展（Schenkein, 1978），不會因為沒有坐在轉錄稿前就立刻消失。你需要問任何一個文句：「為何我以此種方式閱讀？」「文本的何種特性產生此種解讀？」「文本如何組織而使它有此說服力？」等等。我個人認為，言說分析應該加註警語，因為從事言說分析，根本地改變了你經驗語言和社會關係的方式。

■編碼

就像民族誌學者，言說分析者必須將自己沉浸在研究素

材裡。一個好的起步是單純透過反覆閱讀轉錄稿,直到你真正熟悉它們為止,這個過程是編碼的必要前奏。用來編碼的類目很明顯地將決定於研究問題。有時它們則相對直截了當:例如,我自己對訪談廣電業者的轉錄稿的一部分分析,也檢驗了他們對於為何電台缺少女性員工的解釋(Gill, 1993)。最初的編碼包括將轉錄稿總覽一遍,標示或選取廣電業者談及女性從業人員的部分。但在其他狀況下,編碼有可能困難多了,因為有興趣的研究問題可能在最初分析之後才變得逐漸清楚。在對白種紐西蘭人關於種族不平等的說法的研究中,波特與威瑟瑞尤(Potter and Wetherell, 1987)描述了一個狀況,隨著分析逐漸變得更複雜,關於什麼應該被編碼這件事,在他們的理解中也一直發生轉變。再者,的確,在我自己關於電台缺少女性節目主持人的研究中,除了直接談及女性廣電從業人員的部分外,訪談轉錄稿有許多其他面向也與分析息息相關:例如,談及像「所有好的廣播節目主持人都應該擁有」的「條件」(qualities),其實隱含了一些對於性別的假設。

這突顯了一種關於編碼的重要事實:在初期的階段,應該儘可能納入而非排除可能具有分析意義的文句。人們在進行編碼時使用各種不同的策略,而你也將發展出自己的做法,但本質上,編碼是一種將有意義的類目加以組織的方式。例如,若你對素食主義者的現身說法有興趣,那麼一種編碼的方式是將轉錄稿整理成各類不同的說法:有些人可能宣稱自己停止吃肉是因為健康的理由,另外有些人可能會說是出於動物福利(animal welfare)的考量,更有些人可能是因為關切全球食物資源使用上的倫理問題等等。有一點很重要,個人可能運用並合併不同的說法,而且言說分析者的興趣不在於個人態度,而是在於素食主義者的文化建構。

■ 分析言說

完成最初的編碼程序,成堆的照片和資料卡片也都就緒

之後，就可以開始進行分析工作了。將分析想成是包括兩個階段，很有幫助。第一個階段是搜尋資料中的類型，這將會是以變異性（一種說法本身與不同說法之間的差異）和一致性的形式。第二個階段關注的是功能，形成關於言說特性的功能之假設，並且用以核對資料（Potter and Wetherell, 1987）。當然，說起來很簡單，但做起來會經歷無數小時的挫折和失敗。在實務上，指認言說的類型和功能通常是困難與耗時的。

威迪坎柏（Widdicombe, 1993）建議了一種有用的分析策略，將轉錄稿中看到的各種說法視為問題的潛在解決方式。分析者的任務是指認每一個問題，以及這些說法構成一種解決方式的可能性。在我自己研究廣電從業人員如何解釋電台僅有少數女性職工時，一個論述問題（discursive problem）是這些廣電從業人員必須面對性別歧視的說法，但同時仍想對電台女性員工較少的現象提出「合理的」解釋。轉錄稿中充斥了例如「我不是性別歧視者，但……」之類的免責聲明（disclaimers）（Hewitt and Stokes, 1975），置於聽來明顯是性別歧視的說法之前。回到有關素食主義者的例子，我們或可預期素食主義者如何面對各種可能的批評，例如，意氣用事、「政治正確」與前後矛盾。

雖然像威迪坎柏提出的這種建議對思索分析很有幫助，最後仍無所逃於面對一個事實，也就是言說分析有時需要困難的技藝技巧與總是費力的。正如威瑟瑞尤與波特（Wetherell and Potter, 1988）指出，與一個分析基模搏鬥數日，往往後來必須修正或棄置，只因為語言學證據並不精確相符。不像其他的分析方法，漠視變異或是對不相吻合處語焉不詳，言說分析需要比較嚴謹，以便在文本支離破碎、矛盾的混亂狀況下分析性地理解文本。

檢視語言使用的方式，言說分析者必須對文本中沒有說（沉默）的部分保持敏感度。這同樣需要對文本指涉到的社會政治文化趨勢和脈絡保持清楚的覺知狀態。缺乏這個較寬廣的

脈絡瞭解：

> 我們將會無法看到（言說分析要處理的）事件或現象的另
> 一面，我們將會注意到我們所研究的文本當中的特定的各類說
> 法的（有時是系統性的）缺席。我們也將無法認識到沉默的重
> 大意義。（Gill, 1996b: 147）

然而，主張熟悉脈絡很重要，並非意謂此一脈絡可以被中立和毫無問題地描述。當一個言說分析者討論脈絡時，他或她也在生產一種版本，將脈絡建構為一個客體。換言之，言說分析者的言談也一樣是被建構的、有其情境的與行動趨向的。言說分析者所做的是提供對於文本及其脈絡的閱讀，小心注意細節與言說中的連貫性，有助於完成這項工作。

■個案研究：「父親之死」

為了展示言說分析產生的各種洞察，我將提供一個針對一篇報紙文章的段落的初步分析（文章標題是〈父親之死〉，作者是Melanie Philips，《觀察報》，1997年11月2日）。這篇文章是我在寫這個章節時碰巧看到的，是一篇在英國週日大報上可以看到的「思考文章」（think pieces）。這是篇有關布萊爾政府對單身母親的態度，並且指責布萊爾政府製造這場危機，明顯威脅父職存續（surviaval of fathlerhood）、一般男人，甚至「傳統家庭」本身的未來。

我抽選的文章段落可能用許多不同方式分析。我本身感興趣的是檢驗威脅的本質如何被論述地建構與變得有說服力。在進行分析時，如你將會看到的，我將觸及其他問題，從作者菲利浦（Philips）如何建構自己的身分著手，並且探索作者如何建構他所攻擊的對象。這篇文章被抽選的段落如下：

01　許多女性想要工作，而且也確實有在工作。這篇文章

言說分析

並不是

02 要強迫婦女待在家裡，也不是宣揚

03 「男性支配」，而是主張

04 有承認責任平衡的需要。

05 一種消除性別差異，

06 以便重新改造男性的想望，起源於一種女性主義，

07 已經從美國流傳到英國，變成

08 社會科學研究者、公部門專業人員與嘰嘰喳喳群（the chattering

09 classes（譯按：光說不練的中產階級、自由主義者）的正統教義。

10 這種女性主義視女性為男性支配下的受害者

11 ，主張用國家力量去

12 提倡女性獨立、脫離與男性的夥伴關係

13 ，至少直到男性重新定義他們的角色

14 ，男性變得更像女性之前。

15 這種女性優越主義（female supremacism），已經不是女性主義

16 ，而是根本性的憎恨、不信任和不喜歡男性。

17 女性優越主義已經

18 圍困了父職的概念，一般男人和

19 特別是父親已漸被看成

20 家庭生活中不必要的部分，不再是只有父親能夠扮演的關鍵角色。

21 的確，它認為

22 男性特質是不必要與不可欲的。它告訴我們

23 男性和新的父親角色一樣重要，但它又暗中破壞了

24 這一點，透過宣稱單親父母是完全可以

25 被接受的，或是有時是較好的選擇。

26 父職必須變成代理母職（surrogate motherhood），而

且

27　父親與母親必須轉變成單性的父母（unisex parents）。

28　但大部分男性與女性都不想變成單性父母，

29　這是因為母親和父親之間有深刻的性別

30　差異。母職是

31　賀爾蒙和基因衝動（genetic impulses）造成的生物性
　　的連結。

32　另一方面，父職很大程度上是一種社會

33　建構，但是建立在關鍵的生物性的事實之上。

■建構書寫者的身分

　　在這段文字的前幾句，作者菲利浦為自己的論證建立了一個基礎，透過告訴讀者它**不是**什麼：「這篇文章並不是要強迫婦女待在家裡，也不是宣揚『男性支配』」。這是一個常見的修辭動作（rhetorical move），用來保護或「灌輸」一個免於批判的主張，並且提供一種「偏好閱讀」（preferred reading），指示論證應如何被詮釋。隱含在這些論證中的是傳達了所謂他並不反對女權、也不反對女性主義本身的印象。他拒絕那些強迫婦女回歸家庭的人士的極端主義，將自己呈現為溫和與理性的，一個只是提出「承認責任平衡的需要」的要求的人而已。

　　「平衡」（balance）這個概念在此達成了相當可觀的修辭工作。定位在一個言說組織的中心，只有一小部分（若有的話）負面意義，被用來販賣任何東西，從瓶裝水和早餐玉米片到宗教和政治，「平衡」具有健康、和諧與自然的內涵意義。像「社區」這個概念一樣，它有全然正面的意義，能夠被重整並作用於特定用途。此處這個概念被與「責任」（responsibilities）相連結，在有關單親父母的討論中，責任一詞有特殊的迴響，政客和新聞記者經常指控人們的**不負責任**（irresponsibility）。而責任平衡（balance of responsibilities）

這個概念，傳達了道德正確（moral rightness）的意思，它幾乎是陳腔濫調，非常難以駁斥：誰能否定「責任平衡」呢？菲利浦的論點進一步被強化，透過他說他只是要求我們承認道德平衡的需要，暗示有個預存的真實或自然的需要存在（我們必然無法拒絕這樣的主張）。

■攻擊目標：女性主義與……女性優越主義

正如我們所看到的，菲利浦小心謹慎地建構他的論點，表示他並非純然反對女性主義。前引文章段落一開頭的句子，可以被閱讀成是一種為敵視女性獨立身分進行免責的方法。用威迪坎柏（Widdicombe, 1993）的話來說，其中一個他所導引的問題是他會被聽成像是在攻擊女性。當他最先詳盡說明他的批評對象時，就變得很清楚為何這個免責聲明是必要的，因為他的目標精確來說是「某種女性主義」，而非全部的女性主義，而是特定一種女性主義，「從美國流向英國」的那一種。此處，「美國」被用來喚起一種英國人對暗中進行的美國化的長期恐懼，也同時參考了近期有關「政治正確」（political correctness）和經常伴隨的一種特殊的「受害者女性主義」（victim feminism）（第十至十一行）的關切。

言說分析的一種基本觀點是，描述（description）和評價（evaluation）並非分開的活動。在大多數言說中，人們所做的描述其實就帶有評價，一個清楚的例子可見於前引文章段落中的第十五行。此處，女性主義被重新描述成「女性優越主義」，一個「已經評價過的」詞語，充斥種族主義與法西斯主義的共鳴，出於祕密的組織，其目標是將一群人抬高到凌駕於其他人的位置上。至於誰是所謂女性優越主義的倡導者，這篇文章並未言明，也沒有提供任何關於女性優越主義的來源或參考資料。的確，「女性優越主義」一詞的修辭力量的一部分是，它帶來了震懾效果和無所不包的威脅，卻又同時保護菲利浦免受批評，因為她否認了所有批評可以使力之處。

■正統與國家權力

一個常見的攻擊對手的方式是詆毀其為教條、意識形態或正統教義（orthodoxy）。不過，在此脈絡下，正統教義這個概念具有特別顯著的內涵意義，意指一組不能被挑戰，而必須被毫不思索地接受和遵守的想法。同樣地，對於「政治正確」蔓延擴張，以及它對思想和行為的管控的恐懼，再度被召喚了出來。也就是這些想法不但不是少數人的想法，而是已經「變成社會科學研究者、公部門專業人員與嘰嘰喳喳群的正統教義」（第七行至第九行）。

菲利浦提到的三群當中的兩群人被認為是美國「政治正確」運動的要角，也是右翼報紙經常攻擊的對象，被指認為社會主義者或軟性的自由主義者，置身於商業與企業的「真實」世界之外。這三群人的名單的精彩處，也就是所謂「嘰嘰喳喳群」，在修辭語藝上特別有效。此詞（「嘰嘰喳喳群」）始於1980年代，其力量的一部分來自於它的語意模糊。沒有清楚的指涉對象，它完全是一個彈性的論述類別，給人的印象是一些富裕的，大部分任職於學術界、媒體和諮商專業人士，飲宴間高談闊論，言談內容不食人間煙火，構成了自由派人士的聲音。

女性優越主義者概念的召喚，在相當（但被嘲弄的）一部分人中已變成正統教義，傳達了一種強大的威脅感。它將女性優越主義建構成一項政治方案，距離攫奪「國家權力」之日不遠，對一般身為父親和男性的人帶來險峻的後果。

■威脅的本質：身陷圍城中的男性與父職

至目前為止，我已檢視菲利浦如何對他認為必須為「父親之死」造成威脅而負起責任的人，組合出一個強而有力的修辭形象。現在我將轉向他如何刻劃威脅本身的本質。這首先在第五行至第七行間被提及：「一種消除性別差異，以便重新改造

男性的想望。」這是一個令人興奮的建構，因為它倒置了大部分女性主義說法的邏輯秩序。男性必須改變，以便產生性別平等的論點，對大多數讀者來說，聽起來更像是女性主義的。然而，菲利浦將女性優越主義歸為另一個完全不同的方案，一個**主要目標**為「重新改造男性」的方案。不但不是以挑戰某些陽剛行為作為達到可欲的社會目標（性別平等）的手段，而是把改造男性當作目的本身，意指此方案大多出於對男性的憎恨，而非什麼高貴的目標。這一點在第十五行至十六行表述得很清楚：「這種女性優越主義，已經不是女性主義，而是根本性的憎恨、不信任和不喜歡男性。」這是另一個使用三部分名單（three-part list）（在政治演說的研究中顯示，這種修辭格式對於閱聽眾有很大的說服力），結合了頭韻法（alliteration，憎恨、不信任和不喜歡這三個字的英文字首都是dis），增強了宣稱的衝擊力。

這個對男性造成威脅的本質，進一步在第十七至二十五行中被申論。這幾個句子最突出的特性之一是它們的含糊不清。我稍早前指出，這段話並沒有把「女性優越主義者」的身分講清楚，同樣的，意義模糊也影響了菲利浦對這個祕密團體造成的威脅本質的討論。他提及「被圍困了的父職」（fatherhood under siege），談及「男人和父親已漸被看成家庭生活中不必要的部分」，以及男性陽剛特質被描繪成「不必要或非可欲的」，但他並未提供任何例子或證據支持這些宣稱。他的論點的說服力完全只依賴修辭語藝。強大的威脅感透過使用戰爭隱喻（「被圍困」）、參照其他各種優越主義者運動（supremacist movements）、用語令人想起法西斯論述（facisit discourse），認定某些群體的人士「不必要」、「非可欲的」和「多餘的」。

這並不是菲利浦刻意或有意竊用法西斯論述，而且身為言說分析者的我，對這些建構的效果的興趣大過於瞭解這些建構背後的動機，但這（法西斯論述）或許是在西方民主社會中

傳達威脅的最有力的文化資源。用這樣的語言去刻劃女性主義者的想法並不新：「女性納粹」（feminazis）這個概念在美國流傳已逾十載，右翼評論家和霍華・史登（Howard Stern）之流的「言詞乖張的電台節目主持人」（shockjocks）更是推波助瀾。這種形象如此強烈鮮明，因此似乎不需任何解釋或合理化。的確，一部分的力量來自於它的意義含糊不清。正如其他的言說分析者已指出（Drew and Holt, 1989; Edwards and Potter, 1992），若系統性運用得宜，含糊不清能夠構成一個重要的修辭防禦（rhetorical defense），完全是因為它提供了一個障礙，不容易被挑戰和駁斥。再者，若此一手法失敗，有人提出挑戰，說者仍可否認說過的話有某種特殊意義在其中。

前引文章段落的效果也透過使用特殊修辭格式如對比結構（contrast structures）而強化。在像這樣的政治言說中，一個典型的形式是修辭—真實對比（rthetoric-reality constrast），也就是將對手的行動不利地拿來與自身的行動作比較，例如以下這個例子：「他們**說**全民醫療服務在他們手上很安全，但他們今年就刪掉了一千萬英鎊的預算。」在我們前引的文章段落中，對比相當不同：在第二十二至二十五行，有個對比是談到「女性優越主義者」在某些場合說了什麼，在其他場合說的又顯得前後矛盾：「它告訴我們男性和新的父親角色一樣重要，但它又暗中破壞了這一點，透過宣稱單親父母是完全可以被接受的，或是有時是較好的選擇。」這是非常有效的攻擊形式，因為它同時指控了女性優越主義者表裡不一、前後矛盾，因此即使她們有若干明顯合理的說法也應被質疑：在所謂迎接「新的父親角色」（new fathers）的無害宣稱的背後，潛藏著一個憎恨男性的議程。

■ 違逆自然

在此個案研究的最後一部分，我將回顧前引文章段落中的第五至七行，以及菲利浦關於「這種女性主義」的目標在「改

造男性」的宣稱。「改造」（re-engineering）這個概念在此處完成了相當可觀的論述工作。此字建議的不只是一種想要改變男性的欲望，還有一種觀點，將男性視為客體或機器，等待被改造或重新程式化。它建議了一種干預的欲望，帶有攻擊性與侵略性，根本地將男性非人化（dehumanize）。一種精神分析的解讀甚至可能建議其中暗示將男性去勢的象徵意義。在主張女性主義者試圖「改造」男性時，菲利浦將女性主義者再現成嚴苛、冷酷和非人性的。此一概念也同時強化了法西斯傾向的意涵。在討論優越主義的脈絡下，它強而有力地召喚了納粹優生學或人類改造計畫的形象。

　　一個更新的基因實驗及複製科技的言說也被指出來：此詞含蓄地提取大眾對於各種生物醫學技術——從克隆（cloning）到「試管嬰兒」——的恐懼。雖然這在文章中並未被言明，有關基因改造工程的辯論，特別是有關「掩人耳目」引進優生學，構成了菲利浦可以從中提取的一個關鍵的論述資源。在前引這段文章中（第二十六至二十七行），（男性）代理（surrogate）（母職）這個概念被召喚出來，暗示改造的最終目標是將男性變成女性（再次強化了對於女性優越主義的描繪）。

　　在這個言說之下的涵義是男性受到的威脅，不是來自一個普通的政治組織，而是來自一個尋求翻轉自然的運動。男性將必須被重新改造，父親將必須變成母親：自然本身，如我們所知道的，受到這些人的威脅。所謂他們違逆自然的想法只有在文章段落的最後（第二十八至三十三行）才被表露出來。在完成建構男性面對的威脅本質之後，菲利浦論稱：「但大部分男性與女性都不想變成單性父母。」這是相當標準的修辭動作，說話者或寫作者宣稱知道並且表達出別的人或群體的欲望。當然，這在危機或威脅的建構上是特別有效的，既然它也暗示這個群體（在這個案例中是男性）陷入無法為自己發聲的危險中。但是，此處菲利浦繼續表達**為何**男性與女性不想變成「單

性」父母：「這是因為母親和父親之間有深刻的性別差異」，出於生物、基因和賀爾蒙的差異，而「女性優勢主義者」則想違逆這個自然真實。透過這種方式，被推想的女性主義者對父職的攻擊，被建構為對於自然本身的攻擊。

我希望這個簡短的個案研究已經給了某些指示，關於言說分析用來分析語言和社會關係的潛力。歸納來說，這個研究已經試圖展示，即便是報紙文章抽選的文章段落，也是一個複雜的修辭產物。在此個案中，看起來作風自由派的文章，明確宣稱自己不反女性主義，究其實卻是高度意識形態的，建構出一個社會，其中的父親、男性，甚至自然本身都受到女性主義的圍困。此段落文章產生的強大威脅感，其實是運用各種不同修辭策略和格式而獲得的結果。

 ## 評估言說分析：問題與評論

在最後一小節中，我轉而討論言說分析的評估，並且用問答的方式來進行。

■它是否產生廣泛的經驗通則化？

簡短的答案是不，例如，它並不尋求回答像是為何某些人選擇變成單親父母之類的問題。言說分析的任務不在指認普遍的過程，而且，言說分析根本就批評通則化是可能的這個概念，主張言說永遠是因情境而定的，從特定的詮釋資源中建構，並且為特定情境所設計。

■它是否具代表性？

有些時候，言說分析者也許想宣稱他們的分析具有代表性。例如，若我完成了必要的經驗研究，我可能會想宣稱菲利浦的論點可以代表在當代英國男性運動文獻中可以發現的論述（從它網站上的素材判斷，似乎可以論證女性已獲得社會的支

配地位，並且以各種不同方式使男性成為受害者）。

　　大致上來說，言說分析學者對代表性的問題較無興趣，而對文本內容、組織和功能較感興趣。雖然言說分析並不完全排斥量化（它其實是質疑截然的量和質的區分），計算特定類別的案例，一個前提是詳細說明如何決定是否某事物是相關現象的案例。這通常是比明顯直截了當的量化企圖要更有趣和複雜的。

■它產生的資料是否可信與有效？

　　言說分析歷來強烈批評既有的許多研究方法，因為它們太強調信度（relaibility）與效度（validity）。例如，在心理學中，許多實驗和質性研究依賴對於變異性的壓抑，或是將不吻合研究者所說的故事的案例邊緣化（見Potter and Wetherell, 1987）。言說分析者本身致力於創造新的、合宜的確保信度與效度的查核機制。波特（Jonathan Potter, 1996b）論稱，在評估分析的信度與效度時，言說分析者可以使用四種考量方式：

1.偏差案例分析（deviant case analysis）

　　詳細檢驗那些似乎和所指認出來的類型相違的案例，這或許會證明原先找出的類型不正確，或是有助於發展出更精密的分析。

2.參與者的理解（participants' understandings）

　　如我稍早所指出的，一種查核你的分析是否合乎情理的方式是檢視參與者的反應。當然，最適合是互動的紀錄，但即使是報紙文章的個案，信件和回應也可提供有用的檢視。

3.前後一貫性（coherence）

　　言說分析就如同會話分析，越來越是建立在先前研究的洞見之上。正如波特（Potter, 1996b）提出，每一個新的研究都對

先前研究的適切性提供一種檢驗。其中某些可以捕捉言說意涵又具有前後一貫性的，可以得到繼續發展，反之則被後續研究忽略。

4.讀者的評價（readers' evaluations）

或許對於效度最重要的查核方式是將被分析的素材呈現出來，以便讓讀者進行評價，並且允許他們有機會（對同樣的素材）發展另類詮釋。對於分析效度之檢驗中最重要的部分，也許是藉由被分析資料的呈現，讓讀者能有他們自己的評價。若得到學術出版社允許，言說分析者應將完整的轉錄稿提供給讀者。要是不可能這麼做，無論如何應該提供部分較詳細的段落。在此意義上，言說分析比其他大部分研究實務要更開放，總是將「前理論化」（pre-theorized）的資料呈現出來，或是就像民族誌的研究，要求我們承擔觀察與詮釋的信賴。

言說分析者，一如其他的質性研究者，主張「效度並非可用技術購買的商品……。效度就像正直誠實、性格和品質一樣，應該依照目的和情況來評估」（Brinberg and McGrath, 1985: 13）。研究者開始這項改革效度取向的困難任務，不依賴客觀性的修辭或規範當作合理化的依據（見Henwood, 1999的討論）。

■分析的地位

言說分析是謹慎、貼近的閱讀，從文本和文章脈絡間檢視言說的內容、組織及功能。言說分析學者通常相當謙遜，不喜歡浮誇，也從來不會聲稱他們的分析方式是唯一的閱讀文本的方式。歸根究柢來說，言說分析是一種詮釋，來自於對研究素材進行詳細的論證與閱讀。

■關於反思

批評言說分析的人享受著傳統學術競爭的消遣：將分析

者一把抓住，得勝般的說：「哇，逮到你了！」並且指稱若所有的語言都是建構的，那麼言說分析者自己的語言也是一樣，因此他們的分析也只是建構而已。言說分析者對此十分了然：事實上，是我們告訴我們的批評者這一點！但這毫不損及言說分析的案例。的確，它只是用來強調關於語言的一項無可逃避的事實，語言是被建構的（constructed）與建構的（constructive）。沒有什麼只是與語言有關的！某些言說分析者特別有興趣於這種反思的觀點，而且開始實驗不同的書寫方式，避開傳統學術文本中一貫的去身體的（disembodied）、獨白式的權威性，而變得更具玩樂和探索性（見Ashmore, 1989; Woolgar, 1988; Gill, 1995, 1998; Potter, 1996b; Myers, et al., 1995）。

言說分析的步驟

1. 系統的闡述最初的研究問題。
2. 選擇要分析的文本。
3. 將文本詳細轉錄，一些文本如檔案、報紙文章或議會紀錄，則不需要轉錄。
4. 以懷疑的精神閱讀和審思文本。
5. 編碼儘可能完整，你也許會因文本中浮現出某些類型，而想修正研究問題。
6. 分析：(a)檢驗資料的一致性和變異性，(b)形成暫時性的假說。
7. 檢驗信度和效度經由(a)偏差案例分析，(b)參與者的理解，與(c)前後一貫性的分析。
8. 把分析結果寫出來。

附註：

我特別感謝Bruna Seu對本章提供了非常有幫助的意見。

第十一章

會話與談話分析

本章作者：Greg Myers

相鄰對（adjacency pair）
評鑑（assessment）
格式化（formulation）
索引式表達（indexical expression）
偏好的發言回合（preferred turn）
主題（topic）
發言回合（turn）

幾乎任何一個社會科學研究計畫，在某個時點，研究者都會面臨了堆積如山的資料，疊滿書桌、書架和椅子上，文件櫃也滿了出來。通常這些資料是談話或書寫的形式：錄音帶、轉錄稿、調查表、個案筆記、田野紀錄等。對大多數的方法學來說，問題在於將這些原始資料縮減為研究者可用在論證當中的類別和形式；談話的實際時刻或是紙頁上的記號都被捨去。許多社會科學的研究手冊的確有談問題的問法、怎麼進行訪談或是記錄互動過程（見，例如，Robson, 1993），它們通常關切的是找尋和消除偏差或影響的可能來源，以及儘可能讓研究情境像真實世界。我將指出，有時應該回到堆積如山的研究資料，而且認真把談話當作談話來對待，從其特定情境中檢視特殊互動狀況。我將討論某些實作上的問題，接著呈現一個簡短的例證，讓讀者瞭解在這種分析中可能遇到的各種特殊狀況，最後我將探討此一研究取向的方法學議題。

大多數研究互動是被設計為標準化（standardized）與化約的（reduced），檢視同一份訪談轉錄稿、問卷或每一個案實驗協定，因此研究者和互動情況本身不被注意。但是有一些研究者提醒我們，即便小心設計的訪談過程也是社會互動的複雜形式。訪談、調查和團體討論，全都可從參與者運用哪些框架、問題如何被問與答，訪談是開放或封閉的（有關訪談的討論，參見：Gilbert and Mulkay, 1984; Briggs, 1986; Poter and Wetherell, 1987; Wooffitt, 1992; Schiffrin, 1996；有關調查的討論請見：Antaki and Rapley, 1996; Maynard, 1998；有關團體討論的部分，見Kitzinger, 1994; Agar and MacDonald, 1995; Burgess et al., 1988）等角度來分析。在會話分析中，研究資料並不被視為具有與其他談話有別的特殊地位。分析者問的問題和朋友間在共用晚餐的場合會問的問題（Tannen, 1984; Schiffrin, 1984）、醫生與病人之間的問話（Heath, 1986）、婚姻諮商（Edwards, 1997）、廣播談話（Scannell, 1991）或研究生之間的閒聊（Malone, 1997）並沒有兩樣。會話分

析有大量的文獻：新出版的入門介紹包括Hutchby和Wooffitt（1998）、Malone（1997）和Psathas（1995）。但透過檢視若干特殊研究的論文集，關於會話分析的範圍與應用，研究者可能得到一個更好的概念。這些研究論文集包括艾金森與黑瑞提吉（Atkinson and Heritage, 1984）、巴騰與李（Button and Lee, 1987）、波登和齊墨曼（Boden and Zimmerman, 1991），以及祝儒與黑瑞提吉（Drew and Heritage, 1992）。薩克斯（Sacks）從1960到1970年代對於會話的原創性的演講（正式結集出版於1992年），雖不是有系統的教科書，但仍然是對相關方法學議題最有影響與可讀的著作。不在會話分析模式之內的，關於會話的感知語言學分析（perceptive linguistic analysis），可參考施弗林（Schiffrin, 1994）、伊京士和史雷德（Eggins and Slade, 1997）。許多社會科學其他領域的研究者忽略會話分析的文獻，因為它關切的是參與者如何從這時到那時組織互動狀況；似乎並不像在其他社會科學研究取向會關切社會結構、變遷、態度、認同或團體研究。

　　作為其他科學研究取向的替代選擇、而非互補的取向，會話分析通常被激烈的提倡（或攻擊）。但我將主張，談話資料的分析可以從非常細節的分析，再到社會科學研究者（及其研究贊助者）關切的社會議題的分析。它可被用來探索參與者（而非研究者）認定的各種類別，可以顯示參與者如何連結（link）與對比（contrast）各種活動與行動者（連結在內容分析中可能被忽略），以及他們如何呈現彼此的觀點。它也可以導入實作，帶來訪談或主持團體討論的風格和結構的改變。而且，它也可以是踏出邁向更具反思的研究的一步，使研究者重新思考他們所設定的研究情境，參與者面對這些研究情境的態度，以及研究者自己的角色。

實作層面

　　我用一個焦點團體討論的轉錄稿當作例子，這是有關全球公民的媒體形象的研究。這項名為「全球公民與環境」的研究，是在蘭卡斯特大學與我的同事尤瑞（John Urry）（社會系）、斯澤辛斯基（Bronislaw Szerszynski）及涂古德（Mark Toogood）（環境變遷研究中心）一起做的。除了這裡提到的焦點團體討論之外，這個計畫還包括二十四小時的廣播節目的調查，以及對媒體專業人員進行一系列訪談（整個研究的回顧，請見Szerszynski and Toogood, 2000）。此一研究提供機會給一些不同的研究取向，例如，對一些經選擇後的媒介文本進行詳細分析，對媒介文本的一個代表性的研究資料進行聚焦的分析，深度訪談製作人或這些文本的詮釋者，問卷調查態度量表，或是進行若干活動以刺激出媒介接收與反應的某些面向。我們決定藉由焦點團體（也就是團體討論，由主持人根據訪談大綱來引導討論，並且根據特定標準選擇參與者）來匯集對於我們所蒐集到影像的若干反應。

　　有很多介紹焦點團體的入門指南，例如，Morgan（1988）、Krueger（1994）與Stewart and Shamdasani（1990），但仍然相對少數研究處理互動的細節，這些少數的研究包括Kitzinger（1995）、Agar and MacDonald（1996）、Myers（1998）、Wilkinson（1998）與Puchta and Potter（1999），以及由Barbour and Kitzinger（1999）合編的論文集。焦點團體產生大量資料；以我們訪談八個團體的轉錄稿，每個團體進行兩場為例，總共達到三十二萬字，或是比三本學術專書的篇幅更長。一種處理那麼大量的資料取向是將轉錄稿當作資料源泉，根據從理論架構得來的類別對轉錄稿進行編碼，例如，用以指認不同種類的行動者、行動和同一化（例如，對類似資料進行內容分析的研究有Myers and Macnaghten, 1998; Macnaghten

and Urry, 1998; Hinchcliffe, 1996）。這種分析可藉助質性軟體
（Catterall and Maclaran, 1997）；在我們的研究計畫裡，我們
使用ATLAS。但此處我將摘要一種取向，這種取向試圖從參加
者自己能夠有秩序的管理互動證據開始，此一取向的基礎是分
析者尋求詮釋發言回合（turn，意指一個人張嘴說話到停止說話
的一次發言），透過瞭解另一位參與者如何在下一發言回合回
應；關鍵在於鄰接回合之間的關係，甚於對於更大的底下結構
的假定（這屬於言說分析重視的部分）。這種取向需要小心注
意參與者是怎麼利用每一次發言回合的，尤其是時機問題，如
停頓、重疊和打斷。

　　因為會話分析只能用相當詳細的轉錄稿來進行（而且，理
想上應該要能夠聆聽原始的錄音帶），吾人需要從一開始就把
若干實作層面的問題考慮在內。

規劃

　　訪談大綱或訪談排程（interview schedule）必須允許清楚
的錄音。比方說，我將提供的例證中，將一個團體分成兩場，
意謂著在兩個團體內的討論會失之於混亂；在後一場次中，我
們讓整個團體一起進行討論，因此討論會有一個主軸。對訪談
而言，訪談排程必須允許某種自由的進退可能，而非只是一種
類似調查的系列問與答，那麼這樣對於會話分析會很有幫助。

錄音

　　錄音必須夠清晰，轉錄稿才不會出錯，最好是有立體聲
麥克風（可用同一支麥克風在兩台錄音機上測試比對錄音品
質）。吵雜的環境，如酒吧或是面向大街的窗戶未關，都可
能錄不清楚關鍵語句。若分析者只是尋找一個場次中的談話
要旨，或是找尋幾個佐證的例子，這還無關緊要，但當任何
特定字句可能至關重要時，就令人感到挫折了，而小聲的悄

悄話和重疊的談話可能特別有趣。錄影可能有幫助（見Heath, 1986），但它也是很干擾參與者的一種方式。

轉錄

轉錄的問題在語言學者和其他社會科學研究者之間有很多爭辯；用Elinor Ochs（1979）的話來說，重要的是將「轉錄當理論看待」。庫克（Cook, 1995）文章適切回顧了這個問題，也提供參考書目。主張會話分析中應有翔實轉錄資料的是Sharrock and Anderson（1987）；另見艾金森與黑瑞提吉（Atkinson and Heritage, 1984），他們提供了關於標準的會話分析符號的一個相當廣泛的清單。一份完整的會話分析轉錄稿應該包括音高、聲量、聲速、可聽見的換氣聲、時間，以及我已經在這裡提到的。大多數擔任助理的轉錄人員習慣對於參與者的談話內容提供一個清理過的版本，自動的將會話裡重複、重疊和不流暢的部分刪除，並且把它編修成一個完整加標點的句子。若我們希望轉錄員有別的做法，我們必須告知並施以訓練。在我提供的附錄中，每一種符號在我提供的例證，對於詮釋裡頭的句子都是基本且不可或缺的。一個會話分析研究的計畫需要在開始之初即計畫並增加轉錄的時間：波特與威瑟瑞尤（Potter and Wetherell, 1987）估計大約一小時的會話需要二十小時的轉錄時間，而一般較簡單的轉錄方式需要大約四小時。在我們的研究個案中，我們告訴轉錄人員，我們要求每個字都被轉錄，就算不完整的句子也一樣。即使只是單純核對已經轉錄完成的轉錄稿與錄音帶，每一小時的錄音帶就花費了五個小時。核對之後，分析者再回到錄音帶，需要的話還可再補充、完備轉錄稿的內容。但這個補充、完備轉錄稿的過程，不只是一個語言學細節的問題；我總是發現，每當我更謹慎的轉錄資料，我對這些資料的詮釋就會發生些許改變。

歸因

轉錄人員可能無法將發言回合歸因於團體討論中的特定參與者；歸因非常困難，而且使得轉錄過程花更多時間。但為了此處描述的目的，能夠知道是誰說了什麼是非常關鍵的。一方面，正如我的同事斯澤辛斯基指出的，一個分析者可能可以舉出類似發言的三個例子去展示參與者之間有廣泛的共識存在，但事實上這三次類似的發言可能是出自同一人之口。另一方面，分析者將無法確認前後連貫性，例如一位參與者清楚表述其立場，但在下一頁的轉錄稿中卻顯示此人表達相當不同的感受。

分析

一如轉錄過程，分析也可能很花時間，因此比較不廣泛。某些相關的特性可透過自動搜尋來發現，但正如我將在下一節展示的，一個深入的閱讀是無可替換的，最好是包括聆聽錄音帶本身，作為分析工作的第一步。

報告

報告的理想形式可能是用播放錄音帶片段的方式來釐清我們的論點。但因為大多數報告是書面的，一如這項研究計畫的報告，如我將會在下一節的例子中展示的，會話互動通常必須被以印刷符號表達。詳細的轉錄稿對於習慣閱讀報紙以節略方式處理的談話內容可能是令人厭煩的（特別是若閱讀者剛好是說話者自己的時候）。它們通常很占篇幅（例如我在本章提供的轉錄稿），而且轉錄稿通常想要納進更多的細節。在會話分析裡，論點通常是透過比較大量的簡短、詳細的談話片段來佐證；除了很占篇幅之外，閱讀上也需要很多注意力。

似乎這些困難單純都是印刷技術造成的，也許有朝一日可以透過錄影、聲音辨識、多媒體儲存和精巧的超文本資料庫

來克服。可以確定的是，總是有更多細節可以被記錄在轉錄稿上；許多研究者已經嘗試將會話溝通中的非語文部分也轉錄下來（見：例如，Heath, 1986; Avery and Antaki, 1997）。但科技將無法代替研究者做出明智選擇，而且正如本書其他章節指出的，研究方法學上的實務選擇，與理論上對於社會科學能處理的實體與現象的假設之間，是密切相關的。

 ## 一個例子

　　我提供的例子來自於在（英國）蘭開夏郡的一個小鎮的兩場兩小時的焦點團體討論的第二場，成員都超過六十歲，並且在前一年都曾出國旅行。在這場討論開始時，他們被要求舉出例子說明出於對人類與地球的責任而做的行動，可以是他們從報紙或電視看到的例子。接著他們做一個活動，在地面上整理一堆不同的有人有活動的雜誌新聞照片。第一組參與者把曼德拉、德雷莎修女、查爾斯王子、一名聯合國士兵，以及一位舉牌抗議活體動物輸出（live animal exports）的示威者的照片都歸在同一類。另一組參與者則將反興建道路示威活動的照片包括在這一類，以及沼澤客（Swampy）的照片，一位被報紙當作這場社會運動代表人物的反道路示威者[1]。主持人接著追問並挑戰他們的分類方式，詢問第一組參與者他們和其他組參與者的歸類方式不同。他已經和第一組達成共識，綠色和平組織的抗議船也可納入，他們稱之為「關懷者」（carers），接著主持人問他們要如何處理反道路示威者。

---

[1]　譯註：沼澤客（Swampy）的真實姓名是Daniel Hooper，是反對興建道路的環保運動者，曾經投入英國A30道路及曼徹斯特機場擴建跑道的抗議運動，他和同伴透過挖地道、住樹屋等方式躲避警方的驅散行動，企圖阻止這些工程施工，名噪一時。

主持人：我能不能回到剛才Dennis談到的＝＝我對你們的感興趣＝＝我沒有，嗯，提出很多你們怎麼看這些示威者，但你們歸類，你們同意把反對動物活體輸出的人放在德雷莎修女以及，嗯，聯合國那一類，因為她們試圖做些事去改善＝

F1（女性參與者F1）：＝以他們的方式／她們的方式

主持人：　　　　　　　／嗯以及你們對於對於這場．抗議的感覺看起來是有關道路的抗議/

F1：　　　　　　／〔我不知道是不是〕

F12（女性參與者F12）：不我不知道

主持人：以及沼澤客和綠色和平組織。

F1：喔，沼澤客

主持人：你說因為他們不冷漠（2.0）你　嗯　你認為他們做了好的事

M1（男性參與者M1）：對

M2（男性參與者M2）：我認為他們和你說的完全不同

主持人：你認為他們

M2：我認為他們是世界的搗蛋份子

主持人：好的，那麼／

M2：　　　　／這些人．他們應該被關起來。

主持人：有人認為他們至少不是冷漠的

F3：　　　　／難道你不認為他們是這樣

M2：我認為他們應該被關起來／

F3：　　　　　　　　　　／你說誰

M2：他們造成更多破壞，他們造成更多傷害／

F3：　　　　　　　　　　　　　　　／你說誰

M3：在機場一端。在機場跑道

F3：喔，他們是這樣嗎

M2：他們造成更多損失，而且他們沒有改變任何事情，但造成數以百萬英鎊的損失，這些人是不守規矩與犯罪者／而且這些人已經做

　　M3：　　　　　　　　　／你曉得　在報上　你是對的〔稱呼
M2的名字〕。報上寫的，他們比推土機破壞了更多樹／建造他
們的樹屋和東西

　　M1：　　　　　　　　　　／對，但這位先生　就是這位先生剛
才說的　有沒有，你剛才　<u>不論如何</u>　這將會　<u>發生</u>=

　　M2：　　　　　　　　　=無論如何會發生

　　F1：對

　　M1：那就是冷漠

　　M3：當然是會發生

　　M2：可能會。但你知道任何／地方

　　F1：　　　　　　　　　　／這樣說是沒錯　他們　他們
讓別人的生命陷入危險　可不是嗎，去建地道和那些東西

　　M2：他們已經阻止了事情發生

　　主持人：怎麼樣　你們決定要把動物活體輸出和這件事歸
在不同類嗎

　　本章末尾附錄討論了此處用到的若干轉錄符號。

分析的某些特性

　　不像言說分析中的某些取向，哪些特性可能與會話分
析有關，並沒有一份簡單的核對清單；前人研究已經處理每
一件事，從「喔」到笑聲，再到電話結束語的評估。但一些
對於這個案例的評論，能夠建議一些可能的起始點：順序
（sequence）、格式（formulation）和索引性（indexicality）。

■順序與偏好

　　會話分析從回合接回合的談話順序開始，參與者決定誰
接著發言，以及每一回合的輪流發言如何與前一人的發言產
生關聯。研究指出有一些不同種類的「相鄰對」（adjacency

pairs），也就是日常談話中發言順序的規律的類型，例如問
與答，或是邀請與回覆。有一種順序是一個評估性的陳述或評
鑑（assessment），緊接著又有另一個評鑑出現；可以預測的
是第二個評鑑採取的形式將會聽起來像是同意，或甚至是強化
第一個評鑑；若這個發言回合是表達不同意，將會顯示某種修
正、前言（preface）或延遲（delay）的跡象。以會話分析的
術語來說，在第二個評估裡有一種同意的偏好（preference）
（Pomerantz, 1984）。

　　一種分析是檢視這些評鑑，將它們與吾人從日常對話中預
期的會話加以比較，可能有助於展示是否參與者表達自己的不
同意（不只是分析者是否認為參與者不同意）。不像日常交談
中的參與者，焦點團體討論的參與者可以介入評鑑其他人可能
對主持人表達不同的說法，所以他們並不要求來自其他參與者
的回應。比方說，M2的第一個評論是對主持人說的：

　　M2（男性參與者M2）：我認為他們和你說的完全不同

M1接著不同意M2的說法，但又再度對著主持人說：

　　M1：對，但這位先生 就是這位先生剛才說的

只有在稍後他才對另一參與者M2說話，問對方說「有沒
有，你剛才」（「hasven't you」）：

　　M1：對，但這位先生　就是這位先生剛才說的　有沒有，
你剛才　不論如何　這將會　發生

M2以讓步的方式回應：

　　M2：可能會。但你知道他們有在任何地方阻止了事情發生

F1似乎也表示同意，但她開始發言：

> F1：這樣說是沒錯　他們　他們讓別人的生命陷入危險

用「這樣說是沒錯」開頭，通常是代表一個非偏好的發言回合，此處可能意謂不同意或差異（而且確實她繼續，稍後在轉錄稿中，為示威者辯護）。

此處的意見並非出於兩方對壘的辯論形式，而公共意義的廣播電視談話節目通常是以針鋒相對的方式來框架；參與者做出各種貢獻，讓討論導引至很多不同的方向。承認有造成別人危險，可以導向讚美示威者的勇氣，也可以導向於批評他們不負責任。藉由檢視不同意出現的方式，以及它如何被處理，分析者可以探討這些想法中的某些複雜性（Myers, 1998）。

■主題

對這種轉錄稿的字句進行編碼時，分析者決定主題為何。但參與者也是決定主題是什麼，而且當前的討論主題並非給定的，而是參與者協商和爭辯的結果。此處，主持人命名了一個主題，結合早先的評論，接著聚焦於其中一個面向：

> 主持人：你對此的感覺。抗議，看起來是有關道路的抗議以及沼澤客和綠色和平組織。

從這一點，每個參與者都提到「他們」（they）或「他們」（them）作為當前的討論主題。但如我們所看到的，參與者也會確認「他們」是誰。當M1發言後，他的評論可被當作一個新主題（「冷漠」），他連結到兩個發言回合以前的談話：

> M1：就是這位先生剛才說的

分析者可能把這看作是對討論本身的評論，而參與者則可能把這看成是冷漠。但它被其他人挑選當作另一次對示威者及示威無用的評論。

人盡皆知非常困難的是，如何從發言中判斷哪一部分會被當作當前的談話主題；F1的最後一次發言（「這樣說是沒錯　他們　他們讓別人的生命陷入危險　可不是嗎」），可能導致別人接著用來批評示威者，或是也可能用來為示威者辯護。但參與者試圖將一個新主題連結到某些先前的（通常不是前一人的）發言回合時，他可能會用「就是這位先生剛才說的」這樣的講法開頭。而且，必須注意哪一種轉折（shifts）發生，如同發生此例中最後的談話內容，在對立的意見已被表達過且重複表達過之後，主持人介入了（Myers, 1998）。由主持人的介入所畫下的這些界線，對於提供例子給讀者的目的來說，可說是合乎邏輯的單元，因為它們顯示了參與者之間意見紛陳的狀況。

■ 格式化

焦點團體討論中的許多談話內容都是有關談話本身。主持人可以試著格式化（formulate）參與者剛才說過的是什麼，也就是說，用不同的話重複一遍，以便得到來自參與者的進一步評論：

> 主持人：你說因為他們不冷漠……

或是主持人可以將參與者的發言內容格式化，以便將一個部分的討論結束掉：

> 主持人：好的，那麼有人認為……

格式化是一個主要的技巧，主持人可以藉此控制主題，並

且展現他的同理心。但在入門介紹的文獻中也有很多人憂慮主持人主持討論的方式；格式化和回應它們是我們可以看到主持技巧之處。

參與者可以重複其他人說或寫的內容，批評或是用這些內容當作佐證（Holt, 1996; Myers, 1999）：

M3：報上寫的，他們比推土機破壞了更多樹

她們也可以格式化其他參與者的意見，例如，我們看到M1對M2所做的。M1並不是單純重複另一個參與者的話；M2說的是：

M2：他們沒有改變任何事情

M1將M2說的話重新格式化為：

M1：這位先生剛才說的　有沒有，你剛才　不論如何　這將會　發生

在此處，M2可以完全拒絕承認這是他剛才說的意思。但他沒有，重複再說一次剛剛說的，強調它的責任在評鑑。

M1：不論如何　這將會　發生＝
M2：　　　　　　　　　　　　＝無論如何會發生

此一引句、格式化和回應構成了轉錄稿的大部分內容。它們的重要性在於既能限制分析，也可以開啟分析。迴響和格式化如此常見於討論過程的進退之間，因此若不同時也回去檢視導致這些評論出現之前的一連串討論對話，貿然引述其中一位參與者的評論是很危險的；這是其限制。但若從參與者的立場

去看這些迴響與格式化過程，就會開啟分析讓我們瞭解當時談話過程中重要的部分（Burrny, 1997）。

■索引性

語言學者和哲學家指認出某些表達方式，例如「這裡」或「現在」或「過來」，是索引式的，視情境而變化其意義。取決於說話者站的位置，「這裡」可能意謂著很不一樣的地方（蘭卡斯特或西雅圖），以及這個詞指涉多大的區域（起居室或整個國家）。會話分析主張所有的表達方式在原則上都是索引的；也就是，它們的意義來自指向於立即的情境，而非指涉固定的象徵符碼（Schegloff, 1984）。一個字的意義，限定於此時此地，為了這些目的，這個挑戰與我們的分析息息相關，因為焦點團體的技術，以及大部分其他社會科學研究技術，假定意義在不同情境裡是相對穩定的，因此吾人可問每個團體同一份訪談大綱中差不多一樣的問題，並且向他們展示同樣的照片，以及比較跨團體的反應。但即使研究者不接受會話分析背後的哲學立場，他們將會發現索引性是他們在分析資料時會遇到的一個實務議題。比方說，有個閱讀轉錄稿的人指出，我提供的例子中，主持人一開始提出的問題似乎特別沒有條理。這不只是因為轉錄的方式標明遲疑和重複（雖然是部分如此），也因為主持人一開始問的問題不是主要關於政治團體的，它是有關地面上的那些照片的分類方式：

> 主持人：我沒有.嗯　提出很多你們怎麼看這些示威　但你們說你們同意把反對動物活體輸出的人放在德雷莎修女以及
> 嗯　聯合國那一類，因為她們試圖做些事去改善／嗯　以及你們對於這場　抗議的感覺【斜體字強調的部分是我另外加上去的】

索引式的參照不只在「這些示威」及「這場抗議」，還有

在「反對動物活體輸出的人」、「聯合國」及（稍後的）「綠色和平組織」作為這些特定照片的參照。主持人問的問題得到回應，因為參與者已經以這種方式分類這些照片，而且他們假定它們可以為他們所做的分類方式負責。同樣的，一些表達方式出現在這個和其他焦點團體的討論過程之中，指涉了對在場團體所有成員都存在的東西，但或許不是對錄音帶的聽眾或轉錄稿的讀者來說並不是如此。

索引性還有另一個相關議題是這個例子轉錄稿中段參與者問說「他們是誰」的小聲討論；在性質上，這不只是一個關於資訊的問題，也是對當前目的而言照片再現了什麼的問題。所有這些照片在此一方式上而言都是有爭議的，但參與者為了當前目的對這些照片的意義協議出屬於他們的共識。密切注意這些參照的開放性，有助於我們瞭解媒體形象與環保行動的關鍵類別的彈性。索引式的參照不只對分析者是個實務問題，它們也表達了一個團體如何面對它的情境，指涉成員共同分享的意義，並且變成一個團體。

在這個語句中，另外還有一種索引性值得任何研究者注意：環境中無聲的一些特性，雖然沒有人特別指出來，但每個人都可能有所察覺到的。在這場次的焦點團體討論中，有第二位研究者坐在角落，他（或她）協助處理錄音、錄影與記錄，偶爾會出個聲，但一般保持安靜。他（或她）在事後表達意見，回憶某些參與者對反道路示威者的批評，但希望他們不要誤以為他（或她）是他們的一份子。可以猜測這可能會造成哪一種影響，正如有人可以猜測主持人的美國腔、一位參與者的行動不便或是地上鋪的地毯可能會有什麼關係一樣，因為這些特性都沒有在討論中被提到。這些未被提到的參與者或環境特性，是言說分析一直持續中的爭議之一。

所有這些特性——同意次序（agreement sequences）、主題、格式化和索引式表達——連結到這個研究的更大的議題。人們並非只是突然就擁有了喜歡或不喜歡某行動者或某一行動

的態度，他們的態度與主持人的提問、其他人的意見、環繞他們的客體，以及他們看到、聽到的行動和談話。他們根據前一回合發言來進行提議並探索可能的立場，因此他們的看法通常複雜、不穩定與明顯矛盾，並不令人意外的現象。對從事（會話分析）研究的人來說，互動是一種蒐集意見的方式；對參與者來說，表達意見是一種在一個擠滿陌生人的討論室裡和他人互動的方式。

方法學上的問題

　　談話的詳細分析提出了關於是否資料來源是訪談、團體討論、廣播談話或非正式互動的問題。某些問題關切的是任何詮釋（推論）的說服力；樣本與更大的社會全體的關係（通則性）；他們與各種社會團體的關係（身分認同）；他們在焦點團體中做什麼與說什麼，以及他們在其他情境下（活動類型）做什麼和說什麼的關聯。

推論
　　我只提供了少數一些例子來說明一個分析可能展開的特性種類。一個更具說服力的分析會展示它們與在其他談話的轉錄稿中發現的類型同或異，例如，比較一個不同意其他人意見的例子與其他例子。但同或異本身或許無法證明什麼，因為會話分析尋求展示的是，參與者將哪種類型視為理所當然。所以，一個分析者將尋求例如參與者直接、悍然不同意的例子，並且展示其他參與者如何回應這些拂逆眾人期望的情況（例子可見於Gretbatch, 1988）。

通則性
分析者可能會忍不住要將從這個例子通則化到社會團體，

若，例如，轉錄稿中包括許多為反道路示威者辯護的例子。但焦點團體的成員並非被選來代表整個社會的，他們只是被選來構成某些可能有話要說、與理論議題有關的社會團體。分析者不能說人們一般都為反道路示威者辯護，但可以說這個人、在這個情境下，確實用這些話為反道路示威者辯護。通常這些發現是令人驚訝的，而且與我們基於廣泛的社會觀察得到的期望迴異，例如，M1結合了一種社會保守主義，強調記錄（在其他段落），但此處他表示即使是違反法令也優於冷漠。

身分認同

研究者將陳述歸因於特定社會群體時必須很謹慎。在我先前給的例子中，研究者很容易指出男性一般是反對反道路示威者，而女性則贊同反道路示威者，並且試圖對性別通則化。但這些參與者有多種可能的社會身分，而且文本分析取向拒絕將這些身分當中的任何一種看作是最主要的。在焦點團體研究中，參與者傾向於突顯他們認為在當下這團體中共享的一種身分，因此這些人通常指涉他們的年齡，但在其他情境，他們可能指涉性別、是否已為人父母、健康和障礙、「種族」、階級和區域等背景（在此領域，「sand grown uns」vs.「off-comers」）。雖然這個議題在研究者間具有高度爭議性，有的研究者認為性別或文化差異或權力關係總是很重要，但會話分析的研究者只注意參與者在交談過程中突顯的身分元素。

活動類型

參與者在談話時自認在做什麼？在一個有那麼多制度機構蒐集意見的世界中，一群陌生人相聚並且說出他們對各種議題的想法，似乎完全是自然的。但我們可以在轉錄稿中看見許多不同的變遷框架解釋他們的行為。我已在別處論證過，若我們把參與者看作是展現意見給一台在場旁聽的錄音機，就可理解

焦點團體的許多特性（Myers, 1998）。但某些地方，他們也會轉向較類似於聊天、心理治療、遊戲、陪審團或教室上課的互動狀況；有時他們熱衷於直接回應主持人，到了幾乎像是一對一訪談的地步，而有時他們似乎完全忽略主持人。這些轉折可以透過密集分析交談內容來追蹤，比較容易在交談摘要或選粹式的回顧中被忽略。

 結　論

　　我已在本章論證，仔細分析轉錄的言談資料，按照源自會話分析的模式，可以導出對社會科學研究計畫產出資料的洞察。此一分析的缺陷是它仰賴謹慎的錄音和轉錄，而且分析工作極為費時。對某些研究者而言，這似乎只是像在他們的資料山岳加上鼹鼠丘（譯按：因鼹鼠打洞而鼓起的土堆），但這種分析也提供一種探索參與者的類別的方式，發現參與者認為什麼與這些類別有關聯，並且對原本可能只是研究者含糊不清的直覺，提供一個清楚的描述和解釋，改進研究技術，並且對研究情境和研究者在其中的位置有所反思。在我們的一個研究計畫中，我們調查新的身分認同及新的行動的可能性，可以與分析同一資料的其他研究取向互補，扣連我們的理論關切，但同時對可能令我們驚訝的發現保持開放的態度。

分析會話交談的步驟

1. 對研究聚會地點有所規劃，以便取得清晰的錄音（以及，可能的話，錄影）。

2. 在轉錄稿中標記所有的假開始（false starts）、重複、支吾般的停頓（filled pauses，例如「嗯」），以及時間特性如沉默和多人同時出聲的重疊談話（overlapping speech）。

3. 從一個個發言回合的轉折處（turn-to-turn transitions）開始，找尋每一個發言回合如何被呈現成與前一發言回合或更早的交談內容產生關聯。

4. 特別考量非偏好的發言回合（dispreferred turns）——那些由前言、延遲或修正所標記的部分。

5. 對於任何你所發現的類型，要追問的是當這些類型沒有繼續出現時，究竟是出了什麼狀況？

6. 用日常交談會話內容，作為核對你所發現的任何類型的依據。

加底線	強調
大寫字體	音量很大
/	（多人同時發聲）重疊談話
/	的起始處
.	短暫停頓
（2.0）	停頓時間（此處指停頓兩秒）
==	繼續談話，沒有聽得見的停頓
[　]	不確定的轉錄

　　如需要更詳細的轉錄系統與有關轉錄的評論，請見Hutchby and Wooffitt（1998）。

第十二章

修辭分析

本章作者：Joan Leach

關鍵字

調適（accommodation）
類比（analogy）
論證（argument）
言說（discourse）
權威（ethos）
文類（genre）
理性（logos）
隱喻（metaphor）
轉喻（metonymy）
情感（pathos）
修辭（rhetoric）
修辭準則（rhetorical cannons）
提喻（synecdoche）

要是首相的政策和我們聽到的政策修辭一樣好，我們所有人將會過得更好。

「修辭」（rhetoric）這個字的普通用法，辜負了一個學術學門悠久可喜的歷史及批判分析的方式。在日常談話中，我們將「修辭」與「行動」對立起來，暗示某種「辭令的」東西即等同於成套的謊言和半真實（half-truths）。對當代研究文本與口語論述，發展理論以解釋它們如何及為何有說服力，以及為何它們如此發展，什麼樣的論辯結構、隱喻和結構原理居間運作，以及在某些案例中，為了讓不同形式的溝通在實際情境中運作得更好，應該做些什麼的學者來說，這樣的公共關係形象這是很不幸的。

一種釐清「修辭」一詞的方式是給予一個工作定義，以燭照此一字詞本身的多樣意義。

第一類修辭（Rhetoric I）：說服的行動（The act of persuasion）

第二類修辭（Rhetoric II）：分析說服行動

第三類修辭（Rhetoric III）：有關言說的說服力的世界觀

本章開頭的引句，似乎符合此處的第一個定義。政治家善用「修辭行動」（acts of rhetoric），也就是將言說組織成有說服力的。然而，修辭學者嘗試去拆解這種言說，並且探問此言說具有說服力的原因，因此採取的是第二類的修辭定義。這種分類看似簡單，但從一個不同脈絡下的類比可以更清楚地釐清某些模糊的界線。我們用「罪犯」一詞指涉那些犯罪的人，而把那些研究罪犯及其行為的人稱作「犯罪學家」，但是這些犯罪學家在社會學期刊的論述卻不曾被認為是一種有罪的言論。相較之下，修辭則大不相同，「修辭的」的言說可以被修辭學家分析，而且修辭學家也負責生產修辭的論述。這似乎是語意

學的問題，但它同時也是一個更有趣的方法學的問題。什麼時刻，對於說服的「分析」本身不會變成說服的呢？就像你目前在閱讀的這個章節的文本，什麼時刻我在提供修辭分析的基本法則，什麼時刻我又在試圖說服你接受修辭分析是社會分析的一個有用工具？反身性（reflexivity）的議題出現在許多社會科學研究方法中，但在修辭學的範疇裡，反身性的議題或許是最透明的。最後，大家都認為修辭學也代表一個世界觀，一種對於語言和言說具有根本地結構吾人思維、再現系統及環境感知的力量的信念。最後一個議題將修辭學分析帶往非常接近於意識形態分析、倫理分析和社會理論的其他議題。

若我們看到之前的第二類修辭，會發現有些背景對於今天理論範疇是有所幫助的。這要論及古典希臘時代，第一位對分析言論有何說服性，而且還擴展到寫作和言論（Cole, 1991; Poulakos, 1995）。亞里斯多德與柏拉圖（Plato）都關注此種藝術，而且他們焦慮的區分「好」的修辭與「壞」的修辭，並且創造說服性言說的類別，以及創造「好」修辭的規則。的確，此種有關好與壞修辭的古典論證，可見於柏拉圖的許多對話中。同樣地，也是柏拉圖談論修辭的方式，彷彿它是一個污穢的主題。柏拉圖主要關切的幾項，對修辭分析直至今日仍然造成如瘟疫般的傷害。首先，柏拉圖認為修辭跟「真理」不同，人們在實際生活世界中說的可能不是理想世界中事物真正運作的方式。這個概念與我們同在，讓我們在面對他人說服時抱持懷疑心理。其次，柏拉圖主張，修辭是無法被教導的。柏拉圖用這個主張回應當時的詭辯學派（sophistai或sophists，或譯「智者派」，是古希臘哲學的一支），詭辯學派的專業是教導學生學會說服的能力，以及分析他人談話中成功與不成功的技巧。柏拉圖的立場是，修辭無法教導，因為一個「好的修辭」與個人德行（virtue）有關。若一個人德行不端，那他們無法學到修辭其實是一種藝術，而他們對修辭的分析也終究徒勞無功。

羅馬時代的人持續維持著說服性言說和教導修辭的興趣，並且創造了精巧的模式，命名了各種修辭策略，他們留下的遺產，給了我們一部部描述和詮釋讓演講和文本充滿說服力的演講、文法類型和美學面向的「修辭手冊」（handbooks of rhetoric）。從古典時代到中古時期，修辭都是一門核心學科，和文法、辯證法及後來的算數、幾何學一樣重要。但是後來這被改變了：在啟蒙時代，修辭不管作為實務或學科都遭受攻擊。英格蘭皇家學會的創立，標榜的是法蘭西斯·培根（Francis Bacon）「語文中一無所有」（nullius in verba 或 nothing in words）的箴言，揭櫫了新「科學」要避免任何帶有修辭色彩感染，包括了隱喻、類比和優美的散文體元素（Montgomery, 1996）。法蘭西斯·培根之所以否定修辭，主因是他認為應擺脫前一世代的傳統學風（scholasticism），傳統學風依賴古代和文藝復興時代人物如托勒密（Ptolemy）和帕拉塞爾蘇斯（Paracelsus）的文本。根據法蘭西斯·培根的說法，傳統學風依賴古人先哲的修辭，而無任何新的觀察並從觀察中歸納。換言之，法蘭西斯·培根認定科學必須是「非修辭的」。然而，修辭分析直到二十世紀仍然活躍於人文學科及神學之中。以修辭學的情況來說，瞭解此一傳統很重要，因為作為一個學科，修辭學已有近二千五百年的歷史，發展它在方法學的精鍊和多樣性。

 ## 分析客體

遇到為修辭分析找「客體」，每個人都會立即面臨無法脫身的困境。傳統上，修辭分析的對象是口語的言說（oral discourses，例如，在法庭中、國會、政治場域等口語的言說，或是得獎人演說或慷慨陳辭）。這些口語言說經常被以書寫形式報導，或是言說本身備有書面講稿，因此修辭分析者選擇書面及口語資料為分析客體。近來，符號學也開啟了對於影像、

非語文傳播、姿態，甚至室內器物擺設位置的分析，而且符號學分析宣稱自己和修辭分析關係親近（Eco, 1979）。傳統修辭分析的客體主要是說服性的修辭（譯按：也就是第一類修辭）。從歷史的角度來看，分析客體是明顯的說服性的修辭，但是自從在意識形態與其他更精細的解釋各種形式的社會凝聚（social cohesion）的理論出現後，修辭分析也可以輕易地處理一些宣稱客觀的言說（宣稱客觀本身就是一種說服性的動作）。不管是選擇分析口語言說、影像、書寫文本、明顯的說服性言說（例如，政治演說、政治廣告），或是比較隱性的說服（例如，科學論文、報紙特稿），言說的脈絡應該最先予以審視。

　　經常被指出的一點是，修辭分析假定的修辭乃是一個審理的、自覺的修辭者，將言說根據一組形式化的法則生產出來的。此一修辭被導向一個具體的閱聽眾，當閱聽眾被修辭中的論證說服時，會表現出某種效果（主要是出現行為或意見上的改變）。修辭，在這種較無創造性的觀點裡，接著重新找到說話者或作者的意圖，並從中發現組織言說的一套法則系統，進而評估這些言說對閱聽眾的效果。雖然可以這樣進行分析，但其中有許多危險。最重要的是，這將言說的分析看成只是翻轉言說的建構過程，而且假定了建構過程是可以重新恢復的，而接收的脈絡是透明的。再者，這種面對分析的態度犯了意圖主義者的謬誤（intentionalist fallacy）。換言之，若我們將修辭分析的任務看成是重新建構作者和說話者的意圖，以及閱聽眾行為或態度改變「背後」的意圖，就等於是把作者的「意圖」當作是可從它們的文本或口語表現中推測出來一樣。這是一個各種分析都可能出現的危險，但卻是修辭分析特別嚴重的問題。

　　要避開這個陷阱，有個最容易的方法，那就是去分析「發現的」（found）或「自然的」（natural）的言說，而非分析那些由社會科學方法產生的言說。舉例來說，試想對你所做的訪談稿文本進行分析可能遇到的危險。雖然這會是一個說服性的

文本，而且可透過修辭分析而受益，但分析者可能會發現自己是在「猜測」任何陳述的說服效果。因此，要釐清訪問者的意圖、受訪者的意圖，以及任何一個評論的說服性的意義，都將變得非常困難。再者，在判斷任何論證時，不應該依據它們對分析者所具有的潛在的說服性的價值，而永遠應該根據它們和言說的脈絡及完整性的關係。

修辭可以用來分析書寫和口語的言說，但令人困惑的是關於修辭分析該在哪裡結束，其他類型的分析又該從何處接手的問題。從跨領域和哲學、社會科學領域所謂「語言學的轉向」（linguistic turn）來看（Rorty, 1979），這是一個很有趣的問題。對社會科學，甚至哲學來說，研究客體已經變得越來越是一個語言學的客體。因此，事情變得很難說，例如，是否修辭是一個包羅萬象的名詞，也可用在「意識形態分析」，或是它與其他分析方法完全不同；對此問題，許多理論家和實作分析者並無一致意見（Gross and Keith, 1997）。一個簡短的例子顯示此一困難。在閱讀一份政治文本時，從事修辭分析的學者將會從中尋找文本中的說服手段。其中一個說服手段是提出閱聽眾已經同意的論證，目的在創造隱含作者（the implied author）和隱含閱聽人（the implied audience）之間的同一性。而此種共享的政治承諾可能是在意識形態的層次上運作。那麼，修辭分析是否應該避開對這些論證進行評論？大部分學者認為不應避開。這是一個簡單又相當直截了當的例子。大多數的文本不會以如此簡單的方式去想像意識形態和說服之間的關聯，但學者們對這些模糊的界線感到更加自在（Nelson et al., 1987）。跨領域的研究趨勢在社會科學及人文學科會繼續得到開展，學者們感到很自在地說他們是用修辭學的方法做「言說分析」，或甚至是用符號學的方法，當作針對電影和其他媒介進行修辭分析的一部分（Martin and Veel, 1998）。

但在這種包容一切的方法學和學科取向，導致吾人以為「什麼都可以」（anything goes）〔套句費若本（Paul

Feyerabend）的話〕之前，有個研究修辭的傳統與社會科學之間存在著某種不安的關係。修辭作為一個古典的「藝術」或技巧（techne），歷史上它對知識生產的態度是更親近於文學批評而非社會學的。一些學者認為修辭就像詩或畫一樣的可以生產知識，而且分析那些知識生產最好用是透過藝術史學者或文學批評家，而非透過社會科學研究。雖然這些是事關研究客體的態度的大課題，在思考方法問題時，它們是很重要的考量重點。修辭的目標永遠不會是「科學的」，或是能夠解釋包括所有時空的說服性言說。修辭分析的力量在它的「立即性」，它對特殊和可能面向的分析能力，而非在於普遍的或有多少或然率的面向。而這會把我們帶回柏拉圖和培根對修辭的特殊關切。試問：若一個人可以分析一個文本在說服上的價值，那麼我們對從中生產的知識應作何種宣稱呢？才可以引導更多知識產生呢？若以培根的觀點，他會回答我們是無法只從一個文本中引誘更多的知識的。若是柏拉圖，他應該會擔心只有在分析說服的意義才可以讓我們完全接近所謂宇宙間的真實。因此，當修辭取向可以用來接合各類的人類和社會科學方法學時，其對修辭最基本的態度是將修辭視為一個藝術而不是科學。

修辭情境

且記住以上這些較大的議題，讓我們先回到主要問題：如何在修辭分析時避免一些陷阱，會發現問題變成如何在分析中進行有意義的詮釋，但不假定首先建構言說的過程是什麼。這就是言說情境（contexts of discourse）至關重要之處。以下是一些可用於注視某個影像、聽到口語言說或讀到一個文本時可資考量的導引問題和類別，並且以修辭的方式思考。這些類別將會開始將誰／什麼／何處／何時／為何等修辭分析的面向具體化（Bitzer, 1968）。這些類別已存在二千年之久，最初是用來當作練習演說的方法，後來在亞里斯多德手上，開始變成一

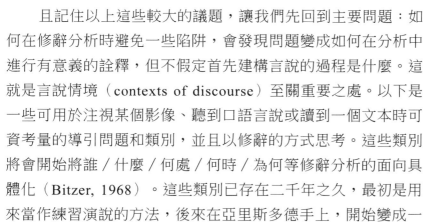

種分析與檢視特定言說結構的方式。

■危急狀態

用畢澤（Bitzer, 1968）的話來說，「任何一個危急情況都因急迫（urgency）而造成不完美（imperfection）；這是一個缺陷，一個障礙，一件等著要去做的事，一件不應該變成這樣的事。」修辭反映了這種危急狀態。在作修辭分析時，去指認當下的修辭的危急狀態是很重要的，這有助於將分析置於情境當中，確保所作的分析脈絡化的。為了進一步將修辭脈絡化，好的修辭分析會注意古典希臘人所謂的kairos和phronesis。大意上，kairos是說服文本的及時性（timeliness）；phronesis是特定文本的適當性（appropriateness）。最近的例子是英國女王在戴安娜王妃猝逝後對全國的談話，公眾的悲傷標記出一種危急狀態（exigence）。可以確定的是，若少了對公眾呼籲女王做出聲明的認知（她所忽略的，以及她最後的勉強回應），分析可能會有所不足。這就是說，女王的論述沒有包含kairos。這和突然的死亡一樣不合時宜：一個是發生得太晚，另外一個則是太早。同樣地，女王在演說後被譴責為「無動於衷與冷酷的」。這就表示，閱聽人評價女王在戴妃死後的演說有些東西是不適當的：phronesis的缺乏。除了注意個別情境脈絡和閱聽人之外，考量這兩個概念有助於連結文本、情境脈絡和閱聽人。

閱聽人

口語表現對閱聽人來說有更為立即的感受，而且在某些方面，辨識度更高。然而，文本和傳播的大眾中介的形式，並不存在立即且可辨識的閱聽人。在面對一個文本時，閱聽人並不以任何清楚的方式存在於這個文本之中。不過，我們可以在文本裡看到各種定位讀者或「創造」閱聽人的方式。舉個《自然》（Nature）上可能會刊登的科學論文當例子。文本及其脈絡以非常「特殊」的方式將讀者定位為「閱聽人」。專殊化的

語言，引用文獻的慣例，包含有次序的章節的文本結構，以及圖表和文本之間的關係，全都選擇了某種讀者閱聽人，同時也都以某些方式定位他們。例如，閱聽人可能被定位為懷疑論者、可能對複製實驗結果有興趣的科學家，或甚至是像在特定領域的評論文章（review article）有興趣的生手等。所以，雖然閱聽人並不總是明顯存在於文本之中，文本會以修辭的方式去定位它的閱聽人，而這些方式可透過分析來辨明。

■說服言說的類型：停滯理論

對於說服性的言說（persuasive discourse），修辭學理論家指認出三種說服的文類（genres）或停滯（stases）：辯論的、審議的和富於辭藻的（Gross, 1990; Fahnestock, 1986）。這些是依據目的、閱聽人、情境和時間而分類的。辯論的修辭（forensic rhetoric）是關於法庭的修辭，討論中重心在於過去事件的本質和原因。對話者必須要說服第三方（the third party）相信他們對於過去事件的描述是「真實的」描述。審議的修辭（deliberative rhetoric）可見於政策的領域中，其辯論的重點在於未來行動最好的可能方針。這個說服是未來導向的，而且是臆測性質的。富於辭藻的修辭（epideictic rhetoric）集中在當代的議題，以及某個特定的個人或事件應得獎賞、怪罪或譴責。富於辭藻的修辭的古典形式是悼詞及頒獎典禮。停滯理論（stasis theory）的用處在於可依據說服的類型而將言說分類，並且協助設定分析的方向。雖說如此，很多說服性的言說不只包含一種停滯或文類，所以依據類型來指認每個論證是有意義的分析。

修辭的組件

傳統上，分析者開始考慮修辭時，他必須要認知修辭的五個「準則」（canons）。說服的領域，或是修辭，被西塞羅

（Cicero）為了教學目的（特別是為了教導「說服的藝術」或第一類修辭）而進行了便利的分類，但這些類別仍是有用的。首先，依據停滯（文類）而將說服性的言說進行分類，接著考量五個準則，每個準則可被細分為更多的次類別。

■創作

中古世紀的修辭學者明確區分形式（form）和內容（content），亦即res 與verba。早期的修辭理論家認為必須先清楚地描述言說的內容，然後小心地注意其風格組織（style organization）和美學要素，但當代學者認為古典的類別（雖然仍舊是有用的），預設傳播的形式並不如我們今天認為的那麼重要。的確，有些人認為傳播的形式決定了論辯被型塑的方式。這類的討論在吾人研究修辭學裡被稱作「創作」（invention）的領域時會遇到。其中由修辭分析依據此一準則提出的關鍵問題是：論證來自何處？或是更古典的，演說者如何依特定目的而「創作」出一些論證？

權威（ETHOS）

說服論證的一種形式是依賴作者或說者建立的可信度。一個說服的論證形式依賴作者或講話者的可信度的建立。當作者不作論證或多或少有效時，說服的微妙形式會扮演在文本中的有力關係。舉例來說，在科學文章中的作者來源和引用。通常是第一作者才會被引用在文章中，因此，某些作者比起其他作者擁有權威去做更強烈的主張。

情感（PATHOS）

其他形式的說服論證是情感上的吸引力。廣告充滿了這類論證的形式。然而，少數著名的形式包括了在醫藥研究上的應用吸引力。說服的呼籲──「需要更多的研究」更有說服力，像是在疼痛疾病的治療及療法應用或孩童健康的應用時，都會

被提到。

理性（LOGOS）

希臘字logos提供了「邏輯」（logic）這個字的基本字根。部分的修辭領域檢視的是，邏輯論如何使我們相信它們的有效性（正當性）。這和下面所講的配置（disposition）相關。當現今的人們能夠發現特定的邏輯說服形式，歷史文本卻指出較早時的閱聽人並無發現邏輯說服的這些形式。這也關係到探究第三類修辭，或是言說操作所依據的修辭世界觀（rhetorical worldview）。以這種方式思考logos，也意謂著言說具有形構或建構某種世界觀的力量。

以上三個要素，對於發現情境使其成為修辭分析的開始是很重要的混合要素，其提供了論證的形式可以型塑不同類型的說服論述，這些要素是說服論證可以被發明或發展的準備形式。但是有許多的方法可以繼續進行和分析論述在古典的五個準則的結構或修辭的組成部分。

■組織

〔組織（disposition）〕這個修辭準則探索言說的組織方式。基於何種邏輯，它支持其最終的宣稱？它所支持的論點是如何被組織的呢？新聞報導通常用有時被稱作「倒金字塔」的寫作格式：一開始即先告知誰、什麼、何處、何時與為何，最後才提供更多細節。這種組織的類型可能對閱聽人造成什麼影響？這種組織的特色通常實際上能說服我們，接受某些事物比起其他的更為重要嗎？

■風格

我們習慣在一般言談中言及風格（style），彷彿風格可以外在於言說而存在似的，可以任憑意志而移除。其實，必須將風格視為言說的內在的一部分，是形式和內容之間關係的複雜

的一部分。根據其風格，言說經常是說服性的，而風格當然與脈絡有關。比方說，詩的書寫是利用說服的風格，在某個脈絡下用來打動某個人的愛人。在一個顧問委員會前，光是展示一篇高度風格化的科學論文就會有說服力，因為那種言說的風格意謂著客觀性。更進一步考量科學文件，這種當代文化中最風格化的言說，從中看不到任何第一人稱的用法。這是很多人採用的慣例化的風格，其作用是為了說服，任何人可以表現出文本中所描述的任何行動：「我」（「I」）這個字不需要出現。法律文件只有在被簽署後才具有說服力，採用一種呈現的風格，讀者可在讀後找到一個簽署他們的名字的制式空格。但一則尋人啟事（agony culumns）的作者，只有採用個人親密的語言風格時，才具有說服力。想像一下，若尋人啟事的作者採用科學的風格，略去第一人稱代名詞，說服力將大打折扣！

　　不過，除了這種風格的概念之外，慣例在言說中會形成複雜的儀式。此外，也有詮釋、接收、閱讀及聆聽的慣例，以及書寫、講話和再現的慣例。以電視新聞為例，新聞室一種高度風格化的言說形式，家庭及社群可能有他們每天必定準時觀看的最喜愛的新聞節目，觀看新聞變成一種時間上的儀式，標記著一天的開始或結束。他們觀看新聞時也有慣例存在：他們可能儀式性地觀看，可能是漫不經心的狀態，例如，當他們在燙熨襯衫時、吃早餐或打開信箱的同時。新聞節目本身也是高度儀式化的，有相對固定的主播、分段順序，以及論證的類型。在某種意義上，觀看新聞變成比資訊散布更為複雜的劇場，這對修辭分析有重要的影響。這些儀式和慣例定義了創造和接收言說的界線和限制。在美國電視史上有段有名的插曲，電視主播為了表達個人對某一公開議題的立場，突然在播報新聞時開天窗走人。這個舉動很失敗，因為播音室同仁和觀眾都搞不清楚該主播的用意，因為這樣的舉動在電視新聞的儀式之外。這個舉動說服力沒有被體會，因為無法在言說的界線內被瞭解。

　　「那麼，修辭意象（rhetorical imagery）有影響力嗎？」

朗吉努斯（Longinus）問道。他的回答是相當驚人：「嗯，它能用很多方式注入激情和熱情在口語裡，特別是當它和論辯的篇章結合時，不僅能說服聽者，還能使其成為它的奴隸」（《論崇高》，XV，9）[1]。修辭意象讓人成為奴隸的特質是文本分析中的重要部分。所謂「修辭意象」，是指象徵語言（figurative lanuguage）的使用。有些中世紀的修辭學手冊列出了數百種象徵語言的使用與類別。此處，我們將考量其中的兩種：**隱喻**（metaphor），也就是類比（anology）；**轉喻**（metonymy），也就是提喻（synecdoche）。這是兩種言說中最常出現的比喻，擁有相當程度的說服力量。

隱喻和類比[2]

自柏拉圖以降，對隱喻進行分析已是修辭分析的第二天性。這種有關隱喻能將意義從一個概念「轉換」到另一概念，有助於我們瞭解與描述，也是說服的工具之想法，最早來自於古希臘時代的人。在此意義上，隱喻的運作是在兩個概念之間創造一種類比。當（十八世紀蘇格蘭詩人）彭斯（Robert Burns）說：「哦，我的愛人像一朵紅玫瑰，燦燦然在六月裡初開」，他是把愛情和玫瑰的概念作了一個轉換，暗示一種熱

---

[1] 譯註：朗吉努斯（Longinus）所著的《論崇高》（*One the Sublime*）被認為是文學批評方面的偉大作品之一。

[2] 譯註：下面要談到的隱喻、轉喻等，都屬於「比喻」的範疇。大體而言，比喻可以分為「明喻」、「隱喻」、「略喻」及「借喻」四大類。簡單地說，「明喻」就是「X像A」，「隱喻」是「X是A」。而「隱喻」、「轉喻」、「提喻」及「諷喻」（irony）是詩學或文學中最常用到的四種喻法。轉喻和提喻是「以部分代替整體」的概念，但兩者仍有些微的差異。轉喻強調性質或屬性上的轉換，而提喻則是強調數量上的轉換，例如，「出了這個門就不要給我回來。」或有學者認為隱喻的本質是「同中求異」，那麼轉喻就是區辨「異」的這個面向，而提喻則是從「同」的方面加以引申。

情、新鮮和真誠。隱喻常見於詩詞和文章，但也出現在許多說服性的文字和科學文章中。下面這個修辭分析的例子是凱勒（Evelyn Fox Keller, 1995）所寫，一個關於生物科學中的隱喻是如何使我們瞭解、並對我們的思考提供一個啟發性的模式。

凱勒闡述了「資訊」（information）這個字的歷史，以及它如何被以隱喻的方式使用著。數學家夏農（Claude Shannon）將這個字定義為對於線性符碼複雜性的精確測量。其後，許多數學家、電腦科學家及系統分析者對於他們所說的「資訊理論」（information theory）產生興趣，認為是科學與科技的尖端發展。一個系統從此以能夠「包含」多少資訊量來評等——與資訊是一種品質的描述漸行漸遠，朝向將它視為一個東西。那時，輪到生物學家上場了。廣為人知的是，沃森與克里克（Watson and Crick）寫道，他們在1953年發現了「生命的基礎」，「在一個長的分子裡……這似乎是可能的，基礎（DNA）的精確序列就是帶著基因資訊的符碼」（Watson, 1968）。在這看起來很技術性的句子裡，沃森與克里克將資訊的意義轉換成令人振奮的複雜性的測量，並且把它放進生物學的脈絡裡，將意義應用到DNA上。後來的許多基因學家反對這種將「資訊」當作技術名詞的用法，認為這對DNA複雜性的數學理解是不正確或不適當的，但是這術語現在已經琅琅上口，例如，談到DNA分子中編碼的資訊等。在這個案例子中，「資訊」是沃森與克里克具說服力地運用的隱喻，為他們的研究成果增添了複雜性、新穎性與數學的嚴謹性。

這種隱喻的用法相當常見、微妙，也相當複雜。所以，除了找出更明顯的隱喻，例如，像是「學生在期末考中掛掉了」這種隱喻式的表達之外，我們必須找出更複雜的隱喻。雖然前述那個科技性的例子對非專家來說或許難以理解，隱喻存在於每個層次以及所有的言說之中。許多哲學家和符號學家甚至認為，我們與語言之間的根本關係也是隱喻的（此一激進的宣稱，詳見Gross, 1990）。

轉喻和提喻

　　轉喻和提喻是「以部分代替全體」的概念，一般言說中相當常見。當我們在正式會議上問別人「你哪個位子的」（address remarks to the chair），我們並不是真要問擺設，而是問坐在上面的那個人。這種語言的用法便相當複雜，讓我們將一個東西的屬性和特質轉換到另一個之上。因此，這和隱喻關係密切。它也用在訴諸情感的說服上，例如，最近的報紙文章指出「若丟了皇冠」，將會在英國造成大混亂。這種擔憂不是怕珠寶不見，而是統治權沒了。「皇冠」代表了文化圖象，以及一種繼承的統治權，這也是文章要喚起大家情感的方法。

　　我們已經看了一些比喻句（tropes）或「言說的表現」（figures of speech），它們毫無疑問地妝點了平凡乏味的文章，在某種程度上也是適當的。但有些學者認為這些告訴了我們關於思考和語言本身一些深奧的東西。

■記憶

　　這個準則分析一個說話者的內容。在古代，人們用演說的長度和是否傳達正確訊息來評斷雄辯家。現在的理論循環中，我們重新對記憶（memory）的文化面向，以及何種特殊的論述引發作者和聽眾的文化記憶產生了高度興趣（Lipsitz, 1990）。

演述

　　〔演述（delivery）〕這個準則雖然較適用於口語論述，但這仍探討了一件作品傳布（dissemination of a work）和其內容的關係。我們可以想像有個人以權威（訴諸道德）來陳述某個主題。這個權威的某一部分是創造論述（argument）的方法，某一部分是傳遞談話本身。我們也可以從文字的角度來尋找不同的傳布模式。這種演說的風格是e-mail所傳達的，是和手寫散文所傳達的是有相當大的差別。修辭分析可能使用這個類目去探討這些不同。

修辭分析的優點及缺點

　　根本上來說，修辭分析是一種言說行為（discursive act）：它創造一個關於論證的論證。修辭分析對完整的、慣例的、社會性目的論述有非常大的影響。政客的演講、報紙社論、律師辯論，都是修辭分析的傳統來源。但是公正的仔細的檔案和口語論述，可以用修辭分析來獲致很好的結果，這包括科學的修辭、社會科學的修辭以及經濟的修辭。這些學術論述已經相當精巧，並利用論述的傳統結構，訴諸情緒以及信任。這些社會科學裡的文本帶領我們再一次檢視反身性的議題：為何不以這種方法分析我們自己的文本，並以我們設定的目標來評價之？

　　修辭分析的主要缺點是其形式主義（formalism）的程度。從之前的介紹可以看出，有五個準則的更多分析類別給我們一個精巧結構的印象。修辭分析這樣的應用將無法擴展，可能變得無趣。因此，用來分析任何文本的修辭工具可能和分析另一個文本的工具大不相同。簡言之，修辭分析是一種解讀的藝術（interpretive art）。這裡的缺點是不能用在大多數社會科學的標準中，因為社會科學鼓勵的是一致性的分析以及應用的相容性，這也是修辭分析最好的優點和最大的缺點。一方面，它是具有彈性且可解釋的；另一方面，它是不相容的，且受限於分析者的優點和缺點。

追求量化研究中的質

　　何謂修辭分析的品質？對多數社會科學方法學者來說，回答這個問題是不容易的，就算是歷史上長於論述的哲人，如柏拉圖、亞里斯多德等。當代的評論者面對過去的偉人已很難再有什麼創見。然而，在修辭中仍有一些值得提出的好的特點。

最重要的是，對聽眾的嚴正關心標明了文獻中的修辭分析。因為真實的準則在許多其他的學門中都是放諸四海皆準的，他們不需對專注於某群聽眾、某個時間或某個地點。修辭無法適用這個原則。相反地，所謂說服甚至「真實」，是一種務實感（pragmatic sense），源於聽眾手邊對文本或論證行為的接受度。修辭沒有對普遍的真實提出主張，因此衡量其內容之成敗，甚至對特定聽眾的說服效果是限於某一時地的。因此，聽眾的知識對任何修辭論述來說是最重要的。

第二個關於修辭分析中質的面向和第一個有關。在當代西方文化中，科學和科學式哲學大量地影響了知識生產以及文化中知識的接受等議題，這個從修辭引申出的特定真實概念聽起來有些奇怪，甚至會有人說根本無關。但是一旦接受了真實是一種與時空相關的可能性，就會對特殊而非普遍有特殊的關注。這樣的修辭分析可以檢驗單一文本的行為和影響。就修辭分析言之，是不可能普及到其他文本的。單一的分析透露出的言說模式不代表會再度出現。雖然說為了分析的緣故而要某個分析概推到其他文本是不可能的，不過要根據手邊的分析來建立規範性陳述（normative statement）[3]則是可能的。好的修辭分析通常不會吝於提出規範性陳述。這些可能會以建議的形式，說明某一言說是如何不能說服聽眾，並提供成功說服的可能性。可能是以處方（prescription）的形式，說明其他說服形式是如何避免特殊陷阱。也可能是以批評所使用的說服工具的形式出現，特別的聽眾有可能要用沒有提到的論述方式才能說服。也有可能以批評證據或文本基於證據之主張的位階形式出現。相較於其他方法和意識形態分析（ideological analysis）所期望的，這是一個不同的立場。當描述及分析避開了規範性建議時，我們通常認為是好的。規範性建議的缺失在於僅指出

---

[3] 譯註：規範性陳述：又稱「規範命題」，是表明應不應該、應該如何去做（what we should do）的問題，有「價值」的成分在。

「主觀」或中立不偏的意見，但是修辭理論家指出敘述是一個在修辭外衣下的真正處方（prescription）。主張僅是敘述性的，因此，主觀性是社會科學家創造的一個說服性手段，藉以保障他們所稱之科學，但實為激進理論者所掌握的權力。這兩個重要的修辭分析面向：對特殊及局部（local）的關注，以及對規範性結論的偏好，讓它們和其他分析有所不同，甚至讓他們在許多社會科學架構下變得「不科學」。

這裡告訴了我們修辭定義的完整循環，我們已經在修辭II前半部之下思考策略：論述的分析。然而，去思考我們自己的論述產生如同我們作分析，是有幫助的。貝澤曼（Bazerman, 1988）在一個準則性研究裡，對修辭方法去監督人文社會科學中的分析性論述，提出了下列具體的建議。

■考量你的基本假設、目標及計畫

一個領域根本的知識論（epistemology）、歷史及理論不能從修辭中劃分出來。（Bazerman, 1988: 323）

無論你現在做的研究是何種領域，很重要的一點是記住該領域所設限的範圍，關於所要說的主題及什麼才是有意義的。你的研究計畫必須有範圍，或是挑戰這些範圍以使它們是有意義的，也就是說，被這領域的專家和研究者所瞭解。關於何謂研究以及建構成功研究的假設符合這個領域嗎？這些假設可以拿來作修辭分析，但是你必須清楚關於你的修辭及論述策略是符合你所處的那個領域。

■考量文獻的結構、社群的結構，以及你在其中的位置

當你試圖去寫或呈現你的研究發現或論點時，該領域的文獻已經出現在你四周了。必須去提到先前的文獻，裡面的修辭風格也必須提及（有關這一點的更專門的討論，見Swales,

1983）。當你開始撰寫文獻時，你的工作就是陳述建構在文獻裡的修辭急迫性（rhetorical exigency）。因此你必須透過閱讀瞭解文獻。如貝澤曼所說，閱讀文獻，透過一個對問題及訓練的開發式基模，訓練所學的、如何發展、誰是要角，以及這些事情如何連結到你的計畫，都可以幫助你整合你的作品。其中一個幫助你做這樣引導的策略是創造一個跨文本的網站（intertextual web），讓你可以連結你計畫中重要的部分，以及對該領域也很重要的其他計畫。

■考量你的調查和符號工具

即使研究使用好的方法和調查工具，且有了重要發現，你的符號工具仍必須適合於工作任務。也就是意謂著藉由調查而得到的主張，必須有好的論點支持它。論點有助於堅持證據的品質和特徵。圖門（Toulmin, 1958）的最小模式（minimal model）是用來測試你建構論點的能力，使對話者被吸引而不是讓對話者立即丟掉它。然而，在處理的過程中，你有許多其他符號和修辭工具。除了在你的領域中有眼光敏銳的論點，還可以反思在其他領域中論點的使用。

■考量知識生產過程

當我們開始從事研究時，我們會思考研究的結果，例如，我們藉由尋找而獲得什麼？我們的目標是什麼？但是涉及有關過程的素材也是同等地重要。將你的思考方法寫下來，當你完成研究時，有助於報告或討論結果，同時提供你想像可能形式的範圍。同樣地，可藉由其他幫助來建構你能力可達的範圍，以預期研究可能完成的界限。

分析例證

珍妮‧法尼斯塔克（Jeanne Fahnestock, 1986）主張每個論

述都具有說服力的成分，即使是科學論述也是如此。此項主張是法尼斯塔克研究的基礎假設。的確，從她教導技術寫作的立場看來，她看見了科學家和工程師試圖說服閱聽人時的問題。同時她也注意到了，在科學社群裡，科學論述的說服無法停止。事實上，就知識產製而言，有關科學與科學論述也試圖說服閱聽人。所以，來自基本的反思和反射立場，當科學論述遠離科學社群走向大眾出版品時，法尼斯塔克奠定了科學論述的修辭分析基礎。

修辭分析的符號工具被歸類為兩項特定的文本類型，以便於分析。第一項文本是來自科學期刊中報導的原始研究。第二項文本是法尼斯塔克所稱的經過調適的科學寫作，文本來自大眾化的科學雜誌。舉例如下：

1(a)　沒有其他的蛋白質來源被T. hypogea（譯按：一種食腐肉的無刺蜂的學名，學名全稱是Trigona hypogea）使用，同時花粉運輸結構已經被破壞，因而引起此物種必要的腐屍。（Roubik，《科學》，1982，p. 1059）

1(b)　雖然其他蜜蜂有牙齒，但這是唯一無法攜帶花粉的物種。（〈食腐肉的無刺蜂〉（'vulture bees'），《科學》，1982，p. 6）

第一項文本來自美國科學期刊《科學》（*Science*），第二項文本則來自大眾科學雜誌。法尼斯塔克首先思考的是這兩項文本中的修辭情境，注意到大眾科學雜誌的讀者群大量的增長，大眾科學雜誌作者的增加，甚至是針對科學家而發行的科學期刊數量的成長。再者，社會學家和文學學者提供了文脈上的資訊，有助於法尼斯塔克修辭上的分析。根據修辭情境，法尼斯塔克提出了修辭分析，且展現在三項相關的主題上：

第一，類型轉換（genre shift），出現在科學家作品的原

始呈現以及它的大眾化之間。第二，在敘述形式（statement types）的轉換上，出現在對廣大閱聽人的演說上。第三，以停滯理論（stasis theory）[4]解釋發生在科學觀察的修辭生活中。（1986: 228）

以下方法的探索，法尼斯塔克進一步分析修辭情境，使用停滯理論分析在科學參與的說服論述形式。根據法尼斯塔克的觀點，原始科學文本在本質上，是顯著地適合辯論的：

大多數科學報告關注在觀察的效度上，因此在標準科學報告的形式上，素材、方法和結果等章節顯著地增加，表格、圖表、圖片則儘可能地描述研究產生的物理證據。（1986）

然而，科學的適應是，

全面性富於詞藻的，他們主要目的是頌揚而不是確認。（1986: 279）

藉由求助於閱聽人驚奇和應用的意識來適應頌揚的目的。上面的例子，在下面的方法中結束。首先，注意原始報告的討論特徵。在這裡，我們使作者建立科學論點的必要事實。以適應的觀點對比來看，透過主張而在特定方法中產生轉變。

科學家撰寫原始報告，同時不主張沒有其他相似種類存在以前，發現了一種不知名的熱帶蜜蜂，這也是他發現中僅有的一個。（1986: 280）

---

[4] 譯註：又稱作「西塞羅式的停滯理論」（Ciceronian Stasis Theory）或「議題理論」（issue-theory），是用來指認論辯中核心議題及其結構的方法，可作為一種論辯或批判思考的方法。

對比看來，適應觀點已經確實地轉換主張，透過主張它的獨特性，它的唯一地位。再者，

> 適應觀點也主張蜜蜂吃任何動物，由觀察資料和科學紀錄而延伸推論。這項轉變或許只是單純修辭的誇張語句。再一次在有趣的方向誇張，因為它有助於美化蜜蜂的危險性。此項唯一的主張提供了富於詞藻的驚奇吸引力。（1986: 281）

法尼斯塔克在這個部分的分析，為她的整個分析建立了修辭情境（rhetorical situation），以及她在文本客體中發現的說服的類型。然而，記憶種類與傳達是缺少的，創新、配置和風格都被分析，以繼續類型轉換的主題，以及經過調適（accommodation）的科學文本中確實解釋。創新，如上述所探索的，它總是與目的有關。

> 2(a)　印度豹是稀有的，但不只是哺乳動物在血統外形上變化的低層次。北方的海象、大鹿、北極熊、黃石麋鹿已經減少變化的層次。
>
> 2(b)　遺傳學一致性的高層次，通常只有在特定養育的實驗室老鼠中被發現。

法尼斯塔克認為：

> 2(a)的科學作者想要減少已經觀察到的現象奇異性，因為他們的目的是使讀者確信觀察的有效性，稀有現象對他們的工作來說是較為困難的。假如其他相似的觀察曾經實施過，則觀察會較為接近真實，所以他們當然引用類似的報告。但是科學適應者想要使讀者對某事感到驚奇，所以他省去提及任何的種類，以致於顯示相似的遺傳學不變性，以及透過實際上的主張使主題似乎較為令人驚奇：在本質上，我們使動物展示遺傳學

一致性，正是在實驗室中養育的品質。科學適應者不會說謊，他僅僅選擇資訊以達到富於詞藻的目的。（1986: 281）

文體在修辭分析中亦扮演了重要角色。

3(a)　估計的取得來自兩項慣例上研究遺傳因子的團體；47個對偶基因軌跡和155個溶解的蛋白質藉由兩個次元的膠化體電泳而分解……47個中的每一個印度豹樣本是無變化的。

3(b)　但是全部印度豹包含47個酵素中的每一個完全相同形式……在超過150個蛋白質的其他測試中，有97%與印度豹相吻合。

法尼斯塔克分析這兩個段落的文體。雖然原作沒有加上社論式的評論，適應者觀點使用了增強效果的片語，如「超過150」，當正確的總數是155時，以及「每一個完全相同形式」，替代了中立的「無變化的」。文體在字詞選擇的層次上，上述例子提供了在文本中強調富於詞藻的目的。

最後，組織（或文本中論點的安排）在修辭分析中是重要的。法尼斯塔克選擇了一篇刊登在《科學》（*Science*）的報告，使其適應《新聞周刊》、《時代雜誌》、《紐約時報》、《讀者文摘》和一些大眾論壇。此報告被命名為〈性別差異的數學能力：事實或捏造？〉，《時代雜誌》下了相當不同的標題，指出關於問題的答案其必然的程度：「數學中的性別因素」。在原始的報告中，科學家聲稱資料是，

4(a)　和許多其他的假設是一致的。雖然如此，但差異的假設是不被支持的。當只有數學中的性別差異說明是比預期早的，它也促使個人信念在男孩v.s女孩的社會化過程中似乎是可能的。

《時代雜誌》的調適方式如下：

4(b)　根據作者博士候選人班博（Camilla Persson Benbow）和約翰霍普金斯大學的心理學者史丹利（Julian C. Stanley）表示，男性天生地比女性具有數學能力。

論點的結構，即配置，也展現了說服目的。法尼斯塔克認為：

對事先存在觀點的大眾化報導，不同於班博與史丹利（Benbow and Stanley）的敘述，但是注意力不同於效果，它可以依靠不論是不一致的文章結尾，或是班博與史丹利立場的重複。假如班博與史丹利提出有關任何事的決定性話語，就似乎他們已經成功地對對手舉出反證。另一方面來說，雖然一份週報可能帶來某些組織的新聞原則，將它轉化成倒金字塔或「我……」的結構，它們仍不免對結構產生激烈的爭論，以及透過排列影響，甚至是創造，讀者的觀點。（1986: 286）

最後的例子顯示出分析形式的意識形態。文體論的和形式主義的特徵確實對修辭和意識形態產生衝擊。簡而言之，論述的結構和風格可能具有說服觀點，或是修辭觀點。

 ## 修辭的世界觀

我們認為修辭如同說服傳播的產製與分析，對於瞭解修辭理論家與分析者中有關傳播本質的世界觀是重要的。從根本上來說，修辭是一個介於再現和閱聽人之間的論辯過程。傳播作者或創始者經常不是修辭分析的一部分。一旦論述進入傳播界，它就不再在產製者的全面控制下。這是分析的中心。但或許，它與產製修辭論述者同等重要。再者，假如我們接受修辭

具有能力畫出議題輪廓，甚至建構重要議題，我們則必須承認修辭是知識結構的一部分。我們知道什麼，我們包裝修辭；我們包裝什麼修辭，我們說我們所知道的。這可能是危險的或解放的立場，但它促使我們承認：修辭不再「只是修辭而已」（mere rhetoric）。

修辭分析的步驟

1. 針對言說建立修辭情境，以便分析。
2. 用停滯理論確認說服論述的形式。
3. 應用修辭的五個準則。
4. 使用反思性的指導方針，檢視並深化分析。

第十二章

靜止圖像的符號學分析

本章作者：Gemma Penn

定錨（anchorage）
內涵意義（connotation）
外延意義（denotation）
圖象（icon）
標誌（index）
詞彙（lexicon）
神話（myth）
系譜軸或關聯組（paradigm or associative set）
恢復（recuperation）
指涉系統（referent system）
重置／接替（relay）
符號（sign）
符旨（signified）
符徵（signifier）
象徵／語符（symbol）
句法結構／句構（syntagm）

符號學被應用於廣泛的符號系統（sign system），包括菜單、時裝、建築、童話、消費商品（consumer products），還有各種公開宣傳。本章聚焦於符號學在圖像上的應用，特別是廣告的圖像。

 ## 概念工具

符號學提供了一組概念工具，使分析者得以有系統地分析符號系統，並且發現符號產製意義的過程。符號學分析的精確性源自於差異性語彙所捕捉的一系列的理論區別。而本節將介紹這些概念工具。

■語言的符號系統：符徵與符旨

符號學脫胎於結構語言學，後者源起於瑞典語言學家索緒爾（Ferdinand de Saussure, 1857-1913）的著作。結構取徑視語言為一個系統，並且嘗試發掘「使語言得以統合的規則」（Hawkes, 1977: 19）。這樣的語言系統包含的單位，索緒爾稱之為符號（signs），還有統理其關係的規則（rules）。索緒爾提出一套簡單優雅的語言符號模式，也就是符徵（signifier），或稱聲音形象（sound-image）與符旨（signified），或稱概念或想法之間充滿任意性的結合關係（the arbitary conjunction）。這兩部分可以當作分立的實體來分析，但它們只能以符號的組件的方式存在，也就是根據它們之間的相互關聯的方式而存在。索緒爾在討論符號本質時，先論定語言並不是術語表（nomenclature）（1915: 66）。符旨既不先於語言存在，也非獨立於語言之外：不是為符旨貼個（語言／符號）標籤這麼簡單。

再者，這二個元素（譯按：符徵與符旨）間的關係是任意而不互生的，其中並無自然或無可避免的關聯。若我的語言社群願意接受，我那隻毛茸茸、長鬍鬚的小寵物，也就是我的

「貓」（cat），可能也會樂意被當成一隻「捲毛」（frizz）
（譯按：也就是不一定要被稱作「貓」）。因此，語言是約定
俗成的，是個別說話者相對無力改變的一個社會制度（social
institution）。同樣地，雖然有爭議，某一特定符徵所指涉的概
念也可能改變。

索緒爾的洞見在於他指出了意義的相對性（relativity of
meaning）。他將此一論點扼要表述如下：

> 那麼，非但沒有預先存在的概念，我們發現……價值乃源
> 生於這個系統。當它們被說是對應於某個概念，我們知道，這
> 些概念純粹是差異化的，並非透過各自的正向內容來定義，而
> 是透過與此系統中其他語詞的關係來反向定義。而它們最精確
> 的特徵就是，它們不是其他。（1915: 117）

因此，任何一種語言不可能只有一個詞語：語言必須包
羅萬象，不排除任何事物；也就是說，語言無法不區別任何事
物；沒有差異，意義也就不存在了。舉例來說：設想若有個人
不「知道」什麼叫做帽子，然後再想想，要教他什麼是貝雷帽
（beret）。光拿一頂或各式各樣的貝雷帽給他看是絕對不夠
的，唯有當他知道如何區別貝雷帽、獵帽、大黑方巾帽、扁帽
等等，他才能夠抓住「貝雷帽」的意涵。

索緒爾在語言學系統內區分出兩種關係類型。文本中
一個語彙的價值，取決於它與其他未被選用的語彙之間的
對照〔詞形變化學的／系譜軸的（paradigmatic）或關聯的
（associative）關係〕，還有它與位處同一句子中前後語彙之間
的關係〔句法學的／比鄰軸（syntagmatic）關係〕。一個詞形
變化，或稱關聯組（associative set），乃是一組在某些方面互
相關聯或相似但不同的語彙。而語彙的意義乃由那一組中未被
選取的語彙來描繪，也由那些被選取的語彙究竟是如何組合而
成為一個有意義的整體（a meaningful whole）。這可用一個例

子闡明：「愛麗思的帽子是綠色的」，這個句子是由一系列的語言學語彙（非正式地說，就是字詞）組合而成一個有意義的整體。每個語彙的價值，取決於它在於句構（syntagm）中的位置，也就是由該句子的其他語彙來界定，也透過可能替換它的其他語彙來決定。其間的關係可表述如下：

詞形變化／系譜軸↓	←句法結構／比鄰軸→			
	人	衣物	動詞	顏色
	愛麗思的	帽子	是	綠色的
	我的	外套	不是	黃色的
	教區牧師的	袍子	曾是	粉紅色的

索緒爾認為，語言學符號系統的研究只是一個更廣泛學科之一部分，他稱這個學科為符號學（semiology）：也就是研究社會中符號生命的科學（1915: 16）。而語言學的符號系統可為其他符號系統的分析提供範式。

■語言及非語言學的符號體系

對我而言，在這個學科中，巴特（Barthes）對圖像的分析提供了最清楚有用的闡釋。索緒爾在符號學中給了語言學一個特殊地位，而巴特在《符號學的要素》（*Elements of Semiology*）[1]一書中則倒置了這種關係。符號學應被視為語言學的一部分，「此一部分包含了言說的**重大表意單位**（great signifying unities）」（1964a: 11）。當影像、物件及行為能夠表意，並且如此表意之時，它們絕非自主的：「每一符號學的系統都有其語言學要素。」舉例來說，一個視覺影像之所以能藉由毗鄰的文本而定錨（anchored），也透過物件（像是食物或衣服）的狀態，因為符號系統需要「語言的重置／接替，並

---

[1] 譯註：本書中譯本有洪顯勝譯（1988），《符號學要義》，台北：南方叢書出版社。

從中萃取出它們的符徵（透過命名的形式），並且為它們的符旨命名（透過使用及理由的形式）」。

　　與其將這當成是有關思考與語言的關係的哲學辯論，不如看成是一帖務實的處方。不管研究對象是何種媒介，符號學分析通常需要能夠精確表達的語言。舉例來說，現代藝術演進的階段可被視為對藝術的本質和功能（以及對先前藝術）的一種不斷演化中的評論（純粹視覺的）。而「思想等同於語言」的立場可能會認為意義唯有透過口語陳述、歷經詮釋與批判之後，這才進入符號系統之中。務實的立場不會否認視覺媒介的表意潛力，但認為其指涉的潛力若透過語言學的媒介才能定錨或釐清。另一種立場是透過符徵／符旨的區分（the signifier/signified distinction）；符徵不管以何種媒介形式存在，總是指向符旨。但不同媒介的符旨具有相同的本質，明顯不可被化約、等同於它們的表達媒介。

　　這標記了語言與圖像間的重要差異：圖像總是多義或意義曖昧模糊的。這是大多數影像總有某種形式的文字相伴的緣故：文字讓圖像的意義不再曖昧模糊，而這種關係即是巴特所謂的**定錨**（anchorage），並與較具有交互關係的**重置／接替**（relay）互相對比，而後者則指圖像與文字共同構成整體的意義。對符號學者而言，圖像與語言不同之處在於：不管書寫或口語，符號總是依次出現。至於圖像，符號卻自發地臨現。它們在句法學的／比鄰軸的（syntagmatic）關係，與其說是時間性的（temporal），不如說是空間性的（spatial）。

　　圖像與語言的第二個重要差異是任意性（arbitary）或有目的性。皮爾斯（C. S. Peirce, 1934），曾發展出一種替代的、三件式（tripartite）的符號模式，或通常也稱作符號學〔包括客體、符號或「再現」（representaman），以及詮釋義（interpretant）〕，而差異則顯現在同樣是三件式的圖象（icon）、標誌（index）及象徵／語符（symbol）上。

　　在處理關於目的性（motivation）的問題上，巴特提供了

區分不同層次的表意（signification）的方式：外延的或第一層次是字面上的（literal），或稱有目的性的（motivated），而較高層次則是任意性的，依賴文化習慣（cultural conventions）。在一張圖示中，符徵與符旨之間存在的是一種相似性（resemblance）的關係。比方說，照片或多或少忠實地再現了它的主體，因此是最不具任意性與最不受制於文化習慣的符號類型。而在指標符號（indexical sign）的情況，其符徵與符旨的關係是隨機或因果的；因此，煙是火的指標，而聽診器則具有醫生或醫療專業的意涵；在此，習慣的角色比較重要了。最後，在象徵的情況裡，其符徵與符旨的關係純粹是任意的；一朵紅玫瑰表意的是愛情，而英國交通號誌上的紅色三角形代表警告，這些都純粹與文化習慣有關。

■表意的層次：內涵意義、外延意義、神話

在符號學（Barthes, 1964a）與神話學（Barthes, 1957）的著作中，巴特對他所謂的「次級的符號學系統」（second-order semiological systems）有所描述。這建立在索緒爾的符號結構分析，將符號視為符旨與符徵之間的關聯。初級系統的符號變成次級系統的符徵。舉例來說，在第一個系統中，「狐狸」這個符號包含了一個特定聲音形象與一個特定概念（尾巴多茸毛的紅色犬科動物等）。至於次級系統，此一關聯性變成是符徵對符旨的：狡猾或奸詐的。初級的符號不一定是語言學的，例如，一部狐狸的卡通也具有同樣的意義。巴特用圖13.1的空間隱喻，闡明了上述這兩個系統之間的關係。

雖然初級的符號是「飽滿的」，但當它進入次級系統時，卻變成是空洞的。它變成表意的載具（vehicle for signification），它表達了更進一步的概念，非源自於符號本身，而是來自於習慣的文化知識（conventional, cultural knowledge），而這正是此一系統的心理學使用者的進入點。在《圖像的修辭》（*The Rhetoric of the Image*, 1964b）一書中，

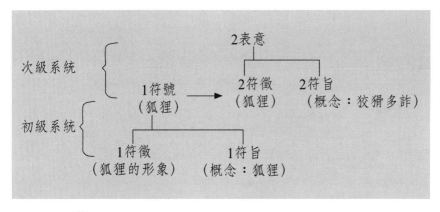

圖13.1　初級與次級符號系統關係的時空隱喻
（摘自Barthes, 1957: 124）

巴特區別了知識的類型，有助於「捕捉」（grasp）在各層次上的表意。

　　在初級層次，即巴特所謂的**外延意義**（denotation），讀者所需的，僅僅是語言學和人類學的知識。而在次級層次，即他所稱的**內涵意義**（connotation），讀者則需要更進一步的文化知識。

　　巴特則稱這樣的知識為詞彙（lexicons）。他將詞彙定義為「（語言的）象徵面的一部分，相對應於一些實作與技術」（1964b: 46）。它可能是實作的、國族的、文化或美學的，而且可以被分類。其他研究者使用不同的術語來描述大致是同樣的一件事，亦即社會共享的詮釋資源（a socially shared interpretive resource）：例如，威廉森（Williamson, 1978）偏好的是**指涉系統**（referent system）一詞。讀者的詮釋自由，取決於他或她擁有的詞彙數量及認同。閱讀一個文本或圖像的行為是一種建構的過程。意義從讀者與素材的互動中產生。透過經驗及脈絡的顯著性，讀者所詮釋的意義將隨著他或她可得到的知識而改變。有些解讀在某一文化內趨向普同，其他的解讀則較為歧異。

　　有一種次級符徵的形式，乃是巴特著力甚深的神話

（myth）。對巴特而言，神話代表的是歷史與自然之間無可寬恕的混淆。神話是一種工具，使文化自身的規範和意識形態自然化或令人視而不見。

> 訊息的神話學或意識形態上的表徵系統與再現系統有關，通常顯得中立，被客觀化（objectivated），但卻是被用來正當化並支撐權力結構或一組特定文化價值。（Curran, 1976: 9）

例如，以照片的廣告影像而言，其外延或字面上的訊息是為了將內涵的訊息自然化（naturalize the connoted message）。換句話說，詮釋或捕捉影像內涵意義的工作，可說均由外延意義的句法結構所支撐與組合：在此意義上，客體的連結乃是自然的或給定的，因為它既無須翻譯，亦不須解碼（Barthes, 1964a: 51）。符號學家的任務是將此種自然化的過程予以去神祕化或「卸除面具」（unmask），讓人注意到影像的建構本質，例如，透過指認影像隱晦指涉到的文化知識，或是透過對比被選取的符號與其系譜軸組合的其他字詞。

進行符號學分析

整體來說，分析過程可被描述為對接合／構連（articulation）的剖析，或是對語意化影像的重建，或是「為客體添加知性」（George and George, 1972: 150），其目的是彰顯讀者在瞭解影像時所需要的文化知識。

■選擇題材

第一階段是選取要分析的影像。此一選擇取決於研究目的及素材的易得性。例如，追蹤那些特定的、非當前的廣告或倡議素材，通常是費時的。符號學分析也可能是冗長的──從適當長度的段落到長達數頁──而這些都限制了取材的數量。另

一個限制因素是素材的本質。簡單地說，有些素材比其他素材更適於符號學分析。若分析的目的是為了提供關於一個代表性樣本素材的發現，那麼還必須運用適當（隨機）的抽樣，而且承認任何在應用符號學分析方法時遇到的困難。

　　此處為了批判與討論目的而選取的素材，是一份全國新聞雜誌上刊登的當代香水廣告（見圖13.2）。巴特（Barthes, 1964b: 33）認為廣告符合教學目的，因為廣告中的符號是國際性的，是可以被清楚定義或「捕捉」的。我們也知道，廣告的目的是為了要提升知名度或產品銷量，而這有助於分析者集中心力於如何、而非什麼的分析上。

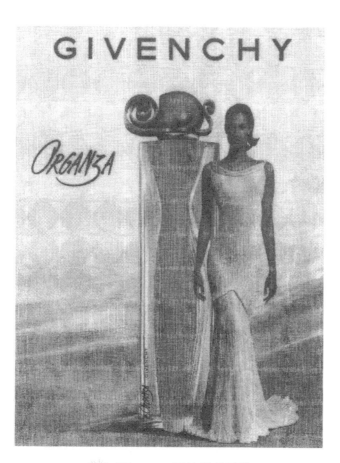

💡 圖13.2　紀梵希的廣告

■外延意義的清單

第二階段是指認素材中的元素。這可藉由系統地列示構成元素，或是註記素材的特徵（見圖13.3）。大多廣告素材包含文字和影像，而兩者皆不可忽視。列示清單的完整性是很重要

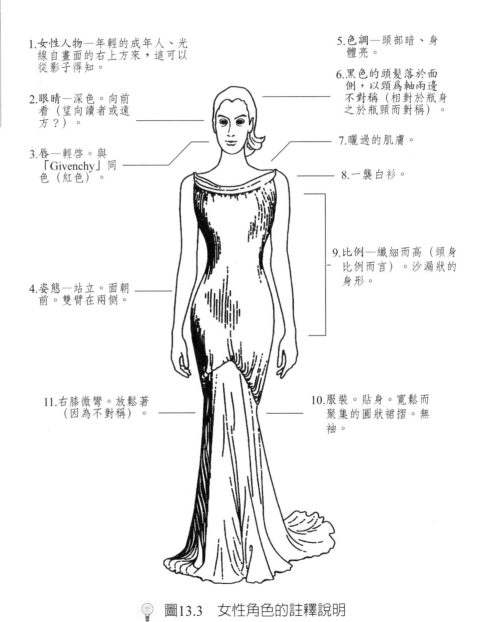

1.女性人物—年輕的成年人、光線自畫面的右上方來，這可以從影子得知。

2.眼睛—深色。向前看（望向讀者或遠方？）。

3.唇—輕啓。與「Givenchy」同色（紅色）。

4.姿態—站立。面朝前。雙臂在兩側。

5.色調—頭部暗、身體亮。

6.黑色的頭髮落於面側，以頸爲軸兩邊不對稱（相對於瓶身之於瓶頸而對稱）。

7.曬過的肌膚。

8.一襲白衫。

9.比例—纖細而高（頭身比例而言）。沙漏狀的身形。

11.右膝微彎。放鬆著（因爲不對稱）。

10.服裝。貼身。寬鬆而聚集的圓狀裙摺。無袖。

💡 圖13.3　女性角色的註釋說明

的，因為系統性的分析取徑有助於確保分析並非選擇性的自我證成（seletively self-confirming）。這是分析的外延階段：將素材先就字面上意義列示分類。這部分的分析需要的是適當的語言知識，以及巴特所謂的基本「人類學」知識。以此處的素材為例，我們列示分類的基本清單看起來會像下面這樣：

文字：「紀梵希」（Givenchy）、「金色風華」（Organza）

影像：（香水的）瓶子、女人、背景

每個元素可被切分成更小的單位。舉例來說，文字的要素在外延意義的層次上包含了兩個成分。首先是語言的：「紀梵希」（Givenchy）與「金色風華」（Organza），兩者都各出現兩次。兩者也同時是名稱：一是公司名，另一則是品牌名。除了品牌名，「Organza」這個字也同時具有組織／構造的外延意義，意指纖細、挺直的絲綢，或服裝的合成纖維。而文字要素的第二個成分則是視覺的：字體與空間。例如，「Givenchy」出現在正上方，每個字母皆為大寫，色呈暗紅且廣占空間，用的字體是Sanserif和Roman。

同樣地，圖／影像也可以切分為更小的單位。例如，（圖13.2）圖／影像中的女性站著，向前凝視而香膝輕抬，恰好與瓶身交疊。她纖細，有著「沙漏般」的體態，淺棕色（曬的嗎？）的肌膚，以及深色的頭髮等等。

■ 符徵的更高層次

第三階段是分析符徵的更高層次。這將建立在外延意義的清單上，並且必須對每一個要素提出一系列的相關問題：它的內涵意義是什麼（腦海中浮現什麼聯想）？這些要素如何彼此關聯（對應或對比等）？需要什麼樣的文化知識來閱讀這樣的素材？

在外延意義的層次，要讀懂廣告，所有讀者需要文字與口語的語言知識，也需要對女性與香水瓶有所瞭解。而在內涵意義的層次，我們需要進一步的文化知識。關於語言學符碼（linguistic code），讀者需要「知道」那家公司的名字「Givenchy」指的是一種「法國味」（Frenchness），至少對慣用英語的人們來說是如此，而這則暗示了高貴時尚與「精緻」（chic）。「時尚」的內涵意義也來自於「Organza」的品牌名字，該字的聲音或還可喚起心中一些內涵意義：「有機的」（organic）、「浮華」（extravaganza），或甚至是「性高潮」（orgasm）。

「Givenchy」的字體是個人化的，而「Organza」也表現出了個體化（筆觸看起來是手寫的）。「Givenchy」（公司的名字）是一般的，「Organza」則表特殊的（品牌），而這些關係在廣告整體裡都所指涉。「Givenchy」橫亙在正上方的標頭，而「Organza」則位居從屬地位。手寫的字體也呈現出一種餘意（afterthought）：為已經完整的圖／影像提供文字說明。當中的「Z」字展現出奔放的筆觸，而字母則是清楚的斜體大寫，可能意謂著敏銳的感覺、樂觀或外向。

此處請留意，詞形變化（系譜軸）上的選擇被很含蓄的使用。透過比較已經存在的幾種選擇，並且在其他潛在選擇都不在位的情況下（亦即未被選取），以及幾種選擇之間的組合，每一要素的價值才得以被創造出來。這可明確表述如下：

	大小寫	傾向	字母比例	字體風格
GIVENCHY	大寫	羅馬式	擴大的	無襯線字體（SANSERIF）
ORGANZA	大寫／小寫	斜體	壓縮的	筆觸
未選取的	小寫	背斜	規則的	無襯線字體SERIF等字體

（表格上方標示：←比鄰軸→；左方標示：系譜軸）

再移往內涵意義或表意的第二層，外延意義、字面上的訊息特殊性不見了，特定女性失去了她的個別性，變成一位魅力模特兒的代表。她所以在此，並不因為任何獨特或她個人的特質，而是因為她高挑纖細的身體、她的姿勢體態等。我們可以直接注意到廣告中有意將這位女性與香水瓶身等量齊觀：它們等高，它們的「頭」與「身」都有著一樣的比例，而「頭」又比「身」略暗一些。這位女性的「身體構造」可以說是一模一樣地複製成瓶身，甚至還包括裙擺的折痕，兩者都有一點點不對稱。這些對應性暗示了它們是等同之物：時尚與魅力的內涵意義從模特兒身上轉換到了這個品牌（香水就是女人）。

除了暗指女子與瓶子是等同之物，也可透過特定的文化知識進一步詮釋這個圖／影像。例如，對我而言，這則廣告可能有將這位女性寓意希臘女像形柱（caryatid，見圖13.4）的意圖，而這帶給她古希臘的古典內涵。這位模特兒與女像形柱的對應性如下所述：它們都是女性形體，筆直站立，向前凝視，並且有一隻腳的膝蓋輕微抬起。服飾風格也很類似，皆屬連身無袖的服飾，構造上看起來是腰身與垂曳至地面的特色。服飾與瓶身的皺摺效果同樣也喚起許多希臘柱子的印象，而與古希臘女像形柱的在功能上極為相似。

若這個假設是對的，那麼也就可以將這兩者的差異視為

🔘 圖13.4　女像形柱與（香水廣告中的）女性模特兒

有意圖的（intended），是出於明顯的詞形變化／系譜軸的選擇。也許兩者間最大的差異乃在於它們各自的比例或骨架。系譜組合在此可能是身形：纖細美、健美、曲線美等。這位模特兒比女像形柱苗條多了，而她身上緊束的衣著也強調著這一點。這兩個假設在此各自提出解釋差異的方式。第一個假設很單純，除了是再現一位女性之外，女像形柱還具有建築上支撐重物的功能。其次，更明顯的假設是，這位模特兒的身材比例是優雅與美麗的現代理想：也就是肌膚白晰，有時引起爭議的伸展台上的時裝模特兒（展示「時髦的」的構造──這或許就是organza）。這種圖／形象可說是將希臘的理想現代化了。然而，這兩個女性身體之間的強烈對應性，仍然指涉了古典（以及因此是自然）的美麗形象的內涵意義。

提出第一個假設的理由是，圖／形象的一些要素可能只是技術或財務限制的結果。例如，當照相打字技術超過了排字技術，圖像藝術家曾積極探索此一新科技的潛力，甚至興起一股獨特的「壓縮」字體間距的風潮。另一個晚近的、科技驅動的創新，則是由電腦產生的「形態學式的」（morphed）圖／形象。

女像形柱的指涉系統是將該廣告置放在古希臘的世界之中。而第二組的符徵則將場所往東挪移。金色的背景與微皺的紋理，暗喻沙漠裡的沙。而另一個與沙漠有關的關鍵符徵──太陽──也展現了效果：模特兒身上古銅色的肌膚色調。更精巧的則是經過裝飾的瓶頂，讓人想起埃及太陽神RA的象形文字：一條纏繞著太陽的蛇。而另一個東方神話進一步強化了這個異國風情的意義接替。香水瓶身與模特兒互為等同之物，意指這位模特兒還可被視為瓶子的精靈（神燈精靈），會讓購買者的願望實現（模特兒即香水）。

■ 何時方休？

理論上，分析的過程永不窮盡，永不完整。意思是說，永

遠都能找到新方式來閱讀影像，或是將新的詞彙或指涉系統應用於圖／影像上。不過，為了實作的目的，分析者通常會在某一點上宣告分析已經結束了。例如，若分析是為了展示某一特定的神話結構的運作方式，那麼分析者將自身限制在該素材的相關層面是合理的。在更全面的分析中，確認分析相對完整的方式是建立一個包含全部的已指認出的元素的矩陣，並且核對是不是任何一組要素之間的雙向關係都被考量到了（A要素在B要素的脈絡裡意謂什麼，而B要素在A要素的脈絡裡又意謂著什麼）。一個更具彈性、可用來檢視要素間關係的方式如圖13.5所示，也就是圍繞著外延意義的清單建構出一張「心靈地圖」（mindmap）。這張圖可讓分析者指認超過兩個以上的要素之間的關係。

無疑地，面對這則廣告圖／影像，細心的分析者將找出比上述討論更多的符號。在此，我僅多舉出一點，就是最後的

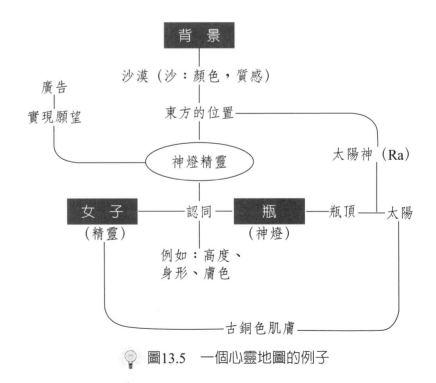

圖13.5　一個心靈地圖的例子

符徵還將包含整個廣告，而它的符旨很簡單，亦即：「這是一份廣告」。產品併列還有品牌名，還喚起成千上百類似的商業傳播（這裡還必須指出它所置放的雜誌，還有諸如頁碼省略的特色）。此外，透過斯巴達式的簡潔，還有極小的文字，點出「這是一份現代廣告」。如同雷斯（Leiss et al., 1997: 199）所觀察到的，早期廣告包含解釋性的文字，指引讀者看到某個圖／影像，並且教導讀者如何解讀它。這則（紀梵希的香水）廣告的假設則是：這張圖／影像不需要像這樣的文字中介和定錨。令人好奇的是，這個最後的符號破壞了符號學的分析本身，意謂著當代廣告假定讀者面對廣告圖／影像時會進行符號學式的敏銳分析。

■報告結果

要呈現符號學分析的結果，不只一種方式。有些人喜歡用表格（見表13.1），另一些人則偏好比較是論述取徑（discursive approach）。理想上，所呈現的分析應指涉到每一個層次，包括影像與文字的符徵（外延意義、內涵意義／神話），並且指認如是解讀所需要的文化知識。它們也應當對素材各要素之間發生關聯的方式提出評論。例如，分析的結構方式或可由素材中已指認出的更高層次的符號著手，說明組成要素的各種符徵，以及它們之間的句法結構的關係。

表13.1　以表列方式呈現符號學分析結果

外延意義	句法結構	內涵意義／迷思	文化知識
女性：姿態、服裝等	由不對稱的沙漏形狀而知兩者乃是對等物	古典的優雅、自然的美麗	希臘建築：女像形柱、皺摺的柱子
香水瓶：身形、皺摺等	色調，比如說暗色的頭部及明亮的身部，形狀、鄰近的位置		

對符號學的批評

■主觀：因人而異的與文化共享的解讀

符號學常被批評僅能對意義建構提供印象式的洞察，也無法保證不同的分析者將得到類似的分析結果，而這還是媒體研究長久以來的辯論之一：在何種程度上，意義存在於觀看者心中？在過去數十年間，共識幾經更易，從最極端的皮下注射針取徑（hypodermic needle approach），將讀者看成是受制於影像的被動角色，到另一極端，也就是將讀者看成創意無限的，幾乎不受影像的限制。毫無疑問地，真相必然存在於這兩個極端之間。有些解讀方式不管在外延意義或內涵意義層次上都相當具有普遍性，而其他的一些解讀則較為異質特殊、因人而異。一方面，我們可以預期讀者將同意圖13.2包含了香水瓶與一位女性。若誰說這張圖片裡乃是一瓶花生醬罐和一條魚，我們肯定會懷疑這人神智、視力或真誠。換句話說，圖像限制了潛在的解讀。另一方面，讀者可能宣稱這名女子貌似一位友人，此一相似性會對腦中浮現的聯想「增添色彩」；在此情況下，這些解讀只是因人而異的。巴特提出的詞彙（lexicon）這個概念，在此處相當有用。對研究者而言，最重要的並非是因人而異的解讀方式，而是為讀者所用的那些文化共享的聯想與神話。

雷斯等人（Leiss et al., 1997: 214）進一步提出關於主觀性的問題。他們注意到，（符號學）分析的品質非常仰賴分析者的技巧。他們說，在如巴特（Roland Barthes）或威廉森（Judith Williamson）技巧嫻熟的分析者手中：

> 那是創意十足的工具，允許研究者觸及廣告意義的更深層的建構。然而，較不具技巧的實作者，除了裝模作樣，以複

雜的方式表達那些顯而易見的事之外，很難再多做點什麼。
（1997: 214）

　　他們認為，分析者自身的技巧相當重要，而這並不利於在分析者之間建立一致性和信度。其他的批評者則更進一步，例如，庫克（Cook, 1992: 71）反對符號學分析那種一般化的論調，例如宣稱符號學分析結果是優越的洞察或真實。在某些方面，這可能是一個行文風格上的問題。或許社會科學家應避免展露過多的文彩，而且應更謙遜地呈現其分析結果。然而，庫克仍感不安的是，使用「深層」（deep）或「表面」（surface）的隱喻，以及優先關注「深層」意義的結果可能導致抽象化的傾向。

■抽象化與神祕化

　　從內涵意義與外延意義的差異，還有符徵與符旨的差異之間，符號學分析承認「表面內容」（surface content）及「詮釋性內容」（interpretive content）間的關係。然而，多數的符號學研究將重點放在內涵意義和符旨上。庫克（1992: 70-1）論稱，對於隱藏神話的探求造成研究者對表面細節和結構視而不見。例如，廣告並非被人們記憶成抽象的實體。它們的細微處也是必要的：細節與風格和隱含的神話同樣重要。如同巴特（Barthes, 1964a: 45）所說，當人們嘗試從廣告拆解出意義時，總有什麼會留下來：「無碼可解的訊息」（the message without a code）。雪花牌巧克力棒的電視廣告中，有隻蜥蜴爬過鈴響著的電話：此處，蜥蜴可能是個隱喻，但牠同時也是一隻很具體的動物。就算神話被拆解出來了，蜥蜴還是一隻蜥蜴，自成自證，蜥蜴成為讀者觀眾記憶中的部分，而在抽象化過程中，這些都漏失了。

　　此一批評的本質在於，隱含意義的統一的陳述，以及其忽略了表面的變化及矛盾。它將難以計量的複雜度化約成一些抽

象的面向。李區（Leach）這麼評論李維史陀（Levi Strauss）對神話學的分析：「此時此刻，英語世界的讀者可能會開始懷疑，這整個論證乃是一個精心編造的學術笑話」（1970: 31）。是的，李維史陀已然展示，將複雜的社會論述解構成為基礎面向的簡潔矩陣如何可能，然而，這仍然得將那些「非本質的」（non-essential）部分標誌出而不予考慮。相似地，雷斯等人（Leiss et al., 1997）對巴特及威廉森對於細節的縝密分析給予讚賞，然而他們也對威廉森的著作後半段提出批評：陳腐而不具體。就實作的層次來說，不是很實用。

透過這種方式，庫克及雷斯等人的批評認為，符號學分析的傾向是聚焦於符旨而忽略符徵，聚焦於更高層次的符徵而忽略外延意義。細節不可視為是純粹次級的、依賴於神話結構：它本身就有重要性，而當作潛在的社會標誌則特別有用。舉例來說，在紀梵希廣告中，模特兒曬黑的肌膚是當前美麗理想型的標誌。曬黑的肌膚在當前西方社會意謂閒暇，但在英國的攝政王時代，曬黑意謂的是戶外勞動，而仕紳和有閒階級（leisured class）則想盡辦法避免曬黑。總歸來說，分析應該是相互關聯的，抽象化既得自於具體，反之亦當成立。弔詭卻實在的是，詳盡說明外延意義的部分也意謂分析是在陳述顯而易見之事，而這當然也就占去了太多篇幅。

■恢復的問題

按一般慣例，我們並未細察圖案以獲取它們隱含的文化意義。對於圖／影像，若平常讀者並未涉及符號學者經歷的辛勞及系統的分析過程，那麼符號學者的分析與一般人有何干係？其中一個答案或許是精確（precision）：符號學的分析將影像隱含的意義彰顯出來。例如，一般讀者可能會體會圖13.2的古典內涵意義，但卻無須訴諸古希臘女形像柱的概念。通常，我們僅僅具有一種模糊的熟悉感。確實，這些模糊的熟悉感常是刻意的。太過精確的指涉反而會使讀者遠離該影像意圖要傳達

的神話：在這個廣告的情形裡，意義從影像轉移至產品。因此，符號學者重要的任務，就是讓我們注意到圖／影像的建構性本質。

巴特稱許去神祕化是一種政治行動的手段，而嘲諷與反諷都是主要工具。然而，神話製造者（myth-makers），也就是廣告者，永遠都有現成的不在場證明：斷然否認有次級的意義或意圖。更有趣的是，批判對神話有所貢獻，與研究的客體產生某種共謀關係。以「萬寶路牛仔」（Marlboro Man）為例，神話學批評者的努力徒然增加萬寶路牛仔的知名度與人氣：它變成了一個學術的圖像。這是說，批評常常因為神話而恢復生機（recuperation），但批評也可能變成為神話服務。

這種恢復能力源自於神話經常被指出的一種變化多端的（protean）屬性。這種屬性是初級的符號內容與歷史被耗竭的結果，因此，它可以在騰空原來的外延意義後，變成次級的表意載具。透過這種方式，任何事物都可成為神話的符徵，而神話還可將批評同化，或使之轉向。「恢復」的例子可見於1960和1970年代的濾嘴香菸廣告中，推出這種香菸是為了因應吸煙有害健康的科學發現。這些廣告使用科學的意象，通常是用科學圖示的方式呈現一支香菸的剖面：簡單線條連結的是教科書式的註解。透過這種方式，香菸的科學批判還是回歸自身：問題既是科學性質的，那麼，解決之道顯然也是（譯按：香菸廣告企圖讓人以為加上濾嘴就不會危害健康）。

這意謂天真和精靈小矮人（Rumpelstiltskin）[2]式的取徑是不適切的：只是為神話命名是不夠的。不過，為神話命名，有其重要的價值，將神話去自然化，使其更為具體：它變成為了一個「東西」，可被操縱和批判（為誰的利益服務？）。這也就是說，命名是批判過程中基本的第一步，然而僅只如此並不夠。蘇珊・桑塔格（Sontag）在她對疾病隱喻的分析中也提

---

2 譯註：Rumpelstiltskin是格林童話中的精靈小矮人。

出相似問題。她論稱：「光是棄絕隱喻，隱喻並未因此遠離。它們必須被揭露、批判、撻伐至筋疲力盡」（1991: 179）。此外，桑塔格並認為，確認並批判隱喻的過程必須由隱喻的效果來引導：「並非所有疾病及其療法的隱喻都同樣討厭和扭曲的」（1991: 179）。然而，這不過延緩了一個關鍵問題：哪個隱喻或神話？還有，該由誰來決定？

然而，比起提供圖／影像符號學的分析，更重要的或許是批判取徑的涵化：批判方法的傳播，並且瞭解各路宣傳人員爭奪神話學空間（mythological space）時採取的手段。雖然這樣的說法本身也會變成代表批判學術學科的宣傳，符合他們的既得利益，然而，此處可提出的辯護是，一旦批判取徑充分實現，批判學術學科本身也立即變得多餘。這並不是要否認這些標準尺寸（off-the-peg）的批評的價值：比起符號學分析無窮的可能性，人們對符號學分析本身進行批判反思的時間還很有限。

 ## 混種的符號學

最後一節提供簡單討論關於上述問題的兩種可能處理方式。符號學與互動資料蒐集技術的整合，提供了一種處理主觀性問題的方法，亦即透過與一般讀者訪談，讓讀者重述自己的解讀。另一種方式，是讓符號學與內容分析技術**重新相互接納**（reapproachment），以處理主觀性問題的不同層面，亦即強調抽樣及分析的系統化的取徑。

■溝通效度：訪談與焦點團體

為了要評估社會共享的文化知識在特定人群裡的使用狀況與共享程度，符號學可結合某些互動資料蒐集的方法。焦點團體或訪談是明顯可見的選擇，而訪問者的工作是使參與者聚焦在素材上，但又要避免引導他們對素材的反應。最佳做法是問

一個概略的問題，例如：「你覺得這張圖是關於什麼的？」要求參與者精確說明讓他們特別有印象的部分。應強調閱（解）讀的本質是主觀的，以幫助參與者放輕鬆：這樣的問答操作並非是測驗或猜謎遊戲。研究者同時也應問及素材的特定面向：「你覺得它們在此用這種顏色的原因是什麼？它創造了怎樣的印象？」

一如平常，訪談應被記錄下來，而研究者應確保將素材部分內容的參照記錄得很清楚，以便日後分析時參考。若記錄是用錄影的會更簡單，可鼓勵參與者一邊講一邊指出相關素材的部分。這種轉錄稿接著可依主題進行編碼，或許還可指涉到一個更早的符號學分析之中。

■內容分析

符號學與內容分析常被視為是迥異的分析工具。然而，包括雷斯等人（Leiss et al., 1997）和柯倫（Curran, 1976）均論稱，這兩種方法有很大的**重新相互接納**（reapproachment）的空間。符號學還可引進內容分析的系統抽樣程序，而這可回應過去符號學受到的某些批判，這些批判指稱符號學方法造成自我確認的結果，將符號學分析的結論通則化到其他素材並不合理。而內容分析所主張的更精確的系統化，有助於符號學者對抗選擇性（即主觀性）的指控（例如，在列示外延意義清單與潛在句法結構的矩陣時）。而此一結果分析應該會更可靠（可複製的），並將較不易發生因人而異的解讀與過度依賴分析者本身的技巧。

除此之外，內容分析納入更多詮釋符碼（基於內涵意義而非外延意義），也是符號學方法對內容分析法發生影響力的證據。然而，這樣的分析常遺失純符號學取徑的結構面向：在一個圖／影像中，意義如何從各種元素的空間關係中產生？不過，即使在那些最具經驗及博學的研究者手中，即便是內容分析者一般慣常處理的部分，要妥切說明仍須大量篇幅。但兩種

取徑要完全整合的主要障礙，卻是邏輯性的。解決之道，還需要個別處理兩種方法。針對小樣本的圖／影像進行符號學分析，闡明各種不同的內容分析編碼。例如，一個有關「美麗的神話」的內容分析編碼，用在量化分析大樣本的廣告，而此時，符號學對小樣本廣告的質性分析有助於闡明前者，但此分析可能會是局部的，僅能聚焦處理圖／影像的相關面向，而非對整體廣告進行分析。透過使方法和編碼標準透明化和明確化，並開放讓讀者檢驗，將有助於增加內容分析程序的透明度。

1. 選取所欲分析的影像。確認素材的合適來源。怎樣的素材有助於表達該研究主題？這些素材又如何取得？這是當代或歷史的研究？舉例來說，媒體檔案庫、商業可得的素材或網路下載的呢？選好樣本：有多少素材？時間限制及可施展的報告空間均需要列入考量。怎樣才是合適的選取標準？發現可以廣泛地套用到各樣本嗎？若如此，標準可以套用到哪些樣本上？為非隨機選取的樣本建立標準，並且評斷，為何這樣的樣本不具代表性，比如，週期效應（seasonal effects）？

2. 彙整外延意義的清單，即對於素材文字內容的系統觀察，包括了所有文字（口語的及印刷的）及影像。建立清單，並為素材加註。這將有助分析者熟習相關素材並且避免代表性問題。這並且強調影像建構的過程。加入細節：當意欲提供窮盡的資料還屬不可能時，而重要的是，還務必儘可能地精確而廣泛。而轉譯至語言的過程，還有助於確認那些還不那麼清楚的組成及內容層面，這對所有的符徵都有所禆益。記下各要素的大小、顏色、位置等等。系譜軸的重建：那些確定的物事之外，哪些是未被選取的選項？那些缺席的選項，還有助於描繪被選取要素符徵的意義。

3. 檢驗符徵的更高層次：內涵意義、神話及指涉系統。這些要素的內涵意義是什麼？哪些接續的要素有助於確認更高層次的符號？確認那些影像所指涉，還有它們如何被詮釋的文化知識。不同的要素可能是多義性的，並且為更高層次、不只一個的符號服務。假定讀者所具有的文化知識及價值可以被用來「重新建構」（reconstruct）理想讀者，或確認社會類屬。句構：要素彼此之間如何關聯？相對應性或對比性？強調及關聯的線索，比如顏色、大小、位置？

文字如何關聯至影像？定錨或接替？重複？

4. 決定何時停止。這些分析是否回應了研究的問題？確認這些外延意義索引的要素均被包含，而其相互關係亦被考量，比如透過矩陣或心靈地圖。

5. 選取報告的形式。選取呈現的格式，比如表格、文字及結構。將符徵各層次的指涉包含進來：外延意義、內涵意義、神話，還有指涉系統，對於捕捉更高層次符徵均屬必要。記下要素之間如何關聯，當數個分析同時呈現，特別是為了比較的目的時，這將有助於指出它們的關係，比如將同樣的結構套用到每個分析中。

第十四章

動畫影像的分析

本章作者：Diana Rose

編碼（coding）
敘事（narrative）
再現（representation）
轉譯（translation）

在本章中，我將討論分析電視及其他影音素材的方法。這些方法特別是為了研究電視上對於瘋狂的再現所發展出來的，而無可避免地，我所必須交代的部分也將特別與此相關。然而，這樣的方法卻可以廣泛應用，它包含了一整套的概念及技術，可以導引我們對影音世界中許多社會再現的分析。

此一方法的通則應用性的一部分乃源自於它的理論基礎。確實，在發展此技術的每一個時刻，概念論證都扮演了關鍵角色。因此，我將從該步驟的理論基礎開始，從最通則化的層次開始談。

精確地說，電視這樣的影音媒體到底是什麼呢？它像有畫面的收音機嗎？我會說不。撇開廣播本身並不簡單的事實不談，影音媒體是意義、影像、技術、單格攝影（shot framing）及連續攝影（shot sequence）等等的複雜混合物。所以，在分析其內容及結構時，必須將此一複雜性考量進去。

分析影音素材過程的每一步都包含轉譯（translation），而每一次轉譯都包含了決定及選擇。總是有其他可行的替代選項可以採用，而被捨棄的部分就跟所呈現出來的部分一樣重要。分析一個複雜的媒介時，轉譯不免簡化，所以如何在一個多重的欄位中進行選擇（choice in a multiple field）也就特別重要了。

永遠不可能有任何分析足以捕捉文本的單一真相。例如，在轉錄電視素材時，都必須決定該如何描述影像、是否納入談話中的暫停或遲疑，以及如何描述特效如音樂或打光的變化。不同理論取向會導致轉譯時作出不同的選擇，我將闡釋如下。

如同先前所指出的，沒有一種蒐集、轉錄或資料編碼的方式，能真正「忠於」原始的文本。接著不得不面對的問題是，儘可能明確化各種用以轉錄和簡化資料的手段。柏恩斯坦（Bernstein, 1995）的建議是，讓我們將文本稱為「L1」（L是語言的意思），並將編碼架構稱為「L2」，而分析則是L1與L2的相互作用。對柏恩斯坦而言，這是從一語言轉譯至另一種語

言，有其規則和程序。此一模式的問題在於它假定只有兩個步驟，或說，它假定選擇、轉錄和對資料進行編碼的步驟可被視為單一種語言。不過，這樣的區分確實釐清了一點，也就是分析一組資料時，終究不只是簡單的反映資料而已。轉譯過程並不只是產生簡單的副本，而是互動地進行而產生新的結果。

讓我們舉個同樣也是轉錄方面的例子。波特與威瑟瑞尤（Potter and Wetheral, 1987）提出一個轉錄口語資料的方法。他們特別強調描述口語表達中暫停與遲疑，以及保持靜默時間長短的重要性。比起單純「以字釋字」（word-for-word）的轉譯，這種方法會「更真實」（truer）嗎？我自然不會這麼說。那麼，語調的曲折變化及抑揚頓挫又如何呢（例如，見Crystal and Quirk, 1964）？以致於與我們本旨相關的、傳播的視覺層面又如何？柏威斯托（Birdwhistell, 1970）曾提出運動學／動作學（kinesics）取徑，儘管該取徑鮮少派上用場，但描繪了傳播的非語言面向，那正是無論如何強調口語與言說，都無法涵括的面向。很久以前，在索緒爾說符號學是符號的科學時即已明白這一點，符號不僅止於演說與寫作而已。

回到媒體的分析，在波特與威瑟瑞尤之後，魏林（Wearing, 1993）對一個被認為心神喪失的謀殺犯的相關報導進行分析。該分析僅停留在文本的層次，忽略版型、標題、照片，以及其他故事的相對位置。魏林堅稱，一個新的描繪方式以透過兩種言說的交疊而產生了：新聞報導式的言說與心理學式的言說。我們不得不說，媒體再現不只是言說而已。這些再現是複雜的混合物，混合了書寫或口語的文本、視覺影像、演說的聲調變化和進行順序、照片，以及它們之間的相對位置。

這不是說，有一種可以掌握所有微細差別而更逼近真實再現的方法；而是說，有些資訊總是會被遺漏，有些訊息則總是會被添加進來，而分析演說與影像的過程，就像是從某一語言轉譯至另一語言。在此同時，當所分析的文本如電視這般複雜時，分析不免簡化。因此，最終的分析成果也會是簡化的，例

如，一組用來說明的節錄資料，或是一個次數分配表。

分析在長度及複雜度上超過文本的狀況，所在多有。許多文學批評的作品即是採取這種形式，巴特（Barthes, 1975）的《S／Z》[1]即屬一例。先前提到的柏威斯托（Birdwhistell, 1970）也花了兩年之久，以一本書的篇幅來分析一段有個人點火、抽煙的二分鐘長的影片。這或許告訴我們，想在分析中擷取文本中的所有內涵意義，也許是很荒謬的一件事。

再者，如同先前所言，電視素材並非只是文本而已。視覺層面包括運鏡及導演的技藝，其主要特性並非是文本的（only secondarily textual）。它們確能產製意義，但這些意義卻是由專業技巧產生的。

與其將焦點鎖定在不可能達成的完美境界，我們對用以選取、轉錄及分析資料的技術須十分明確。若這些資料十分明確，那麼讀者對該研究會有較佳的判斷。由於轉譯的本質，所以總不免有反對和衝突的空間。明確的方法提供了一個知識及實作上的開放空間，可供不同的分析之間越辯越明。

在本章其他部分，我將描述一個分析電視的方法，並且努力予以明確敘述。這個方法是設計來分析英國電視上關於瘋狂的再現。此一方法並不只侷限於此一主題，我只是恰巧挑選瘋狂的再現狀況當作例子而已。在敘述的過程中，我也會一併處理那些我認為是通則性的理論要點。

 ## 選取節目

第一項任務就是抽樣及選擇要錄製的素材。至於要選取什麼，則視題目和理論取向決定。例如，一個研究者可能對紀錄片所報導某個主題有興趣。他／她在做這個題目時，可能具有更進一步關於廣電的知識。即使有了廣電的知識，此一選取過

---

[1]　本書有中譯本：林志明譯（2004），《S／Z》，台北：桂冠圖書。

程仍然不透明。什麼不選就跟要將什麼涵括在內一樣重要，並且會影響後來的分析。省略及缺席的問題，是早期符號學的核心問題（Barthes, 1972）。理論與經驗的選擇影響節目或新聞故事的選擇，並非不證自明地自動成為分析的素材。

　　一個常見的選取節目的方法，是針對黃金時段的節目進行一次徹底的搜尋，然後再將與該題目相關的部分挑選出來。這當然意謂著要審閱整個資料組會是非常耗時的漫長過程，要觀看的黃金時段節目可能多達數百小時。葛本納（Gerbner）和他的研究團隊（Signorelli, 1989）運用了這個方法，研究美國二十年間黃金時段節目的暴力再現情形。這也是我在檢視電視上的瘋狂再現時所選擇的路徑。

　　在側錄的過程中，至少有兩個步驟。第一個步驟是何時，以及多少的黃金時段節目需要側錄。我選取了1992年初夏，針對BBC1和ITV這兩個最受歡迎的頻道進行為期八週的側錄工作。每個頻道各自包含了新聞、兩齣單元劇、兩檔連續劇與兩部情境喜劇，而紀錄片也包含在內。

　　日期的選擇（譯按：意指選擇1992年初夏）純粹出於實用目的。若選擇秋或冬，抽樣結果可能有所不同，因為電視媒體受年度週期影響。若研究主題是政治新聞，抽樣時間的影響可能更大。不過應指出的是，就算是隨機抽樣也無法完全解決這個問題，因為「母群體」並不是同質的。

　　下一個問題則是從中擷取描繪瘋狂的節目片段。什麼時候、什麼樣的再現才算是關於瘋狂的再現？比方說，格拉斯哥媒介研究群（Glasgow Media Group）（Philo, 1996）在分析媒體對瘋狂的報導時，有將尖酸刻薄的專欄及脫口秀包含在內。而我則追隨瓦爾（Wahl），採取的是較嚴格的定義：

　　舉例來說，在媒體再現中，我偏向於選取那些特定的精神病學的標籤（包含了俚俗的稱謂，如「瘋狂」、「瘋子」等，以及正式診斷，如精神分裂症或憂鬱症）的存在，或是心理治

療當作（抽樣的）適當判準。（1992: 350）

　　重要的是必須清楚交代為何要採取某個（例如瓦爾的）定義的理由。選擇將特定心理疾病當作研究焦點有其倫理基礎。當前，精神病學涵蓋的範疇很廣，幾乎任何人類問題都可以成為它的主題。但是那些問題最嚴重的人遭受排斥或放逐，這可能是因為受到媒體再現方式的影響所致。因此，將焦點置放在足以引起精神醫師關注的精神問題上，有其倫理關懷。而這樣的關懷，特別在關係到社會排斥（social exclusion）時，也可適用於其他被排斥的群體。

　　選取資料組的最後一個問題與隱喻有關。心理疾病的術語，常被用來揶揄或侮辱：「你這個瘋狂的怪人！」「誰是那個天殺的神經病？」「她為那個男孩瘋狂。」這些心理疾病的術語，對電視上關於瘋狂的整體再現很重要。因此，它們被用在分析中，我在此處予以描述。

　　隱喻式的使用心理疾病術語，與其他瘋狂的再現或多或少都有關係。但要納入哪些隱喻式的使用於分析當中，仍會是個問題。然而，若語言是個系統，符號由於隸屬於某一特定脈絡而具有不同意義，符號本身仍然具有某一程度的原始意義。乍看之下，那句眾所皆知的表達，「她為那個男孩瘋狂」，似乎與精神問題的關聯很小，但「瘋狂」一詞，作為一般用語已達數世紀之久，與極端或過度等概念息息相關，而當將該詞彙置放在新的脈絡下，甚至是指衝動、危險的。

　　任何針對黃金時段電視節目的分析，都必須在定義問題上作出決定，而其他題目（例如，肢體障礙）中，隱喻也會是問題。如同先前所討論的，哪些可界定為該主題的再現，除了與理論選擇有關，亦將涉及倫理上的選擇。

轉錄

　　轉錄的目的是為了產製出適於謹慎分析及編碼的資料組，它轉譯、並且簡化了螢幕上複雜的影像。早期的研究者並不具有錄影機（Nunnally, 1961），只有直接在播送時編碼。若有個僅涵蓋兩三個面向的編碼表，這樣做仍屬可能。但若要做得更詳細，那麼還是要透過書面文字作為媒介。然而，這就像之前所提過的，也是一種形式的轉譯。

　　決定分析單位十分重要，會話分析者（Silverman, 1993）以及那些製作出可以分析質性資料的電腦工具的人，比如ETHNOGRAPH及NUD*IST的程式設計師都如是強烈建議。本研究中，我刻意使用於描繪的分析單位，還是電影鏡頭。當鏡頭上的內容轉換了，一個新的分析單位於是開始。而如此定義的分析單位乃是以視覺為基礎的。

　　會話分析者或言說理論者總是典型地將台詞、句子或段落作為分析單位，這樣的單位乃是以語言為基礎的。留心到影音文本的非視覺層面，我選取了以視覺為基礎的分析單位，同時，這樣的分析方式在操作於大多數個案時也較為簡易。在進行複雜分析時，務實還是件重要的事。

　　電視是一種影音媒介，也必然有種方式可以描述音像一如影像。我所強調的是視覺面向，而現在正是應當對此看得更仔細的時刻。要描繪出現在螢幕上的所有事物乃是不可能的，而我還認為，轉錄的決定應該要由理論所驅動。在針對瘋狂的研究中，理論上認定，心理疾病是被烙印的，並且被視為與眾不同而應予排除的。而進一步的預設是，電視再現對此還會選擇以單一、孤立的拍攝方式，或緊密的特寫來呈現。因此，研究還決定將每一個分析單位的鏡頭角度加以編碼，此外，並將每一畫面中出現的人數加以編碼。這是為了要檢驗那些心理受創的人被拍攝的方式，是否與那些未被診斷的人有所不同。在這

個個案中，這樣的步驟被視為是一種假設驗證的方式（Kidder and Judge, 1986）。

不同的理論取向會影響如何選取及轉錄的決定。舉例來說，《銀幕》（*Screen*）這份期刊所呈現的結構主義／精神分析傳統（structuralist/psychoanalytic tradition）有不同的說故事的方式（Cowie, 1979; MacCabe, 1976）。《銀幕》的理論家看重符號的層次，特別是那些處理性別、性實踐及潛意識關係的學者。所以，他們對攝－倒－攝（shot-reverse-shot）的序列，進行縝密的分析，以期建立角色之間的關係。而攝影機為此關係「設定場景」，首先是透過攝下第一角色，接著則是第一角色對第二角色的觀點，再來是第二角色對第一角色的觀點。對於瘋狂的研究並不看重個別的攝像序列，因為並沒有理論認為這樣具有任何重要性。然而，對不同理論取向的問題提出質疑卻是開放的。有時，採取攝－倒－攝的方法還意指困難重重或趨於封閉，但我的決定仍然聚焦在鏡頭角度分析的視覺部分。

心情及表情的差異也能透過燈光、音樂及其他效果達成。帶有陰影的攝影意指危險而應予閃避之某物，怪異音樂在電視上常與輕柔音樂產生對比效果。那些有精神疾病的人在帶有陰影的攝像中被呈現，或伴隨毛骨悚然的背景音樂，這些都再次強調了差異。

鏡頭拍攝角度、獨照或合照、燈光及音樂，都是電影和電視的慣例。確實，毛骨悚然的音樂可以直接指涉恐怖片的電影慣例。這是個有著自身慣例的敘事空間（diagetic space）；一個結構主義者的分析將聚焦於該空間的特殊性。然而，我所提議的方法是一種**對比**（contrast）。我們想要探究的是，社會中具有特殊狀況（有精神疾病）的某一群體，他們在電視上的再現方式，是否與同時在電視上出現的「正常人」有所不同？

吉爾曼（Gilman, 1982）完成了一項有關中世紀以來瘋子的視覺再現的詳盡分析。他將焦點置於藝術和雕刻而非動畫上。在他的分析中，姿勢、儀態、動作及大小較為重要。這樣

的分析，與前述《銀幕》理論家的分析有若干相似之處。

電視的視覺層面，還有其他面向可供編碼：例如，衣服的顏色，暗色系暗示沮喪之意；在兩個鏡頭與合照裡的角色之間的相對位置，例如，有一個患有憂鬱症的角色，總是明顯屈居其他主角「之下」的位置。若其他主角站著，她便坐著；若其他主角坐著，那麼她便躺著。這些面向可能未在轉錄時得到系統性的註記，但其實大可這樣做。

其他主題與其他的理論位置，將會需要在轉錄時選擇記錄視覺文本的不同層面。重要的是，選擇的標準必須明確，並有概念基礎。為何決定做或不做，在概念上及實證上都應清楚明確。

考量到這些決定，素材才被選取、記錄及轉錄。記錄透過兩欄的形式呈現，攝影機的鏡頭也透過分開的段落點出。左欄位以先前提出的詞彙描述了該故事的視覺層面，右邊的欄位則是對口語素材部分的逐字轉錄。

所謂「逐字」（verbatim），意指為何？並不是每一次暫停、遲疑、假起動（false start）或靜默都應註記。這些因素在某些時候確實重要。即便在瘋狂的再現上，我們也可以假設，那些對精神疾病患者的言說，在語速、語調變化及腔調等方面會有所不同。這些超語言的特徵，在某些理論觀點下十分重要，而有些時候，它們甚至在所有理論下都顯得重要。在瘋狂之外的其他例子中，將這些因素涵括在內或許是件重要的事。到底是電視對於瘋狂言說的語意內容重要，因此轉錄必須逐字進行，但可以省略那些會話分析者所側重的細節，這些都需事先決定。

然而，內容本身並非不證自明。我們在下一節可以看到，每個故事都需分析到它的敘事結構。雖然嚴格地說，這是編碼而非轉錄的問題，但在研究中指出敘事結構未被忽略是很重要的。

以下提供兩個對電視瘋狂再現資料的轉錄範例。第一個範

例比較直截了當，比較容易進行轉錄。第二個範例則是整個資料組中最複雜的故事，其中包含了混亂、越界和差異。這些都與理論息息相關，而理論指引了編碼架構，這些都可以在下一節看到。而拍攝鏡頭的編碼方式將在後面的表14.1中討論。

💡 （英國的警察連續劇）《大執法》（*The Bill*），ITV，28 May，1992

視覺影像	對白
旅館前面，一個刑警從旅館走出來，另一個刑警進入畫面（兩個鏡頭都是中度全景）。	刑警甲：伊恩。 刑警乙：哈囉，傑克。你好嗎？快讓我進入狀況吧！ 刑警甲：摩根現在人在醫院。他看起來涉及這三件謀殺案。他酗酒，有精神病史，沒有暴力攻擊的前科。 刑警乙：你是怎樣聯想到他的？ 刑警甲：你的警探R（在摩根身上）找到了被害人PH的東西。我猜他（摩根）是在鐵軌旁發現她的屍體，然後才把那物品拿走了。更可能的是他殺了她之後，才把她棄屍在鐵軌旁。 刑警乙：我們的女同事AA差點成為他的最後一位受害者。 刑警甲：沒錯。是該好好拼一下了，否則。

💡 （電視以急診醫療為背景的連續劇）《傷亡》（*Casuality*），BBC1，4 July，1992

視覺影像	對白
一位手臂繫上繃帶的女子坐著（中度特寫），一位男子快步走近、撲向她，男子（特寫接著超近特寫）攻擊她，女子掙扎。	男子：……邪惡、被附身的、如烏木般黑的惡魔。妳知道我怎麼對待它們嗎？我會把它們的頭咬斷，然後塞進我的……
女子站起，男子抓住她，咬她（超近特寫）、攻擊她。	

	女子甲：放開我。
警探跑著進入畫面（廣角全景）。	男子：（咆哮、吼叫）。
小臥室裡有護士與女子乙，第二位護士進來，接著兩個護士離開房間。	護士：艾許，快！有個小夥子匆匆忙忙地往那去了，快來人啊！
警探與男子扭打在一起（廣角全景），女子甲被帶走，絕望的樣子，每個人都在哭叫。	女子甲：啊，我的手、我的手、天啊！
鏡頭跟拍，轉換場景。	
女子甲與兩位護士走過有女子乙的小臥室（中度特寫），女子乙走出，向走廊移動，拿起擺在推車上的瓶子。她走過了那個如今有毛毯蓋住頭臉的男子。	護士長（查理）：安靜下來、安靜下來。 護士：放輕鬆。
其他人一起來控制那名男子（廣角全景）。	查理：別只是站在這邊。 男子：我窒息了。
查理開始將男子頭臉上的毛毯移開。	查理：沒關係、沒關係，放輕鬆。 門房：我可不放手。 男子：我快暈倒了。
毛毯移開了。男子倒在地上（廣角全景）。	查理：沒關係、沒關係，我把這個拿開了，這下你可得好好聽話囉！ 男子：好……（聽不見的呢喃聲），太好了。
男子一拳打在Charlie臉上（廣角全景）。 鏡頭自上方照看這一團混亂。	查理：噢。 男子：噢。
女子乙走出醫院，警官繞過她進入醫院（中度全景）。	（沒有對白）。

■設計編碼架構

完整的編碼表，如圖14.1所示。它有階層式的結構，呼應了電視瘋狂再現於不只一個層次上表意的說法。然而，本節聚

A 場景設定

1 中立
　a 危險
　b 法律
　c 意亂情迷
　d 怪異
　e 瘋狂
　f 生病
　g 忽略
　h 壓力
　i 應付
　j 成功
　k 協助
　l 喜劇
　m 受害者
　n 其他

2 斷裂

B 敘事描述

1 呈現（如上之A至N）

2 重新建構（如上之A至N）

C 解釋

1 壓力／創傷

2 醫療的

3 精神失常

D 解決

1 缺席
　a 法律及秩序問題
　b 生病
　c 忽略
　d 失敗
　e 其他

2 存在
　a 法律與秩序
　b 健康
　c 支持
　d 成功
　e 其他

3 中立／閒聊

4 忽略

5 其他

圖14.1　敘事要素的編碼架構：場景設定、敘事描述、解釋與解決

焦於支持此一編碼架構及其認識論地位的理論。在此，我不打算對圖中的文字多作說明。

　　柏恩斯坦所謂的L2，也就是編碼架構本身或描述的語言。用在這個電視瘋狂再現研究的編碼架構非常複雜，而我在此僅提出兩點說明。首先，此一工具有其理論根據。第二，它是經過設計的，立意是用來駁斥理論的衍生物。讓我們帶著這兩點繼續看下去。

　　此處所使用、並且加以修改的理論，是莫斯可維奇（Moscovici, 1984, 1994）對於社會再現（social representations）的研究。這個理論的重點之一是強調，社會再現之作用在於使不熟悉的事物為人所熟悉。這一點也在席佛史東（Roger Silverstone, 1981）的電視再現研究中被強調。從這個觀點出發，我的論點是，瘋狂是個特別的案例。出於社會的或心理學的理由，心理疾病之（社會）再現——不管它們是出現在媒體或日常會話中——**都讓瘋狂維持在一種不為人所熟悉的位置**（粗體字為本文作者所加）；社會或心理上的熟悉度，並不影響瘋狂的再現場域。理由有二：其一，許多再現的內容強調危險、恐嚇與威脅。瘋狂殺手或怪胎謀殺犯，本來就是英國媒體上的一個特別主題。不僅如此，圍繞著瘋狂的再現結構並不穩定。瘋狂有數不勝數的意義，它抗拒意義的固定，而在符號學意義上形成威脅：意義被混亂與越界破壞了。

　　莫斯可維奇有一個所謂定錨（anchoring）的概念。一個新的、不熟悉的社會客體，透過它與某一已為人知事物的同化而令人熟悉。我的論點是，瘋狂要不就是完全未被同化，要不就是徹底被排除，或者，即使同化了，也同化成那些本來不為人熟悉之事物，例如，有學習障礙的孩子、有心理障礙的人，或是怪異的人或事。

　　這對編碼架構有何意義？編碼架構源自於兩個來源：前述的理論，以及對資料的初步閱讀。在黃金時段的157個小時的節目中，有6個小時與心理健康相關。這6個小時的節目最先被轉

動畫影像的分析

錄，並且影響了編碼架構的設計。

到目前為止，我們已將內容的編碼概念化。但許多文本形式和文本實踐，都有可辨識的結構。這通常被指涉為敘事形式（narrative form）（Todorov, 1977; Chatman, 1978）。敘事結構指涉的是一種故事的形式，其中有可指認的劇情變化的開始、中段，以及讓故事得以結束的結尾。故事的結尾，通常被稱作「敘事閉合」（narrative closure）。而敘事中的「聲音」（voice）和敘事者的認同，也是重要的議題。不過，此一議題與電視文本關聯較小，與小說的關聯較大。

電視故事具有敘事結構的特質。與前述符號學的不穩定性理論（the theory of semiotic instability）一致的是，我感興趣的是關於瘋狂的故事是否與其他題材不同，比方說，它們是否展現了敘事閉合？

編碼架構有其階層的結構，而每個階層的頂端都是一個敘事元素（narrative element，見圖14.1）。故事本身根據這十四個內容類目而被編碼，需要這麼多類目是為了捕捉關於瘋狂的多重、變化的意義，解決（resolution）的存在或缺席，解決的類型也同樣被編碼。

我主張的概念是，與其他的差異和排除的客體（objects of difference and exclusion）一樣，瘋狂崩壞了符號學的確定性（semiotic certainty），因為瘋狂是由多重、互斥及多變的意義所組成的。但萬一這個理論錯了呢？質性研究常招致的批評是，它只看到它想看到的東西，但這個理論卻可能被證明為不正確。比方說，批評者大可論稱，在我們的文化（若不在媒體）裡，心理疾病的支配性意義很明確是「疾病」。在此案例中，我的分析會發現有高比例的單元被編碼為「生病」這個類目，但被編碼至其他類目的單元則非常少。醫學是電視上環繞心理疾病這個主題的支配性言說，而這樣的意義將是一般性的，而且將「心理」這個層面的意義直接依照「心理疾病」來定錨。不過，編碼架構的結構有可能讓我們找出支配性的言

說，從而否證前述的理論，因為差異也是來自於符號學的滑移
（semiotic slippage），或有時是來自於意義的混沌（見本章對
《傷亡》一劇的片段摘要）。

　　運用對比的方法，同時結合視覺素材的使用，也具有否決
概念化的可能性。舉例來說，我們可能發現，拍攝心理疾病者
與拍攝非心理疾病者的運鏡角度並沒有什麼不同。若是如此，
那麼這種認定拍攝技術將瘋子呈現為不同的、孤立的與被排斥
的假設，會因為這個發現而被否決。

■編碼的技藝

　　我該從文本的語文層面開始。上述的編碼架構，基本上
有三個層次，而其他用以分析非影音素材的編碼架構，也很有
可能有一個以上的層次。第一個層次，我將以大寫字母加以標
示，第二個層次則以數字代替，第三個層次則運用小小的字
母，所以編起來就像底下這樣：

A2a:　　場景設定、斷裂、危險
B2f:　　敘事描述、重新建構、生病
C1:　　　解釋、壓力（「解釋」這個編碼只有兩個層次）
D1c:　　解決、缺席、忽略

　　每個分析單位（攝影鏡頭）都被賦予一個編碼，但在某
些情況可能會有單一編碼無法完全捕捉某單位的意義，倘若如
此，則需要賦予它二或三個編碼。

　　信度，也是個重要的議題。如我們所說，編碼過程是個轉
譯過程，研究者詮釋每個分析單位的意義。雖然詮釋本身同時
受到理論和編碼架構所限制，值得問的是其他編碼員是否得出
相同結論。

　　後來我們進行的作業是，當八位編碼員分別對三則故事進
行編碼時，他們之間的共同程度如何。結果，同意度從0.6到

0.78不等。同意度與編碼員對理論及編碼架構的熟悉度有直接關係。雖然這觸及最為棘手的信度測量問題，但也顯示了這個編碼程序至少是可複製的。從我所採用的認識論觀點來看，編碼員運用同一套轉譯程序而將轉錄稿轉化成為一系列的編碼。關鍵點在於轉譯程序明晰表述，而且提供圖示的編碼架構讓人檢視（見圖14.1）。

現在來看看視覺的層面。此處的工作更簡單，一旦作出了選取的決定，轉錄及編碼就更為直截了當。首先，將資料組中每一個拍攝畫面的鏡頭角度都編碼。其次，記錄該拍攝畫面是拍攝獨照、兩人合照或群體照。最後，計算有多少拍攝鏡頭使用局部打光（shadowy lighting）、音樂，並且記錄這些音樂的特質。

視覺分析的編碼可被視為是在轉錄稿的段落之間進行。事實上，它們是在一個動作中被轉錄和編碼。雖然拍攝人物的方式變化無窮，電視確實依循著攝影學的某些慣例。這對我們是有好處的，因為眾所皆知的是，例如，特寫鏡頭是用來表現情緒或仔細檢視的拍攝手法。另一方面，中度特寫和中度廣角鏡頭通常表意的是權威（例如，用在新聞主播及專家）。完整的視覺編碼可見表14.1。

用對比的方法對鏡頭角度進行比較，比較那些用以拍攝瘋子的鏡頭角度，以及拍攝其他人的鏡頭角度。既然拍攝鏡頭的慣例為人所知，那麼視覺編碼容許吾人進行推論，心理疾病者

表14.1　視覺分析：攝影機角度編碼

ECU	超近特寫
CU	特寫
MCU	中度特寫
MW	中度全景
WA	廣角全景
Tracking	一鏡到底
Environment	拍景不拍人

在視覺編碼上是否與其他人的表意方式不同。

　　通常，視覺與語文這兩種模式會說相同的故事，因為這是電視的慣例。然而，兩者之間有可能發生衝突及矛盾（或反諷及諷刺）：例如，一張普通老奶奶膝上坐著小孩的照片，配上記者旁白，描述她犯下了鄰居小孩的雙重謀殺案。通常哪一種模式的意義較具主導性是很清楚的，但若這兩種模式產生衝突時，應該被記錄下來。

■ 將結果製表：數字的問題

　　上述過程的結果將製成次數分配表。在這個意義上，此種程序是一種內容分析。內容分析可回溯至Berelson（1952）的宏文，並且在1950及1960年代許多論文集中被描述（相對晚近的例子，見Krippendorff, 1980）。

　　內容分析被媒體理論家如艾倫（Allen, 1985）所批判，而且只被研究者如雷斯等人（Leiss et al., 1986）部分地接受。這些批評乃源自文本分析的符號學取徑（semiological approach to texts），認為數字不能有意義地應用於（文本的）表意（signification），而簡單統計特定字詞與主題在文本中的出現次數，將會忽略結構與脈絡。對文本進行符號學的解讀，相關細節可延伸參考巴特（Barthes, 1975）的著作《S／Z》，（《S／Z》）這本書是轉譯不流於簡單化的例子，對一個簡短故事進行了一本書那樣篇幅的豐富詮釋。

　　讓我們接著再逐一討論這些批評。首先是意義無法被計數的命題。這是說，意義總是視脈絡而定的（context-specific）。將數字分派至不同的語意單位，是對不同案例的虛假等同化。意義並非分離的，而價值也太抽象，都難以測量。

　　歐思古（Osgood, 1957）是（用量化方式）計算意義（count meanings）的先驅。值得注意的是，歐思古發展的意義理論是新行為主義式的取向，因此聚焦於文本時，他可以宣稱他的分析是有理論根據的。這個取徑所創造的最重要的工具，

就是語意差異量表（the semantic differential）（Osgood et al., 1957），這是一些文學為基礎的分析形式所沒有處理的面向。

雖然這個理論（歐思古的意義理論）現在看起來有點荒謬，但這是第一個在特定理論框架下量化測量語意的嘗試。

歐思古有個新行為主義的意義理論（neo-behaviourist theory of meaning），而前述方法有其根源於社會再現的概念的理論（Moscovici, 1984；Jodelet, 1991）。表格中的數字均非自由浮動的，而是定錨於一個概念的觀點。每個數字的意義，取決於實證素材本身的性質，以及描述的語言的本質。這沒什麼不尋常之處。數學本來即有其理論，包括那些處理機率、隨機性和或然率的理論。

因此，計算再現、意義或其他影像技術，到底確切來說有何意義？表14.2顯示電視新聞中關於瘋狂再現（representations of madness）的分析結果，特別是前兩個言說元素（場景設定及敘事描述）的部分。這個表應該被當成地圖那樣來看，顯示出新聞資料裡的一些被強調和著重的點，以及缺乏或缺席的點。雖然計量式閱讀會得到這種結論，但說新聞瘋狂再現中的「危險是病態的兩倍之多」，並不是合理的說法。比較合理的說法是，危險支配了病態的主題，而缺少成功及面對處理的主題，

表14.2　以表格形式呈現內容分析的結果範例：新聞中的場景設定的語意要素及描述鏡頭的次數分配表

	危險	法律	意亂情迷	怪異	瘋狂	生病	忽略
數量	168	60	9	1	3	84	63
比率（樣本數＝697）	24.1%	8.6%	1.3%	-	-	12.1%	9.0%
	壓力	應付	成功	協助	喜劇	受害者	其他
數量	28	8	9	25	0	7	67
比率（樣本數＝697）	4.0%	1.2%	1.3%	3.6%	-	1.0%	9.6%

點出了心理健康問題是如何在新聞中再現。正是符號學者教我們的,沒被呈現出來的與被呈現出來的同樣重要。

之前我曾說過,搭配視覺素材而運用對比的方法是可能的。既然心理有疾病的人與心理無疾病的人都會在節目中出現,對他們的視覺描述應該加以比較。表14.3呈現這樣的比較資料。應該特別注意的是,我們使用了卡方(chi-square)統計分析,而結果似乎是說,資料的計數化不只是一張地圖的作用而已。由於先前討論過的(電視/視覺)慣例,將數字指配至視覺資料較為簡單。即使在這裡,此一觀點也不是將數字當成是精確的指標,而只是符號的種類而已。雖然如此,高度顯著水準還是很有解釋力。

現在來談談所謂內容分析忽略結構的這種批評。這樣的批評是成立的。若我們曾自喬姆斯基(Chomsky)學到任何東西,那就是結構承載著意義,而這已被為上述分析所接受。既然我們正處理影音素材,結構即已概念化為敘事形式。的確,許多符號學家曾運用此一衍生自普洛普(Propp, 1989)及李維史陀(Levi-Strauss, 1968)著作的概念。電視上的敘事結構通常是開放的,例如肥皂劇,以維持懸疑。不過,對瘋人的再現進行敘事結構分析顯示,瘋人再現的敘事結構一般都缺

💡 表14.3　視覺分析的表格呈現範例:連續劇《加冕街》
　　　　　中的鏡頭類型及特徵

鏡頭類型	畢夏太太*	蘇登先生**	其他人	總數
超近特寫/特寫	45	8	9	62
中度特寫	42	33	41	116
中度全景	22	36	16	74
其他	22	9	3	34
總數	131	86	69	286

卡方值＝45.6;自由度＝6;p<0.001
*承受心靈崩潰
**一個嘗試伸出援手的朋友

乏敘事閉合。當然，這強化了電視的瘋狂再現之混亂且拒絕意義固著的特性；因此，我們所看到的再現常常是無結構的（structureless）。表14.4顯示戲劇節目的敘事結構分析結果，大多數既完全沒有結尾，也沒有重建恢復社會和諧的狀態。

另一種呈現資料的方法則是使用有描述力的引句。在一個方法有理論依據且資料以數字方式呈現的分析中，是否需要使用範例引句（exemplary quotations）來確認或否認理論或方法

表14.4　言說結構：電視劇言說序列類型的次數分配

從編碼架構可以看到，這些故事乃根據它們的結構而被編碼。每個單位都被指配一個符碼，接著故事結構因此被摘要出來。此表呈現戲劇節目用的符碼和結果。

A1　場景設定，中立
A2　場景設定，斷裂
B1　當下的敘事描述
B2　事件再建構形式中的敘事描述
B3　中立的事實（新聞）或蜚短流長（戲劇）
C　　解釋
D1　缺乏社會和諧狀態時的解決之道
D2　重建恢復社會和諧狀態

敘事順序	數字
A2/B1/D1	29
A2/B1/D2	4
A2/B1	12
B1/D1	19
B1/D2	7
僅B1或僅B3	28
僅A2	8
僅D1	3
僅D2	4
其他	7
總數	121

上的假定，當然是有辯論的空間。換言之，用來選擇具描述力之引句的規則本身，在概念上也必須有依據。這意謂著，我們不必要以隨機的方式選擇具描述力的引句，更該做的是，引句的選取應該是為了驗證或否證概念性的原則和經驗資料中以數字方式呈現的面向。

結　論

　　本章嘗試著做兩件事。首先，我暫時性的提議了某些分析電視或其他影音素材的方法。我所提到的某些分析技術，應該可以調整後應用瘋狂之外的其他內容。其次，我嘗試勾勒這種類型的分析在認識論上的陷阱與倫理上的後果。

　　冒著重複的危險，我會說，影音素材分析中的每一步驟都是轉譯，而且通常是一種簡化。世上並不存在著一種完美的解讀文本的方法。因此，重點是應該清楚交代這個分析方法的理論、倫理及實作的基礎，並且開啟一個讓研究成果接受辯論和評判的空間。

分析影音文本的步驟

1. 選取一個理論架構，並且應用於經驗客體。

2. 選擇一個抽樣底冊，以時間或內容為基礎。

3. 在抽樣底冊中，選擇一個指認該經驗客體的工具。

4. 建構資料組的轉錄規則——視覺的或語文的。

5. 在對資料組的概念分析與初步閱讀中，發展出一套編碼架構：包括視覺和語文素材分析的規則；將否證理論的可能性涵括進來；包括對敘事結構、脈絡及語意類別的分析。

6. 將編碼架構應用在資料，並將之轉錄成適合用數字轉譯表達的形式。

7. 為分析單位（不論是視覺或語文的）建構次數分配表。

8. 在適當處運用簡單的統計學。

9. 選取具描述力的引句，與數字（量化）分析發揮互補作用。

第十五章

噪音與音樂等社會資料分析

本章作者：Martin W. Bauer

民歌演唱學（Cantometrics）
文化指標（cultural indicators）
曲調／旋律複雜度（melodic complexity）：頻率、規模、和聲進行（progression）
音樂（music）
音樂的意義（musical meaning）
音樂品味（musical tastes）
噪音（noise）
記譜法與轉錄稿（notation and transcription）
聲音（sound）
聲音地景（soundscape）
完整音樂事件（total musical event）

音樂熱情是一種告白。對於一個不相識的音樂人，我們所知道的要比一個我們花一輩子相處的非音樂人還要多。（E.M. Cioran）

若你想瞭解1960年代，那就去聽聽披頭四的音樂吧！（Aaron Copland）

在治安良好的年代，音樂總是平靜又愉快的，而當時的政府也是如此；在衰微的時代中，音樂變得感傷又晦暗，而政府也開始腐敗。（Hermann Hesse, *Glasperlenspiel*）

很少有一個藝術運動，像波普爵士音樂（bop）那樣清楚的展示它背後的社會力。……音樂的形式本身——音符的實際長度和音高（pitches），很大程度上是決定於社會結構的變化。（J.L. Collier）

上述引文暗示著音樂具有反映（生產和消費它的）當前或歷史的社會世界的潛力。對（美國作曲家）柯普蘭（Aaron Copland）而言，披頭四的音樂展現出了1960年代的文化（見Macdonald, 1995）；對（德國小說家、諾貝爾文學獎得主）赫曼‧赫賽（Hermann Hesse）而言，音樂和所處年代及政府息息相關；對柯利爾（J. L. Collier）來說，波普爵士音樂反映著1940年代改變美國社會的社會力。

在本章中，我將介紹幾種方法學取徑。藉由人們產製和接收的音樂和噪音來建構「文化指標」（cultrual indicators）。文化指標可以測量反映我們價值觀與生活世界的文化生活元素；這些文化生活元素在漫長時間中緩慢地改變，而且只是有限地受到社會工程（social engineering）的影響（Bauer, 2000）。

想把音樂與噪音當作一種社會資料，我們必須假設聲音與（生產和接收它們的）社會脈絡之間有某種系統性的關係。要從音樂或聲音資料來建構社會指標，需要三個分析步驟：

1. 我們需要錄音和轉錄聲音事件（sound event），以作為分析之用。

2.轉錄稿可以描述聲音與音樂，類似於轉錄談話那樣，有元素之間的次序（典範、語言），從中根據生產的規則（語段、談話或文法）產生先後次序。聲音的元素或多或少與複雜的先後次序有關，而在音樂中，我們用節奏、旋律與和聲去描述它們；對噪音，我們則從中指認出週期、音量和個性。

3.一個特定的聲音結構會和生產、接觸與聆聽它的社會群體相關聯。

最後一個相關性是一個激烈辯論的理論問題（Martin, 1995）。步驟所提到的相關性，其實還在爭論之中，有少部分的人認為聲音變項與社會變項的相關性是可以被預期的，因為音樂就是各種社會脈絡下的一種指標（indicator／指標的觀點）；還有一群人認為，聲音與社會的相依性是因為它們的結構相似，社會的秩序會被音樂要素的秩序所反映（homologies／異體同形的觀點）。另外還有人認為，音樂創作獨立於當下的社會領域，擁有一股預示烏托邦的力量去預測社會秩序，因此只要注意某幾種音樂形式的表現，可以看見未來（prophetic function／預測功能的觀點）。

我不想把重點擺在民族音樂學、社會學、社會心理學或哲學的證據去說明音樂和社會的關係。我關切的是這些論點的方法學問題：如何證實或否證音樂能反映或影響欣賞它們的社會脈絡呢？聲音受到它們所處的社會脈絡影響，因此音樂會留下社會脈絡的痕跡。在此意義上，我們可以將聲音看成是一種再現的媒介。

塔葛（Tagg, 1982）將音樂的聲音（musical sound）分成四種（見表15.1）：作曲者感受到的聲音（M1）、表演或可能是被錄製的聲音客體（sound object）（M2）、寫進樂譜的聲音（M3），以及被聆聽欣賞的聲音（M4）。聲音是在有意或無意的情況下，由某人所產製，而被其他人所接收。聲音事件的產製通常稱作「創造產製」（希臘字源為「poiesis」），

💡 表15.1　聲音分析系統

活動	紀錄、追溯	脈絡
產製（M1）	聲音的錄製（M2） 轉錄（M3）	歷史脈絡 社會系統
接收（M4）	次級編碼（M3）	

而聲音的接收與欣賞則稱為「美學感受」（希臘字源為「aesthesis」）。聲音可以是故意產製出來的（例如，音樂的創作），也可以是無意中從日常行為產生的，例如，開車時製造的噪音。聲音的接收也是如此，可以是有目的的接收，例如，聽演唱會，也可能非有目的接收到的聲音，例如，路上車輛的噪音或是鄰居們的「音樂品味」（musical taste）。在這兩種脈絡下，聲音的聆聽欣賞可能很不一樣。

　　聲音通常被記錄下來以便於日後追溯。為了便於分析，這些紀錄需要被轉錄在一個特定的符號系統，標記這些音樂事件的某些特徵，但同時忽略其他特徵。最後，這些聲音事件是在一個社會系統的脈絡下發生，我們想要透過檢驗其聲音的產製與接收來瞭解這個社會系統的運作狀況。「文化指標」的問題被定義為搜尋系統性的產製／接收與聲音紀錄的相關性，以及這些聲音紀錄和社會系統脈絡之間的相關性。所謂「相關性」（correlation）不必然意謂著一種嚴格的次序或間隔標尺值的統計相關性，而是這些特性之間簡單的共生狀況（co-occurences）或是結構上的相似性。

 ## 錄音與轉錄

　　音樂主要是一種時間的聲音事件（a sound event in time），所以若要分析它，必須要保存紀錄。要記錄音樂有許多方式，例如，使用留聲機來錄製聲音的信號、用音像影片（tonal film）錄下整個音樂事件，或是把它轉錄成一般的樂

譜。

　　錄音技術在二十世紀有長足的進展，但所有的錄製基本上都由兩個要素構成：麥克風與錄音機。在錄音時，我們必須考量的是產製音樂或聲音時的聲音來源的數目。一個分析的取向會考量不同的來源，包括各自獨立的聲音以及它們之間的混音。具有多個麥克風的多通道錄音設備（multi-channel recording amchine），對於錄製複雜的聲音源（例如管弦樂團）是有必要的。而單一頻道的錄音機只有一個麥克風，比較適合錄製單一歌唱者的聲音。無論是錄製簡單的爵士樂、搖滾樂團，或大規模的管絃樂隊，我們都需要注意麥克風的位置，以便將不同來源的聲音清晰錄製下來（見，例如，Nisbett, 1983）。為了區分街頭上的不同聲音，為了要分析低音部分，或是分析爵士或搖滾演奏會中的鋼琴或吉他的聲音，都需要聲音被清晰地錄製下來。研究用途的錄音品質，介於不可靠的現場聆聽者的記憶，以及音樂工業製作的完美的高傳真錄音之間：必須有適當的清晰度供分析之用。

　　將音樂和視覺表演分開，被錄下的聲音其實已經是經過選擇的。洛麥斯（Lomax, 1959）對「完整音樂事件」（total musical event）的定義包括音樂家、聽眾及場合（occasion），是活動的複合體，不只是聽覺的，也包括視覺的，更涉及許多現場的動作。因此，為了錄製某些聲音事件，取決於類型和研究目的，影片或錄影帶會是最合適的媒介。所以，比方說，一首流行歌曲的樂譜（sheet music）或一首爵士樂經典曲（Jazz standard），只是對俱樂部實際現場表演非常有限的紀錄而已（Tagg, 1982）。

　　許多音樂文化已發展一套標準的記譜法（notation）來記憶音樂、協調表演，或是教導初學者。記譜法在音樂的發展上，已演變成額外的文化力量（Sloboda, 1985: 242ff）；在社會科學裡，可以把音樂的樂譜拿來分析。音樂記譜法的目的在於捕捉聲音的某些特徵，可當作音樂的產製脈絡的指標。因此，社

會研究可使用現場錄音及轉錄，或是現有的錄音和記譜法，並且藉此為特定目的發展出次級記譜法（secondory notation）。

初級記譜法（primary notation）以特定方式再現原初的聲音事件，原則上可用很多不同的方式達成，例如，鋼琴琴鍵上第四個八度音階的「la」，在西方的樂譜中是以第一個八度音階的「la」多加一個小點來表示，藉此代表它的音高與長度。但它也可被再現為：

P57　　u200　　190

其中，P57代表音高（pitch），u200代表節拍長度（duration），而190代表強度（loudness）。同樣地，它也可以用另一種供電腦計算使用的形式，以函數的方式呈現：

Pitch_event [pitch (a4), duration (q), loudness (mf)]

這些描述方式都擷取了聲音的某些特色，但也忽略了音振（vibration）、起奏（attack）及漸弱（continuous fading of the tone）等特色。一般而言，西方的樂譜由五條線所構成（Read, 1969），然後會有一個音部記號來描述音高的層次（例如，高音譜記號與低音譜記號）。另外還會有一些作記號用的小黑點來代表一個音調的長度，而音符的位置則代表音調的高低，另外還有一些如休止符、連結號等符號，在這個樂譜中，節奏、和聲、旋律等都可以簡單地表現出來。但是卻無法表現出比半音階更小的音調變化。在很多歌唱文化中（例如藍調），都喜歡運用比半音階更小的音調變化。為了要更精確地轉錄這些細微的變化，俗民音樂學者（ethnomusicologists）研發出一種「旋律記譜儀」（melograph）的方法（見Merriam,1964）。對社會研究目的而言，通常需要研發出一個與目的相關的轉錄系統（例如，在民族歌曲研究中對於跨文化的歌唱事件的

比較），或是去分析音樂錄影帶（見下）。而次級記譜法
（secondary nototion）就是取初級記譜法當作它的基本資料。

　　學術音樂分析的傳統將樂譜（musical score，大部分的
樂譜都以傳統西方記譜系統書寫）視為可揭露音樂建構法
則的原始資料（Bent and Drabkin, 1987）。音樂學的分析
（msuciological analysis）著重音樂的內在結構，而社會科學的
分析重視音樂內在結構特性與其外在接收／產製類型的關聯。
重點在於決定那些特性是有意義的，也就是內在結構特性與外
在產製與接收特性間存在著一種非隨機的關係。在此，我們
要想到寶德（Dowd, 1992）與史汝樂（Cerullo, 1992）的「旋
律特徵指標」（indexes of melodic features）或是Alexander
（1996）對流行音樂產製多樣性的測量方式。

音樂的意義：內部和外部指涉

　　若音樂或聲音具有語言的特質，那它們就和語言一樣有
結構法則和實際功能，但它們是否有語意學的特質則有爭議
（Reitan, 1991）。換句話說。音樂的元素會給我們不同程度的
感受，但非單純指涉一個東西。音樂的內涵意義很豐富，但很
難定義音樂單位的外延意義。例如說，貝多芬第九號交響曲有
嚴謹音樂結構與社會功能，可用來慶祝1989年柏林圍牆倒塌和
德國即將統一，或是在1999年慶祝歐元誕生。但此曲目除了社
會用途之外，是否另有語意學上的意義，並不確定。

　　我們可以區別音樂的內部和外部指涉（internal and external
references）（Mayer, 1956: 256ff）。以內部指涉來說，一首
樂曲可能會藉由「引用」一段旋律或和聲模式來指涉過去的音
樂。在古典和爵士音樂中，這種做法在「主題與變化」類型中
很常見。一個音樂概念可能得自他人，新的音樂再圍繞這個音
樂概念而發展出來。外部指涉可以是模仿（mimetic）事物的特
性，或是其內涵（connotative）的部分；內涵的部分被分成氣

質和象徵兩種。模仿通常是(1)藉由相似的聲音模仿世界上發生的事情，(2)模仿情緒的緊張和放鬆。例如，大象緩步走路的聲音在音樂上可以用低音號的一連串低音來代表，跑上樓梯可以用豎笛吹奏逐級走高的音階表現。在音樂形式的理論（theory of musical form），模仿的嘗試被稱作標題音樂（programmatic music）：知名的穆梭斯基（Modest Mussorgsky, 1839-1881，俄國）的鋼琴組曲「展覽會之畫」（1874）、白遼士（Hector Berlioz, 1803-1869，法國）的「幻想交響曲」（1830），甚至是吉爾‧艾文斯和邁爾斯‧戴維斯合作的「西班牙素描」（1960）皆屬之。其次，內涵意義主要來自明顯的印象和相關氣質。意義也許會自發性的出現，也或許是和它給人的第一印象和感受有關。音樂素材本身沒有什麼特別的，完全是靠特定聽眾的聯想。最後，音樂的內涵也許會被社會團體所分享，例如，一個團體會試著用一首歌、或一段管弦樂來描述他們的歷史或努力過程。這個明顯造成的關係是集體培養的。通常是藉由音樂和其可能意義的言說來加強的。我們發現音樂表現一個特定國家的特質。其他象徵內涵的形式，來自於十八世紀法國的符碼，某些音調永遠表現出某種感覺和情緒，例如，C大調代表共同的慶祝、歡欣，F小調代表一種悲嘆和憂傷（Nattiez, 1990: 125）。

音樂的功能性分析，考慮的是另外一種形式的意義：在特定情境下，音樂的活動有什麼效果？音樂被用來加快工作的速度（Lonza, 1995）、鼓勵愉悅（Frith, 1988）、支持宗教事件（Leonard, 1987）、醞釀社會抗議（Pratt, 1994），或是藉由表現品味和社會區隔而造成一種對他者的排斥（Adorno, 1976）？這些問題與音樂的實用學（pragmatics of music）有關。

聲音是一種入侵人類聽覺系統的物理事件，被理解為具有強度、音高、音量、密度和複雜性。音樂的世界是從一個範圍的聲音中挑選出來，從而將音樂與噪音區分開來，音樂是有意圖的聲音（intended sound），而噪音則是非意圖的聲音（unintended sound）。我們也可將聲音分成自然的聲音（如風聲或鳥鳴）與人為的聲音（如有目的產製的音樂或擾人的噪音）。長時間暴露在擾人的噪音下，等於是接受一種酷刑。噪音是一個被密集研究的主題，因為它對人類工作或居家的福祉帶來潛在的危害（Jansen, 1991）。

音樂史可以被描述成音樂和噪音之間的界線變遷的過程：過去的噪音可能是現在的音樂。對納提茲（Nattiez, 1990）而言，噪音是一個符號學的問題，取決於變遷中的定義。它被主觀地定義為某種「令人不同意的」或「擾人的」東西，決定於慣例的判準，例如音量太大，或是缺少某個音高，或是失序混亂。此一社會變遷乃出於一個事實，亦即音樂與聲音之間的界線，在產製、物理描述和審美判斷的領域上並非同一的（見表15.2）。作曲家選擇稱作音樂的東西可能在物理上是和諧的，而且對聽眾者來說是可同意的（見表15.2的第一行）。另一方面，音樂家的音樂可能在物理上超出和諧的音頻範圍，但仍屬可同意的聲音的範圍（第三行）。再看此表下方，音樂家的聲音可能既超出和諧的音頻範圍，也被聽眾拒絕（第四行），這對一般聽者構成的一項挑戰，而這種現象在音樂史上相當常見。例如十二音列（12-tone music），經歷半世紀仍不被許多人所接受；或是1960年代初期的吉米‧亨德里克斯（Jimi Hendrix）的吉他演奏或約翰‧柯川（John Coltrane）吹奏薩克斯風具有特殊個人風格的「即興演奏」（sound sheets），都曾經引起很多（及持續）的反彈，但如今已變成廣受推崇的音樂

表現古典形式。（表15.2）第五行代表的是一些甚至不是音樂家會選擇的噪音。

音樂期待（musical expectation）與音樂產製（musical production）之間的斷裂，具有社會意涵，可以當作社會指標。阿達利（Attali, 1985）有一本書探索噪音在過去數世紀以來的「預言力量」。他認為，噪音是一種非常敏感的感知世界的方式。對他而言，觀察音樂創作可以預示社會的演化：「音樂是預言性的……而社會組織呼應（音樂）；……變遷的跡象銘刻在噪音上，比變遷轉化社會的速度還要更快」（1985: 5）；「我們可以在音樂的危機中聽到社會的危機？」（1985: 6）；「它讓新世界先被聽到，再被看到」（1985: 11）。音樂不只以既有的秩序再現當前事物的狀態，也同時打破了成規，「噪音」預示了社會危機，並指出新秩序的變遷方向。當前的噪音宣告了新的政治和文化秩序：「音樂引進了新的秩序」（1985: 141）[1]。

表15.2　音樂／噪音區分

創作層次： 作曲者的選擇	中立層次： 物理描述	美學層次： 感受、判斷
1 音樂	和諧的音頻範圍	令人同意的聲音
2 音樂	和諧的音頻範圍	令人同意的聲音
3 音樂	複雜的噪音	令人同意的聲音
4 音樂	複雜的噪音	無法接受的噪音
5 噪音	複雜的噪音	無法接受的噪音

---

[1] 譯註：阿達利（Jacques Attali）對音樂和政治經濟的互動，提出了歷史性的解釋，分成四個階段：犧牲、再現、重複與作曲階段，分別代表的是為宗教而演奏、商業目的的職業性現場演奏、為錄製唱片而作，以及未來民眾自由地為自己創作等四個社會階段。換句話說，對阿達利而言，音樂史是噪音被含納、轉化、調諧，進而傳播、創造出新社會秩序的政治經濟史。詳見中文譯本：宋素鳳、翁桂堂譯，《噪音：音樂的政治經濟學》，台北：時報。

把噪音的研究當作文化的指標，阿達利專注在人造的聲音、有目的生產的音樂表達。在加拿大作曲家夏佛（R.M. Schafer）對聲音地景（soundscape）的分析中，把聲音看作是包含了自然和人造的聲音。聲音地景這個詞是類比地景（landscape）而來的（見表15.3）。他指出世界的聲音地景在改變：當舊聲音消失，不同於舊聲音質量、強度的新聲音就被創造了！我們常常忽視日常周遭的聲音，但我們其實被它們所影響著。世界的聲音地景是「巨大的音樂作曲」，並非出於偶然。透過他的世界聲音地景計畫（World Soundscape Project），夏佛促成了一股記錄、分析、評價、書面化與重新設計世界的聲音生態學的社會運動[2]。這個運動的源起是一個有趣的混合，融合了他們對於各種層次的「噪音污染」（noise pollution）感到憤怒；希望維護保存瀕臨滅絕的聲音，例如馬車的聲音，讓後人有所記憶；增進吾人對於被忽略的聲音的敏感度，具有改善聆聽能力的治療效果；蒐集並錄製噪音，再用以創作音樂；啟動噪音廢除與改善的任務，以便「在這個有關我們的世界中，追尋聲音的和諧力量」（Schafer, 1973; Adams, 1983）。

音樂的記譜法無法適當地描述噪音（在Harley-Davison之前，噪音完全是在無助狀態：Schafer, 1973），而物理的測量技巧對於測量日常的噪音，又太過於麻煩累贅！因為這些困難，夏佛建議應發展多種不同的研究技術。

要錄製聲音，可藉由在不同場所設置麥克風一整天或更久。持續測量噪音的音量，以取得一個音量檔案（loudness profile）。將這些檔案加以比較，以便測量集體生活的韻律，以及某些噪音在不同社群的重要性：例如，比較都市和鄉村的環境。與當地人交談，並且探索這些檔案，比方說，在一個瑞

---

[2] 原註：聽覺生態學世界論壇的網址是：http://interact.uoregon.edu/MediaLit/WFAEHomePage。

💡 表15.3　地景與聲音地景比較

視覺的地景	聽覺的聲音地景
目擊	耳聞
設計vs.自然	自然與人造聲音的比率
洞察力	敏銳的聽力
外形—範圍	信號—噪音、高傳真、低傳真
望遠鏡	錄音
顯微鏡	分布
照相	聲譜儀
精神分裂症	精神分裂症
優勢=高度、大小	優勢=音量
形象之境	傳聲之境

士的鄉村裡，教堂的鐘聲不只是時間信號，也被用來預測天氣：遙遠鐘聲的傳遞會隨著空氣壓力變化而有所不同。天氣在鄉村生活裡具有聲音的特性，但在都市環境裡則沒有。

「聆聽漫步」（listening walk），它可能發生在特定的場所，例如，一個地景、一條街或一棟建築，漫步的同時也要刻意注意噪音。這個方法使我們重新活化聽覺並增強意識，在聲音地景研究中，這也被用來訓練受訪者，以便讓他們更能談論通常被忽略、難以用言語表達的聲音環境。

「聲音日記」（sound diary）也是記錄環境資訊的技巧，通常要求受訪者記錄一天或更長一段時間的聲音，以及／或是在事先定義的間隔（例如，每三十分鐘）描述那些立即聽到的聲音。除了有提高吾人關於這個可聽環境（the audible environment）意識的效果之外，系統性的錄音也提出其他問題：用什麼語言來描述聲音？我們是否只用聲音特性（例如，音量大小、時間長短、破裂聲、短促尖聲、鎚擊聲）、聲音來源（車子經過、時鐘滴答響），或用立即的情感經驗和意義來描述聲音呢？因此，一份聲音日記，例如，在一筆記錄中的多

欄資料中，可區分出三種資訊，分別是聲音特性、來源與意義，雖然其他欄位可能記錄如時間、地點和觀察者活動等資料。聲音日記的蒐集與比較，相當於一種對於一群人的「正常聲音地景」（normal soundscape）的描述，因此也可以當作一種文化指標，它的變遷可以進行跨情境和時間的紀錄。

夏佛（Schafer, 1973）建議一些可刻劃不同聲音地景的分析概念。這個聲音是高傳真（hi-fi）或低傳真（lo-fi）？高傳真的聲音，就像我們可從音樂光碟（CD）播放機預期到的，具有清晰的聲音，可以排除周遭環境的噪音。低傳真的聲音，聽不到清晰的聲音，因為周遭的雜音較強。鄉村的聲音環境較高傳真，城市則較低傳真。再者，科技的和天然的噪音相對比率正在改變：夏佛根據文學和人類學資料推估，在「原初文化」時代，人為和天然噪音的比率是5:95，到了前工業化社會是14:86，而後工業文化則變成是66:34。

 ## 民歌演唱學：歌唱作為文化指標

亞倫・洛麥斯（Alan Lomax, 1959, 1968, 1970）是研究民間音樂（folk music）的先驅者，把民族歌曲發展成一種文化風俗的診斷工具：也就是「讓我聽聽你怎麼唱歌，我就可以告訴你，你是如何成長的」。傳統的民俗歌曲是口耳相傳的，沒有正式樂譜記載，並且是由非專業音樂家所表演，而這和某些特定的社會事件有關，例如，工作、宗教儀式、養育小孩或社會抗議。洛麥斯產生研究民俗音樂的靈感，是因為他發現美國黑人和白人之間在民俗歌謠上的差異，也來自於他在1950年代遊歷西班牙和義大利的經驗，從中發現南北歌唱風格有很大差異：北方是公開、低沉渾厚的合唱，例如阿爾卑斯山的唱詩班；而南部則是封閉的、個人的高音獨唱，例如義大利小夜曲（serenade）或安達魯西亞的佛朗明哥（flamenco）。他的觀察得到傳統的義大利音樂偏見的證實，亦即認為「南方人沒辦法

一起唱歌」。根據這些觀察，洛麥斯發展了一個有關歌唱和社會因素之間關聯的假設，特別是婦女的社會地位、對婚前性行為或小孩管教採取比較放縱的態度。也就是說，壓迫和殘酷反映的是，支配與剝削的在地歷史與這種高音、封閉的、個人獨唱的唱歌風格之間的關聯。

一首歌是「一種複雜的人類行動——音樂加上演說，藉由某種行為類型，在一個特殊情境下，將表演者連結到一個更大的群體，造就一種共同的情感經驗」（Lomax, 1959: 928）。這種音樂具有一種社會功能：「音樂最主要的效果是提供聽者一種安全感，因為音樂象徵了他（她）出生的地方、他最早的孩提時期的滿足、他的宗教經驗、他參與社區活動的樂趣、他的愛戀和工作，在在俱屬個人的人格型塑的經驗」（1959: 929）。洛麥斯認為，民俗歌謠是文化特徵中最保守的部分，比其他藝術形式有更長的變遷週期，因此最能當作文化和文化變遷的指標。民俗音樂是一種「完整音樂事件」，是脈絡中的音樂，因此是藉此瞭解聽者／觀者。口語傳統的民俗歌謠融入在地脈絡，並且從它所生成的情境中成形、取得能量與正確評價，並且非常緊密地反映這些條件。純正的民俗歌謠是一個標誌，是一種從它和生產條件的關聯中得到意義的符號。

在1962到1970年之間，洛麥斯和他的同事分析了3525首取樣錄音自233個不同地方的民俗歌謠（這些地方的選取，依據的是世界民謠音樂地理圖鑑）。他們提出一種「民歌演唱學」（cantometnics）的分析系統，主張同樣的「音樂元素」（Phoneme）在不同情境脈絡下代表不同意義。多達37種民族歌曲的特徵，包括群體活動、節奏、旋律、音節、速度，以及文本和發聲特徵，被詳細定義的量表編碼記錄下來（Lomax, 1968: 34-74）。這種系統是一張「刻意粗疏不密的網，……目的（不在）描述音樂上的各地土語、方言，而是為了指出在區域或地域層次上的音樂風格差異」（Lomax, 1968: 35）。這些音樂變項在統計上和各地的社會文化變項（例如，農產品形

式、社會階層化的複雜程度、性道德觀的嚴峻程度、男性宰制和社會凝聚程度）有關。

這些研究的結果如下。首先，研究者提出一種將世界上的民俗歌謠風格分成九類的分類系統：美洲印地安（Amerindian）、非洲部落（Pygmoid）、非洲（African）、美拉尼西亞（Melanesian）、波里尼西亞（Polynesian）、馬來亞（Malayan）、歐亞大陸（Eurasian）、舊歐洲（Old European）與現代歐洲（Modern European）。其次，在個體——凝聚的面向上（A型與B型），他們發現有兩種主要的歌唱類型。第三，他們提供了一個假設驗證，關於歌唱風格和在地文化的情感經濟（emotional economy）之間的關係：

> 最不利於單一群體團結的狀況有兩種男性的支配：一是直接宣告（男性的優越），一是透過控制女性的性意識，兩者都可見於將令人不安的與率性而為的噪音引進於歌唱發聲當中。（1968: 198）

男性／女性在維生工作上的互補性，也反映在凝聚、多聲與放鬆的歌唱風格上；壓力施加在嬰兒的程度（例如割禮），也與歌唱時的音域有關。協同合唱的可能性的降低，與男性的侵略性、維生工作的組織鬆散程度、社會階級嚴明、男性在生產上的支配地位，或是對女性的性意識進行壓迫控制等因素有關。

洛麥斯的民歌演唱學受到尼托（Nettl, 1990: 48）的批評，以其分析樣本只來自少數樣本的原住民音樂，分析語言主要是西方式的，而且在許多案例中，它的分類方式也不盡適當，而「真正的瞭解」需要用的是當地的分類方式。每個地方抽樣的歌曲只有大約10首，不足以涵蓋當地歌曲風格的多樣差異，造成分類粗疏簡陋，分析上出現很多異常現象。最後一個問題是，在洛麥斯對於地方音樂文化的研究中，抽樣侷限在歌曲

上，而將樂器民俗音樂排除在外。不過，雖然有上述缺陷，他的資料還是提供我們一個基本工具，觀察世界音樂文化多樣性是否正逐漸喪失，也讓我們得以瞭解當社會族群遷移、社會關係演化，並發展出混雜的音樂表達形式時，可能會發生什麼樣的狀況。

音樂特色分析：裝飾、複雜度和多樣性

根據西方觀點，大部分音樂事件都可以用以下面向分類：旋律（melody）：也就是我們能夠輕易記起來的一連串音符；和聲（harmony）：就是將旋律加以編排的系統；節奏（rhythm）：音樂進行的時間安排；分句法（Phrasing）：也有人稱之為相位，就是一段音樂之間的連結和分段；力度（dynamics）：音量和速度的變化；曲式（form）：各大段重複的方式；配器法（orchestration）：也稱為「管弦樂法」，就是針對不同的樂器安排特殊的角色。每個面向都有其慣例存在，個別或結合來看，可以當作文化指標。

■曲調裝飾偏離預期

史汝樂（Cerullo, 1992）發展了一套測量聲樂／演奏樂（例如國歌）旋律進行的方法。他的理論靈感在於探討「音符使用習慣」、「偏離這些習慣」，以及「最後產生的注意力」三者之間的關係。其中的假設是：若偏離慣例的旋律會提高聽眾的注意力，使聽眾從被動轉為主動去探索音樂的意義。為了探索音樂的這種振奮力量，史汝樂發展了一套旋律語法（melodic syntax）。旋律原本是一些沒有意義的音符，合起來成為一段容易記憶、哼唱的完整形式。一個旋律的結構是音符之間的關係。單一的音符沒有任何意義：它的意義來自於它與其他音符的關係，其他音符可能一樣、高些或低些。旋律線（或旋律的進行）就像一個連續體，從習慣性、穩定沒有太大

變化的旋律，一直到經過許多裝飾和扭曲或是體現對比，或是在旋律進行上不規律與難以預測的，以及使用大量範圍的聲音來創造新猷。有四種變項被用來代表這個連續體：旋律變化的頻次、變化的強度、旋律線結構，以及主要音符的強調。

分析工具是音高—速度矩陣表（pitch-time matrix）（見表15.4）。這個分析工具呈現的是音樂事件的兩大特色：音樂的速度或拍子，以及音高的等級。音調高低和是不是偏離自然音階有很大關係。若某歌曲的主旋律是G調（G大調或G小調），那麼A音符就被記錄成+2（因為比G高兩個半音），下一個音若是E，就記錄成－3（因為比G低三個半音）。以〈天佑吾皇〉（God Save the Queen）（譯按：英國國歌）這首曲子的前兩小節為例，其音高—速度矩陣圖可顯示如圖15.1。因為每一首曲子的主音都會記錄成0，所以可將不同曲子放在一起比較。分析指標的定義如下：音頻（frequency）指的是旋律直接轉變的次

表15.4　〈天佑吾皇〉前兩小節的高音—速度矩陣表

音符	速度／拍子	音高等級
G	1	0
G	2	0
A	3	2
F#	4	-1
G	5.5	0
A	6	2
B	7	4
B	8	4
C	9	5
B	10	4
A	11.5	2
G	12	0
etc.	etc.	etc.

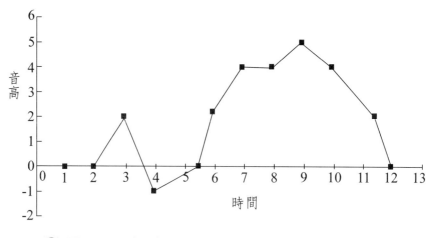

💡 圖15.1 〈天佑吾皇〉前兩小節的音高—速度矩陣圖

數。強度（magnitude）是指依照旋律平均的音程，去判斷旋律變化激不激烈。音程分離（disjunctures）是指旋律的變化，若是連續、緊接的，旋律就會平穩，反之則顯得斷斷續續。強調（ornamentation）是聚焦於音樂和文字間的關係，有時歌詞的單一音節用好幾個音樂去表現，就是在強調和加重這個歌詞。裝飾音（decoration）的情況也是用的音符數量比歌詞的音節還多，而且頻繁地以此方式表現。這些測量指標每個都有精確的從音高—速度矩陣表所衍生而來的數學定義（Cerullo, 1989: 212ff），可賦予每首分析歌曲一個分數。

用這四種旋律變化的指標分析154首各國國歌，史汝樂發現越多變化的國歌，變化的強度也越大；音程比較分離的國歌，會用比較多的強調手法。因此，分析結果可呈現出一種「整體音樂裝飾」的連續體。這個研究具有內在一致性，外在效度也夠，因為能夠適用於分析不同地理區域、不同歷史時期與不同政治環境所採用的國歌。

不過，這個研究的明顯限制在於它隱含了西方風格音樂的假設：因為要用音高——速度矩陣表的前提是主調和12個半音的音階，但這套假設對許多其他文化的音樂來說可能是錯誤的。

■流行音樂中變遷的複雜性

竇德（Dowd, 1992）分析1955到1988年的英美流行歌曲排行榜上的「冠軍」歌曲。音樂就像是一種語言，可被以「限制性」或「複雜的」方式使用，而關鍵問題是去歷時地測量歌曲變化的複雜性。追隨史汝樂（Cerullo, 1992）的做法，可建構出三種流行音樂的變項：旋律裝飾（melodic ornamentation）、旋律形式（頻次、方向、音程分離）、和弦結構（主和弦、次和弦及第一、二、三和弦的比例）。每個變項依分數高低與精緻複雜程度排列為連續體，並且進一步將歌曲依照節奏（每分鐘有幾個拍子）、長度（分鐘），以及是否為樂器演奏或演唱加樂器伴奏等面向進行編碼。這組依變項和控制變項按年別連結一組描繪音樂產業的自變項，以檢驗其集中度假設（the concentration hypothesis）：占據前十大歌曲的唱片公司家數越少，前十大歌曲的音樂符碼就越受限制，這種特性被稱作「音樂能趨疲」（musicla entropy）（Peterson and Berger, 1975）。時間系列的迴歸分析並未證實在旋律形式上有其集中度存在，但在和弦特質上證實有集中度存在。前一年份的十大歌曲的很多唱片公司在次一年份增加了和弦的複雜性，但每年歌曲營收快速增加時，卻對合唱結構（choral structure）產生了限制；任何一年的前十大歌曲占的營收越少，越可能出現較精緻的音樂。再者，不論在旋律或和弦上，黑人音樂家和表演者通常使用較精緻的音樂符碼。同樣地，較長的歌曲或純樂器音樂也使用較精緻的音樂符碼。不用鍵盤、使用電吉他、歌手演唱他人作品，以及每年較大的營收，導致比較侷限的音樂表現。

用簡單的數字對旋律及和聲進行編碼，竇德和一些人（例如，Alexander, 1996; Peterson and Berger, 1996）建構了一組指標，可以測量生產的外在狀況對音樂內在結構的影響程度，因此，詳細地展示了流行文化的音樂表現的自主性，如何受到市場供給狀況的限制。我們知道越多這些限制，就越有信心反過

來用音樂文類分析結果作為瞭解生產脈絡的指標，而這可能是一種省錢又快速的方式，可以取得有關音樂的商業趨勢和發展的資訊。

 ## 邁向音樂多媒體的分析

庫克（1998）提出研究流行音樂影像片段的方法。此處最大的挑戰是指認音樂對意義建構的貢獻，但影像、歌詞和聲音交融在一起。合在一起欣賞，與分開去理解影像、歌詞、聲音這三種文本，是很不一樣的。雖然三個元素（影像、文本與聲音）之間可互相詮釋，影帶中的音樂似乎常變成了背景，甚至連分析者有時都沒有注意到：「音樂錄影帶的最佳分析作品⋯⋯是未被相對粗疏的音樂結構描述類目和分析所侷限的」（1998: 150）。

為了填滿此一分析上的空白，庫克以瑪丹娜的〈拜金女〉（Material Girl）（1985）音樂錄影帶為例，建議了一種圖示的分析方式。首先，將文本和音樂特徵並列。歌詞由四行的反覆與疊句所組成[3]，而音樂結構也以同樣特點的元素支持這種的雙

---

[3] 譯註：瑪丹娜的〈拜金女〉歌詞都是以四行疊句及反覆所組成的，例如：

四行疊句

Some boys kiss me, some boys hug me.

I think they're OK.

If they don't give me proper credit.

I just walk away.

四行疊句

They can be and they can plead

But they can't see the light. (That's right!)

Because the boy with the cold hard cash

Is always Mister Right.

元性。音樂也提供了重複的前奏和結尾。音樂事件展示它的特性，從第一小節到第137小節，以四到八小節為單元組成前奏、反覆、疊句和結尾，這顯示了這首歌曲由三種較大的部分反覆和延伸的單元所組成。

其次，將音樂和影像並置在第二個圖上（譯按：可參考Cook, 1985: 160）。這個圖比較複雜，有十一條線：八小節為單位的音樂素材（第一條線），對照所有其他同步的元素：持續的基本旋律（第二條線）、前奏一（第三條線）和前奏二（第四條線）、反覆（第五條線）和疊句（第六條線）、結尾（第七條線）。影像素材透過鏡頭強調（第八條線）、第一台攝影機（第九條線）和第二台攝影機（第十條線），最後就是鏡頭的持續時間（第十一條線）。此一圖表展示不同元素如何在音樂的連結與斷裂中改變——前奏、反覆和疊句如何得到重複的或演化的視覺處理。

音樂品味：社會位置的索引

音樂素材被拿來當作社會指標使用的最後一個領域，是在音樂品味和欣賞的大規模研究中：告訴我你在聽什麼，那我就告訴你你是誰。阿多諾（Adorno, 1976）指出有七種音樂接收的類型：專家、優良聽眾、文化消費者、情緒聽眾、憤怒聽眾、娛樂聽眾，以及對音樂冷漠的聽眾。這些類型將現代工業社會的聽眾特點都描寫出來，他們再現了音樂與聆聽行為之間，以及描述聽到什麼的能力的「適當能力」。這些分類方式

反覆（副歌）

'Cause we are living in a material world

And I am a material girl.

You know that we are living in a material world

And I am a material girl.

引起諸多批評（見Martin, 1995），或說它缺乏實證基礎（阿多諾並沒有說明各類聽眾所占的百分比的依據為何），或說它有音樂菁英主義，這種菁英主義將「聆聽的適當能力」保留給了專業人士，因此是一種有閒歐洲貴族的遺緒，卻將爵士樂迷貶抑為「憤怒」的聽眾，而且完全蔑視流行音樂。

布迪厄（Bourdieu, 1984）分析1960年代的法國品味，比較有經驗上的實徵依據。音樂品味是許多品味中的一種，是「習癖」（habitus）或「生活風格」（lifestyle）的一部分，具體表現在人們似乎理所當然般的好惡判斷上，是集體的而非個體的現象。在一項先驅的應用統計對應分析應用在問卷資料的分析上，人們被要求表達是否喜歡蓋希文（Gershwin）的〈藍色狂想曲〉、史特勞斯（Strauss）的〈藍色多瑙河〉，或是巴哈（Bach）的〈平均律全集〉，並且以此與其他藝術、日常品味和社經指標合併分析。這項分析指出二維的社會空間（two-dimensional social space），高或低的經濟資本（economic capital），以及高或低的文化資本（cultural capital）。這顯示出特徵（如開雪特龍2CV、喜歡爵士樂及在學校當老師）之間的重要語彙索引。此一品味地圖成為當前消費者研究的基礎。音樂品味確實可能是某種「生活風格」，或是（用更傳統的術語）某種社會位置的顯著標記。Buchhofer等人（1974）彙整了二十五種不同的研究設計，用來進行這類調查。除了音樂行銷（music marketing）的策略性應用之外，這些研究也顯示特定音樂的欣賞是功能性的，與人類普遍的傾向關聯較小，而與社會涵化所致的刻板印象較有關聯。

 ## 結論：又怎樣？

音樂意義的地位具有爭議性：音樂能否承載自身的意義，或必須搭配影像或語言？為了社會科學的目的，我們先擱置這個問題。因為我們將音樂當作社會結構的一種指標，因此從定

義上來說，音樂的意義應是來自與它和社會結構的連結關係。音樂是一種時間的事件：只有透過錄音和轉錄，方得用來分析或當成文化指標來用。本章已扼要介紹試圖以音樂素材為基礎來建構社會指標的各種努力：洛麥斯提出的對於演唱風格的普遍測量系統；史汝樂和寶德分別都試圖連結音樂旋律與各種社會力的關係；彼德森和柏格（Peterson and Berger）以流行音樂的測量結果當作音樂產業集中度的指標；夏佛的聲音地景研究既增進了我們對聲音污染的覺知，也保存了一個聲音環境的紀錄，那是充滿歷史變化與吾人並無記憶的部分；阿達利的觀點，也就是任何特定歷史時期的噪音，都預示了未來的社會結構；最後，庫克（Cook）對於音樂錄影帶的分析，可以成為尚未定義的社會指標的基礎。這些研究努力大部分都出自個別（或一小群）研究者，尚未被夠多的人（臨界大眾）所接受，所以也還未到可以建立分辨好或壞的言說的時機；主要問題似乎是還需先在社會科學中證明自己的份量。

在社會科學中，語文資料獨領風騷，而聲音和音樂仍較少被用來進行社會科學研究。聲音在當前社會的無所不在，它們普遍的感染情緒力量，以及音樂作為一種符號再現的媒介，在在顯示聲音和音樂是很有用的社會資料來源。不過，這種潛力目前為止尚未搭配有效的方法學和足夠的研究。對我而言，我並不清楚到底這種狀況是由於這種媒介的本質，或是出於歷史的意外所致。就好像學術界的狀況，由於有限的資源和時間，研究者需要的是蒐集和分析聲音資料的有效方式，以便與民意調查、焦點團體座談或文本素材內容分析的效率相匹敵。這些方法的效率並非從天而降，而是多年來理性化（rationalization）與產業化（industrialization）的結果。到目前為止，聲音素材仍是未起步的領域，仍有待社會科學方法學上的深耕。

建構音樂指標的步驟

1. 決定一種可能具指標意義或可進行跨社會團體或跨時比較的音樂活動。
2. 對特定群體所生產的相關聲音素材進行錄音。
3. 轉錄相關的聲音特性（節奏、旋律與和聲等等）。
4. 根據轉錄資料定義一些指標。
5. 將這些指標和該群體的特質進行連結（驗證）。
6. 對這些指標進行跨社會團體或跨時的比較。

研究聲音地景的步驟

1. 選定錄製聲音地景的地點。
2. 決定可處理的時間抽樣底冊（sampling frame）：例如，錄一整天，或每半小時錄五分鐘。
3. 做記錄並測量音量，可以持續或間斷地進行，取得音量檔案。
4. 用語文描述這些被記錄下來的聲音。透過質性訪談來瞭解當地人對這些聲音的看法，或是寫下研究者自己對這些聲音的描述。
5. 另一種方法是，在錄製聲音的同時，也取得標準評分（standard ratings）或聲音日記等資料，讓受訪者依照事前定義的時間間隔記錄他們在環境中聽到的聲音。
6. 將這些聲音的特性、來源、音量和人們進行的活動列表整理，比較它們和地點及時間的關聯性。
7. 將這些列表加以濃縮，依據時間和地點去建立有特色的聲音類型。
8. 建立高傳真和低傳真聲音的估計值，以及自然和人造聲音的比率，並且進行跨時間與跨空間的比較。

PART **3**

電腦分析

第十六章

電腦輔助分析：
編碼與索引

本章作者：Udo Kelle

編碼（coding）
複雜檢索（complex retrieval）
電腦輔助分析（computer-assisted analysis）
假設檢驗（hypothesis examination）
詮釋分析（interpretive analysis）
一般檢索（ordinary retrieval）
質性資料（qualitative data）
理論建構（theory building）

雖然自1960年代中期就可以取得處理文本資料的軟體，一直到1980年代初期，質性研究者才發現電腦可以協助他們處理資料（Kelle, 1995: 1f）。在這之前，文本分析程式如General Inquirer僅僅吸引在量化內容分析領域中的一小群專家。對於使用電腦的厭惡，導致質性研究者遠離量化調查與實驗研究的主流。然而，在1960與1970年代，電腦變成不可或缺的幫手，同時，電子資料處理被許多社會科學家看成最多只是數字資料統計分析（或文本資料的量化分析）之用。想像電腦有朝一日會成為一種不可缺少的儲存、檢索和操作文本的工具，在以前是一種遙不可及的想法。

這個情況因為個人電腦問世而大幅改變。就像其他文人（*hommes de lettres*）一樣，質性研究者很快就發現新科技提供更快速操作文本的巨大可能性。在1980年代中期，幾個具備先進電腦知識和技術的質性研究者各自獨立開發質性資料分析軟體，雖然這類軟體大部分都為了特定研究計畫而設計，某些軟體由它們的開發者推出市場：例如，THE ENTHNOGRAPH、QUALPRO和TAP等軟體，開啟質性社會研究一系列應用電腦的發展。一些其他的套裝軟體，例如，NUD*IST、MAX、WINMAX、ATLAS/ti、HYPERRESEARCH、HYPERSOFT（只列舉其中一小部分），隨後陸續出現。現在，有超過二十種不同的套裝軟體可以協助質性研究者處理文本資料，而有些程式（特別是ENTHNOGRAPH和NUD*IST）在質性研究社群中廣泛被應用。它們的第一個版本，有的非常笨拙，對使用者並不友善，快速地獲得改良，並且增加了更多與更複雜的功能，這些發展是研發者之間的競爭的累積結果，在最新版本中都包含許多功能。現今，電腦輔助質性資料分析可被視為質性方法學範疇中發展最快速的領域，有自己的「網絡計畫」（networking projects）、研討會與網路上的討論群組（discussion lists）。

鑑於詳細描述這些套裝軟體的文獻（如Tesch, 1990；

Weitzman and Miles, 1995）總是面臨很快過時的危險，本章將不集中在特定軟體，而是討論電腦軟體可支援的質性資料處理與分析技巧，重點放在質性研究使用電腦的方法學面向。

 ## 概念性的議題

　　這個「被稱為瞭悟（*Verstehen*）的操作」（Abel, 1948），也就是文本意義的理解，不能只由資訊處理機器來執行，因為它（文本意義）無法被簡單地形式化（Kelle, 1995: 2）。然而，在文本資料分析中仍然涉及許多機械性的任務，質性研究過程通常產生大量的訪談資料、草稿、田野筆記和個人文件，若沒有處理好，會造成「資料超載」（data overload）（Miles and Huberman, 1994）。由於資料分析與理論建構在質性研究中緊密相互連結，研究者在研究過程中會產生許多理論概念，通常被記錄在無數的筆記本、手稿和資料索引卡當中，要想掌握這些浮現中的概念、論證和理論概念，會是一個龐雜的任務。

　　這些問題幾世紀以來已是必須處理大量資料的學者間所熟知的，許多處理大量資料的方式已被發展出來，大部分是基於多種索引的建構〔或「登錄」（register）、「重要語彙索引」（concordances）〕，或是在文本中納入交叉索引（cross-references），這兩種技術都可協助重要的資料管理工作：將具備共同特性的文本段落連結在一起，在電腦問世之前，「剪貼」技術是質性研究最常使用的組織資料的方法：研究者必須「剪下田野筆記、轉錄稿與其他資料，並且把其中與每個編碼範疇有關的資料，分開收納在不同的資料夾或牛皮紙袋中」（Taylor and Bogdan, 1984: 136；另見Lofland and Lofland, 1984: 134）。

　　要將這些工作電腦化，必須先建立一個非格式化的文本資料庫。不幸地，標準的文書處理軟體或是標準的資料庫系統，

對於建構非格式化文本資料庫的用處有限，因為它們不支援所需的資料管理的技術，例如：

- 標示的定義包含帶著文本段落的「位址」（addressses）的索引文字（index words），能被用於檢索加上索引註記的文本區段（text segments）。
- 藉由通常「穿梭」（jump）在文本間並將文本段落連結在一起的所謂「超連結」（hyperlinks），建構電子化的交叉索引。

特別為質性研究開發的所有的套裝軟體，是基於上述一種或兩種技術。再者，套裝軟體如THE ENTHNOGRAH、HYPERRESEARCH、HYPERSOFT、MAX、NUD*IST或ATLAS/ti的最新版，皆包含下列各種額外的功能：

- 協助儲存研究者的意見〔「備忘摘記」（memos）〕，能被連結至特定的索引文字或文本區段。
- 定義索引文字之間的連結。
- 藉由變項（variables）與過濾條件（filter）的使用，可對文本區段作限制性的搜尋。
- 對彼此有特殊形式關係的文本區段進行檢索（例如，在某個特定的最大距離內出現的文本區段）。
- 對資料庫的量化屬性進行檢索的功能。

 ## 電腦協助質性分析的技巧

實際的研究範例，可以顯示如何用這些技術去支援質性資料的分析。

在質性研究中使用電腦，不能看作是一種單一的方法，可按照順序一步接一步地進行的：事實上，它包含多種不同的──既有直截了當，也有非常複雜的──技術。可以確定的是，要從這些技術中作出正確的選擇，只能參照研究者本身的方法學背景、他或她的研究問題，以及研究目標。

必須先在這裡提出術語上的警示：「電腦協助（電腦輔助）質性資料分析」確實會被誤解，假如有人將THE ETHNOGRAPH、ATLAS/ti或NUD*IST看成是可以執行「質性分析」，等同於SPSS可演算變異數分析的話。這些套裝軟體是用來機械化排序與歸檔的任務，應說是「資料處理與歸檔」（data administration and archiving）的工具，多過於是「資料分析」（data analysis）工具。所以，「電腦輔助質性資料分析」在本章中意指文本資料的詮釋分析，而軟體是被用來組織和管理資料。

■發現文本區段間的差異、共同點和關係

透過田野調查或開放式訪談（open interview）蒐集非結構化的文本資料之後，透過在資料中找出結構，質性研究者可能想建構「事實的有意義類型」（meaningful patterns of facts）（Jorgenson, 1989: 107）。這通常透過比較不同資料，以便找出其間的共同點、差異或連結關係。在某種程度上，這個過程類似玩拼圖。分析者將從蒐集在某方面類似的文本資料著手。他或他將會分析其中的一些資料及其連結，這是它們可能被關聯或連結而形成一個有意義圖象的特殊方式。在他們著名的著作《紮根理論的發現》（*The Discovery of Grounded Theory*, 1967）中，葛雷瑟與史特勞斯（Glaser and Strauss）將這個過程命名為「持續比較法」（constant comparative method），透過小心與密集的比較而發現「根本的類型」（underlying patterns）。這個工作的核心必要條件是「編碼」（coding），也就是將文本段落連結至研究者先前已經特地發展或正在發展的範疇：

> 分析者一開始先將資料中的每一個事件編碼至儘可能多的分析範疇之中，不管是浮現（新的）範疇，或是資料吻合現有的範疇。（1967: 105）

在實作上，這意謂著：

在頁面邊緣空白處註明範疇，但（它）可以更精巧的執行
（例如，記在卡片上），它應持續記錄事件發生之所在的比較
群（comparison group）。（1967: 106）

大部分質性分析軟體透過「編碼與檢索」（code-and-retrieve）功能來支援範疇化及比較文本區段的過程（Kelle, 1995: 4ff; Richards and Richards, 1995），允許將「編碼」（索引文字）連結至文本區段，並且將資料中已被指配相同編碼的所有文本區段檢索出來（見圖16.1）。

文本段落的比較，可藉由連結整份文件的特殊變項來作選擇性的檢索，也就是將文本區段的搜尋限定於某種條件之內，例如，只從具有某些共同特質的受訪者中檢索有關某些主題的陳述。舉例來說，調查結婚夫妻家務分工狀況的質性研究者，會先檢索所有妻子談到家務的文本區段，接著對照先生們在訪談中對相同主題有所陳述的文本區段。

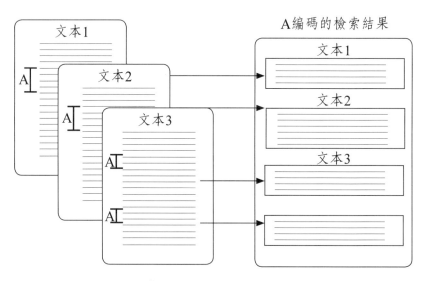

🔘 圖16.1　編碼與檢索

大部分的質性分析電腦程式是以「編碼和檢索」（code-and-retrieve）的功能為基礎。在一篇有關在質性研究中使用電腦的方法學面向的文章中，考菲等人（Coffey et al., 1996）提出警告，片面地注重編碼和檢索功能會造成忽略其他電腦輔助的技術，特別是超文本系統（hypertext systems）提供的技術。觀察詮釋科學（特別是歷史的與批判的聖經詮釋學）能確實瞭解索引（編碼與檢索）不總是最佳的支援比較文本區段（或是在聖經註釋中被稱為「對照表」）的分析工具。交叉索引（超連結）的使用是另一項資料處理的重要策略，在這裡可能有用。不幸的是，只有少數的套裝軟體，如ATLAS/ti與HYPERSOFT支援建構超連結。

■ 發展類型與理論

在許多質性研究計畫中，比較文本區段帶來描述性之類型的建構與理論的發展。由於質性研究通常從蒐集經驗資料開始，然後在這基礎上發展理論，質性方法學者在研究過程中有時採用天真的歸納模式（naive inductivist model），認為若研究者可將自己的心靈從理論先念（theoretical preconceptions）中釋放出來的話，理論範疇將會單純地從經驗資料中浮現。這種研究取徑係受到葛雷瑟與史特勞斯早期的方法學著作所影響（例如，見Glaser and Strauss, 1967: 37），認為研究者不能帶著任何理論概念進入經驗田野。

然而，現代科學哲學與認知心理學最重要的洞見指出了「沒有也不可能會有不受期待影響的感觸」的事實（Lakatos, 1982: 15）。在他後來的方法學著作中，史特勞斯將經驗觀察的「理論承載」（theory-ladenness）納入考量，提出了一種「典範模式」（paradigm model）（Strauss and Corbin,1990: 99f）。根據史特勞斯與柯本的說法，一個代表一般性的行動理論的「編碼典範」（coding paradigm），可以用來建立發展中的紮根理論的「骨架或主軸」。至於葛雷瑟，雖然在他的近著

中充分拒絕史特勞斯與柯本的概念（Glaser, 1992），提議了一個類似的概念：「理論性符碼」（theoretical codes），代表的是理論者可自由運用（完全獨立於資料蒐集和資料分析之外）的一些理論概念（Glaser, 1978）。

這樣的編碼典範與理論性符碼（通常在經驗研究初期尚不清晰），可透過建構編碼架構（coding scheme）而明確化。下面的例子顯示的是來自一項研究計畫（研究主題是學生從就學到就業的轉型）的編碼架構（Heinz, 1996; Heinz et al., 1998）。進行開放式訪談是為了重建學校畢業生參加職業訓練課程的決策過程。在我們的計畫中，受訪者對此一決策過程的描述是根據下列三個範疇所建立的：

1. 抱負：這代表的是受訪者所表達的在職業選擇上的偏好。
2. 實踐：這包含受訪者為了實現抱負而採取的實際行動步驟行動。
3. 評估：這是受訪者對抱負、行動條件以及後果的關係的評估。

這些範疇代表呈現在表16.1當中一些次符碼（1.1~1.3; 5.1~5.3; 8.1~8.3）。

編碼範疇的第二種類型經常用在質性編碼，而且編碼汲取自常識知識（common-sense knowledge）。例如，在對畢業生的訪談中，受訪者談到工作經驗、相關機構及家庭等主題的所有文本段落都予以編碼。顯示在表16.1的主要範疇（1, 5, 8）是汲取自常識知識的範疇之例子。

這兩種（汲取自常識知識或抽象理論觀念）在質性研究過程一開始即扮演重要角色的編碼，不是相當瑣碎，就是高度抽象。因此它們有某些共同點：它們不是意指完好定義的經驗事件，而是服務著啟發性的目的。它們代表某種理論軸心或「骨架」，用以添加更多可經驗、有內容資訊的血肉（Strauss and Corbin, 1990; Kelle, 1994）。前面提及的研究計畫，是開始於根據「抱負」、「實踐」和「評估」等一般範疇去結構化研究

表16.1　編碼架構舉隅

1	工作與職業
1.1	工作與職業／抱負
1.2	工作與職業／實踐
1.3	工作與職業／評估

5	同居
5.1	同居／抱負
5.2	同居／實踐
5.3	同居／評估

8	孩童
	孩童／抱負
	孩童／實踐
	孩童／評估

素材，最後發現八種不同類型的傳記式抱負，例如「委任」型：某些年輕人試圖委任他們職業生涯的責任給他們公司的經理人或就業服務中心的承辦人。

要發展這樣的類型或理論概念，一項對文本區段的精細分析是必要的，以便發現可當作比較標準的面向（或層面），進而發展次範疇或是已用於編碼範疇的次層面。這種「層面化」（dimensionalization）過程（Strauss and Corbin, 1990: 69ff），可用我們研究計畫中的其他例子說明。在那裡，我們透過先對文本區段中是否提到「婚姻」或「家庭」進行編碼，調查受訪者對婚姻的態度。在第二步驟，受訪者認為婚姻是人生重要目標的訪談文本區段，被選擇性的檢索出來。對這些文本段落進行比較後，發現這個範疇的三個不同的層面：

1. 婚姻被某些受訪者視為唯一可接受的同居方式。
2. 其他人認為婚姻是以孩童為中心的家庭形構的必要條件。
3. 仍有一些人視婚姻為一種安全庇護所，這種傾向的受訪者有三種不同的論點，把婚姻看作：(a)提供財務保護；(b)提供伴侶之間結合的支持；(c)是滿足社會期待（父

母、親戚等等）的方式。

透過比較與層面化，三組不同的編碼範疇在分析過程中被發展出來：第一組範疇指涉的是婚姻對受訪者有多重要的議題的範疇；第二組範疇指涉那些視婚姻為人生重要目標的傾向（視為唯一可接受的同居方式、孩童中心家庭形構的必要條件、安全庇護所）；第三組範疇指涉的是婚姻是安全庇護所的爭論點。在這些範疇之間的層級關係如圖16.2所示。

依據資訊科學的觀點，圖16.2顯示的樹狀結構可以正式描述為一種網絡或圖形，其中範疇或符碼再現圖形的節點，還有它們之間邊緣的線。使用這種網絡的取徑（network approach），有可能擴展非格式化文本資料庫系統的基本原則，在其中的編碼可透過指標（pointers）連結到文本區段（Muhr, 1991, 1992）。因此，有可能用電子化的方式儲存圖16.2所示的這個階層式的模式或圖形的完整結構。結果，不只是圖片被用來解釋浮現中的模式或理論，而且它也允許執行更複雜的檢索程序，從這個網絡或圖形這一端的節點長途追蹤到另一端的節點。

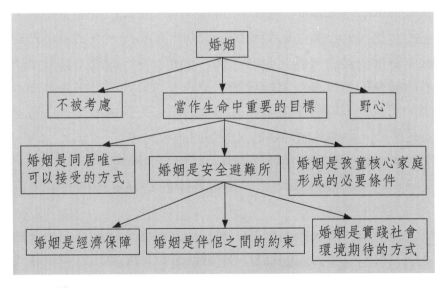

🔍 圖16.2　層面化結果得出一個具層級關係的範疇圖

此處應指出的是，圖形可用相當多樣的方式來結構：ATLAS/ti和HYPERSOFT是允許研究者定義節點之間所有可能連結（允許研究者定義「圓圈」和「迴圈」）的程式，其他程式（如NUD*IST）對研究者施加某些限制：例如，它們限制研究者建構更緊密結構化的網絡（例如，階層樹）。

■檢驗假設

對理論概念的提煉與假設的檢驗，文本資料的電腦輔助分析軟體也會有幫助。然而，此處不可忘記的是，質性假設檢驗是相當不同於統計假設檢驗的過程。在質性方法學的文獻中，找不到運用在統計假設檢驗那樣精確的決定法則，而是「檢驗與確認發現」（testing and confirming findings）（Miles and Huberman, 1994: 262）或「驗證」（verification）（Strauss and Corbin, 1990: 108）在質性研究裡意謂的是回到資料（再次閱讀轉錄稿或田野筆記），回到田野（進行新的觀察或是訪談），以便發現某些確認或否認的證據。何時應該否決或拋棄某個假設，確定而精確的規則是無處可尋的。質性假設，當它們第一次出現在研究者心中，通常並非高度專殊化的，也沒有明確的命題，而是暫時的、不精確的，有時只是對可能關係的一種非常含糊的推測。與其稱它們為假設，不如說是一些有關某種命題、描述或解釋的假設，對以後的分析會很有用。它們是一些洞見，「不論成功的假設會作何種宣稱，它將還是限定於這種、而非那種的假設」（Hanson, 1971: 297）。

舉例來說，一個調查特定性別職業生涯的質性研究者，發展出一個有關受訪者對工作和對家庭的態度之間必然有某種關係。為了檢驗這個假設，複雜的檢索功能極為有用。目前大部分套裝軟體包含這種複雜的檢索功能，支援搜尋同時發生的編碼（co-occurring codes）。同時，發生的編碼可以各種方式定義：

· 不同的編碼之間文本區段有重疊（overlapping）或套疊

的（nested）的狀況，如圖16.3所示。

- 某些編碼（此處是A編碼和B編碼）的文本區段出現在某個限定的最大距離之內〔鄰近性（proximity）〕。若最大距離設定為八行，程式可檢索出所有與編碼B的文本區段相距在八行以內的A編碼文本區段（見圖16.4）。

- 文本區段出現順序編碼（sequential ordering）的狀況（例如，A編碼之後規律地出現B編碼），如圖16.4所示。

因此，工作態度與家庭態度之間的關係的假設，可以透過檢索所有以「工作態度」（work orientation）與「家庭態度」（family orientation）編碼的文本區段而進行檢驗。當然，假設檢驗這個概念在這裡可能是相當誤導的，若把它理解成一種「驗證」（verify）或「否證」（falsify）一個有經驗事實的陳述之企圖的話。但是，這種假設檢驗可以導出可否證的陳述，例如，若有人發現具有特定工作態度的，也顯現出某種特定的家庭態度。此處，檢索同時發生的編碼功能，是當作一個有啟發性的工具來使用：目標是檢索出這些同時發生的編碼所連結的原始文本。接著，研究者可透過徹底的原始文本分析，調查某種共同發生的編碼所具有的意義。訪談文本的詮釋分析，形成研究者釐清與修正最初（一般性的或含糊的）假設的基礎。

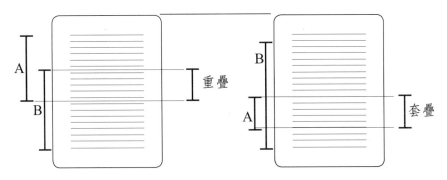

圖16.3　重疊與套疊的文本區段

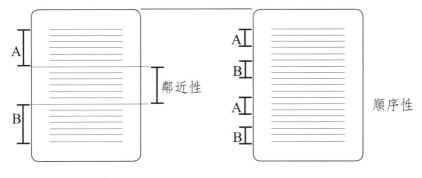

鄰近性

順序性

💡 圖16.4　編碼的鄰近性與順序性

　　兩個不同套裝軟體（HYPERRESEARCH和AQUAD）的開發者，為質性假設檢驗提出一種更正式的取徑（見Hesse-Biber and Dupuis, 1995; Huber, 1995）。在使用HYPERRESEARCH的假設檢驗模組時，研究者以「生產規則」的形式構想他或她的假設，其中的符碼以「若一則」的陳述來連結。一個以「關鍵的生命事件」與「情緒不安」等編碼進行資料編碼的研究者，可能希望檢驗的一個假設是關鍵的生命事件，總是或經常伴隨著情緒不安。他或她接著可將假設用來探討所有被編碼為關鍵生命事件與情緒不安的文本區段之間所共同發生狀況。使用HYPERRESEARCH的假設驗證模組的功能，研究者可能找到以下這個規則：

　　　　若「關鍵的生命事件」及「情緒不安」，則加上「生命事件造成壓力」。

　　假如這個程式在一份文件中同時發現「關鍵生命事件」與「情緒不安」這兩個編碼，對這份文件來說，假設即確認成立，那麼「生命事件造成壓力」的編碼就可以被加進去。

　　HYPERRESEARCH只搜尋特定文件中某些編碼的存在狀況，並不考量文本區段的精確位置。相反地，AQUAD這個程式幫助研究者使用文本區段中的重疊、套疊、鄰近及順序等資

訊來進行假設檢驗。用AQUAD編碼先前的例子，可以先用cle（也就是「重要生活事件」）及emo（也就是「情緒不安」）這兩個符碼，對文本區段進行編碼。讓我們假定在這個過程中，研究者心中浮現此一假設：「在受訪者談到關鍵生命事件時，他們也同時提到情緒不安。」現在可以將「同時」操作化，定義成「在轉錄稿中相距在五行以內的」，並且執行檢索，找出在相距五行以內的地方出現的所有以cle和emo編碼的文本區段。仔細察看檢索結果，如表16.2所示，舉例來說，在編號為「bioss」的訪談轉錄稿中，cle和emo的連結只發生一次（在102行之處），但在編號為「bioss2」的訪談轉錄稿中，以這些符碼進行編碼的文本區段彼此非常接近的有五個之多。

因此，符碼的共同發生（定義為文本區段的重疊、套疊、鄰近或順序）指出的是，有支持或反對這個假設的重要證據存在。不像質性假設檢驗的第一個例子（有關工作態度與家庭態度的關係），這種更正式的取徑的主要目標不是為了檢索文本，而是用這些符碼本身所代表的資訊作為決策的基礎。就像統計的顯著性檢驗，決策過程有其嚴謹的規則。然而，這種策略有某些方法上的要求與限制：

1. 獨立檢驗的必要前提是不以假設被發展時所用的相同經驗資料來檢驗假設。
2. 假設必須是經驗上可檢驗的，亦即它們必須夠精確，而

表16.2 以AQUAD搜尋同時發生的編碼

假設1／編碼檔案名稱：bioss1.cod						
100	102	cle	-	102	104	emo
假設1／編碼檔案名稱：bioss2.cod						
24	28	cle	-	26	30	emo
65	70	cle	-	72	82	emo
110	112	cle	-	111	115	emo
220	228	cle	-	212	224	emo
450	452	cle	-	456	476	emo

且具有經驗性的內容。

3. 那些用來檢驗假設的編碼必須以可靠與穩定的方式表述清楚定義的現象。

方法學上的益處與問題

自從第一個支援質性研究的電腦程式問世以來，有關它們在方法學上的益處與危險，已有激烈的辯論，有的人非常樂觀（Conrad and Reinarz, 1984；Richards and Richards, 1991），有的人非常憂慮（Agar,1991; Seidel, 1991; Seidel and Kelle, 1995；Coffey et al, 1996）。就質性研究軟體的益處而言，下列三個面向經常在文獻中被提到。

首先，以機械化的方式處理資料組織的冗長乏味與繁瑣的任務，如搜尋和複製文本區段，電腦可以帶來更大的效益。因此，電腦有助於節省時間與協助管理較大的樣本（Kelle and Laurie, 1995）。然而，必須注意的是只是單純增大樣本，不必然意謂著研究結果會更有效力。在質性研究中，較大的樣本通常不被看作是本身即是有價值的。不過，在有目的選擇的個案之間進行多重的比較，對質性研究在指認類型和發展範疇上至為關鍵。樣本數的增加因此可以拓寬分析視野範圍的廣度。然而，使用電腦的文本資料管理軟體也有一個真正的危險，也就是被大量可得的資訊所淹沒，將資料輸入電腦程式所需時間與努力的總量相當可觀，隨著樣本數而同步增加。因此，吾人應該察覺大樣本的潛在益處，可能不及準備資料的時間與輸入資料可能好處比準備與輸入資料所花費的額外時間與心力。

第二，套裝軟體的使用可使研究過程更有系統與更明確，因此更透明與嚴謹，將原本非系統性的程序系統化，使研究者得以完全按照他們分析資料的方式來進行編碼（Conrad and Reinarz, 1984）。因此，電腦可以質性研究的可信賴程度，過去質性研究方法學一直被批評造成研究者流於非系統性、主觀

或（不夠嚴謹）新聞式的調查。

第三，藉由將研究者從冗長乏味與繁瑣的機械任務釋放出來，文本資料管理軟體可讓研究者有更多時間投入更需要創意與分析的任務。因此，透過允許他們盡情實驗與「玩」資料，以及更徹底地探索不同範疇之間的關係，電腦程式可以增進研究者的創意（Lee and Fielding, 1995）。

使用電腦的方法學潛在危險，是電腦可能使研究者與他們的資料疏離，而且可能強加與質性研究的方法與理論取向相違背的分析策略。簡言之，就是電腦程式的使用可能強迫使用者接受某種特殊的方法學。這種憂慮在隆吉拉（Lonkila, 1995: 46）看來特別真切，他認為使用手冊和質性資料管理的方法學著作，予人紮根理論的強烈印象。但是紮根理論與電腦輔助質性分析也共享若干非常有問題的面向，如隆吉拉指出：兩者都過度強調編碼，而這麼做會忽略了其他形式的文本分析，特別是言說分析那種精巧細緻的分析。考菲等人（Coffey et al., 1996）警告說，「編碼—檢索」軟體與紮根理論的強烈連帶關係，可能在質性研究中樹立一種新的正統。不過，細究這些軟體開發者的方法學背景，很清楚發現不同程式通常建立在相當不同的理論與方法學概念的基礎上。這種情況也適用在這些軟體的使用者：在一項經驗研究的後設分析中，李與費爾丁（Lee and Fielding, 1996: 3.2）發現，使用電腦輔助質性分析軟體的質性研究之中，百分之七十與紮根理論並無清楚的關聯。因此，紮根理論頻頻被提及，或許是因為紮根理論的提倡者，是少數試圖詳細質性研究應用分析程序的人所致。影響所及，質性分析軟體的開發者通常會利用質性分析最知名與最明確的取徑—紮根理論的方法學作為支撐，並不令人感到意外。

李與費爾丁（Lee and Fielding, 1991: 8）將對於電腦接管分析的恐懼，連結至瑪麗‧雪萊（Mary Shelley）十九世紀的小說《科學怪人》（*Frankenstein; or the Modern Prometheus*）的知名文學的原型。從經驗觀察那些使用軟體處理文本資料的質

性研究者著手，他們得到一個結論，認為電腦軟體會變成「科學怪人般的怪獸」恐懼通常是過度簡化的：實際上，研究者傾向於停止使用某種套裝軟體，而非臣服於套裝軟體的邏輯。

　　其他在辯論中經常被提到的危險，意指電腦會造成研究者與資料的疏離（Agar, 1991; Seidel,1991; Seidel and Kelle, 1995）。與電腦程式接管分析的危險一樣，這種方法學上的危險也通常被連結至編碼。席朵與凱爾（Seidel and Kelle, 1995）論稱，為了避免發生與資料嚴重疏離的狀況，區分兩種不同的編碼模式很重要：符碼可能有指示的功能（referential function），意指他們是某些文本段落的指標；或是它們可能有事實的功能（factual function），可以用來代表某些事實。第一種類型的編碼是開放的與歸納式的文本資料分析，立基於詮釋學和互動論取徑的傳統。第二種類型的編碼與演繹法風格的文本分析有關，繼承的是古典內容分析的傳統。藉著使用文本資料管理軟體的某些程序，分析者可以——不自覺的狀態——混用兩種編碼模式：他們可以無意地從使用編碼的指示性功能（蒐集那些以較寬廣和普遍的方式指涉或多或少較含糊定義的概念的文本區段），切換至視編碼為事實資訊的再現。席朵和凱爾點出見樹不見林（將編碼物化，卻無視於整體現象）的危險：分析者一開始就只注意他或她自己的編碼而忽略原始資料，但這樣做的必要條件尚未滿足。編碼與現象之間並無完善定義的關係，編碼和資料之間只有一個寬鬆的連結關係：編碼並不是被連結指涉某個分離的事件、事例情境或事實，而只是告知分析者這裡有令人感興趣的資訊，涵括在某種文本區段之中，與編碼所代表的主題有關。這種失去現象但物化編碼的危險，特別容易出現在前述的「假設檢驗功能」上：尋求「檢驗假設」卻未觀察必要條件（也就是把嚴格的規則應用於含糊和「模糊」的編碼上），研究者可以輕易地生產人為操縱的結果。

　　因此，先進的編碼與檢索功能提供研究者又好又新的可能性去「玩」他們的資料，也因此有助於開展新觀點並刺激新的

洞見。但是，理論建構與理論檢驗的方法學之間的結合，不能誘使我們簡單混合或甚至搞混它們。

在大量各式各樣的可能策略中,提供兩個例子如下:

1. 步驟一:格式化文本資料。

  步驟二:以特別的符碼〔開放式譯碼(open coding)〕對資料進行編碼。

  步驟三:寫下備忘摘記,並且將它們連結至文本區段。

  步驟四:比較文本區段其中相同編碼被連結。

  步驟五:整合符碼,並且將備忘摘記連結至編碼。

  步驟六:發展核心範疇。

2. 步驟一:格式化文本資料。

  步驟二:定義編碼架構。

  步驟三:用事先定義好的編碼架構對資料進行編碼。

  步驟四:編碼時,將備忘摘記連結至編碼(不是連結到文本區段!)。

  步驟五:比較連結至相同編碼的不同文本區段。

  步驟六:從這種比較中發展次範疇。

  步驟七:用這些次範疇重新對資料進行編碼。

  步驟八:產生一個數字資料矩陣,其中橫列呈現文本資料,直欄呈現範疇(符碼)和範疇(及次範疇)的值。

  步驟九:以SPSS分析這個資料矩陣。

使用者採用質性分析的其他策略(例如,質性假設檢驗或質性比較分析),將會依照不同的步驟,但是會用與上述類似的編碼與檢索技術。

PART *4*

關於好的研究實作

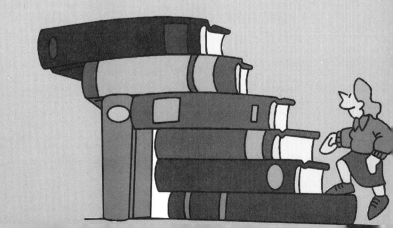

第十七章

歷史與社會資料詮釋的謬誤

本章作者：Robert W.D. Boyce

敵對的謬誤（adversarial fallacy）

時代錯誤敘事的謬誤（fallacy of anachronistic narrative）

不成比例證據的謬誤（fallacy of disproportionate evidenc）

必要與充分原因的謬誤（fallacy of necessary and sufficient causes）

化約的謬誤（fallacy of reduction）

相對化證據的謬誤（fallacy of relativized evidence）

自我證成的謬誤（fallacy of self-validation）

不明事實的謬誤（fallacy of the furtive fact）

機械式因素的謬誤（fallacy of the mechanistic cause）

中間缺漏的謬誤（fallay of the missing middle）

非必要原因的謬誤（fallacy of the superfluous cause）

　　歷史作為一個學科，不自在地處在社會科學之中。有個鮮明的事實可說明這種窘況，英國的經濟史與社會史研究是向國家經濟與社會研究委員會（the Economic and Social Research Council, ESRC）申請補助，而政治史、思想史與國際史或外交史研究（因為沒有更好的稱呼，姑且稱之為傳統史學）則是向藝術與人文研究委員會（the Arts and Humanities Research Board, AHRB）申請補助。這種功能上的分類，模糊了一個事實，也就是許多歷史研究橫跨這些或多或少是人為的界線。例如，如何分類Keith Thomas的《宗教與魔術的衰弱》、或是 E.P. Thompson的《英國工人階級的形成》，或Richard Evans的《漢堡之死：霍亂時代的社會與政治，1830-1910》，這三部有助於理解思想史、政治史和社會史的鉅著？不再是二或三個類別，過去五十年來，歷史這門學科已越來越分化與再分化，現在它包含的分類至少在一打以上。但冒著過度簡化的風險，公家補助機關強加的分類可說是反映了一個分化歷史這門學科的方法學上的基本差異。從事經濟與社會史，或是那些被稱作科學、量化、計量史學或新史學的研究者，除少數例外，多刻意以社會科學研究者自居。另一方面，傳統的史學者，若非對歷史作為一種科學抱著排斥的態度，至少是仍然處於不自在的狀態，而大多偏好以人文學者自居；然而，他們強烈否認這暗示著他們在證據使用或效度檢驗上較不嚴謹。他們也會主張，他們研究主題的範圍涵蓋了大部分他們的「科學的」同事的研究領域，而且有過之而無不及。根據以計量史學的先驅研究而獲得諾貝爾獎的傅戈（Robert Fogel）所言：

　　　「科學的」史學者傾向於強調人與重複發生事件的集合體，而傳統史學者則傾向於聚焦在特殊的個人與特殊的事件。（Fogel and Elton, 1983: 42）

　　但是「科學的」史學者，至少傅戈這類使用數學與統計工

具建構或檢測模式，極少超越經濟、社會或人口學的歷史，然而，傳統歷史學者的「事件」包括政治、思想與社會發展、革命、戰爭、遷徙、政黨、政府、國家、習俗、信仰與發明、嬰兒出生、愛、婚姻與死亡，而他所研究的「個體」包括權勢者與窮人、知名與不知名的、有創造力與破壞力的，常常是群體而非個人。傳統歷史學者的學科領域因此特別廣泛。的確，他唯一的限制是認知到研究對象必須具有社會意義。因此，吾人很難不這樣下結論，將歷史（除非特別說明，否則以下皆代表傳統歷史）看成是一種虛擬的社會科學，或（因為其觸及所有的社會科學領域）甚至是一種卓越的質性研究學科（qualitative discipline par excellence）。

做歷史

在決定歷史與社會科學的關係，以及它可為投入質性研究的學生提供什麼之前，扼要描述歷史學者在「做歷史」（doing history）時是如何做的，可能是有幫助的。

歷史的紀錄與書寫紀錄本身一樣悠久。然而，作為一個學科，它遲至十八世紀晚期或十九世紀初期才浮現，與思想的世俗化和現代社會科學的興起同步。或許應該說「其他的社會科學」（the other social sciences），因為很少人在當時會將歷史與其他學門區隔開來。十九世紀是歷史的偉大時代，歷史學者投入提倡自由主義（或在某些情況裡，反對自由主義）、參與打造自覺的國族，提供海外帝國建造新冒險的理路，從而獲致在大學系統中設立史學講座的酬賞。偉大的國族主義歷史學者，包括德國的特賴奇克（Treitschke）、法國的米什萊（Michelet）、英國的麥考利（Macaulay）、芬蘭最早的國族史作者科斯基寧（Koskinen）、波西米亞的歷史學者巴拉茨基（Palacky）——含蓄地（有時明確地）展示著，「歷史」為特定國族標示了一個特殊地位，包括國族的獨特經驗或性格保

證了民族自治、獨立或在世界上的先進地位的種種宣稱。從這一方面看來，他們的方案與聖西門（Saint-Simon）、康德、黑格爾、馬克思、恩格斯、史賓塞相似，無論是唯心主義者或物質主義者，他們全都參與某種歷史主義，都假設人類存在的全部，過去、現在與未來，受到可發現的法則之基礎上運作的巨大、非個人的力量所型塑。逐漸地，科學史也致力於手稿來源的卷帙浩繁、賣弄學問，一般讀者幾乎是難以理解。

接近十九世紀末時，出現了一股對於這種實證主義，以及對歷史被法則所決定的假設的反彈。受到尼采（Friedrich Nietzsche）、柏格森（Henri Bergson）、克羅齊（Benedetto Croce），以及稍晚的柯林烏（R.G. Collingwood）等哲學家的影響，歷史學者越來越堅持歷史研究活動的獨特性。過往的歷史無法藉由邏輯演繹或歸納來理解，而要藉由對主體的移情過程。因為歷史學者處理的是動態過程，而非靜態情境，他們必須做的不只是從外部去觀察事件。他們必須對告知或導引這些過程的精神有所領會，也就是一般所知的德語字彙「瞭悟」（*Verstehen*，意指「深入其中」）的過程，與所謂Wissen這個意指（只是）對外在表象進行事實描述的字彙有所區別。但不論是二十世紀初或今天，歷史學者都未對任何一種取徑達成共識。雖然我們應該可以說，歷史學者作為一個群體的特徵是他們相對漠視方法學議題，但歷史解釋的本質是否必須相似於社會（或自然）科學，認識論與歷史方法學者之間的熱烈爭論仍在持續。

這個爭論的核心在於歷史學所謂的覆蓋法則解釋（covering-law explanation）。韓普（Carl Hempel）、巴柏爵士（Sir Karl Popper）、內格爾（Ernest Nagel）、曼德爾鮑姆（Maurice Mandelbaum）等人論稱，歷史學者有意識或無意識地在應用自然或社會科學中的法則、原理或已建立的規律（Gardiner, 1974）。雖然他可能會尋找解釋一個特定事件或單一個人或群體的行為，但事件或行為必然是一個可指認的現象

或一組現象的案例，受社會原理與法則所支配，若他從事的是對具有社會意義的研究。用傅戈的話來說：

> 歷史學者並非真的可以選擇使用或不使用行為模式，既然所有解釋歷史行為的努力……不管被稱為理念緣起（Ideengeschichte）、「歷史想像」（historical imagination）或「行為的模式化」（behavioral modelling），都涉及某類模式。真正的選擇在於是否這些模式是暗示的、含糊的及內在不一致的，正如計量史學者認定傳統史學研究經常有這種問題，或這些模式是否是明確的，所有相關假設都已清楚陳述。（Fogel and Elton, 1983: 25-6）

持這種觀點的人，並未能最小化指出隱含在歷史解釋中的覆蓋法則之困難。巴柏在《開放社會及其敵人》（*The Open Society and its Enemies*）一書中承認此難題：

> 若我們解釋……波蘭在1772年第一次遭受瓜分，是因為不能抵抗俄國、普魯士及奧地利的聯合勢力，那麼我們正是策略地使用一些瑣碎的普遍法則，如：「兩軍在軍備和領導統御上旗鼓相當，若其中一方在人數上有極大優勢，則另一方絕對不會獲勝。」……這種法則或許可被描述為軍事社會學的法則；但它太過瑣碎，無法對社會學者提出嚴肅問題，或是引起他們的注意。（1945: 264）

雖然如此，除了視之為一種非正式的演繹之外，巴柏無法看見有其他基礎可用來接受一個歷史解釋。韓普同樣接受這種看法，亦即歷史學者為了找到解釋複雜事件方法，很少能構想出一個法則，「具足夠的精確性，而且對相關經驗證據獲致共識。」就像從事田野調查的自然科學家，歷史學者僅僅指向相關的法則，或如韓普可能會這麼說，歷史學者只是草率地做

了由法則與必要初始狀態所組成的「解釋梗概」（explanation sketch），然後致力於闡述特定事件的特殊情境。然而，以信仰、政治意識型態、革命、集體屠殺、教育、就業、投機、繁榮等被使用的概念來說，歷史學者依賴抽繹潛在可被定義的規律。在任何情況下，歷史學者或其研究主體（不論是個人、社群或整個民族），都無法在社會之外存在、思考或行動，因此也無法外在於社會科學指認到的規律或法則。那些想像自己單純只是應用常識，就可以瞭解他們（主體）行為的歷史學者，借用經濟學家凱因斯（J.M. Keynes）的話來說，幾乎確定會不知不覺地變成一些過時社會理論的奴隸。

很少從事傳統主題領域研究的歷史學者會完全不同意凱因斯此一說法，因為他們多數發覺自己受惠於社會科學。雖然如此，他們絕大多數（即使不是全部）會反對這個論點的主要前提，也就是他們的工作基本上是指認覆蓋法則，或是（加上適合的限定條件之後）將它們應用在特定事件之中。這種與覆蓋法則理論（covering-law theory）分道揚鑣的立場，部分原因是（但僅是部分）不願意被看成是社會科學家的步兵或田野調查工作者，為他人蒐集資料與整理例子，好讓別人藉以建立通則。另有部分原因是，正如杜瑞（William Dray）及柏林爵士（Sir Isaiah Berlin）所言（Gardiner, 1974: 87-88, 161-186），由於歷史學者深信歷史行動者的能動性，因此歷史本身具有開放性，與社會科學那種決定論式的假設有所扞格，但也同時是因為歷史學者深信自己對事件的解釋運用了一種不同的方法學。正如杜瑞所言，用覆蓋法則理論來指涉描述她的專業活動，是迥異於她的「論述領域」（universe of discourse）的（Gardiner, 1974: 87）。即使她的主體最先是實體物如鄉村住宅、一種運動、一支軍隊或一場瘟疫；抽象物如信仰系統、意識形態、婚姻儀式或戰爭的符號再現；或一個特殊事件如戰爭、和平會議或選舉；需要解釋的議題是一種特殊的人類行為（個體或群體）的邏輯。社會科學的發現對於指向可能豐富的

調查路線有其用處，但它們不能取代那些僅能從歷史紀錄中取得的證據。歷史學者的挑戰並非應用或測試社會理論，而是決定「何種系列連結的意圖、決定與行動……與何種情境與事故有關」，可解釋她所研究的主體之行為或現象（Hexter, 1971: 33）。藉由描述主體的世界，由內而外描繪出一個完整的圖像。多年來任職劍橋大學當代史教授的巴特菲爾德（Herbert Butterfield）如此說道：

> 我們傳統的歷史書寫……拒絕滿足於面對過去（歷史）的特性，抱持著因果論或冷漠的態度。不只是將它們看成東西而已，或是像科學家以可用的測量方式去測量它們；也無法自滿於只是用外部觀察者的方式去報導它們。它堅持，除非我們從內部去看個性，以歷史行動者扮演的角色去體會——以他們的想法再思考一次，並且站在行動者而非觀察者的位置，否則故事無法被正確地敘說。若有人說這是不可能的——事實上確實如此——但歷史學者無論如何必須將自己放在歷史角色的位置，必須感受該角色之處境，必須想像自己就是這個角色。若不這麼做，不僅無法正確敘說該故事，也不可能詮釋此一重新建構所依賴的文件本身……我們或許甚至可以說這是歷史科學的一部分，因為它生產了可溝通的結果——歷史學者的洞察可能被一般學者所認可，然後推廣流傳歷史學者提出的詮釋。（轉引自Dray, 1957: 119-120）

最後一點很重要。某些認識論學者認為歷史學者的論證只是建立在真理的「對應性」（correspondence）或「一致性」（coherence）理論之上，歷史學者只問他想要瞭解的主體行為或事件是否合理，或是否與他自己的經驗一致（Gardiner, 1974: 155）。事實上，歷史學者提出的問題不是對自己而言是否合理，而是在可知的範圍內，以主體的經驗或時代的其他狀況而言是否合理。為了回答這個問題，歷史學者需要解釋主導主體

行為的思想系統，可能是或幾乎可以確定的是，本質上不同於他自己的（思想系統）。精確地說，他如何處理進行，可用以下例子說明：在1953年3月史達林逝世後，史達林的繼承人曾表達有意緩和並結束冷戰時的東—西關係。

在此，想知道為何西方國家不把握蘇維埃主動提議或暗示結束冷戰的機會的歷史學者，無疑地會把注意力擺在有機會回應蘇維埃舉動的主要西方強權國家的領袖們。那他將發現即使是強國的領袖們也非全然自由。這些國家領袖的行動受限於外在因素如盟邦承諾、憲法及政治結構，也受限於內在因素如非自願信仰、信念與恐懼。他們所擁有的迴旋空間是依賴口語與書寫的證據來進行經驗性的測試。歷史學者就是這樣「進入」其主體世界的「內部」之中。在美國總統的情況裡，主體指的是艾森豪（Dwight Eisenhower）、國務卿杜勒斯（John Foster Dulles）與其他西方政治家。歷史學者在心裡估算他們可能已經回應蘇維埃的暗示。一般來說，他會利用移情能力、投射、洞察及直覺等，用以解釋他們的行動。但他會將這些解釋與一種歸納的、根據可得證據去建立和修正其解釋的經驗過程相結合。為了進入杜勒斯的心靈，他不僅會問：「我會怎麼做，若我被要求對蘇維埃在1950代中期的意圖下判斷？」他會仔細閱讀杜勒斯桌上可能有的美國外交任務與情報來源的機密報告，試著判斷杜勒斯是否真的閱讀並對這些資料印象深刻。他會讀杜勒斯給外交人員發的電報、他的公開演說、他給艾森豪總統的備忘錄，可能的話，還有他的個人日記，以瞭解他是如何再現他的行為。由於這是當代的歷史，即使可訪談相關證人，他仍可能檢視媒體紀錄。他考慮可能影響杜勒斯成長過程中濃厚的宗教氛圍、教育、法律訓練、年齡和健康狀況對杜勒斯的判斷所造成的影響。她會考量杜勒斯如何回應以前曾遇到的類似問題。她會將網撒得更廣一些，檢視外國觀察家對東西（冷戰）場景的說法，而且他會比較對其他政治家行為進行的相關研究。歷史學者並不僅是任意馳騁他的想像力，而是如柯林烏

及巴特菲爾德所指出的，試圖將自己的偏見放空，以捕捉他的主體之觀點與感受。藉由此種方式，他建立起對其主體之思考有所影響之架構：個人與私人的、情緒與宗教、政治、官方的、國際的。他對其主體及主體之個人世界瞭解越多，對其主體的思考進行之描述將和其證據更為一致。然而這僅是一個暫時的解釋，因為永遠會有新的事實出現，即使可能影響的事實都已被發現，歷史學者希望提出有道理且對檢測與反駁保留彈性的解釋。

因此，歷史學者的工作非常接近於預審法官（investigating magistrate）或法庭調查員（forensic investigator）的活動，他們的任務也是解釋一個特定人類行動的動機、理由或原因，同樣是對涉及一個事件中的個人或群體的相關情況，建立起一個詳細的圖像。雖然這種方法並不依賴法律，亦非試圖建構新的法則，但還是一樣依賴證據上的嚴謹標準和詮釋上的邏輯方法。它是實用與歸納的；涉及假設檢驗與對於來源進行明確和審慎的紀錄。有時候，它還是優美的寫作。再者，既然它擁有全部這些特性，若不是在社會科學領域中，也應在相鄰的領域得到一個位置。

歷史學者的謬誤

若前述討論提供一幅關於歷史學者通常如何進行研究的可理解圖像，它也指出歷史學者所面對的特殊問題。因為當他們處理非常特殊的事件時，解釋人們動機或行為的作業可能包含非常廣泛的證據與各種可能的詮釋。因此，即使他們的研究主題造成一種狹隘專才（narrow specialism）的印象，歷史學者一般都是通才。他們面對框架研究問題、建構論證邏輯與處理大範圍的質性證據等問題。既然所有的社會科學家都可能犯同樣的錯誤，本章著墨於某些特別糟糕的例子。其中有幾個例子援引自費雪（David Hackett Fischer）的《史家的謬誤》

（*Historians' Fallacies: Towards a Logic of Historical Thought, 1971*），我向所有試圖對歷史學者所面對的方法學問題進行更廣泛討論的人提出建議。其他的例子與各種闡釋，則主要來自於我本身作為一位國際歷史學者的經驗。

■中間缺漏的謬誤

在書中第一部分討論框架研究問題方面的謬誤時，費雪指出十一種程序的錯誤（errors of procedure），其中最普遍的或許是他所稱的錯誤的二分法問題，或我們可更嚴格地稱為中間缺漏的謬誤（fallacy of the missing middle）。這種例子經常可在日報上看到，例如：「沼澤客（Swampy），英雄或是作奸犯科者？」或「史考特報告：嚴厲控訴或是辯解？」[1]歷史學者似乎同樣易犯此種謬誤，在美國有許多高度被尊敬的歷史學者忙於將學生的報告題目修改成〈中世紀的心靈：信仰或理智？〉或〈莫內：天才或操縱者？〉[2]

當然，這些命題的謬誤是提出了一個事實上並非互斥、也非窮盡的二分法。史考特報告對於英國下議院武器的輸出部分，可能是控告與辯護，兩者間而有之，而且不僅如此而已。同樣地，莫內，一個天才與整合者、操縱者與理想主義者、技術官僚與政治家，太過有趣，以致於不能被簡化成一、二種或其他標籤。因此，這個問題本身無可避免地扭曲了已提出的答案。雖然它或許顯而易見，但專家學者卻難免掉入這一種謬誤的陷阱。

---

[1] 譯註：史考特報告是英國一項關於武器輸出的調查報告，詳見：Scott Report. (2006, November 15). In Wikipedia, The Free Encyclopedia. Retrieved 06:04, July 17, 2007, from http://en.wikipedia.org/w/index.php?title=Scott_Report&oldid=87963433。

[2] 譯註：莫內（Jean Monnet）有「歐洲之父」的稱號，是歐洲邁向整合的重要推手。

■敵對的謬誤

　　敵對謬誤與中間缺漏謬誤相似，但它反映了對於程序有意識的選擇：其假定若每位歷史學者採取敵對立場，便能更快獲致真理。這個常見策略特別容易在冷戰時的歷史書寫中清楚看到。在1940與1950年代西方歷史學者撰寫的書，大多數假設西方勢力毫無侵略意圖，而蘇聯持續並侵略性地擴展其對於疆域的支配。其後，所謂修正主義的歷史學者接著出現，大多是美國學者，受到越戰和西半球衝突所影響，提出相反的觀點，亦即將美國看成是帝國主義強權國家，將冷戰解釋為幾乎主要都是由美國想鞏固其全球霸權所致。現在，應該說，這兩種說法中的任何一種說法都可能是真實的。歷史學者的謬誤是假定其中只有一種立場是真實的，而未能退一步去思索這種假定是否無誤。

■非必要原因的謬誤

　　費雪討論許多關於因果的謬誤，但有個常見的謬誤他並未予以討論，那就是所謂非必要原因的謬誤（fallacy of the superfluous cause）。此處的錯誤是去解釋一個事件，透過指涉到一個或別的行為者的動機，雖能被證實存在，但對結果影響很小或根本沒有影響。一個絕佳例子是幾位美國歷史學者對英國政府在1925年4月恢復金本位制的決定所提供之解釋。這些歷史學者已證實美國中央銀行家強烈希望英國恢復金本位制，並鼓勵英國當局這麼做。他們也能證實英國這麼做對美國有利，而且事實上對英國經濟有害。因此，他們做出英國回歸金本位制的決定是因為受迫或受誘於美國。然而，他們並未仔細檢視英國當局的考量。若他們這麼做的話，他們將會發現英國當局自有恢復金本位制的理由，美國的壓力完全不在他們考量當中（例如，見Costigliola, 1977）。因此，這是一個非必要原因的謬誤。

■必要與充分原因的謬誤

歷史學者對自己只是故事的敘說者感到不安，因而渴望在作品中注入精確的成分，他們希望經常對事件的元素進行分析解釋，或將原因歸類為必要原因、充分原因，或是基本、立即的原因，而且他們經常將自己的作品定位為分析的，而非僅為描述的作品（見Hexter, 1971: 110-18; Elton, 1970: 121-4）。此種手法特別常見於教科書中，其動機一部分是去展現重大歷史事件，例如，法國大革命、第一次及第二次世界大戰皆有複雜的根源，涉及了經濟、文化、科技、人口統計、氣候等因素。此目標是值得讚賞的，但結果從未令人信服，因為此取徑在本質上是有缺陷的。首先，許多因素被發現在事前即已存在，因此無法用來解釋該特定事件為何發生。其次，無論是明確或含蓄地，其假設是這些因素可用量化的方式對該事件進行解釋。但結果無可避免地變成循環論證：A事件發生，因為X、Y、Z因素的數量和強度都增加。即便是引進基本或立即的原因進行修飾，也無法免除這個問題，因為它忽略了歷史解釋的一個必要部分，也就是這些原因或因素如何影響主體的行為、思想模式或信念、他們在此特定事件期間的考量和行動。因此，歷史學者必須以某種方法說故事（介入於敘事之中），以展現他的分析的連貫性。捨此理由，無異於重蹈必要及充分原因的謬誤。

■時代錯誤敘事的謬誤

有一種謬誤較常見與較為人所知的是費雪所稱的現在主義的謬誤（the fallacy of presentism）。這也可稱為時代錯誤敘事的謬誤（fallacy of anachronistic narrative），因為該錯誤是將過去視為只是現在的演出舞台而已。在英國脈絡下，最惡名昭彰的例子是輝格黨人對歷史的詮釋，將整個英國政治史看成差不多是輝格黨或自由黨人奮鬥推翻暴政（獨裁專制與傳統）的故

事而已。這個推論是個錯誤的推論，認為所有行動者擁有相同動機並朝相同目標努力，而所有事件只有它對此故事有所貢獻的部分才被重視。近年來，英國國際史學者對兩次大戰之間的那段時期解釋出現了類似的趨勢。這是英國史上極為重要的時期，以姑息主義的失敗、二次大戰的爆發、歐洲民主自由幾乎滅絕、大屠殺、龐大殖民帝國的混亂與瓦解，以及長達五十年的冷戰的開始而告終。因此，歷史學者一般檢視兩次大戰之間的時期，以尋找這些悲慘事件的根源。這樣做並沒有錯，但因此描繪出來的圖像是英國、法國與其他國家的政治領袖全都對戰爭的來臨全神貫注。這對希特勒而言可能是真的，但民主國家的多數領袖可能並非如此。1929年的世界經濟危機發生，生產驟減、失業率劇增、資本主義系統本身岌岌可危，他們的主要關注焦點幾乎可確定是放在國內經濟及反對黨的攻擊；而這種情況可能至少持續到1938年。直到1938年，戰爭威脅才開始成為他們關注的議題，但也並非持續關注。因此，如同在這個例子的情況，歷史學者在偏採歷史上的特殊結果時，也可能同時扭曲了過去，而且除了直接造成該事件發生的事之外，他們忽略了其間發生的每一件事。除非在選擇上有其適當性，這麼做同時扭曲了脈絡與動機，歷史學者便犯了我們所稱的時代錯誤敘事的謬誤。

■化約的謬誤

　　同樣是在因果關係的謬誤中，還有所謂化約的謬誤（the reductive fallacy）。正如費雪所觀察到的，歷史學者說的故事必然是經過選擇的，因此在某種意義上，他們的因果模式一定是化約的，但某些因果模式比其他模式更為化約。當一個因果模式化約到某個程度，扭曲的結果無助於解決手邊的因果問題時，我們可說這個歷史學者犯了化約的謬誤。這種謬誤的一個常見形式是在所提供的解釋中指認出一個單一元素，並且宣稱這個單一元素是整個「故事」的關鍵，卻未提出令人信服的理

由。泰勒（A.J.P. Taylor）是此種化約謬誤之翹楚：他喜歡將最瑣碎的事實或因素認定為特別值得注意，但可能只是撩撥讀者或聽者。近年來最具代表性的例子是由兼具魁北克分離運動領袖及魁北克總理身分的帕里澤（Jacques Parizeau，也是前蒙特婁大學經濟學教授）。1995年10月在獲悉魁北克獨立主權公民投票結果因為差一個百分點而被否決時，帕里澤公開歸咎於魁北克的少數族群及大企業。就某種意義來說，他可能是對的：少數族群及某些魁北克最大的公司的董事（以法語及英語為母語者皆有）幾乎肯定是對主權及獨立公投投下反對票。但是，他們加起來還不到該省人口的百分之十。在投票中同樣重要的是講法語的烏道娃（Qutouais）地區[3]對主權獨立的選項投下反對票，他們有許多人依賴在加拿大首都渥太華一赫爾（Ottawa-Hull）地區的工作。同樣重要地，魁北克市中幾乎百分之百的法語人口對主權獨立的支持與反對票數約各占一半；不像少數族群或大企業家，吾人或可預期魁北克市的選民應會強烈支持主權獨立，因為他們的城市可能成為魁北克獨立建國的首都，並可因此提高就業率及聲望。帕里澤僅關注一、二小群可被預測的選民，而忽略其他至少對瞭解多數觀點而言同樣重要的團體，因此，這是一種對於證據進行怪異且令人反感的詮釋。這麼做，我們可說他犯了一種化約的謬誤。

■ 機械原因的謬誤

另一個常見的分析謬誤來自於費雪所稱的機械原因的謬誤（the fallacy of the mechanistic cause）。這種謬誤包括打破一個因果的叢結（a causal complex），並且分別地分析它們，甚至分別評估它們對因果關係的影響，彷彿把它們當作不相繫屬的元素而非動態地彼此相關。一個明顯的例子，形成了一本

---

3 譯註：烏道娃（Outaouais）區位於加拿大魁北克省西部，占地三萬三千平方公里，是加拿大首都渥太華所在地。

頗受好評的魯伯特（Geoffrey Luebbert）的書《自由主義、法西斯主義或社會民主：兩次大戰間歐洲政權的社會階級與政治根源》（1991）中的核心論證。魯伯特的研究主要是說明為什麼兩次大戰間某些歐洲國家維持了民主政體，而某些國家放棄民主而轉為法西斯政權。他將社會的組件打破成為許多階級，將它們視為不相繫屬的元素，然後歸納出不同結果可被如此解釋：因為在法西斯主義的國家，農民階級與都市中產階級站在同一陣線，而維持民主政體的國家，其農夫階級支持許多不同的團體與政黨。除了過於簡化之外，到底什麼叫作都市中產階級呢？德國、義大利、法國等國家中，哪個政黨是單純由某個階級所組成的呢？這種分析取徑的謬誤在於若考量不同政治傳統、不同領導者和不同的當代情境，會有各種不同的因果組合可能。僅將其中單一差異視為就是這個原因，無異於認定階級、政黨、個別行動者，甚至它們之間的因果關係都是具有同一性的。這便是因果關係謬誤的最後一種，也就是機械因素謬誤的一個例證。

■不明事實的謬誤

　　費雪在討論具有事實意義之謬誤的章節，同樣列出了十二種普遍的錯誤，其中一個稱為不明事實的謬誤（fallacy of the furtive fact）。這在國際史學家中似乎特別常見。這個錯誤指的是認為某一事件中特別模糊不清的部分尤為重要，應給予空間加以解釋。這在國際史研究對於間諜與顛覆活動的興趣，認為它們型塑國際事務的因素。當然，諜報史（intelligence history）非常有趣，而在一些例子中也發現諜報史對重大國際事件的解釋有重要影響。許多顯例發生在第二次世界大戰，其中一個是同盟國利用一台英格瑪（或譯謎）（ENIGMA）機器解碼德國的信號，這無疑地對於同盟國贏得北非沙漠與大西洋的戰役有所貢獻。另一個例子是利用反情報去誤導德國對於1944年諾曼第登陸日之重要性的認知，以延遲德軍在法國已準

備就緒的反登陸攻擊。但很多其他案例是證據被隱藏且無法回覆，卻被賦予過高的重要性。展示政治家從情報單位得到密報資訊是一回事，但這些資訊是否確實影響他們的行動卻是另一回事。事實上，這種資訊的祕密本質讓政治人物很難完全納入決策考量。這可清楚見於1941年5、6月，當史達林收到密報說德國人即將入侵，以及1944及1945年初，蘇聯間諜報告美國發展原子彈的消息。雖然這是非常重要的資訊，史達林似乎卻無法理解，因為這些情報遠與他對這世界的認識不同。但這些事實的發現，卻使某些歷史學者在歷史解釋中對這些事實賦予很重大的意義。

■ 相對化證據的謬誤

和人類學、社會學、國際關係及現代社會科學一樣，歷史學也有它的後現代主義的追隨者。雖非單一學派或運動，後現代主義者皆將文本視為瞭解過去的基礎，而且把文本看成是多少有些難解的建構產物，並無法從文本中求索「真實的」過去，而且文本的意義取決於個別讀者的偏見。這使得一些歷史學者們投身於研究其他歷史學者——真正的歷史創造者，更有一些歷史學者撇開大的主題，偏好於研究大事件邊緣的小事件或個人，另外還有一些歷史學者則以「有想像力」的方式解讀相關文件證據，遠超過傳統歷史學者合理推論的範圍。儘管這些理論的基礎極不穩固，已出版的研究成果有些是不錯的，其中更有一小部分是卓越的作品，雖然它們的優點與後現代主義的關聯很小（見Evans, 1997: 244-9）。但有一種相對主義在傳統歷史著作中相當常見，值得我們注意，其中不同的主體、概念或制度被混淆，而未考量它們各自獨特的特性。有許多例子可在楊格（J.W. Young）的《英國、法國與歐洲統合，一九四五到一九五一》（1984）一書中發現，這本書是當代英國歷史學者試圖修正標準的戰後英國對外關係史的少數著作之一，不接受英美特殊關係構成英國政策核心的觀點。相反地，他們宣稱

英國政策受到「第三勢力」這個概念影響，目標朝向組成一個由英國領導的集團（包括歐洲大陸及其非洲殖民地）。在現代歷史學裡常可看到這類修正主義的冒險事業，有些成功，但它們的成功有賴於支持證據的品質。不幸地，在楊格的情況裡，證據確實是很薄弱，雖然將不同的事情相對化而證據看起來較強。因此，在仔細檢查之後，英國與英國的外交政策，有的變成政策，有的只是外交大臣貝文（Ernest Bevin）的個人沉思。反對這種混淆的理由是，雖然貝文可能（或可能不）打算與歐洲其他國家組成「聯邦」或「集團」或關稅同盟，他並不曾表明任何這樣的企圖心，自己正式獻身於這些目標，或是曾經試圖爭取內閣的同意；而且，如楊格承認的，由於內閣中其他較資深的部長的堅定反對，這種同意實際上根本不可能。同樣地，所謂英國比法國在戰後時期更適合被貼上「好的歐洲人」標籤的宣稱，其實是由於混淆了「合作」與「整合」，也混淆了有限與完整的方案。英國尋求與法國及其他歐洲國家合作，而且在含糊的意義上甚至可說是歐盟統合，但傳統的合作涉及友好與共同防禦條約，而統合是基於主權國家之間的善意。顯然地，這並未說明法國對德國力量再起的恐懼，但那看來似乎是無法避免的，若德國的工業力量允許被復興的話，而那是英國與美國這些「盎格魯－薩克遜」國家很清楚想要的。歷任法國政府追求能夠處理權力基礎的政策，不管是分裂德國，或是將其整合入新歐洲的結構中，以限縮其國家主權。如楊格那樣，將英國不情願而勉強同意提供法國的正式軍事保證，當成是英國致力推動歐洲統合的證據，而且在某種程度上可比擬為1948年海牙會議所揭櫫的歐洲運動的目標，便是犯了一種相對化證據的謬誤（fallacy of relativized evidence）。

■不成比例證據的謬誤

歷史學者可能最常面對的問題是來自於可得證據的不均等本質。政治史學者經常面臨的問題是，與他們所接觸的個人、

團體或組織相比，國家機構幾乎總是生產並保存更多證據。曾任劍橋大學現代史欽定講座教授艾爾頓爵士（Sir Geoffrey Elton），在研究亨利八世的政府強制執行由英國早期宗教改革所建立的新的政治與宗教秩序的問題時，曾對此問題（證據不成比例）如何產生有所描述。他獲得許多來源——法規、公告、法院紀錄等，這些資料都與他所研究的目標事件是同一個時代的資料，而且一般而言是高品質的資料。但實際上，這些資料都是國家及其執行者所生產的，而非來自該政策強制執行的受害者。艾爾頓察知這個問題，也盡其可能彌補遺漏的部分（見Fogel and Elton, 1983: 86-7）。

當代歷史學者面臨同樣問題，而且因為相當類似的原因。史紀德斯基（Robert Skidelsky）[4]的《政客與衰退：一九二九至一九三一年間的工黨政府》（1970）一書中描述了可能發生的扭曲情形。史紀德斯基是最先在1968年取得官方公布的文件的史學家之一，在他的寫作優美與廣泛流傳的歷史著作中，史紀德斯基確認第二屆的英國工黨政府面臨公共支出及預算赤字上升的問題，但仍然忽略墨斯利爵士（Oswald Mosley，當時是一位部長級官員）及某些激進自由經濟學家如凱因斯所提議的財政改革方案。這在官方文件上完整被記錄下來，但其所描繪的不景氣時期的英國政治仍然嚴重地誤導讀者。事實上，財政問題僅是一個次級的議題：政黨之內、政黨間與全國的重大爭議在於是否應為了某種帝國保護主義而放棄自由貿易。這可從檢視政治與經濟報刊及其他非官方來源而可明確得到證實，都可

---

4 譯註：英國牛津大學教授，1994年被英國國家學術院選為院士，並於2001年因《不朽的天才：凱因斯傳》（莊安祺、齊思賢中譯，台北：知識流）一書而獲得全球外交領域最權威獎項Lionel Gelber獎。他於1991年進入英國上議院，1998年至1999年擔任上議院財政事務反對派首席發言人，1991年至2001年擔任社會市場基金會理事長。自2002年至今擔任倫敦全球研究中心主席。

確認凱因斯的財政改革方案幾乎是被普遍忽視，反觀當時得到普遍重視的是關稅問題。但因為政府已堅定反對任何偏離自由貿易之立場，幾乎甚至在各方壓力下還是拒絕討論它，因此在官方文件上留下了誤導的印象，讓人誤以為當時最重要的問題是財政而非關稅問題。由於史紀德斯基以此種方式構成著書立說，因此犯了不成比例證據的謬誤。

■選擇性舉證的謬誤

最後一個謬誤，對歷史學者與社會科學家來說同樣重要，也就是所謂選擇性舉證的謬誤（fallacy of selective evidence）。不僅可能產生與前面所談的謬誤相似的扭曲、誤解，但係由歷史學者一心想要應用某個模式或證明某個理論所致，導致他特別去挖掘那些符合他的目標的事實或資料。對於特定政治影響力的一個例子，是最近對於1920年代美國外交政策的重新詮釋。直到1960年代為止，正統的歷史解釋仍堅持，第二次世界大戰前夕，美國終於動搖了原本要堅守的孤立主義的政策；而1898年的美西戰爭和後來的第一次世界大戰，只是暫時性地將美國推到國際舞台上。在越戰引發危機的時刻，那些追隨畢爾德（Charles Beard）、傅萊明（D.F. Fleming）及其他史學家的年輕學者，用一種極具企圖心的方式來重新解釋美國歷史，挑戰主流觀點。他們的立論基礎是，從美國還是英帝國的十三州殖民地時代開始，這個國家就受到內在動力所驅使而對外肆行擴張。然而，1920年代的這十年，這種新詮釋卻不太說得通，因為連續三任的政府都撒手不管國際事務，拒絕加入國聯（League of Nations），而且就像老一輩史學家所說的那樣，遁入孤立主義之中。決心證明這樣的觀點是錯誤的，這群年輕歷史學者搜尋關於擴張主義的新證據，也的確發現這些證據存在於美國在拉丁美洲與歐洲的金融、商業活動的擴張上。美國政府被呈現為在背後主導，倚賴美國企業的影響力，去達成它的海外目標。然而，這樣論證的缺陷是非常容易明白的。首先，

在美國的脈絡下理解，孤立主義這個概念是源自於獨立戰爭，以及與歐洲國家之間的外交糾葛，從而使美國能夠免除來自舊世界的干預而自由地發展。雖說美國門羅總統（Monroe）與其他總統，都希望能夠孤立於歐洲的（政治）干預之外，但這並不代表著美國自絕於海外貿易，更非從此就不和拉丁美洲往來。因此，單是指出美國在1920年代與歐洲國家之間的貿易往來增加，並無法撼動舊觀點，而與美國對拉丁美洲涉入增加，若有任何意義，不過是強化了舊觀點（亦即美國在1920年代仍堅持孤立主義）。

察覺到這個問題，有些年輕的歷史學者已企圖強化他們的論證，透過證明美國政府幾近在背後運作，把美國貿易和金融當作工具或武器，以便在國際事務上遂行其目的。想方設法，他們成功地從美國政治領袖找到關於全球貿易與商業活動對美國至關重要的言論。他們也展示了在一些情況裡，美國的外交官準備警告歐洲各國領導者，警告他們若不解決在賠償、共同防禦及安全問題上的差異，將不可能從美國市場取得資本。不過，這些說法並不足以支持他們想要承載的詮釋的重量。發現胡佛總統曾對美國出口商協會表示外貿對美國至關重要[5]，這點其實不能證明任何事；就算胡佛說對外貿易對美國來說一點也不重要，也是一樣沒有什麼意義，原因在於這是任何政治人物在那樣的場合下，都被期待會說的話。對這樣的證據認真不得，否則吾人幾乎可以將政治人物與任何立場連結在一起。有些歷史學者將胡佛描述成一個「獨立的國際主義者」（independent internationalist）（見，例如，Wilson, 1975，其他的修正主義的歷史詮釋，見Leffler, 1979; Costigliola, 1984; Link, 1970; Gardner, 1964）；但要支持這樣的宣稱，歷史學者必須檢驗胡佛的行動及其他事。在此案例中，胡佛在1929年

---

[5]　譯註：胡佛總統（Herbert Hoover, 1874-1964）是美國第三十一任總統（任期為1929-1933）。

總統選舉期間決定推動更積極的貿易保護，之後並默許大幅提高已經有保護主義色彩的美國關稅，至少意謂著胡佛對國際貿易的承諾不能當真。至於外交人員的警告，雖然相當合理，任何人都可能做出這種警告，只是不足為奇的陳述：美國國內有極佳投資機會時，美國銀行家不會想貸款給金融或政治不穩定的國家。這些更不會是出於一個意志堅定的國際主義傾向的政府，向歷史學者所聲稱的那樣，因為有豐富的證據顯示外交人員並無能力左右美國的投資流動，而那樣做的話也會造成美國政府必須承擔其不想承擔的對投資人的責任。要說外交官的聲明左右美國資本流動，直接與美國財政部的政策相反，因為其政策是防範所有財政部的盟友，也就是銀行家，去改變它（資本流動）。不過，這些缺點並沒有阻止這種新觀點被收入美國的學校教科書中，而且現在也形成一般被接受的關於這個國家歷史的觀點。

在與傅戈辯論時，艾爾頓指出，「模式……支配了指涉的條件，定義了參數，主導了研究，因此非常可能濫用了經驗證據的搜尋，因為是選擇性的」（Fogel and Elton, 1983: 119）。留心艾爾頓自己非常保守的政治觀，而這樣的政治觀似乎對他的主題選擇和研究產出有所影響（Evans, 1997: 193-5），但似乎可以說，有很多卓越的歷史著作有受到至少是政治或意識形態的模式所啟發。但這些案例中，歷史學者保留了他們的批判取徑，尊重證據，並且願意根據證據來調整他們的理論。正如（英國歷史學者）伊文思（Richard Evans）所說的，歷史判斷並不需要是中立的（即使有可能做到）：

> 但這確實意謂歷史學者們必須發展一種分離的認知模式，也就是一種自我批判的能力與一種瞭解他人觀點的能力。這也同樣適用在政治使命感強烈的歷史，以及自信是政治中立的歷史。政治使命感強烈的歷史只會傷害自己，假使它為了它所宣稱要代表的訴求而扭曲、操縱或隱匿歷史事實的話。（1997: 252）

結　論

　　如同本章的簡要討論所指出的，傳統的歷史學者自滿於保持自絕於社會科學領域之外的狀態，一般並不接受在檢驗過去時必須應用覆蓋法則或檢測社會法則或類似法則的原理。雖然如此，他們所用的證據來源，以及他們嚴謹、開放的分析態度，使他們就算非置身在社會科學中，也至少是接近社會科學。再者，歷史學者的方法學在問題設定與問題解決等面向，面對著許多陷阱，這點也和社會科學家很像。雖然哪一種方法更能生產對社會有用的知識，仍將難有定論，但毫無疑問地，（歷史學與社會科學）彼此都可從對方身上學到一些東西。

歷史分析的步驟

1. 務必在框架你的問題時，容許所有可能的答案。
2. 考量是否你的分析經得起武斷或循環論證的指控，如有必要應予修改。
3. 檢視你的證據來源及處理方式，並從中移除偏見來源；檢視擴大證據來源範圍的可能性。

第十八章

邁向公共問責：
超越抽樣、信度與效度

本章作者：George Gaskell and Martin W. Bauer

溝通確認（communicative validation）
信心建立（confidence building）
研究資料建構（corpus construction）
公共問責（public accountability）
品質指標（quality indication）
關聯性（relevance）
信度（reliability）
具代表性的樣本（representative sample）
樣本數（sample size）
驚奇（surprise）
厚描（thick description）
透明度（transparency）
多元資料檢證（triangulation）
效度（validity）

在最近一期的《言說與社會》的編輯室報告中，范戴克（Van Dijk, 1997）提出一個問題：「（言說分析）怎樣都可以，而沒有共享的品質判準嗎？當然有。」他說需要的是判斷好的質性分析標準。像范戴克所表達出來的這些關切，是引發撰寫這本書的一部分原因。

在質性研究的討論中，清楚的程序與實作標準被排在次要地位，主軸卻是永無止盡、好辯的區隔並對抗「實證論」方法學。不論這種認識論裝模作樣的優點可能是什麼，這種「我們對抗他者」修辭的結果，等於是紮了一個奇怪的稻草人。它將許多不同的科學自我瞭解（scientific self-understandings）都同質化為寇讎──「實證論」。我們希望完全避開這種討論：只因它對提升此一階段的質性研究毫無助益。

隨著質性研究達到臨界大眾（critical mass）的程度，它也發展出一種被接受的評估和引導研究的隱性判準。目前需要的是明確判準，一種對於什麼構成「好的實作」的公開陳述，甚至是一套有關研究過程品質管理的想法（比較：Altheide and Johnson, 1994; Flick, 1998; Seale, 1999）。這將帶來內部與外部效益。根本上，它導入了外部公共問責（external public accountability）於原本相當模糊難解的實作。與其他較為確立的社會研究形式相競爭時，這將會提升質性研究實作的正當性。對於質性研究本身而言，有著為建設性討論與同儕評鑑設定架構的內部效益。同時具有教學效益（didactic benefits），具有更有效率訓練新的研究者的潛力，而學生人數增多，自然使得更具教學性的研究訓練有其必要。

告別「怎樣都可以」，這種反抗「量化」的姿態，這兩種同樣不可取的立場之間有條困難的路徑。其中一邊潛藏著鑑賞家的希拉岩礁（Scylla of connoisseurism）；另一邊則是官僚化的布里克地斯女妖（Charybdis of bureaucratization）。鑑賞家懂得所謂的品質（當他看到的時候），有如審美標準一樣。問題是對好研究的需求太大，而審美家太少。而且當審美家之間

彼此不同意時，對於他們為何不同意的理由經常會維持模糊。審美家的養成包括漫長的學徒生涯。若質性研究要超越只有一小群大師的狀態，那麼這種品質評估的取徑並不可行。

至於官僚，其所用的判斷標準是客觀化的，而且本身變成目的：研究是否已符合其宣稱的樣本數、反身性是否已被記錄下來，或是多元資料檢證是否展現明顯證據？這種評估基於程序的正確性，而不需參考其內容及結果的關聯性。為避免告別「怎樣都可以」時又墜入另一種極端，我們希望討論兩個想法：質性方法的指標（the indication of qualitative methods），以及每種方法的研究品質（quality of research）。

方法的指標

研究者面對的第一個問題是使用何種方法去研究一個特定問題，以及如何合理化研究設計、資料選擇及分析程序。我們可將這個問題視為相近於醫學上治療的「指標」。撲熱息痛（一種解熱鎮痛藥）可作為偏頭痛的指標：一般用於治療頭痛。然而，撲熱息痛並不是關於感染的好指標：之於感染，抗生素是較好的指標。有趣的是，這兩種介入都帶有某種反指標（counter-indication）：在醫學及社會研究上皆然，任何介入都有其優點與缺點。

類似指標的邏輯可用於質性研究程序的選擇上。某種程度上，方法的選擇是研究者理論取向的功能。但除此之外，我們還可假設某些方法比其他方法更適合處理某個特定問題。例如，若你想知道媒體通路的內容，內容分析可能比訪談或會話分析更具指標性。一個較困難的選擇是，在選擇用內容分析之後，何種方法對於手上的問題更具指標性，是修辭分析、言說分析或古典的內容分析呢？我們所需的是某種像是診斷決定樹（a diagnostic decision tree）的東西，用以對不同資料誘引方法與分析取徑做出選擇，類似統計程序的指標。

在量化研究中，測量的層次，例如次序（ordinal）或間隔（interval），以及設計的特徵，例如兩個或更多的分群比較，為適當統計程序的選擇提供了一個強而有力的診斷。這提供教學上有效的判準來決定是否使用卡方分析、肯特爾相關係數（Kendall's tau）或皮爾森積差相關分析來研究兩個變項之關係。類似的診斷程序在質性研究上仍付之闕如。

在此脈絡下，第一個進入點是考量所有研究共同面臨的兩個設計議題。首先，此研究計畫是否是單一時間點的橫向研究（cross-sectional study）？或此計畫是跨越多個時間點的縱向研究（longitudinal study）？其次，此計畫強調的是個別經驗與行動，或是共同經驗與活動？這可能是關於不同目的、不同研究方法之指標的一項主要區別。在此要注意的是，橫向與縱向研究的區別在於研究設計而非問題的內容。許多橫向研究設計——以訪談為例——並不限於當下，而是包含對過去的重新建構。敘事與事例情境訪談技巧尤其強調將過去放到當下。表18.1將不同的質性研究方法依其在兩個設計層面的指標進行分類，並且提供對方法進行初步選擇的基礎。

我們必須避免的是鎚釘心態（hammer-nail mentality）。有鐵鎚與釘子在手，可能完成任何家居維修任務，但鐵鎚並不全然適合當作某些任務的指標——比方說，修水管。高手會選擇合適工具來做特定工作，但若一個人只知道如何使用鐵鎚，那麼所有家居的維修任務都將變成鐵鎚與釘子的工作。這暗示的是，適當的指標在使用不同的方法學工具時需要具備自覺與能力。將社會研究的每一部分都轉換成訪談或言說分析，或實驗，便是陷入方法學的獨白之陷阱（the trap of methodological monologic）。

選擇特定方法後，研究者接著需要某些關於如何做，而且做好研究的清楚指引。同樣地，其他人也會想要判斷該方法是否適當地被執行。對研究者與同儕團體來說，這是品質指標的議題。這意謂著無論我們可能應用哪一種方法，我們都需要一

表18.1　方法的指示性（以研究設計和活動焦點區分）

橫向的（一次性的研究）	縱向的（多時點的研究）
個別行動	
文本 個別深度訪談 敘事訪談 事例情境訪談	文本 傳記材料的內容分析（例如，日記） 以個人為對象的個案研究，重複進行訪談
視覺影像 結構性的觀察	視覺影像 行為氣象學
集體行動	
文本 敘事訪談 會話分析 言說分析 修辭分析 論辯分析 焦點團體訪談	文本 公開資料的內容分析（例如，報紙） 參與式觀察的田野筆記
視覺影像 影片與錄影分析	視覺影像 不同時期的照片
聲音 聲音地景 多媒體分析	聲音 聲音地景的變遷 民歌演唱學研究 曲調／旋律複雜度分析 音樂口味變遷分析

種對於「好的實作」的明確描述。對這個問題有著某種獨立性，我們應可判斷某個研究者是能幹稱職的專家、裝模作樣的業餘者或是立意良善的新手。只有努力為特定方法發展品質指標，研究者才得以對不同方法之間可供比較的指標性達成共識。

研究的良好實踐：品質標準的出現

因為量化研究在研究品質評估上已有發展良好的言說與傳

統，特別是信度、效度和代表性的判準，我們可從這些考量入手，作為確保質性研究品質問題的討論背景。在介紹量化傳統的同時，我們也將指出與質性研究中類似之處。

■信度與效度

坎伯與史丹利（Campbell and Stanley, 1966）對教育領域的量化研究品質問題提供了一個完整的討論。他們提出的第一個品質判準是內在效度（internal validity）。內在效度講究的是，研究設計與資料蒐集方法、實驗安排是否允許我們從中獲致有信心的結論。雖然他們是在實驗與準實驗設計的脈絡下討論，但內在效度背後的想法，在質性研究中也有。若一份內容分析報告對編碼架構未作說明，或在訪談詮釋中忽略訪談大綱的細節，讀者可能會懷疑這些是否是經過審慎研究，或只是研究者自己憑空想像的結果。

或許對於品質最實質的討論是在測量理論（measurement theory）與（特別是）心理測定學（psychometrics）、個人特質如智力與人格的測量（Cronback, 1951; Cortina, 1993）中找到，尤其是個人特質如智力和人格的測量（Cronbach, 1951; Cortina, 1993）。測量是根據一定規則而將數字指派給客體或事件。數字可能是指示一個特性有或無的1或0、案例數目計算、或是一個指標的不同數量之數值。測量有不同層次——名目（nominal）、次序、間隔及比率（ratio）——這是對一個指標賦予不同精確程度的數字。不論何種層次，所有的測量都受制於誤差。一般而言：

$$觀察分數 = 真實分數 + 系統誤差 + 隨機誤差$$

以智力測驗為例，這意謂著測量到的智力分數是由個人的實際智力程度，再加上測驗本身存在的系統偏差以及機率因素所組成。克里本多夫（Krippendorff, 1980, 1994）將這些原理延

伸至文本與影片素材的分析中。

信度與效度是用來評估一個特定經驗指標代表一個特定理論或假設構念的程度之判準。信度關注的是測量的一致性——意指一項測試的內在一致性的程度，而且在重複測試時得到一樣的結果。要建立信度，有兩種主要的技術：項目間一致性的測量，以及測試－再測試程序的測量。效度是一個工具捕捉它想要測量的事物程度。效度帶進了目的（purpose）這個概念：並非測試本身有效與否，而是根據特定程序的資料詮釋是否有效。首先，內容效度（content validity）關注的是抽樣的適當性。其次，判準效度（criterion validity）為一個測驗正確區辨不同特性的群組，或能夠正確評估不同特質的人未來表現的程度。最後，構念效度（construct validity）是測驗結果與環繞此概念的理論網絡（theoretical network）之間的關係。因為效度總是依賴某些外在判準，通常是先前對同一概念的測量，因此效度論證的評估總會存在著一個循環論證的元素（Bartholomew, 1996）。

■信度－效度困境

在心理測定學中公認的定理是，一個工具的信度設定了效度的上限。用一把不可靠的尺，很難對製圖提供有用的（有效的）貢獻；但在此同時，信度高並不自動保證效度也高。然而，對文本與訪談的詮釋而言，信度與效度的特定關係較無意義。在詮釋時，高的效度可能與較低信度同時發生：這被稱為信度－效度兩難困境（reliability-validity dilemma）。

以古典的文本內容分析為例，兩個編碼員對於特定字彙的出現可能有百分之百的同意度，因此在編碼架構的使用上有較高的信度。然而，這並不表示他們對文本的詮釋也是有效的。一個字彙的內涵意涵可能隨著脈絡而改變。同樣地，編碼員之間缺乏同意度，在兩種情況下，可能反而是具有診斷意義的：一方面那可能確實顯示編碼員缺乏訓練，或是素材的隨機編碼

（random coding），但也可能顯示，文本本身無法讓人形成有共識的詮釋。它可能是一個開放文本（open text），歡迎許多不同的、合理的理解方式。就此而言，低信度並不只是一個數字，而是研究過程具有啟發性的部分。同時，詮釋並不能只交給共識支配，因為少數詮釋可能是對的，而且時間可能證實它們是對的。至少以詮釋而言，必須保留這種可能性（Andren, 1981）。

信度可根據某些編碼架構來預測，而這是效度概念相關之處。除了一些例外，編碼架構通常以理論概念為基礎。理論概念藉由將一組內容分析類目特殊化而變得較為具體。類目之間的關聯與其他指標的關係，形成理論網絡的一部分。這些類目捕捉，或是適當抽樣分析資料的程度，可說與內容效度相當類似。再者，所觀察到的類目與理論之關係，接近構念效度的概念。將這兩種信度與效度匯流在一起，在討論客體多於討論觀察者的意義上，吾人或可討論「客觀性」的不同層次。

■代表性

許多社會研究希望得到一個通則性的陳述，超越特定的一組經驗性的觀察之外。這帶來的是通則化的問題，或坎伯與史丹利（Campbell and Stanley, 1966）所稱的外部效度（external validity）。研究者面對的問題是他們基於何種基礎，他或她可以有信心地將特定研究發現通則化至某些較寬廣的脈絡（可能是其他行動者、情境或文本紀錄）上。信心，或缺乏信心，根據的是研究樣本能夠代表較寬廣的脈絡程度：換句話說，就是樣本能夠複製這個脈絡（不管是人、情境或紀錄）的分布特性（distributional qualities）的程度。

如何建立代表性？這主要是一個樣本數的問題嗎？可以確信的是，藉由觀察非常少數的案例，將很難宣稱觀察結果具有代表性。某些以在曼徹斯特執行的小型個案研究為基礎而形成的當代英國青少年的通則化陳述，是不具說服力的。讀者可以

合理地懷疑這些個案研究中被研究的對象是否為典型、具代表性的英國青少年。但是，樣本數大也並不保證有代表性：完全取決於抽樣程序的邏輯。若被受訪者是自願的，例如，電視節目主動扣應（call-in）的觀眾，那麼研究者必須嚴肅面對樣本無法代表母群體的樣本偏差問題。

系統性通則化的少數例子之一是隨機樣本調查。利用特定大小的隨機樣本（probability sample），可能在特定信心水準之下將樣本的觀察發現推論到母群體。對一個樣本數是一千人的隨機樣本，對百分之五十的任何觀察值，一般可接受的信心水準是±3.2%；這對任何母群體皆為如此，不論母群體是倫敦或整個英國的人口皆然。

基本上，抽樣理論（sampling theory）提供的是一組精細的樣本選擇的技術程序，以及評估和量化將樣本通則化到更大母群體時的基礎（Kish, 1965）。類似的系統性抽樣可適用於某些形式的文本素材，例如，媒體報導或紀錄片的證據（Lucy and Riffe, 1996），但對許多質性研究，這並非一個選項（見Bauer and Aarts，本書第二章）。然而，在質性研究中若要說研究結果是有效的，那麼如何建立證據這個問題仍然是存在的。

邁向功能等同的另類判準

如我們所指出的，量化傳統的核心為一組評估研究品質的判準。研究者將信度、效度與代表性等議題吸收在設計、分析及報告研究上，而其他人也是用這些判準來評估其他研究者得到結論是否值得信賴。在關於什麼是好的、有品質的研究已建立完善論述的背景下，我們對於質性研究之判準找出了許多不同的立場（見Kirk and Miller, 1987; Flick, 1998: 257）。

首先，有一種立場是直接將量化研究的代表性、信度和效度套用在質性研究。它論稱，判準可以而且應該適用任何形式的社會資料。有什麼結論可以來自不可靠、無效的觀察，而

不是立基於系統抽樣的邏輯？質性研究者的任務僅是單純解釋他們的樣本如何代表研究對象母群體，以及研究過程是如何可靠和有效的。這種立場被許多質性研究者拒絕，理由是它無法看到質性研究特殊的性格、目的與目標。除此之外，這種立場認定信度、效度與代表性沒有非數值的定義。究其實，相關性與變異性的測量根本與質性研究無涉，後者關切的是意義與詮釋，而非數字。

第二種立場是全然否定。抽樣、信度與效度被認為是「實證論」的，也是一種從男性凝視的表達，與意在控制的知識旨趣共同運作。質性研究學者反對實證主義及控制的企圖，從而也拒絕信度與效度的概念。所有被稱為品質判準的，都是科學社群對其成員施加的社會控制，原則上必須被拒絕。對某些人而言，反叛僵固的標準正是質性研究的本質。像這種全然否定（質性研究評估判準）的態度，可能是發生在一個新的研究傳統之早期發展階段，但長期下來可能會自我挫敗。這些問題因為制度化開始盛行而變得明顯。任何期刊編輯在篩選論文時都需要評估判準，因為論文供給量遠超過篇幅限制。這將我們帶到先前范戴克（van Dijk）在編輯室報告中提到的困境。他提出改善分析程序的要求時，被作者以這會造成強加「權力言說」（power discourse）而予以拒絕（《言說與社會》這本期刊正好是以分析權力言說作為其主軸之一），對此，范戴克感到痛心。這位期刊編輯（意指范戴克），似乎是發現自己被他自己的態度所挫折（van Dijk, 1997）。

第三點立場是支持建立品質判準，但主張發展獨特地與質性攸關的判準。抽樣、信度與效度在量化研究中很管用，但就是不適合用來評估質性研究。有一些自成一類的判準被提出來捕捉好的質性研究的面向，例如，說服力、可接近性、純正、忠於真實、可信性（plausibility），以及可信賴（Hatch and Wisniewski, 1995; Seale, 1999）。我們將此看作是有建設性的進步，但對此問題想提供更有系統的取徑。

我們的立場，基於為社會研究中的科學精神辯護，是希望為質性研究傳統找尋功能相近的判準。質性研究應發展自己的標準與規則，尤其是應展現作為一個研究傳統的自主性。這涉及的不是完全仿效既存的標準，也不是完全拒絕任何標準，而是走一條「中間路線」（middle way）。要找到這條中間路線，先問什麼是傳統標準的功能，以及什麼是方法的規則。從這些抽離出來的功能，或可為質性方法建構與重新界定出實質上不同於量化研究但功能上等同的標準。

　　決心建立一套質性研究標準專用的判準，有兩種不同進行方式：一種是由上而下、從原理中演繹出來的哲學反思；另一種是由下而上、對「好的實作」進行經驗性的觀察，例如從論文刊登的程序與標準、編輯方針，以及在質性研究中有所瞭解（見Medical Sociology Group, 1987, in Seale, 1999）。接下來，我們試圖結合由上而下發展判準與由下而上的觀察，獲得一套我們認為在功能上等同於傳統量化研究標準的判準，包括獲取同儕的信賴、展現研究的關聯性，並且確保研究過程符合公共問責（public accountability）的要求。

　　我們認為做宣稱（claim-making）與公共問責將是研究過程的核心議題。任何基於經驗研究的宣稱，必須超越只是推測或直覺。任何公開以社會科學名義做出的宣稱，都必須要有證據。但在社會科學脈絡中，公共問責意謂的是什麼呢？

　　公共問責並不是成本與效益的會計問題，也不是好研究的結論必須得到公眾支持。我們希望用這個概念來捕捉的是，科學乃是在公共領域中操作，它不是私人財產。它的宣稱與保證，為了夠資格稱作公共知識（public knowledge），必須是「客體化的」與公開的，而且也因此開放供公眾檢驗。這並不是質性研究獨有的特質，而是適用於任何形式的科學，而我們將科學理解成方法學上具備反身性的知識生產（methodologically reflected production of knowledge）。

　　在表18.2中，我們提議了一些量化與質性傳統在功能上等

同的判準。在公共問責的範圍內，我們認為有兩個廣泛的範疇，可作為品質保證的基礎。它們是信心與關聯性，捕捉了品質評估的精義，而且同樣適用於質性和量化的研究傳統。

信心指標（confidence indicators）讓讀者（與研究的接收者）有「信心」認為研究結果代表「真實」，而非只是出於研究者的憑空想像。換句話說，信心指標代表研究結果並非別有居心而捏造或造假的。他們是研究者以一種公開透明的方式，在特定時間與空間下與這個世界之間的實際接觸的結果。對質性研究而言，信心指標來自於(a)多元資料檢證及透過不一致而產生反身性的瞭解，(b)研究程序清晰，(c)研究資料建構，與(d)厚描（thick description）。

另一方面，關聯性指標（relevance indicators）指的是一個研究是否可以成立的程度，它在「內部地」與理論的連結程度，以及它在「外部地」相對於一般常識，作為一種驚奇的程度。關聯性包含實用性與重要性。並非每一件有用的事物也同時是重要的，而重要的事物也不一定是有用的。非預期的事物及驚奇，必須同樣是質性和量化研究的品質判準。不過，這兩種研究傳統可能以不同方式結構驚奇：一方是透過假設測試，另一方則是新的瞭解與再現。關聯性是以(a)研究資料建構，(b)厚描，(c)驚奇價值（surprise value），以及(d)（在某些情況

💡 表18.2　符合公共問責的品質評估判準

量化傳統		質性傳統
		多元資料檢證與反身性（c）
測量的信度（c）	信心（c）	透明度與程序清晰（c）
內在效度（c）		研究資料建構（c, r）
樣本數（c）		厚描（c, r）
代表性抽樣（r）	關聯性（r）	在地驚奇（r）
外部效度（r）		溝通確認（r）
測量的效度（r）		

下）溝通確認（communicative validation）。

　　以下段落我們描述六種品質判準，它們以不同方式提高了質性研究的信心與關聯性。

■多元資料檢證與反身性（信心指標）

　　理解他人和文本資料產生充滿多樣性的經驗。社會研究者總是試著瞭解置身另一個社會情境的其他人，其位置不可避免地是以自我知識（self-knowledge）為基礎。瞭解我們自己與他人可能是一個無止盡的追尋，但它把因為意識到多樣差異觀點而產生的反身性（reflexivity）作為出發點，也就是將自己的位置去中心化（decentring of one's own position）。反身性暗示了在事件之前與之後，研究者自己已不再是完全一樣的人。尋求理論觀點與方法的多元資料檢證（triangulation）（Flick, 1992），是一種在研究計畫中將反身的過程制度化的方式。換句話說，這個設計（理論觀點與方法的多元資料檢證）強調研究者將不一致性視為研究過程中持續進行的一部分。從兩種觀點或用兩種方法去處理一個問題，不可避免地將產生不一致與矛盾。而這些提醒研究者注意，思索不一致的根源與詮釋。當然，某些不一致是因為方法學的限制所造成的，但它們也可能顯示社會現象從不同角度看會有所不同。如同從北邊、從南邊或從空中看一座山，會有不同的形狀與外觀，但它仍然是同一座山。在質性研究中，吾人想看到這種思索不一致及與不一致奮戰的證據，研究者本身或研究同仁之間，藉由不同觀點的視野的融合，可得到嶄新的瞭解（Gadamer, 1989: 306）。然而，我們提醒質性研究者應對反身性有所交代，但不可誤以為是鼓勵研究者撰寫自傳而非研究報告。研究的焦點仍然是這個世界而非研究者。

■透明度與程序清晰（信心指標）

　　不消說，資料萃取（data elicitation）及資料分析的完善

紀錄（documnentation）、透明度（transparency）與程序清晰（procedural clarity），是一個有品質的研究必須具備的。紀錄的主要功能必須使其他研究者得以重新建構已經完成的工作，以便核對或仿效它，或是作為歷史的紀錄（Lazarsfeld, 1951）。紀錄的記憶功能是重要的；雖然這個重要性顯而易見，但也有結構性的因素限制了此一要求。研究報告通常太短，以致於無法涵蓋詳細的方法學描述。某些期刊的新趨勢是開設一個網頁，提供論文的附錄資料，但這只解決了一部分問題，因為現在仍然不清楚這些論文相關附錄資料網頁會保留多久。甚至是書籍出版者也變得更不願意出版包括大篇幅方法學內容的書籍，來自編輯的第一個要求通常是精簡方法與程序的紀錄。很難想像《權威人格》（*Authoritarian Personality*）這樣的一本書如何可能激盪出這麼多二手的分析，要是此書原本就沒有詳細說明研究過程的話。我們需要的是至少對質性研究紀錄訂定最低要求，例如像《民意季刊》（*Public Opinion Quarterly*）這類著重調查研究的期刊那樣。在所有的社會科學研究中，研究程序的清晰描述都是必要的。

對質性研究而言，透明度的功能類似量化研究裡的內在效度與外在效度，比方說，可從研究是否詳細交代受訪者（素材）的選擇與特性來判斷；訪問用的訪談大綱及（／或）內容分析的編碼表；資料蒐集方法、訪談類型，或內容分析類型等等。

電腦輔助分析使用CAQDAS（電腦輔助質性資料分析軟體）可視為是一個值得歡迎的發展，為質性資料分析帶來透明度與紀律。的確，有彈性的編碼與索引，以布林搜尋（Boolean searches）為形式的文本連結的邏輯分析，以及藉由「備忘」（memoing）方式追蹤詮釋資料的想法，都是這些新發展中別具創意的特徵（見Kelle所寫的本書第十六章）。不過，這些並非神奇工具；相反地，它們也同時可能暗藏負面功能的陷阱，例如「編碼病態」（coding pathologies）（Fielding and Lee, 1998; Seidel, 1991）。許多學生與研究者在預期可提供「紮根

理論」的無止盡地編碼與重新編碼的過程中，陷入了不知研究何物的困境。再者，更有一種趨勢是把這些工具當作口惠，只是提到這些套裝軟體就以為可以保證研究品質，彷彿科技無敵一樣。

■研究資料建構（信心與關聯性指標）

在很多的社會研究中，要想進行系統抽樣根本就不可能，因此，對代表性或外部效度的宣稱是有爭論的議題。研究資料建構在功能上相近於代表性抽樣及樣本數，但有著一個不同目標，也就是將各種未知的再現狀況極大化（maximizing the variety of unknown representations）。研究者想要描繪母群體的再現狀況，而非測量其相對分布狀況（見Bauer and Aarts寫的本書第二章）。樣本數在（質性）研究資料建構中並不重要，只要有某些已達到飽和（saturation）的證據。研究資料建構是一種反覆進行的過程，不斷有更多階層的人或文本被加進分析之中，直到達到飽和狀態，更多資料也無法提供更多新的觀察為止。在研究資料中，跨越廣泛階層的少數訪談及文本，要比訪談或文本的絕對數量來得更重要。從每一個階層或社會功能取得的少數案例，比隨機選擇階層或在一個特定階層中隨機選擇案例要來得好。這兩種判準（研究資料建構與代表性抽樣），都為研究結果建立信心，並且確保其關聯性。

■厚描（信心與關聯性指標）

一般而言，質性研究應該會使用大量的逐字轉錄稿資料。這種高度忠實的逐字轉錄稿，類似於歷史學者對於註腳的使用：提供證實該宣稱的參考資料。讀者可能接受其詮釋，或是產生不同意見。從中仔細挑選與編輯一段話以支持作者偏見的做法應該避免（或是應避免予人這種印象）。當然，必須在其中找到一個平衡點。完整報告兩百則剪報或二十人次訪談的內容，不是社會科學研究作品的呈現形式；在另一個極端是，一

個簡短的段落宣稱已將素材濃縮成一些重點而沒有標示出處，將使讀者懷疑這些誇大的通則化和詮釋是如何產生的。在此意義上，註明出處會是一個信心指標。

報告裡提供仔細的索引／標註也是一個關聯性指標，因為它提供讀者對於社會行動者的在地色彩、語言與生活世界更有所瞭解。一個有效的報告，就如同好的劇場一樣，帶領讀者進入社會行動者的真實情境之中。他／她開始更加能夠瞭解他們，因此研究者所做宣稱與通則化也會更為可信（Geertz, 1983）。

■驚奇作為理論貢獻及（／或）一般常識

任何研究的關聯性指標，必須有其驚奇價值（surprise value）。證據有兩種令人驚奇的方式：就一般常識觀點而言，或是就某些理論預期而言。在量化研究中，這被正式化成為假設驗證程序（hypothesis testing procedures）及否證（falsification）。

質性研究需要一種類似驚奇價值的展現，以避免在詮釋時出現選擇性舉證的謬誤（見Boyce，本書第十七章）。因此，在文本研究中，研究者可能預期看見具有洞察力的證據、對相反證據開放的心胸，或在研究過程中可能的心態轉變等（Gadamer, 1989: 353）。為了避免將質性訪談或文本分析當成用來支持原先想法的引述製造機（generators of citations），任何研究都需要說明其已確認與未能確認的預期，並記錄下相關的證據。若僅是提供確認的證據，可能會引起他人對此研究和分析的品質產生疑問和懷疑。

■溝通確認（關聯性指標）

透過面對來源（當事人）並取得其同意的方式來證實訪談或文本素材的分析結果，被提議作為一種品質判準。這就是所謂的溝通確認（communicative validation），或成員／受

訪者確認（member/ respondent validation）[1]。這是葛羅本等人（Groeben et al., 1998；見Steinke, 1998）的「主體理論」（subject theories）中所進行的一種基本確認程序。這種判準與調查反饋（survey feedback）有類似之處，這在1960年代的組織文獻中，被認為是行動研究促動計畫的組織變遷手段（Miles et al., 1969）。在許多情境裡，受訪者／參與者有共識的確認，以及對於詮釋的不同意部分的討論，對研究者與參與者皆有價值，展現了對社會行動者的觀點之尊重，而且符合「培力」（empowerment）的知識旨趣。

然而，這並不是構成研究的關聯性之必要條件。以一個極端的例子為例：面對一個社會行動者誤用權力的情況時，質性研究者一定會希望避免溝通確認；有私心的社會行動者很可能會拒絕接受研究者的觀點。若研究者屈服於社會行動者的「言論檢查」（cencorship），這將威脅研究的獨立性。社會行動者不能是描述與詮釋他或她自己的行動的最終權威。觀察者擁有不同於被觀察者的有利位置，這本身可能即具有價值，無須得到被觀察者的同意。例如默示知識（tacit knowledge），或自我觀察的盲點，通常會逃離社會行動者的立即意識。觀察者在這一方面具有優勢。首先，觀察者可以看見行動者自己無法看見的，例如默示知識或行為常模，以及理所當然的文化實踐。其次，觀察者看見整體場域，包括行在他或她的社會和物理環境之中的行動者，而這遠超過行動者自己出於習慣的凝視。第三，觀察者是社會科學家，對於被觀察者自己可能無法同意或瞭解的實踐或再現進行抽繹的詮釋。一個典型的案例是「虛假意識」（false consciousness）或「無意識」（unconscious）的

---

[1] 譯註：有時稱為「成員檢證」（member checks），另見Jensen, K. B. (2002). Media reception: qualitative traditions. In K. B. Jensen (Ed.), A Handbook of Media and Communicatio Research (pp. 156-170). London: Routledge. p. 252.

概念。這當然不是說觀察者必然能夠客觀與有效地描述，但他或她可能擁有相對於行動者的不同視野的優勢。把行動者視為他或她的再現的結構和功能的最終權威，將失去從不同視野學習及批判的機會。

摘要與結論

我們已論稱，質性研究的公共問責有賴於兩種廣泛判準的宣稱，亦即信心與關聯性。為確保達成此一宣稱，設計、方法、程序、分析與報導，必須符合（至少被視為符合）某種品質判準。我們在本章重述量化研究傳統中典型的指標，例如，信度、效度與代表性抽樣等。透過一個抽象化的功能等同的概念，我們提出關於好的研究實作的六種判準，用以指引質性研究。這些包括多元資料檢證、觀點的反身性、程序的透明紀錄、研究資料建構的細節、研究結果的厚描、在地驚奇（local surprise）的證據，以及某些情境下的溝通確認。在某些面向上，這是一份包含兩種相關目標的核對清單或食譜。這應該被視為一組導引，但未被特定化，有助於質性研究之研究設計、分析與報告。同樣地，這摘要出任何批判的評審者可能會要求研究做的部分，也提醒研究者必須提供哪些適當的程序。

歸結來說，這本書試圖介紹給讀者的是質性研究程序背後的概念，以及如何使用它們的實用技巧。但是，本書的作者群希望達到的不止於此。質性研究的傳統需要發展豐富經驗與良善紀錄的專門知識，以便協助進行方法間的選擇（方法的指示性），以及評估某個研究使用某種方法的適切性（品質判準）。一個將這些品質判準詳加說明的集體承諾，對於教學與研究而言是必要的。若長期忽視這個挑戰，會使質性研究處於社會科學的落後狀態。若質性研究要在更大的舞台上競爭，它必須合理化它的方法和宣稱，並且滿足公共問責、信心及關聯

性等要求。我們所提議的，並非是這個基本上屬於實作問題的唯一的明確解決辦法；而是，對於質性研究許多新興關注點，我們希望這些提議激盪出一場批判的、有建設性的辯論。

Chapter 18

邁向公共問責：超越抽樣、信度與效度

437

accommodation　調適

將原本屬於某個社群的言說加以更改的過程，使其對另一社群有意義、並可被另一社群理解的過程。科學調適（scientific accommodation）是將原本刊登於學術期刊的技術論文，轉化成為可被一般讀者理解的言說，即是一種調適過程。

action orientation　行動趨向

在言說分析中，強調言說不只與事物有關（not just about things），也涉及言說被用來做什麼（is also involved in doing things）。

adjacency pair　相鄰對

兩個人之間的日常生活對話，其中第二個人說的話相當程度可由第一個人的發言內容預測，例如一問和一答，邀請與回覆等等。

adversarial fallacy　敵對的謬誤

一種認定每位歷史學者若採取完全不同於主流看法的敵對立場、便能更快獲致真理的假設。

aggregation　聚集

是指集合大量資料、事件或過程。集合大量資料被稱為人工聚集，集合大量事件或過程被稱為自然聚集。例如，人工聚集是透過統計學計算來完成，也就是平均數（averages）；自然聚集得自於大量事件或過程的聯合行為。聚集──不論是自然或人工的──都是產生經驗法則的基本機制。

ALCESTE

一種用在質性研究的電腦軟體，可藉由一種自動的統計分析，區分自然文本中不同種類的言說。

ambiguity 含糊性

是自然語言的基本特性，對電腦化的自動內容分析（computerized automatic content analysis）造成障礙；亦被稱為多義性（polysemy）。一個字在不同脈絡下有不同意義。字與義之間並無一對一的關係。例如，同音異義字（homonyms）是發音或拼法相同、但意義不同的字。一個字有不同的感官意義（sense meanings）或內涵意義（connotations）。透過使用隱喻，我們在不同脈絡間移動字詞，以便形成對於世界的特殊認識。在反諷或諷刺的情況裡，我們說一件事、但指的卻是相反的事。語言中的含糊性使得內容分析的編碼員（比電腦）更有優勢，可有效率地克服詮釋上的困難。

analogy 類比

在修辭上，透過比較來顯示類似性。類比也可說是一種推論，兩個或更多事物之間的類似性，可從它們在其他已知的類似性推論得到。

anchorage 定錨

在符號學中，當一個形象伴隨著一個可將其意義明確化的文本時，就可說此文本將此形象定錨了；有別於接替（relay）。

argument 論證

是修辭／語藝分析的基本單位。通常，一個實用的論證是用來支持特定宣稱的一個論點或一串理由。基本元素包括宣稱、資料、保證、支持與否證。

argumentation 論辯

(a)一種包含一系列用來合理化或駁斥特定意見或說服讀者的陳述之口語或書寫行為。(b)在敘事訪談中，那些用原因來使行為合理、解釋規則或提及

事物或概念之關連性的文本中非敘事的成分。

artificial week　人工週
一種有系統的大眾媒體內容之抽樣技術，可避免媒體內容產製的週間循環（the weekly cycle）。首先，一週當中的某一天被隨機選定，然後以不等於七或七的倍數（亦即週間循環的天數）持續增加一個固定天數來抽選其他日期。這將可達成在一個固定期間內平等分布一週當中的每一天。

assessment　評鑑
在會話進行中，一個涉及評估的陳述，通常緊接著另一個發言，後一發言可能同意或是強化第一個發言所做的陳述。

backing　支持
在論辯中用來支持保證（warrant）的前提（明確的陳述或事實，例如，法則）。

bemetology　行為氣象學
「行為氣象學」（bemetology）一字，濃縮結合自「行為的氣象學」（behavioural meteorology）一詞，意指如氣象學一樣持續收集行為、經驗資料的方法學要求。

biographical narrative　自傳敘事
個人的生命史被重新敘說：整個生命歷程或生命中的某個階段，可見於個人敘述其患病或生涯轉換經驗的敘事。

cantometrics　民歌演唱學
一個由Alan Lomax發展的包含37種分析特性的複雜分析程序序，用來比較及分類各種人類社會文化下的民歌演唱。

CAQDAS　電腦輔助質性資料分析軟體

是一個晚近的軟體研發傳統，用以輔助質性資料分析。這些套裝軟體可支援分析單位的索引與連結；允許研究者採用特殊形式的評論為這類連結做紀錄；可用索引支援複雜的蒐尋與檢索；提供圖示的工具來描述文本間的連結狀況；並提供數字介面，有利於對素材的編碼進行頻次的統計分析。

cascade predication　串級預測

行為氣象學所用的一種隱喻表達，用以將行為或經驗資料指定為一種的指涉序列：客體 ← 預測項 ← 預測項值（predicator value） ← 時間值（time value）。

claim　宣稱

在論辯中，一個包含結構的聲明，以事實支持的論點的結果來呈現。

codebook　編碼手冊

內容分析的基礎工具，用來表示類目/編碼系統的次序，每個編碼的定義與範例。這是進行任何可靠的編碼之內容分析的最佳實踐；將編碼過程紀錄下來並公之於眾。

code value　編碼值

在內容分析中，編碼指的是一個類目，而一個類目包含兩個以上的值。每個文本單位被分類成不同類目，因此，將每個類目以一個編碼價值與每個文本單位連結。原則上，編碼值是彼此互斥、窮盡的，從單一概念衍生而來，並且與其他編碼值沒有邏輯上的關聯。

coding　編碼

將一個從概念衍生出來的程序，應用至一組素料上。將索引文字（編碼）連結至一份紀錄（例如，一份訪談稿或田野筆記）的文本單位區段。

coding frame　編碼架構

內容分析中有系統的編碼次序。一份好的編碼架構，每個編碼都具內在一致性，每個編碼都衍生自整個研究的分析概念。

coding pathologies　編碼病態

因使用電腦輔助質性資料分析軟體而產生負功能的實作。例如，它鼓勵（研究者）對一些訪談紀錄建構出一套延伸的階層索引系統。但這種程序有可能變成資料詮釋的障礙，因研究者聚焦在索引系統，而對其所研究的問題本身欠缺關注。這種結果可說是研究過程的危機。

coding sheet　編碼表

在內容分析中，編碼者將他們對每個文本單位的判斷註記在編碼表。每個編碼單位需要一張編碼表。編碼表將文本單位轉換成一種適於統計分析的格式，也就是每個編碼者對每個文本單位，給定一個編碼值。這些紀錄稍後將被輸入電腦，成為數值的原始資料。編碼表能直接供電腦使用，因此，避免了輸入資料時產生錯誤的問題。每個編碼表通常都有一份輔助解釋用的編碼手冊。

coding unit　編碼單位

與編碼連結的文本單位，可能由電腦自動產生，或是由人類詮釋者產生。編碼單位可按照物理、句法、命題或主題來定義。

coherence　一致性／連貫性

是內容分析良窳的評估標準。若編碼來自一個完整的概念原則，則編碼架構會具有一致性，也會以有秩序的方式呈現出概念的複雜性。這或可被視為一種美學判準：具一致性的編碼架構，會產出美妙的內容分析。

communicative validation　溝通確認

一種有時可用於質性研究的品質判準。將研究結果回饋給先前曾提供資訊的受訪者，詢問他們是否同意，以確保他們的情境沒有被錯誤呈現。然

而，在對位高權重的人進行調查研究時，這樣做也等於是邀請受訪者對研究結果進行「言論檢查」，或許並不妥當。

complex retrieval 複雜檢索
對已完成編碼的文本區段進行搜尋，例如，檢索具有共同屬性的文件，或是搜尋同時具有某些編碼特性的文本區段。

computer-assisted analysis 電腦輔助分析
使用電腦軟體來管理質化資料，將資料詮釋分析涉及的機械性操作自動化。

concluding talk 結語
敘事訪談的最後階段。在訪談結束，錄音機關掉後，通常會出現以「小型談話」的形式進行的有趣討論。放鬆心情下的談話內容通常有助於瞭解先前敘事過程中較正式的談話。此種脈絡化的資訊對於資料詮釋提供重要線索。結語必須在訪談結束後立即記錄。

concordance 重要語彙索引
是一種電腦輔助的分析程序，將字彙及其上下文一起列表。通常，上下文的篇幅可用關鍵字前後的字數加以限定，或特定關鍵字出現的句子或段落。過去這是一種勞力密集的手工作業，但現在評估字詞的意義或核對線上文本檢索的品質，只是花費幾秒時間的舉手之勞。

confidence building 信心建立
好的質性研究所具備的特徵之一。量化研究的信度和樣本數，以及質性研究的多元資料檢證、透明度、建構研究資料與厚描，都是可為研究結果建立信心的方法。

connotation 內涵意義
符號學裡，內涵意義是指次級層次的表意（higher-order signification），也

就是一個符號在外延意義之外的額外意義。外延符號（denotational sign）成為內涵符旨（connotational signified）的符徵（signifier）。為了掌握符號的內涵意義，需要額外的文化或約定成俗的知識。

construction　建構
「建構」一詞強調的是語言不僅反映或描述，更創造了我們社會世界的角色。

co-occurrence　共生分析
是一種電腦輔助分析方法，協助研究者評估兩個字詞在特定文本單位中同時出現的次數。這些共同出現的次數分布被統計並以矩陣形式呈現，並用幾何圖形再現文本素材的關聯結構。

corpus　研究資料
某種限定的素材之集合，事先由分析者依據特定標準而決定和分析。可以區分為：(1)通用研究資料（general-purpose corpora）（例如，語言學資料），以及(2)特定主題研究資料（topical corpora）（例如，社會研究計畫中的質化訪談）。

corpus construction　研究資料建構
是質性資料中搜集文本素材的過程。它並非根據隨機原理，但卻是有系統的、考量關聯性、同質性、同步性及飽和，也就是擴展階層與功能（外在變項），直到針對特定議題所蒐集的再現樣態（內在變項）達到飽和。

corpus-theoretical paradox　資料—理論的弔詭
針對意見、態度與世界觀而選定的研究資料，若包含了各種變異性，即具有代表性；然而，在能夠決定具有變異性的各種次類目之前，研究者需要較完整的研究資料。要解決此一弔詭，可透過逐步、反覆的方式來建構研究資料。

critical incident technique 關鍵事件技術

是一種訪談技術，可用來探索一個組織中產生的危機或問題（如意外事故），以及事件發生的情形。

cultural indicators 文化指標

對文本、圖像或聲音素材所做的時間序列分析，以描繪一個社群所使用的符號特徵、參考與圖像的使用。這些符號特徵或圖像在使用上的改變，被認為代表了文化價值、觀念與再現的改變，如同煙代表有看不見的火。指標通常比它們所再現的文化價值變遷更容易觀察，因此，從研究的角度而言，它們是有效率的測量方式。

data 資料

在提出一個論證時，可供運用的事實或證據。

data analysis 資料分析

不論是質性或量化，資料分析是將資料素材的複雜性進行化約，對於是什麼或不是什麼獲致具有一致性的詮釋。

data elicitation 資料淬取

藉由訪談、觀察或蒐集文本記錄以取得研究資料的方法。

denotation 外延意義

在符號學裡，外延意義是指表意的初級層次，也就是一個符號的字面或初級意義。要理解外延意義只需要日常知識。

dictionary 字典

電腦輔助內容分析的工具。電腦能輕易列出文本中的所有字詞，並且將之分組歸納到一部字彙中。內容字典是一些概念的清單，每個概念由一串符號來界定。電腦可以輕易地辨識字母串是符號歸類的字彙，然後根據內容字典的定義分派它們到某個概念下。內容字典是研究者根據自身的詮釋所

建構而成的。此一分析程序的缺陷是與概念相關的孤立字詞本身的意義模糊性。

discourse　言說／論述
意指(a)各種類型的談話或語言文本，包含自然發生的會話、報紙文章與訪談文本。(b)在語言學中，任何大於一個句子的文字組合。

eigentheory　本徵化理論
透過敘事訪談分析，重新建構事件（發生什麼事及如何發生）及受訪者對這些事件的本徵化理論（受訪者對事件為何發生及自己為何會那樣做的一套解釋）。本徵化理論意指受訪者對經驗與事件的個人解釋、辯護與瞭解。

episode　事例情境
具有敘事結構的短暫事件，可能是較大的敘事或故事的一部分。

episodic memory and knowledge　事例情境記憶與知識
人類記憶及知識的一部分，其中的具體事件會儲存並鑲嵌於時間結構的脈絡中，與特殊情境或人有所連結（例如，「我在學校的第一堂課」）。

ethos　權威
亞里斯多德（Aristotle）所提出的三個說服要素之一（另外兩個要素是情感與理性）。權威是在論證中訴求親身可信度，並以此佐證其立論。

exmanent and immanent questions　外在與內在問題
在敘事訪談中會區別兩種問題：外在問題是訪談者感興趣的；而若將之轉化成受訪者的用語和指涉，即成為內在問題。並非所有的外在問題都可轉化成內在問題，因為受訪者的敘事可能無法提供進行此一轉化的定錨點。

fallacy of anachronistic narrative 時代錯誤敘事的謬誤

將過去的歷史單純理解為現在的舞台。此亦見於輝格史觀（Whig history），也是種族中心主義的時間類比：以自己的文化或當代情境，來瞭解另一個文化或時代。

fallacy of disproportionate evidence 不成比例證據的謬誤

由於不同行動者會遺留下來的各種紀錄並非等量，因而發生詮釋上的扭曲。既有可得的資料可能造成非重大事件被過度強調。

fallacy of necessary and sufficient causes 必要與充分原因的謬誤

一種有待商榷的分析態度，將事件拆解成瓦解成抽象因素來解釋，並將他們歸類為必要原因、充分原因，或是基本、立即原因。

fallacy of reduction 化約謬誤

在所提供的解釋中指認出一個單一元素，並且宣稱這個單一元素是整個「故事」的關鍵，卻未提出令人信服的理由。這種扭曲對其所提出的解釋造成妨礙。

fallacy of relativized evidence 相對化證據的謬誤

將文本視為理解過去的基礎，並且或多或少認定文本是一種誨澀難解的建構，無法藉其而檢索出「真實的」過去，因為文本意義取決於個別讀者的偏見。這也可稱為後現代主義謬誤（the fallacy of postmodernism）。

fallacy of self-validation, selective evidence 自我證成、選擇性舉證的謬誤

有意識地從自己一心想要應用某個模式或證明某個理論所致，導致他特別去挖掘那些符合他的目標的事實或資料。

fallacy of the furtive fact 不明事實的謬誤

認為某一事件中特別模糊不清的部分尤為重要，並且在解釋事件時給予特

別的地位。

fallacy of the mechanistic cause　機械原因的謬誤
這種謬誤包括打破一個因果的叢結（a causal complex），並且分別地分析它們，甚至分別評估它們對因果關係的影響，彷彿把它們當作不相連的力量所決定的不相連的元素而非動態地彼此相關。

fallacy of the missing middle　中間缺漏的謬誤
研究者提出一個事實上並非互斥、也非窮盡的二分法之命題。

fallacy of the superfluous cause　不必要原因的謬誤
在解釋一個事件時，指涉一個或別行為者的動機。此一動機雖能被證實存在，但對結果影響很小或根本沒有影響。

focus group interview　焦點團體訪談
少數人，通常是六至八人，討論一個共同關切的議題，另有一位主持人和一或二位觀察記錄者在場。

formulation　格式化
在會話中以複述的方式發言，換句話說，陳述前一位說話者所說的要點。

genre　類型
具有獨特性的一種言說形式，例如，西部片是電影的一種類型，特寫是新聞的一種類型。

group dynamics　團體動力學
一群人互動時浮現的特性，例如，焦點團體訪談進行時的情境。

homogeneity　同質性
研究資料建構的原則之一，意指資料的物質特性。文本素材不應混雜影像

或是將其他溝通媒材混在一起。例如，將個別訪談紀錄與焦點團體訪談的紀錄混合在一起並不可取，或將一個素材中的新聞文本與訪談記錄混在一起。這些材料必須分開分析。

hypothesis examination　假設檢驗

在電腦輔助分析中，使用複雜的檢索技術，找出可用來作為某個（有點精確）的假設的證據或反證的文本區段。

icon　圖像

符號學裡的一種符號類型，在此種符號中，符徵與符旨是相似、描述或複製的關係，例如照片。這是皮爾斯符號學（Peircean semiotics）中最不具任意性、非約定俗成的符號類型。

ideal research situation　理想的研究情境

一個理想的研究設計結合了從下列四者得到的資料：(a)田野場域中的行動者的自我觀察，(b)在相同生活世界天真觀察者眼裡的觀察，(c)對行動場域的系統性觀察，(d)對上述三種類型的資料進行多元資料檢證。

index　指標／索引

(a) 在符號學中，指標是符號的一種形式，其符徵與符旨的關係是系列或因果的，例如煙與火之間有因果關係。常規知識對指標比對圖像（icon）更重要。(b)在電腦輔助分析中，任何為了檢索目的而附加於文本單位中的標籤或標誌。

indexical and non-indexical text　索引及非索引文本

敘事訪談的分析對文本訪談稿內容區分成兩種文本。索引文本（indexical text）指的是提供重新建構事件結構基礎的事件、人、時間與地點，而非索引文本（non-indexical text）是指其他部分，可能包括經驗描述、動機歸因、一般宣稱及正當化的論證。後者提供線索去瞭解受訪者的本徵化理論（eigentheory）。

indexical expression　索引式表達
例如，「這裡」或「現在」等用語表達，會隨著它在什麼情境被說出來而改變其意義。會話分析者認為所有的表達用語都是索引式的。

indication of a method　方法的指標
在研究設計中，選擇適切研究方法之問題。例如，為了不同的目的，研究者可能偏好觀察（而非訪談），或是採用問卷調查（而非焦點團體訪談）。反指標（counter-indication）意指有關何時不該用特定方法的知識。

Individual depth interview　個別深度訪談
每次只訪問一位受訪者的半結構式訪談，與結構式的調查訪問和參與觀察法的長期交談大不相同。

informant　告知者／受訪者
敘事訪談中的受訪者。

initial topic　起始主題
敘事訪談的第一個階段包括由訪談者提出一個起始主題。起始主題的功用是激發持續的敘事。為了達到這個目的，有一些規則可當作構想起始主題時的指導方針。

interpretive analysis　詮釋分析
一種詮釋學的（非演算的）程序，藉此，人類詮釋者試著在質性文本中發現意義（瞭悟）。

keyword in context (KWIC)　上下文中關鍵字
一種支援文本分析的電腦分析程序，將字彙與其上下文一起列表分析，例如，重要語彙索引（concordance）與共生分析（co-occurrence analysis）。

keyword out of context (KWOC)　上下文外關鍵字

一種支援文本分析的電腦分析程序，聚焦於單字。包括字彙清單
（vocabulary list）、字數計算（word count），以及根據字典所做的分析
（dictionary-based analyses）。

knowledge interests　知識旨趣

指的是哈伯瑪斯對於三種知識傳統的類型化─經驗分析的、詮釋的與批判
的─各有其知識旨趣：控制、共識建立、解放或培力。知識旨趣不等同於
特定研究方法或個人的親身旨趣（personal interests）。

law and chance　法則與機遇

法則指的是任何允許人們據以提出預測的規律。機遇是指無法被預測的隨
機事件或過程。法則和機遇不應混淆成決定論和非決定論。

law of instrument　工具法則

意指人類定義與解決問題的能耐，取決於可得的技巧與工具；亦名為思考
的功能性性依賴（functional dependency of thinking）。換句話說，給小男
孩一支鐵鎚，他會以為所有的東西都需要敲擊。此一法則的存在證實了方
法學多元主義對社會研究的重要性。

lemmatization　字彙原形化

在進行上下文中關鍵字（KWIC）與上下文外關鍵字（KWOC）分析之
前，對文本所做的預先處理。進行電腦輔助分析之前，需要將不同文法的
字詞形式化約為單一語幹意義（single stem meaning）。例如，為了分析的
目的，「play」、「plays」、「played」、「playing」等字形，可化約等同
於原形的語幹「play」，而且都可以被看做是代表「閒暇活動」（此為上
下文外關鍵字分析）的概念，或是與「孩童」這個字有緊密關連（此為上
下文內關鍵字分析）。

lexicon　詞彙

意指符號學中一組常規的文化的知識，用以掌握更高層級的表意（例如，內涵意義或神話）【另見指涉系統（referent system）一詞】。

logos　理性

亞里斯多德（Aristotle）所提出的三個說服要素之一（另外兩個要素是權威與情感）。理性是在論證中訴求理智，每個論證依循著某種邏輯，一種訴諸於什麼是有理的、理性的特殊標準。

main narration　主要敘事

意指敘事訪談的第二階段。主要敘事不可被打斷。訪談者專注於積極聆聽、偶爾為後續發問做筆記，並透過非語文或擬似語言支鼓勵受訪者繼續講。此一階段的結束時機，是在重複提問後，受訪者自己清楚表明已無其他話要說。

media as a social fact　媒體做爲一種社會事實

意謂我們必須將媒體再現看成社會世界一樣，有其限制與施爲。如同股票市場、聯合國或核能工業。

melodic complexity　曲調／旋律複雜度

一系列試圖從樂曲（例如，國歌或排行冠軍的流行歌曲）的旋律結構中建構文化指標的企圖，這些指標一般會考量其音調變化（如頻率與音量）、音調發展方向，以及詞曲的搭配狀況。

metaphor　隱喻

修辭的一種特性。在兩種本質上不同但有一些共通性的事物之間進行暗示的比較。

metonymy　轉喻

修辭的一種特性。藉由將一個事物的屬性和特質轉換到另一個事物之上的

方式來表達意義。

metric　測量尺度（名目、次序、間隔、比例）

在內容分析中，編碼有不同的測量尺度或量表特質，可以是名目
（nominal）、次序（ordinal）、間隔（interval）或比例（ratio）的尺度。
名目的尺度可用來對分析單位進行分類，次序的尺度可以排列順序，間隔
的尺度可以評估分析單位相對於同一個單位量表的距離；比例標尺可評估
它們與零點之間的距離。取決於量表的特質，可應用不同的統計方法來進
行資料化約。

mode and medium of representation　再現模式與媒介

為了區分資料素材的類型，考量兩種再現這個世界的基本向度是有幫助
的。再現模式指的是正式或非正式的行為與溝通；再現媒介指的是移動、
書寫文本、視覺形象或聲音。此一分類方式有助於區辨數種不同的文本，
也有助於評估研究方法的適切性。

moderator　主持人

焦點團體訪談中，訪問者所扮演的角色。

Modularity　模組化

模組化是內容分析在建構編碼架構時的訣竅，可保證編碼架構具有效率與
連貫性。同一個編碼在編碼過程中可被用作不同功能，亦即增加了編碼架
構的複雜度，但不增加編碼的難度。

monitoring behaviour or experience continuously　持續監測行為或經驗

行為氣象學上的方法學要求：行為或經驗是一種持續發生的過程，因此應
被持續不間斷地觀測。

music　音樂

有目的地組織而成的聲音，在許多文化中構成精緻多功能的活動。音樂的

產製可透過人聲如歌唱、特殊設計的樂器，或是兩者的結合。

musical meaning 音樂的意義

音樂的意義，做為一種內部指涉或外部指涉，是具有爭議性的。內部指涉是指向其他音樂，透過引用、模仿或類似旋律。外部指涉是透過用音樂工具模仿運動或情感，例如在程式音樂，將音樂和集體事件（或個人的情感經驗）進行符號意義上的刻意連結。

musical tastes 音樂品味

音樂偏好與社會類屬之間的經驗性連結。音樂品味是文化資本（cultural capital）與社會秀異（social distinction）的一部分。品味可被當作文化指標使用，顯示人在社會空間中的位置。

myth 神話

在符號學中，神話意指一種較高階層的表意。在此表意過程中，文戶語意是形態的意義被當成自然、不可見、永恆或「給定」的。符號學家試圖將此過程去神話（demystify），揭露符號的建構性，重現其歷史和意識形態動機。

narrative 敘事

某些文本是敘事。在一個敘事裡，說故事者將一些行動與經驗安排成某種順序。它們是若干角色的行動和經驗。這些角色不是情境中行動，就是回應某些情境。敘事變化突顯新的情境元素，或是凸顯原本較隱晦的角色；敘事變化刺激思考或行動，或是兩者。所有的這些元素都透露出敘事的情節。

narrative and representation 敘事與再現

敘事與再現的差異，提醒研究者敘事在認識論層次上的不確定性。雖然敘事訪談這個方法可從經驗與說故事之間的密切關係獲得合理化，敘事與實際生活經驗之間的連結通常是薄弱的：敏感的說故事者會告訴訴我們他認

為我們想聽的事，但卻不一定是他或她的經驗；政治的說故事者告訴我們什麼應該發生；而受到創傷的人告訴我們的可能比他或她實際經歷的要少得多。

narrative interview　敘事訪談

一種特殊的訪談方法，要求人們回顧敘述其生命，或許是整個人生，或許是聚焦於（例如）他們生病或生涯歷程的傳記。此種訪談的主要部分是較長的個人生命史的自發性之敘事，訪問者在訪談中會避免直接打斷受訪者的敘事。

noise　噪音

令人不悅的聲音，是人類活動所造成的副作用，多數並非有意為之。聲音可被區分成噪音與音樂，兩者之間的界線有其歷史與文化因素。此一界線的轉變，具有偵測文化趨勢的指標價值。

notation and transcription　記譜法與轉錄

(a)音樂事件可透過複雜的符號常規而以書寫形式再現成記譜法或轉錄。記譜法主要是為演奏者進行記錄；而轉錄則是支援音樂事件的分析。(b)將任何（音樂）素材轉換成書寫的格式，乃是基於常規的記譜法，而記譜法使用的常規決定了轉錄的詳實程度。

number of qualitative interviews　質性訪談的數目

應執行多少人次的質性訪談，有兩個考量重點：研究者有能力分析處理的文本數量，以及意義的飽和程度，亦即執行額外訪談無法再獲得新資訊。目標在於透過訪談少數對象，得到最多樣化的意見與經驗。

object　客體

在行為氣象學中，客體可能是觀察或經驗的預測項所指涉的任何事物。因此，客體位於預測基模的最左邊：客體 ← 預測項 ← 預測項值（predicator value）← 時間值。

ordinary retrieval　一般檢索

電腦輔助搜尋一份文件或是一組文件中的所有被以同樣方式編碼或索引的文本區段。

paradigm or associative set　系譜軸或關聯組

在符號學裡，一組可用來替換某個特定符號的其他符號。在某些方面，它們與這個特定符號是互相關聯、相似但不同的語彙，協助決定此符號（例如，帽子的種類，不同顏色）的意義。

parallel design　平行設計

意謂對社群的生活世界的研究，最好搭配縱向分析，分析資料包括間接資料和立即訪談。對其中任何一種資料的詮釋，可從另一種資料分析所提供的脈絡得到助益。例如，調查研究和質性訪談都無法自我解釋（self-explanatory）；在詮釋調查及質性訪談資料時，可受益於大眾媒體符號環境的涵化分析。

participatory video　參與式影像

參與是影像允許被拍攝對象對影像內容、風格、流通有相當大的發言權和影響力。

pathos　情感

亞里斯多德所提出的三個說服要素之一（另外兩個要素是理性與權威）。情感是在論證中訴求情感，以達到說服的目的。

perception, misperception, informed perception　理解、錯誤理解與知情理解

在視覺分析中，有所謂「單純看見」（mere seeing）與「深入看見」（seeing into）之別，後者是看見景框內影像的細節與意義。

population 母群體

基於隨機抽樣的統計推論的對象（人或物）的完整集合體。母群體是依據實際目的、以抽樣架構定義出來的。

predicator 預測項

在行為氣象學中，預測項永遠不會是一個定義般的描述，也不會是一個實體的專有名詞，而是被指派到一個客體。例如，在「約翰←好鬥的」這一描述裡，「好鬥的」一詞即為預測項。而「約翰←好鬥的」這整個描述，被稱作預測。

predicator value 預測項值

若預測項本身被當作客體處理，那麼被指配到這個客體的即被稱作預測項值。在行為氣象學中，這個術語被用來將行為或經驗資料視為陳述。例如：約翰←好鬥的←形體的←昨天。「形體的」一詞被指配到「好鬥的」，「形體的」即為預測項值。

preferred turn 偏好的發言回合

在會話中的一個相鄰對的第二部分，也是最可預測的，通常直接發言回應。相反地，非偏好發言回合（dispreferred turn）通常帶有一些猶豫、前言或修正。這個概念並非意指說話者心理上偏好這種回應；而是強調會話中的規律性而非情感成層面。

public accountability 公共問責

一個好的社會研究應有的特性，也是社會研究的品質判準。什麼是好的研究的明確判準，確保了它的公共本質。社會研究是一種公共知識活動。信心建立與強化研究的關聯性可確保研究的公共問責。

qualitative data 質性資料

非結構化的資料，例如，開放式訪談的轉錄稿、田野筆記、照片、文件或其他紀錄。

quality indication 品質指標

每種研究方法都有其「好的實作」，並有若干判準。在量化研究中，我們傳統上會檢核樣本代表性、樣本數、以數值表示的信度及效度。在質化研究中，類似判準尚未被清楚的發展出來，可包括多元資料檢證、透明度、研究資料建構、在地驚奇與溝通效度。

questioning phase 提問階段

進行敘事訪談的第三階段。在主要敘事階段之後，訪談者會藉由隨意地將外在問題轉換成受訪者的指涉和用語，向受訪者進一步提出內在問題。提問時應避免問「為什麼」，也應避免指出受訪者敘事中的矛盾之處。

random sampling 隨機抽樣

在內容分析與調查研究中，這是選擇分析單位的關鍵原則。抽樣架構列出母群體包含的每個單位，並給予已知的各單位可能被抽中的或然率。這允許研究者可在一個已知的信心水準內決定參數。隨機抽樣藉由已知的誤差（error）來代替未知的偏差（bias）。相反地，研究資料建構是在抽樣架構付之闕如的情況下應用的取樣原則。隨意或便利抽樣是非系統性的抽樣程序，與隨機抽樣與研究資料建構相反。

rebuttal 否證

在論證中，一個限制保證（warrant）通則性的前提，例如，「除非」。

recuperation 恢復

在符號學中，「恢復」一詞意指神話製造者在回應去神祕化時，將其所受到的批判同化或中立化的過程。

referent system 指涉系統

在符號學中，指涉系統是具有內涵意義的符徵（signifier）所指涉者：一種使詮釋者得以進行詮釋的社會共享資源。

reflexivity　反身性

(a)批判傳統的研究特色之一。研究者應對自身的實作有所反思。(b)在言說分析中，反身性的考量源自於一個簡單的事實：分析者的言說和被分析的言說一樣，同樣都是建構的、行動導向與修辭的。

relay　重置／接替

在符號學中，圖像和文本互相構成整體意義，亦即它們具有意義的接替關係，與意義的定錨（anchorage）有所不同。

relevance　關聯性

(a)研究資料建構的四個判準之一，也就是為單一目的蒐集文本及其他素材；此一判準提醒研究者在選擇和搜集研究素材時應有焦點。(b)好的質性研究所具備的特性之一。也就是研究證據就相關的人、理論或概念或研究計畫目的而言是重要的。在量化研究中，關聯性的指標是代表性與效度；在質化研究中，則是研究資料建構、驚奇與溝通確認。

reliability　信度

量化社會研究的品質指標之一。此一工具有助於瞭解重複施測或由不同的人施測時，所得到的測量結果是否穩定、一致，例如，對同一個對象重複進行智力測驗時，所測得的智力商數是否相同。

reliability-validity dilemma　信度－效度兩難困境

在心理測定學中公認的定理是，一個工具的信度設定了效度的上限。但在詮釋（文本與訪談資料）時，情況並非如此。在評估內容分析，有個兩難狀況可能發生：提高一個複雜分析的效度時，往往降低了編碼員信度。有效的詮釋不必然需要達成共識；不同意本身也有其意義。因此，將量化與質化研究的品質標準直接對應，並不恰當。

repisode　重複情境

重複出現的情境（例如，「每次我去學校時，我總是先遇到鄰居，然後遇

到朋友」）。

representation 再現
(a)社會建構意義與技術，具現於不同模式（正式或非正式）與媒介（動作、文本、圖像與聲音）之中。(b)研究資料建構過程中應被充分蒐集的意見、態度、觀點、想法的範圍。再現是透過質化研究揭露的各種意義。

representative sample 代表性樣本
代表性樣本是從母群體中隨機抽選的分析單位。在已知的一定信心水準內，根據此樣本所推測得到的特性，等同於母群體的特性。具有代表性的樣本是無偏差的，而且誤差範圍是已知的。

research design 研究設計
為了在研究執行成本與預期成果之間求取平衡時可用的一些策略，設計原則包括包括社會調查、實驗、同組調查研究、個案研究、參與觀察與民族誌。

resolution 分解
每種測量工具都是用分解的、極其微小的單位去再現「真實」。在行為氣象學中，行為或經驗的分解（behavioural or experiential resolution）是一組預測項值，例如，用來觀察行為和經驗的編碼架構。

rhetoric 修辭／語藝
修辭／語藝的三個標準定義為：(a)說服的行動；(b)說服行動的分析，對有效使用語言的技巧與規則進行研究（特別是在公眾演說中）；(c)有關言說的說服力的世界觀。

rhetorical canons (parts of rhetoric) 修辭準則（修辭組件）
古典時代修辭學研究的五種分類：創作、組織、風格、記憶與演述。

rhetorical organization　修辭組織

意謂大多數言說之所以具有說服力，其實是被建構出來的，以便在面對其他有關事件、現象、個人或團體的競爭版本的言說時，得以勝出。

rhetoric of research　研究的修辭

研究被認為是一種說涉及說服他人接受其觀察價值的公開活動。在此一脈絡下，方法學的功能也就是在於重新分配研究者投入的努力，強化論證的理性成分，而非其情感和權威成分。

sample size　樣本數

量化社會研究的品質指標之一。統計推論的效力，除了其他因素外，主要是取決於樣本數。樣本數越大，抽樣誤差越小。更精確地說：樣本加倍，可減少錯誤達2的平方根；若要降低一半的錯誤，需要四倍大的樣本。但這個邏輯並不適用於質性研究的研究資料建構。

sampling　抽樣

從一個抽樣底冊中隨機地選取分析單位，從而可在已知的誤差值之內對母群體的狀況做出推估。

sampling bias　抽樣偏差

樣本與母群體之間未知的差異性。偏差的樣本沒有代表性，可能是因為其所使用的抽樣底冊有所缺漏，或因過度選取母群體中的某些次群體所致。

sampling error　抽樣誤差

已知的誤差，特定抽樣策略有關。抽樣誤差是用觀察的中數邊際值或變異值推估。

sampling frame　抽樣底冊

對物或人組成的母群體所做的操作化，通常以清單表示。抽樣底冊不一定能完美地代表母群體，因為母群體可能會有一部分未被抽樣底冊所涵蓋。

sampling strategy 抽樣策略

運用現有知識，隨機抽選物或人的程序，例如，系統抽樣、層級或群集抽樣，或結合兩種以上的抽樣方式。

sampling unit 抽樣單位

抽樣所用的選取單位。理想狀況是從母群體的完整清單中選取，例如，選舉人口名冊中所有成員，或包含某一關鍵字、特定主題的所有報紙文章。抽樣單位等於或大於編碼單位。後者，例如，分析一份報紙對於某一議題的所有文章，便是一種群集抽樣。

saturation 飽和

建構研究資料（例如，選取受訪者或文本）時遵循的原則；當額外的努力明顯無法再產生更多樣的資料時，即可停止選取的程序。達到飽和狀態時，選取額外單位的報酬亦將遞減。

skeptical reading 解讀時抱持懷疑精神

言說分析在解讀文本時所用的方法，包括對文本的組織與假設提出質問，持續提問究竟是文本的哪個特性使人以某種方式解讀。此與目的在尋找要旨的傳統學術閱讀方式相反。

Scitexing 賽特新

一種電子影像操控技術（常被用來系統性的更改已出版照片的內容）。

self-generating schema 自我生成的基模

敘事訪談遵循的說故事的普遍規則。故事一旦開始後，便會引進細節構造、特定觀點的收關結構，以及完整閉合，結束一個故事。其他術語為「故事基模」、「敘事邏輯」、「內在需求」、「敘事慣例」及「故事文法」。

semantic memory　語意記憶

人類記憶的一部分，包括概念、定義及它們的相互關係、規則，以及事件的基模。語意知識較抽象及一般化，並從特殊情境與事件中被脈絡化。

sign　符號

符號學的基本分析單位。符號是是符徵與符旨（或稱概念或想法）之間充滿任意性的結合關係。

signified　符旨

在符號學裡，符旨是一個符號的心理意念成份，也就是一個符徵所指涉的概念或想法。

signifier　符徵

在符號學裡，符徵是符號的物質成分。在口語中，符徵即是聲音形象。

social milieu　社會情境

一群以特定方式思考與感受的人。在質性研究中，人們可能會用階層或社會功能的組合分類，也可用他們對某一議題的特殊再現來分類。

sound　聲音

聽覺資料的通稱。聲音是人類活動一種的表達方式，也是人類溝通的一種形式。聲音可區分為噪音（大多非有意為之，但混亂且令人不悅）與音樂（多數是人為刻意產製的、經過組織、令人愉悅）。

soundscape　聲音地景

加拿大作曲家夏佛（Murray Schafer）用以分析與改進人類聲音生態的術語。意指一項全球計畫，也就是夏佛推動重新建構、記錄和描述過去與現在日常生活中的聲音。這個計畫不僅是描述的，同時也是診斷的（prescriptive），肩負減少噪音以提升現代生活品質的任務。此計畫發展出的技術包括音量檔案、聆聽漫步、聲音日記，以評估某個聲音是高傳真

或低傳真音質，以及一個特定聲音地景的天然／人為噪音的比率。

stationary and touring model　固定模式與移動模式
意指行為氣象學所使用的田野研究取徑。不用問卷與清單，行為氣象學呼籲應記錄自然發生的資料，例如，以被觀察者的實際行為當作人格特質評估之基礎。固定模式蒐集資料的情境是像醫院、學校和幼稚園這類人們可能停留一段時間的場所。移動模式則追蹤記錄一個人移動在不同情境之間的經驗。在可攜式電腦或特殊設計的事件記錄器發明之後，已大大提高用固定或移動模式進行人格特質評估的可行性。

stimulus materials　刺激素材
在焦點團體訪談中主持人使用的一些技巧，例如，自由聯想、照片分類、卡片分類及角色扮演，以激發原本難以表達的想法，促進討論。

strata and functions　階層與功能
在建構研究資料時，選取材料或人時可供控制的外在變項之範圍。納入額外的階層與社會功能，將可增加再現的種類，直到達到飽和。階層意指社會團體之間在層級上的分化，功能是指社會群體之間的角色分化。

subjective definition　主觀定義
受訪者對其使用的特定字詞、現象或事物所抱持的主觀意義。

surprise　驚奇
質性研究中的一種品質評估標準指標。為避免在詮釋時出現選擇性舉證的謬誤，質性研究者可能想要在研究過程記錄下自己感到驚奇的發現。稱得上創新洞見的新發現，只有基於研究者親身體驗的在地驚奇可能才是可靠的。

symbol　象徵／語符
符號學中的一種符號類型，其符徵與符旨的關係純粹是任意的或約定俗成

的，例如，一朵紅玫瑰表意的是愛情。

synchronicity 同步性
建構研究資料時的原則之一。根據這個原則，文本和其他素材應從單一的變遷週期中選取。不同的素材各有其自身的「自然」變遷週期。研究者選取的期間不應超過這樣的週期。跨越週期的變遷可以透過比較兩組研究資料，而非從單一的研究資料得到。

synecdoche 提喻法
口語的修辭象徵，以部分代替全體，例如，以皇冠代表君主統治權。

syntagm 句法結構／句構
在符號學中，文本或圖像中被選取的符號之間的關係。對文本而言，句法學的／比鄰軸關係是暫時的或線性的。對圖像而言，句法學的／比鄰軸關係是一種空間上的關係。

talk/text as occasioned 談話／文本的情境
在言說分析中，一個基礎點是所有的談話和文本都是為特定情境所設計的。

theory building 理論建構
在電腦輔助文本分析中，藉由詮釋分析來比較經過編碼的文本區段，以發展出通則性概念、類目或類型的複雜網絡。

thick description 厚描
好的質性研究所具備的特性。透過訪談、觀察或是全文逐字轉錄的文件紀錄，研究結果通常提供關於情境、事件或經驗的詳細描述。這樣做可提高證據的關聯性，並且增強讀者對於資料的信心。

time codes 時間標記碼
在錄影帶中，當每一秒鐘、分鐘與小時過去時所顯示的即時標示。

topic 主題
對話分析者會對單一論述主題的想法、這個對話是與什麼有關提出疑問。
不同參與者可能會對不同主題感興趣。但他們可表現出參與者如何展現出
他們的貢獻與他們感興趣的主題相關性（或不相關）。

topic guide 訪談大綱
一組以研究目標與目的為基礎的廣泛問題／主題，並用於訪談過程中結構
對話。

total musical event 總體音樂事件
一個音樂的概念，超越僅是聲音事件，而包含音樂家的行為與經驗、聽眾
的行為與經驗、音樂演奏的情境及參與者對於音樂的論述。

trajectories, individual and collective 軌道，個別與集體的
敘事訪談的分析，特別是自傳式問題，藉由一系列事件與經驗的個別與集
體職業軌道的分析步驟重新建構。記由系統性的個別敘事比較，分析者可
將集體經驗以個性轉變及事件順序加以分類。

translation 轉譯／翻譯
實證分析中的每個步驟，包括從一個脈絡至另一個脈絡的材料轉譯／翻
譯。

transparency 透明度
好的質化研究的評估標準。文本、時間與蒐集地點、分析程序的選擇，
應被完整記錄，以便於被模仿。透明度可提高文本的公開說明度（public
accountability）。

triangulation　多元資料檢證

好的質化研究的評估標準，使用許多方法、或者對相同問題的概念化。這通常會導致矛盾的證據，可回應至研究過程中。這些矛盾的解決必須被記錄下來。

turn　發言回合

在對話中，所有參與者的談話與前一個說話者、下一個說話者中間。相較於因果關係，這是對話分析的基礎單位。相當於一個發言，但強調發言是在互動情境中發生。

validity　效度

量化社會研究的品質指標。一種用來測量該事物被建構來測量的現象。例如，宣稱是要測量「智力」的測驗，便需要表現它確實如其所宣稱的。效度有許多種：共同、預測、建構與表面效度。

video evidence　錄影證據

聲音與圖像品質作為證據變項；因為記錄的角度可能會有誤解或偏差。

visual data as indicators of collective psychological dispositions　視覺文本作為集體心理傾向的指標

電影、電視節目、受歡迎的圖、有名的照片，可能對於許多人有一般性的迴響。可能可告訴我們他們的品味、慾望、幻想或意見。

visual records　視覺記錄

任何可能顯示世界的過去狀態的文本，可能被視為記錄的圖像。這可能包括電腦印出的資料、地震紀錄、建築物的照片、地景、護照上的識別照片或就職紀錄。

warrant　保證

在論證中的一個前提，包含用來支持這個文本是合理地被用來支持其宣稱的理由、保證或規則。

索引

國家圖書館出版品預行編目資料

質性資料分析;文本、影像與聲音／Martin
W. Bauer,George Gaskell編撰;羅世宏,
蔡欣怡,薛丹琦合譯.--初版.--臺北市:五
南,2008.06
面; 公分 含索引
譯自:Qualitative researching with
text.image and sound:a practical
handbook
ISBN 978-957-11-5209-7(平裝)
1.社會學科 2.質性研究 3.相關分析
501.2   97007666

1JBN

質性資料分析:文本、影像與聲音

編 撰 者 ― Martin W. Bauer
　　　　　　George Gaskell
譯　　 者 ― 羅世宏 蔡欣怡 薛丹琦
發 行 人 ― 楊榮川
總 編 輯 ― 王翠華
主　　 編 ― 陳念祖
責任編輯 ― 劉芸蓁 李敏華
封面設計 ― 童安安
出 版 者 ― 五南圖書出版股份有限公司
地　　 址:106台北市大安區和平東路二段339號4樓
電　 話:(02)2705-5066　 傳　 真:(02)2706-6100
網　　 址:http://www.wunan.com.tw
電子郵件:wunan@wunan.com.tw
劃撥帳號:01068953
戶　　 名:五南圖書出版股份有限公司
台中市駐區辦公室/台中市中區中山路6號
電　 話:(04)2223-0891　 傳　 真:(04)2223-3549
高雄市駐區辦公室/高雄市新興區中山一路290號
電　 話:(07)2358-702　 傳　 真:(07)2350-236
法律顧問　林勝安律師事務所　林勝安律師
出版日期　2008年6月初版一刷
　　　　　2013年8月初版三刷
定　　 價　新臺幣550元